現代社会における

倫理・教育・コンプライアンス

武田隆二【責任編集】

全国四系列教育会議［編］

税務経理協会

読者へのメッセージ

　この度，武田隆二先生の責任編集のもと本書を公刊できたことは喜ばしいかぎりである。そして，きわめてタイムリーな出版になったと考えている。

　ビジネスの現場だけでなく，行政などの組織体においては，不祥事（スキャンダル）が多発し，法律の違反，ルールやマナーの欠落や無視，功をあげることだけに集中した仕事ぶりなどが目立っている。そして，学術の分野でも同じような不正な行為が行われている。

　不祥事を許さないカルチャーも生まれつつあるが，不祥事が近年になって増加しているとすれば，それは倫理的なるものが現代社会において弱体化しているとか，崩壊しつつあることを意味している。したがって，われわれは，その再生のために立ち向かわなければならないと考える。

　全国四系列（経営学・商学・会計学・経営情報科学）教育会議は，設立以来常に現実感覚を研ぎ澄まして，大学における広義の経営関係教育が直面する問題を分析・検討し，さらに解決の糸口を探る努力を行い，一定の評価も得てきたと自負している。第23回目の会議を武田隆二先生を大会委員長にして，平成18年（2006年）8月，大阪学院大学で開催することができた。大阪学院大学の教職員の方に心からお礼を申し上げたい。

　その際の大会のテーマが本書に関わる「倫理教育にいかにとりくんでいくか」であり，本書の多くの部分は，この折のご報告や講演によっている。もっとも，新たな要素も付け加わって本書は構成されている。ご執筆いただいた皆様に感謝したい。

　本書の内容は，大学における広義の経営関係教育を主な対象ないし，範囲としているものの，そこで議論されているものは，多様に及んでいると考えている。したがって，とりわけ現在，倫理問題に関心を抱いている人々，企業や組織体をしっかりとした倫理的なシステムにしていくことに取り組んでいる人々に本書は有益なヒントを与えるものとなることを確信している。

個人，そして企業や組織体は環境が変化する中でもパフォーマンスをあげる必要がある。これは宿命である。しかし，立派にそれをあげる努力をしなければならない。それによって，真に成熟した現代社会（21世紀社会）が構築されていくことになろう。これは，きわめてむずかしい課題であるが，それに立ち向かう必要があると信じている。

平成19年5月

　　　　　　　　　　　　　　　　　　　　　　全国四系列教育会議

　　　　　　　　　　　　　　　　　　　　　　会　　長　齋藤　毅憲

責任編集者の序

　本書は，現時的に大きな問題となっている「倫理」と「教育」と「コンプライアンス」という三つの諸問題を，各界を代表する方々のご参加を得て編集・出版したものである。

　最近では，科学者であれ，報道機関であれ，企業であれ，さまざまな面で非倫理的なミスコンダクト（不正事件を含む広い意味での「誤った行為」）に係る事件が目立っているが，このような事態に対する防止策の基本は，「事前措置」としての「倫理教育」の徹底にあると考える。また，実務界においては，行動規範となる法令や，「倫理綱領」を遵守する「コンプライアンス」精神が重視されなければならないのである。

　本書は，全体で27章編成であるが，内容的に広範に亘るため，それを四つの「編」に分割し，さらに九つの「部」から成る構成とした。
　第Ⅰ編「倫理概念と教育」では，「倫理」と「教育」の基本的問題を探ることに重点が置かれる。「倫理」という概念は，日常的には「周知された概念」であり，「倫理」という用語によって，相手方がどのような内容として理解するかは別にして，日常的にはほぼ違和感なく，したがって，コミュニケーション・ギャップを伴うことなく通用する用語となっている。その意味では「形のある概念」であるが，しかし，いざその内容としてどのようなものが指示されているかということになると，個別事例を挙げることができても，一般的にそこに共通するものは何かという点について必ずしも定かでない概念であるといえる。

　その意味では，「形のない概念」である。このように，「形があって形がなく，形がなくて形があると」という一種特別な概念である「倫理概念」を，その根本的視点から解き明かすことに課題がある。

　「教育」の原点は，社会生活にとって重要な「規律」と調和する形での「自

由」をしっかりと身につけさせることが，重要であると同時に，規律によって「律せられない残余」は，「個人的な判断」に委ねられるはずのものである。ここでの「個人的判断」の方向性を決する原理が「倫理」であり，「善悪をわきまえる感覚」であるといってよい。そのように解する限り，教育の原点に倫理が存在するというコンテクストが生まれるように思われる。かくて，本編では，「倫理概念」や「教育概念」の問題の焦点を鮮明化することに力を入れた。

　第Ⅱ編「学術倫理と学会倫理」においては，「学術倫理」として，日本学術会議で提起した「科学者の行動規範」の内容について，さらに「学術倫理」といわれる「形質」を切り出すための調査を行うと共に，わが国では未だ十分に研究されていない諸外国における大学の「倫理コード」を主要な大学について調査研究した成果に基づき，その内容ならびに整理結果を提示する論文を収録した。「学術倫理」については，誠実性や公正性など研究者の倫理コードを社会的役割の観点から検討し，諸概念の関係を明らかにし体系化していることが特筆すべき点である。

　他に，わが国の社会学系の学会では，「学会倫理」（倫理綱領）の制定が少ないため，その代表例として三つの学会の倫理規程等を取り上げ紹介した。

　第Ⅲ編「倫理教育の実践と現状」においては，「教育の場」からの発信である。「教育」の場面では，「道徳」や「確固たる倫理観」をもって「事に望む」という心構えがあって，初めて「心の通った教育」が実現するのではないかと考えられる。そのような観点から，「倫理問題」の取扱いを，第一に「専門教育の視点」から，また，第二に「学生との接点」からそれぞれ「倫理」の問題点を取り上げている。とりわけ，専門教育については，大学及び大学院における倫理教育の実態調査に基づき日本の大学の現状が明らかにされ，今後取り組むべき課題が提示されている。

　第Ⅳ編「社会における倫理の実践」では，「企業倫理」の問題と「職業倫理」の二つの問題を取り上げ，その内容と特色を浮き彫りにした。そこでは「企業倫理」を高等教育の面で理論と実践の観点からどのように展開したらよいかについて，また，日本を代表する企業で現実に倫理問題を取り上げた豊富な経験

を通じて，コンプライアンスやリスク管理問題，さらには企業における倫理教育の在り方等について，理論的に，また，実証的に検討されている。

それに加えて，「職業倫理」として，わが国における専門職業士の代表的な団体である日本公認会計士協会，日本税理士会連合会ならびにＴＫＣ全国会の「倫理規定」や「行動基準書」の要点を，それぞれの団体において，倫理規定や行動基準書の作成を担当した責任者に執筆していただいている。それと並んで，外国の事例として，アメリカ公認会計士協会の「会計士行動規程」を取り上げ，それに関し造詣の深い研究者から，その要点と特徴について解説していただいた。

他に，「コンプライアンス」と題して，その意味と構造を体系的に整理しており，さらに進んで倫理に違反する「ミスコンダクト」といわれる行為の内容を多角的に分析し，そのようなネガティブな行為が生じた場合の組織的審査体系についても提示した。

以上，本書のアウトラインについて触れたのであるが，もともと本書出版の動機は，社会科学系列の中で，とりわけビジネス系に属する経営学・商学・会計学・経営情報科学に関する全国四系列教育会議での全国大会が，大阪学院大学で開催された際の「統一論題」として取り上げたテーマを中心として編集することとなったものである。

編集に当たっては，本書が新しい問題領域を取り上げる関係上，できるだけ多角的に，さまざまな観点から考察する必要があるということを顧慮して，それぞれの分野において「倫理問題」，「コンプライアンス問題」等を教育面から，実践面から，学生とのインターフェースの側面から，専門を異にする多くの方々のご賛同を得て成り立った編著である。その意味で，わが国では貴重な研究書としての意義があると確信するものである。

ご協力いただいた諸先生方に編者としてその労をねぎらうと共に，この場を借りて厚く御礼申しあげたい。また，この企画に快く賛同された税務経理協会の大坪嘉春社長，ならびに，その橋渡しをされ，さらに編集の総指揮を執られ

た堀井裕一企画部長に対して，それぞれ感謝の意を表するものである。

　本書が，従来見られなかった体系において「倫理」，「教育」，「コンプライアンス」を取り上げているので，それらにかかわる教育界および職業団体・実業団体ならびに各会社等の各界において，教材として採用され，あるいは，広く本書を手にして，内容を吟味していただくことを期待するものである。

　平成19年5月13日

　　　　　　　　　　　　　　　　　　　　　　責任編集者　　武田　隆二

体系目次

/ 読者へのメッセージ

/ 責任編集者の序

第Ⅰ編　倫理概念と教育

第1部　基礎理論
第1章　倫理教育の位置づけと倫理概念の多様化
第2章　倫理と道徳の概念的二面性
第3章　倫理概念の階層構造と教育
第4章　「儀礼的無関心」と「倫理」

第2部　倫理と「心の世界」
第1章　「空の世界」と「倫理」
第2章　「般若心経」における「空の世界」と「実存の世界」

第Ⅱ編　学術倫理と学会倫理

第3部　学術倫理
- 第1章　科学者の行動規範について
- 第2章　学術倫理の位置づけ
- 第3章　研究者の社会的役割と研究行為基準の構造
- 第4章　大学におけるアカデミック・ミスコンダクトの調査手続

第4部　学会倫理
- 第1章　日本会計研究学会の研究倫理諸規程
- 第2章　経営情報学会の倫理綱領
- 第3章　システム監査学会の倫理綱領

第Ⅲ編　倫理教育の実践と現状

第5部　専門教育と倫理
- 第1章　経営学教育における,企業倫理,教育倫理,学生倫理
- 第2章　会計倫理教育の現状と課題
- 第3章　四系列教育の視点からの倫理教育のあり方

第6部　学生指導と倫理
- 第1章　キャンパスマナーの向上と学生の倫理問題を考える

第Ⅳ編　社会における倫理の実践

第7部　企業倫理

第1章　企業倫理の理論教育・実践教育
第2章　経営的規定からの新時代に期待されるコーポレート・ガバナンスとリスク管理・内部統制・教育

第8部　職業倫理

第1章　日本公認会計士協会の倫理規定
第2章　日本税理士会連合会の倫理規定
第3章　ＴＫＣ会計人の行動基準書
第4章　アメリカ公認会計士協会「会計士行動規程」

第9部　コンプライアンス

第1章　コンプライアンスの意味と構造
第2章　コンプライアンスの階層性と税理士
第3章　ミスコンダクトの概念的フレームワーク
第4章　ミスコンダクトの内生要因と組織的審査体制の確立

総目次

第Ⅰ編　倫理概念と教育

第1部　基礎理論

第1章　倫理教育の位置づけと倫理概念の多様化 ……………… 4
 第1節　プロローグ……………………………………………… 4
 第2節　倫理教育の現時的位置づけ………………………………… 5
 第3節　「道徳」概念の「歴史性」と「教育」…………………………11
 第4節　道徳と倫理との関係…………………………………………13
 第5節　概念的多様化と別体系化……………………………………16
 第6節　エピローグ……………………………………………………21

第2章　倫理と道徳の概念的二面性 ……………………………………24
 第1節　プロローグ……………………………………………………24
 第2節　「理論的道徳」概念と「実践的倫理」概念 ………………24
 第3節　人的倫理とグループ倫理……………………………………27
 第4節　倫理的行為の図式……………………………………………29
 第5節　科学者倫理を手掛かりとした解説…………………………30
 第6節　「倫理」の「実践的具体性」とは……………………………30
 第7節　「局面の変化」と「倫理概念の変化」………………………31
 第8節　エピローグ……………………………………………………33

第3章　倫理概念の階層構造と教育……………………………34
- 第1節　プロローグ…………………………………………………34
- 第2節　教育課程と道徳・倫理の関連……………………………35
- 第3節　倫理の階層構造……………………………………………36
- 第4節　価値中性的倫理概念から価値関連的倫理概念への昇華……39
- 第5節　倫理観のコンフリクトの解消に向けて…………………40
- 第6節　「科学者の人権」,「学問の自由」,「科学者のミスコンダクト」概念の階層的組み立て……………………………………42
- 第7節　エピローグ…………………………………………………45

第4章　「儀礼的無関心」と「倫理」……………………………47
- 第1節　プロローグ…………………………………………………47
- 第2節　「儀礼的無関心」と「通説」……………………………48
- 第3節　「儀礼的無関心」と倫理性………………………………51
- 第4節　「通説」のフォーラム性…………………………………52
- 第5節　「自由な利用権」と「儀礼的無関心」…………………52
- 第6節　「儀礼的無関心」とその事例……………………………55
- 第7節　「儀礼的関心に基づくミスコンダクト」とその事例……56
- 第8節　エピローグ…………………………………………………58

第2部　倫理と「心の世界」

第1章　「空の世界」と「倫理」…………………………………62
- 第1節　プロローグ…………………………………………………62
- 第2節　「般若心経」の普遍性……………………………………63
- 第3節　「ひと」は「野の花」のように…………………………64
- 第4節　「空」の感覚………………………………………………65
- 第5節　エピローグ…………………………………………………68

第2章	「般若心経」における「空の世界」と「実存の世界」……71
第1節	プロローグ…………………………………………………71
第2節	「形」と「形」の関係……………………………………72
第3節	プラトンのイデアの世界…………………………………72
第4節	宇宙の中の均衡状態………………………………………74
第5節	「空」の心…………………………………………………76
第6節	「空」と「無情」と「悟り」……………………………76
第7節	「体験」を通じての「悟りの世界」とは………………77
第8節	エピローグ…………………………………………………79

第Ⅱ編　学術倫理と学会倫理

第3部　学術倫理

第1章　科学者の行動規範について……………………………………84
第1節　科学と科学者の役割と倫理……………………………84
第2節　行動規範制定と審議経過………………………………85
第3節　今後に向けて……………………………………………91

第2章　学術倫理の位置づけ……………………………………………95
第1節　学会の「倫理綱領」の調査……………………………95
第2節　分析結果…………………………………………………98
第3節　倫理綱領と行動基準との関係…………………………101
第4節　学術倫理・行動基準書の組み立て……………………105
第5節　倫理規定のカテゴリー化………………………………107
第6節　学術倫理の構図…………………………………………108

第 7 節　エピローグ ………………………………………………………111

第 3 章　研究者の社会的役割と研究行為基準の構造 ……………114
　第 1 節　プロローグ ………………………………………………………114
　第 2 節　ミスコンダクトの意味 …………………………………………115
　第 3 節　研究行為に内在する役割期待の構造 …………………………118
　第 4 節　エピローグ ………………………………………………………124

第 4 章　大学におけるアカデミック・ミスコンダクトの
　　　　　調査手続 …………………………………………………………128
　第 1 節　プロローグ ………………………………………………………128
　第 2 節　アカデミック・ミスコンダクトの申立と処理 ………………128
　第 3 節　エピローグ ………………………………………………………141

第 4 部　学 会 倫 理

第 1 章　日本会計研究学会の研究倫理諸規程 ………………………146
　第 1 節　はじめに …………………………………………………………146
　第 2 節　問題の発生とその対応 …………………………………………146
　第 3 節　不正行為防止問題検討委員会の設置と検討 …………………148
　第 4 節　「研究倫理綱領」その他の諸規程の決定 ……………………149
　第 5 節　諸規程の説明 ……………………………………………………153
　第 6 節　会員への確認の努力 ……………………………………………155
　第 7 節　お わ り に ………………………………………………………155

第 2 章　経営情報学会の倫理綱領 ………………………………………157
　第 1 節　倫理綱領制定の背景 ……………………………………………157
　第 2 節　経営情報学会倫理綱領 …………………………………………162
　第 3 節　日本学術会議「科学者の行動規範」について ………………165

第4節　今後の課題 …………………………………………………167

第3章　システム監査学会の倫理綱領 ……………………………174
　第1節　システム監査学会「倫理綱領」…………………………174
　第2節　システム監査学会「倫理委員会規則」…………………177
　第3節　システム監査基準と倫理綱領 ……………………………178
　第4節　システム監査の今後と学会倫理 …………………………182

第Ⅲ編　倫理教育の実践と現状

第5部　専門教育と倫理

第1章　経営学教育における，企業倫理，教育倫理，学生倫理 …188
　第1節　プロローグ …………………………………………………188
　第2節　企業倫理 ……………………………………………………188
　第3節　教育倫理 ……………………………………………………193
　第4節　学生倫理 ……………………………………………………198

第2章　会計倫理教育の現状と課題 …………………………………202
　第1節　調査の目的と調査票回収率 ………………………………202
　第2節　会計倫理教育に関する調査結果の特徴 …………………202
　第3節　会計倫理教育を行うための概念的フレームワーク ……206
　第4節　結びに代えて ………………………………………………211

第3章　四系列教育の視点からの倫理教育のあり方 ………………215
　第1節　プロローグ …………………………………………………215
　第2節　戦後の大学教育と大学設置基準の意義と役割 …………216

第3節　大学における四系列教育の意義と役割 …………………221
　　第4節　経営倫理教育のあり方 …………………………………223

第6部　学生指導と倫理

第1章　キャンパスマナーの向上と学生の倫理問題を考える ……234
　　第1節　プロローグ ………………………………………………234
　　第2節　社会生活での迷惑行為 …………………………………234
　　第3節　モラルやマナーの低下の原因 …………………………235
　　第4節　大学生への生活指導 ……………………………………236
　　第5節　大学生の倫理観 …………………………………………237
　　第6節　キャンパスマナーの問題 ………………………………238
　　第7節　大学における課外活動の意義と役割 …………………244
　　第8節　大学教育における倫理教育 ……………………………245
　　第9節　今後の課題 ………………………………………………247

第Ⅳ編　社会における倫理の実践

第7部　企　業　倫　理

第1章　企業倫理の理論教育・実践教育 ……………………………254
　　第1節　プロローグ ………………………………………………254
　　第2節　セルフ・ガバナンスとインテグリティー ……………254
　　第3節　日米の大学における企業倫理教育 ……………………256
　　第4節　企業倫理違反の類型化と企業倫理教育の意義 ………258
　　第5節　企業倫理における大学教育と企業内教育の棲み分け ………260

第6節　大学における企業倫理教育のあり方 …………………262
第7節　エピローグ …………………………………………………267

第2章　経営的規定からの新時代に期待されるコーポレート・ガバナンスとリスク管理・内部統制・教育 ……………270
第1節　コーポレート・ガバナンスおよび内部統制の議論の背景 ……270
第2節　内部統制の仕組みの構築と開示 …………………………272
第3節　コーポレート・ガバナンスの強化の具体的事例 ………278
第4節　望まれる経営者の意識・行動 ……………………………280

第8部　職業倫理

第1章　日本公認会計士協会の倫理規定 ……………………286
第1節　制度としての職業倫理 ……………………………………286
第2節　実践としての職業倫理 ……………………………………293

第2章　日本税理士会連合会の倫理規定 ……………………297
第1節　税理士の使命と税理士会の役割 …………………………297
第2節　税理士倫理綱領の策定とその施策 ………………………299
第3節　綱紀規則 ……………………………………………………301

第3章　TKC会計人の行動基準書 ……………………………317
第1節　プロローグ …………………………………………………317
第2節　初版制定：昭和53年1月20日，
　　　　初版改定版：昭和62年4月1日 ………………………317
第3節　第二版改定版：平成7年2月13日 ………………………319
第4節　第三版改定版：平成18年1月20日 ………………………321
第5節　TKC全国会の結成と
　　　　『TKC会計人の行動基準書』制定の経緯 …………326

第 6 節 「宣誓書」について……………………………………………331
第 7 節 遵守義務について ……………………………………………331
第 8 節 会員への『行動基準書』普及・徹底の取り組みについて ……332

第 4 章 アメリカ公認会計士協会「会計士行動規程」……………333
第 1 節 プロローグ ……………………………………………………333
第 2 節 会計士行動原則 ………………………………………………333
第 3 節 会計士行動規則 ………………………………………………337
第 4 節 解釈指針および倫理裁定 ……………………………………342
第 5 節 エピローグ ……………………………………………………345

第 9 部　コンプライアンス

第 1 章 コンプライアンスの意味と構造 …………………………350
第 1 節 プロローグ ……………………………………………………350
第 2 節 制定法の存在意義 ……………………………………………351
第 3 節 コンプライアンスの本来的意義 ……………………………351
第 4 節 「行為自由の原則」と「個別主観的判断の客観化」………353
第 5 節 コンプライアンスの三層構造 ………………………………354
第 6 節 個別行為と集団行為 …………………………………………355
第 7 節 ネガティブ・コミュニケーション …………………………356
第 8 節 コンプライアンス・パラダイム ……………………………357
第 9 節 コンプライアンス実践コンステレーション ………………359
第10節 エピローグ
　　　　——コンステレーションの循環リンケージの分解図 …………361

第 2 章 コンプライアンスの階層性と税理士 ……………………364
第 1 節 コンプライアンス概念の階層性 ……………………………364
第 2 節 税理士法で定めるコンプライアンス ………………………366

| 第 3 節 | 税理士の担う二つのコンプライアンス ……………………368
| 第 4 節 | 「税務に関する専門家」としてのコンプライアンス…………370

第3章 ミスコンダクトの概念的フレームワーク ………373
第 1 節 プロローグ ……………………………………………373
第 2 節 科学的ミスコンダクトの「境界性」……………………374
第 3 節 ミスコンダクトの範囲規定と
　　　　その防止策としての「公開」制度 ……………………377
第 4 節 逸脱と学習 ……………………………………………379
第 5 節 ミスコンダクトの概念的フレームワーク ……………383
第 6 節 エピローグ ……………………………………………387

第4章 ミスコンダクトの内生要因と組織的審査体制の確立 ……389
第 1 節 組織の構造要因に基づくミスコンダクト ……………389
第 2 節 組織の構成要因に基づくミスコンダクト ……………393
第 3 節 個人的内因性要因に基づくミスコンダクト …………394
第 4 節 ミスコンダクト・リスクの発見可能性 ………………396
第 5 節 ミスコンダクトの効率的・組織的審査体制の確立 …398
第 6 節 エピローグ──今後への期待 …………………………403

索　引 ……………………………………………………………407

第Ⅰ編

倫理概念と教育

第二部

貨幣と金融理論

第1部
基礎理論

第1章　倫理教育の位置づけと倫理概念の多様化

第1節　プロローグ

　本章は，「道徳」や「倫理」という概念が一般用語ならびに専門用語として使用されているものの，必ずしも一義的・定説的なものがないため，その面を明確にすることを課題とするものである。

　「道徳」と「倫理」という一対の概念は，「文化」と「文明」あるいは「基本的人権」と「人権」，さらには会計学領域の問題として「簿記」と「会計」等の一対の概念について，その識別ができないことによって，混乱した事態を招いている場合が多いように思われる。かかる混乱の原因は，各概念がもつ「属性」（そのものに備わっている固有の特質・性質）の認識とそれに基づく分析が十分に行われていなかったことによるものと考え，これら問題を解決する際の糸口ともなればと思い，問題提起を行いたい。

　さらに，「倫理」に関する「教育」の問題は，本来，それぞれの研究者の研究課題の中にできるだけ取り込み，調和のとれた形において実施することが必要であるという道筋において議論を展開したい。

　もちろん個別の専門に関連した「倫理課題」（職業倫理，科学倫理，情報倫理等）について独立した学科目の設定が必要であることはいうまでもないのであるが，それだけで倫理教育は完結するものではないという認識が重要である。それ故，各専門領域の研究者は専門科目の教育に当たり，倫理に関連する課題設定を試み，専門を通じての実体験を教えることが，「倫理教育」を取り上げるに当たって必要なことではないかと思うのである。

第2節　倫理教育の現時的位置づけ

1　「社会的自律」を促す3要件

　教育改革国民会議（内閣総理大臣の私的諮問機関）からの報告書「教育を変える17の提案」[1]のうち，第1提案である「人間性豊かな日本人を育成する」という提案において，倫理に関連する問題提起を行っている。

　そこでは，まず，**「教育の原点は家庭であることを自覚する」**という項を掲げ，「家庭教育」は「家庭の任務」であり，「基礎訓練の場」であるとして位置づけている。つまり「倫理観」のルーツは家庭における「しつけ」にあり，それが個々人のソーシャル・パースト（社会的過去）の原型を形成し，**「個人倫理」**

図1　「倫理」と「社会秩序の形成」との関連

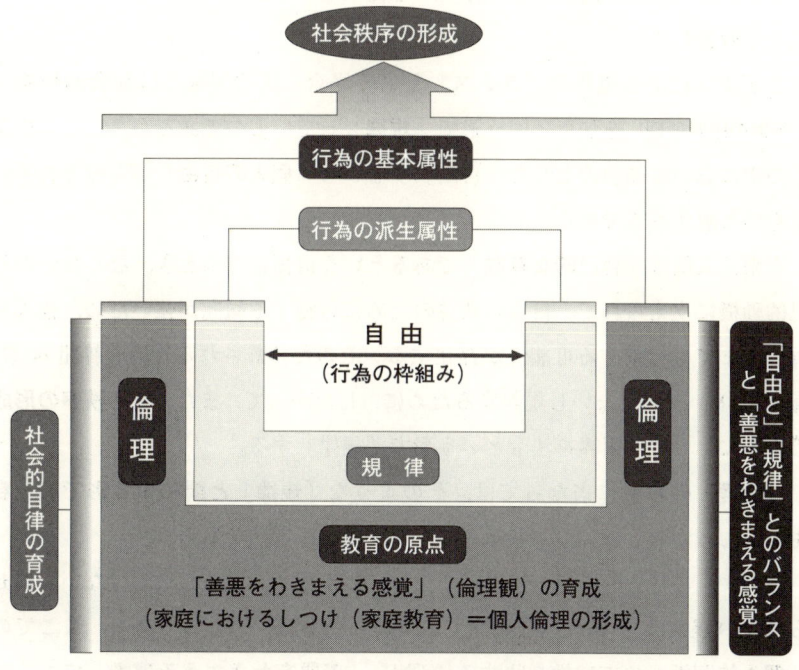

を形づくることを確認しておかなければならない。

　続いて,「**学校は道徳を教えることをためらわない**」という項目が挙げられており,「学校」という「場」の任務は,「**子どもの社会的自立を促す場**」であるとしている。そこでの要点を摘出すれば,「**社会的自律**」(社会性)**を促す要件**として,次のようなものが挙げられる。

　①　自由と規律のバランス
　②　善悪をわきまえる感覚
　③　(上記②の道徳観)は知育に優先

　以上の内容を踏まえて,「倫理」と「社会秩序の形成」との関連を図形化したものが,「**図1**」である。

2　「橋渡し原理」となる道徳

　上に挙げた「社会的自律」(社会性)を促す三つの要件のそれぞれについて,以下で敷衍したい。

　上記①「自由と規律のバランス」という場合,法治国家では社会的枠組み(**行為の限界原理**)を法令という形で「**規律**」しているのであるから,その枠組みの中において調和のとれた「自由」すなわち「**個人の自由**」が保障されているものと解すべきである。

　本来,人間は「**利己的な存在**」であるという前提に立つとき,なんらかの利己的動機に支えられて,自らの利益のために行動する傾向が強いため,他人を害してまでも行動する可能性が存在する。そのため許される行為の枠組み(行為の範囲枠)を限定ないし規制するために,したがって,また,**社会秩序の形成**のために,一定の限界を法令という形で「規律」する。

　「倫理」の教育に当たっては,そのような「**規律**」と調和する形での「**自由**」をしっかりと身につけさせることが,重要な課題である。

　そのような社会的枠組みによって,すべてが律せられるわけではない。**律せられない残余**は,「**個人的な判断**」に委ねられるはずのものである。ここでの「**個人的判断**」の方向性を決する原理が,「**善悪をわきまえる感覚**」であると

図2 教育に占めるブリッジ・プリンシプルとしての「徳育」

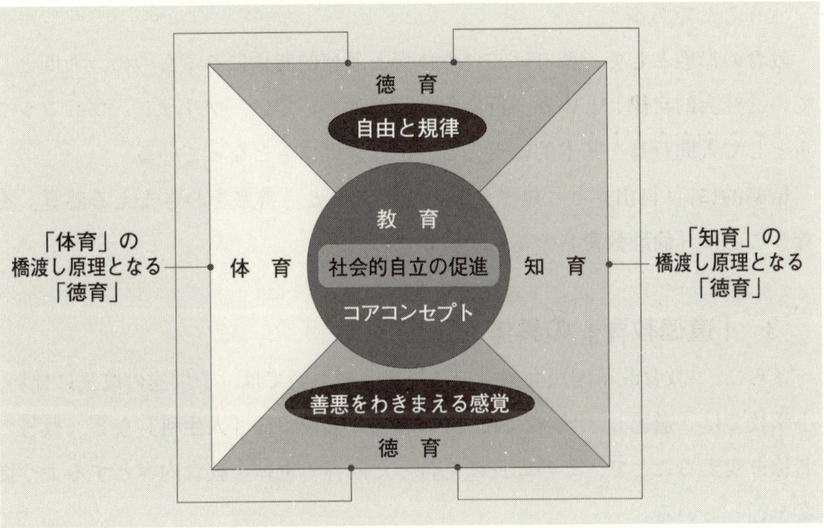

```
                    徳育
              ┌──────────────┐
              │  自由と規律   │
              │              │
              │    教育      │
「体育」の      │ 社会的自立の promotion │  「知育」の
橋渡し原理となる  体育            知育  橋渡し原理となる
「徳育」        │ コアコンセプト │  「徳育」
              │              │
              │ 善悪をわきまえる感覚 │
              └──────────────┘
                    徳育
```

いってよい。この点が，上記の②の課題であると解されよう。

　人間としての**行為の本来的属性**を「善悪をわきまえる感覚」（**道徳**＝現実的な倫理観）に求め，**行為の派生的属性**としての「社会的規律の遵守の上に立った行為」をコンプライアンスに求めるという仕組みを説いていると解される。

　このような人間として本来兼ね備えなければならない倫理に関する知識を育むことは，「知育」に優先して教えるべき事柄であるということが，上記③**「知育に優先」の要件**である。そこで，「教育」を支える3本柱である「徳育」，「知育」，「体育」の三つの関係について，関連を示したものが，上の「**図2**」である。

　「図2」で特に重要なことは，次の点である。

① 　「**徳育**」（道徳教育＝社会において望ましいと考えられている価値観や価値体系に基づく意識や行動様式・生活態度の形成をめざす教育）は，

② 　「**知育**」（知識を深めるための教育），ならびに

③ 　「**体育**」（身体活動により，健康の保持・増進と体力の向上を図るための教育）

のそれぞれの「**橋渡し原理**」（ブリッジ・プリンシプル）として機能するということである。

教育の形態として，徳育は知育や体育と並列的関係にあるものの，人間としての「**社会的自律**」という「**行為の側面**」においては，ブリッジ・プリンシプルとして人間行為を基本的に支えるコアコンセプトとなっている。

結論的に，「**自由**」と「**規律**」とのバランスと「**善悪をわきまえる感覚**」を養うことに「**倫理教育**」の基本が置かれる。

3　「道徳教育」の具体的運用

さらに，教育改革国民会議での「提案」においては，子供達の成長に伴い，小学校では「**道徳**」，中学校では「**人間科**」，高校では「**人生科**」など，教科の名称を変えることで，その成長に見合った内容・実体を教育内容とするよう提案を行っている。

ここで注目すべきことは，「道徳を教えることをためらわない」教育とは，それぞれの具体的教科の中で実現されるものであると解される。筆者の解釈によれば，自我に目覚め，社会性を育成するために，「善悪をわきまえる感覚」を「**体験活動を通じて理解させること**」によって，自らを発見するような方向づけを与えることが，倫理教育であると理解される。

徳育（道徳教育）を知育・体育のブリッジ・プリンシプルとして機能させるためには，これら知育・体育の教科の中に融和する形の教育活動が求められてくることになる。

4　「体験によって身につけること」の重要性

上述のように「提言」に沿って理解するとき，「**図3**」で示すような図形が出来上がる。すなわち，基礎としては「**言葉の教育を重視**」することで，「読み，書き，話す」という人としての日常の言語活動を通じて「道徳とはこのような形で具体化されるのだ」ということを学ばせることが，「体験活動を通じての教育」として必要である。

第1部 基礎理論

図3 初等・中等教育における「道徳教育」の階層性

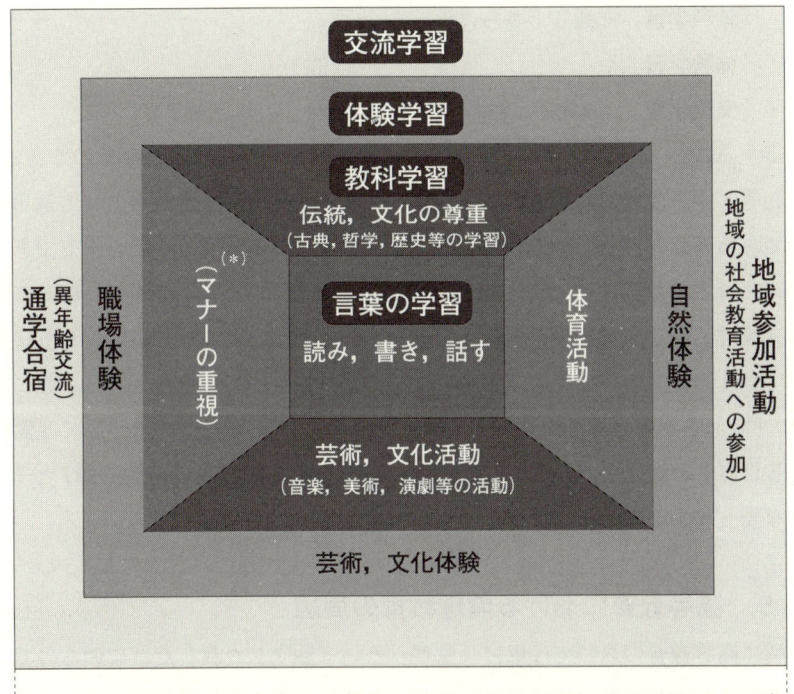

初等・中等教育における「**道徳教育**」とは、「**言葉の学習**」（言語活動）を通じ、「**教科学習**」を通じ、さらには、「**体験学習**」や「**交流学習**」（「**地域参加活動**」や「**異年齢交流**」）を通じて、体得すること（体験によって身につけること）

（*） 教育改革国民会議の報告書「教育を変える17の提案」で示された内容に、図形完成の必要から補充した項目である。

　続いて、①「古典、哲学、歴史の学習」を通じての「伝統や文化の尊重」、②「音楽、美術、演劇などの芸術・文化活動」、他に、③「体育活動」といった「**知と身体**」を通じての「**道徳学習**」が必要とされる。

　また、ここで重要なことは、授業を離れて、(a)「**自然体験**」、(b)「**職場体験**」、(c)「**芸術・文化体験**」などの「**体験学習**」から、また、「**通学合宿**」（異年齢交流）、「**地域参加活動**」を通じて「道徳観を養う」ことの必要性が説かれている。

　総括すれば、初等・中等教育における「**道徳教育**」とは、

第Ⅰ編　倫理概念と教育

- 「**言葉の学習**」（言語活動）を通じ，
- 「**教科学習**」を通じ，さらには，
- 「**体験学習**」や
- 「**交流学習**」（「地域参加活動」および「異年齢交流」）を通じて，

体得すること（体験によって身につけること）が重要であると解されるのである。

　初等・中等教育におけるかかる提案は，形を変えて「**大学教育**」にも適用可能であろう。ただし，その教科の内容をどのように構成するかという点であるが，後ほど考察するように，初等・中等教育においては，「道徳」と称せられる「倫理」の「**具体的側面**」に重点が置かれるであろうが，「高等教育」においては「倫理」の「**抽象的側面**」のもつ重要性についても取り入れることにより，「**変わらざる世界**」の倫理観と現に置かれている場の条件に応じて「**変化する世界**」の倫理観のあることを教授することにより，「倫理の動的姿」と「静的な姿」のあることを教授する必要があると考える。

5　高等教育における倫理教育の周辺

　特に高等教育においては単に「倫理」という独立した教科だけに頼るのではなく，それぞれの専門教育の過程において教員が自らの倫理観がにじみ出るような教育の実現が望まれるところである。形式的な面では，授業開始・終了の時間厳守，挨拶の励行，講義態度，教室内における秩序維持，約束の励行等が挙げられるであろうし，実質的な面ではそれぞれの教科に関連して「倫理の重要性」を関連づけて解説に取り入れる等の工夫が求められるであろう。

　専門教育の中に倫理問題を組み込むという場合，「多様な文化」に触れる機会を作るために「国際文化比較論」（会計学においては「国際会計基準」または他国の会計制度との比較制度論）を部分的にではあれ，取り入れる努力を払う必要があるであろうし，また，「多様な価値観をもつ人々との交流」を図るために，予算的に困難な面はあるにしても，できるだけ外国人教師あるいは外国人留学生との交流により「**異文化交流**」を実体験を通じて知ることも必要となるであろう。

第1部　基礎理論

　専門によっては難易はあるにしても,「**ボランティア活動**」を通じての市場調査の実施等の「**社会貢献活動**」を試みる等, 問題発見・問題解決能力の育成を基本目標に, 内国における「**フィールドワーク**」(実地調査)ないし「**フィールドスタディ**」(現場での調査結果を過去における成果や理論の観点と結びつけて行う学術研究)等の機会を充実させることも必要となってくる。

　上に掲げた「異文化交流」,「ボランティア活動」,「フィールドワーク」等の教育活動は初等・中等教育過程の中における「**交流学習**」(「異年次交流」(通学合宿),「地域参加活動」)として位置づけられるものに照応するものである(9頁の「図3」参照)。

　専門教育と結びつけてという形ではなく, 大学全体のカリキュラム編成において, 学生が自己の将来への目的指向性を身につける意味において「職業観の涵養」,「職業に係る知識・技能についての学習」等を通じて,「主体的に将来の職業選択ができる能力の育成」を図ること(**キャリア教育**)が必要であり, かかる教育課程の中で「実地での職業体験」としての「**インターンシップ**」についての取り組みも大切になってくる[2]。

　これは初等・中等教育過程の中において, 教科学習と並んで「**体験学習**」(職場体験, 自然体験, 芸術・文化体験)が重視され, 道徳教育の周辺教育活動として重視していることに照応するものである。

　このような整理を通じて,「教育」という視点からすると, その姿において若干の違いがあるにしても, 初等・中等教育段階での「道徳教育」の階層性(「図3」参照)と, 高等教育課程における「倫理教育」とは, その実質内容的にあまり変わりがないということが知られる。そこで共通するところは, 体験を通じての道徳・倫理の修得ということである。

第3節　「道徳」概念の「歴史性」と「教育」

　本章では,「道徳」概念にまつわる従来の論争的な諸問題を批判的に取り上

げることが課題ではない。わが国において，倫理問題が教育との関わり合いで問題になるのは，明治の初頭においてであった。まず，「國民道徳」という言葉が公にみられたのは，明治43年に当時の文部省によって定められた師範学校教授要目であるとされている。そこでは，次のような記述が見られる。

> 「國民道徳と云ふは，唯人間が守るべき所の道と云ふやうに，平坦に解して居るやうな類もありますけれども，元来國民道徳と云ふは，國民たる資格に伴ふ道徳の意味であります。是は特殊の道徳観念を意味するものである。國と云ふ観念なくしては，此道徳観念はないのであります。若も唯人間と云ふ観念のみあって，國と云ふ観念なくんば起らざる所の道徳である。それ故に是は特殊の道徳観念であります。」[3]

この引用で重要なことは，次の点である。
① 「國民道徳」という概念は，「特殊の道徳観念」であること
② ここで「特殊」であるという所以のものは，「國民道徳」が「國民」という資格に伴い生ずる道徳概念であって，人間としての資格において本来問題となる概念ではないということ

このような立場においては，道徳概念が「**国家関連的概念**」として規定される以上，「道徳」の「**特殊な扇面**」を描いているものであり，したがって，国によりそれぞれ異なる「道徳概念」が成り立ちうるという立場である。そのことは國という歴史的な特殊性が存在し，そのことを与件として論ずる限りにおいて，到達する帰結であるといってよい。

このことから類推できることは，道徳論が取り上げられた当初から，道徳概念はその「一般性」（ないし，「普遍性」）と「特殊性」との二面性をもちうることを示唆していると解することができるのである。しかし，その当初は道徳の「普遍性」という面についての一般化までには至っていなかったのであり，その後においても道徳の「普遍性」という概念が，真の意味での「**空の世界**」（空なる概念）[4]であるということにまでは達しきっていない。そのことは，おいお

い明らかとなるであろう。

　「道徳論」は，明治19年には「小学校令」公布，明治22年には大日本帝国憲法発布，明治23年には教育勅語発布，明治27年には高等学校令公布と，教育制度が整備され，さらに明治37年日露戦争の勃発等で国家意識が強まっていく。

　そのような時代背景において国民意識の国家への方向づけの必要性が高まったのではないかと思われる。「国民道徳」は，まさに国家的道徳価値への形成に向けられていく。このことは，他の論者において，さらに明確な形で現れる。すなわち，「國民道徳は國民教育の中に於ては主要なる地位を占めて居るものである」とし，さらに「元来此國民教育は國民を國民として教育する目的が有るから起って居るものである」と述べ，加えて「個人を個人として教育するの外，國民といふ團體の上から見た教育の必要が有る」[5]という記述の中に，国家意識の高揚が窺えるのである。

第4節　道徳と倫理との関係

　道徳とか，倫理という言葉が一般的に使用されるが，その明確な定義なく用いられている場合が多いようである。ただ慣用的には，小学校では「道徳」という用語が，最近話題に上る企業の不正行為や科学者のミスコンダクトに関連して，「企業倫理」とか，「科学者倫理」という用語によって，「倫理」という用語が一般化している。また，初等教育課程では「道徳」と呼ばれ，中等・高等教育課程では「倫理」と呼ばれる等，その用法においても，必ずしも統一しているとはいえない現状にある。

　その理由は，「道徳」も「倫理」も共にその意味するところは，「人として守るべき道」とか，あるいは，「人として守り行うべき道」とかいう形での意味合いにおいて理解され，使用されている。

　ここで「人」という場合，実存者としての一人ひとりの個人という「**個別概念**」としての「**具体性**」（**具体概念**）で捉えているのか，個人の集まりという

「**集合概念**」としての「**抽象性**」（抽象概念＝普遍概念）で捉えているのかが，当然の議論として生ずるかもしれない。

　このような「**観点の違い**」ないし「**視点の相違**」によって，その映し出される世界にも異なる「**差異性**」が生ずることはいうまでもない。ここに次のような二組の概念を一対の概念として選んで整理しようと思う。

(1)　具体性（具体概念）——抽象性（普遍概念）
(2)　実践性（歴史性）——理論性（超歴史性）

　上の二組の概念が，どのような関係において作用するかを図形化したものが，「**図4**」である。

　「図4」では，次のことが描かれている。

①　上記(1)の概念ペアーは，「具体性（具体概念）」と「抽象性（普遍概念）」との組み合わせである。図形の左側に倫理にかかる「具体概念」を置くことにし，右側に「抽象概念」をおいて示している。

②　上記(2)の概念ペアーは，「実践性（歴史性）」と「理論性（超歴史性）」との組み合わせである。図形の上部に倫理にかかる「理論性」を，また，下部に「実践性」をおいて示した。

　ここで「実践性」とは過去において，あるいは，現在において，その時代条件下で倫理的行為とみなされるものを意味する用語として使用している。したがって，大括りの概念として「**歴史性**」という用語をもあてがってみた。それに対する「理論性」は時代を超えて妥当すると考えられる倫理を示すものとして，したがって，「**超歴史的概念**」としての倫理観を示すものとして使用している。

　さて問題は，この図形からなにを引き出そうとしているかということである。現在，「道徳」とか，「倫理」という用語が，どの場面でどのような内容を指し示す用語として使用されるべきなのかについての合意は存在しないように思われる。元来，道徳も倫理もその字義的な意味は，「**人として守るべき道**」という意味を有し，その実体が同じであるにもかかわらず，異なる用語が用いられている。そのことに割り切れない思いを抱いている方も多いことであろう。そ

第1部　基礎理論

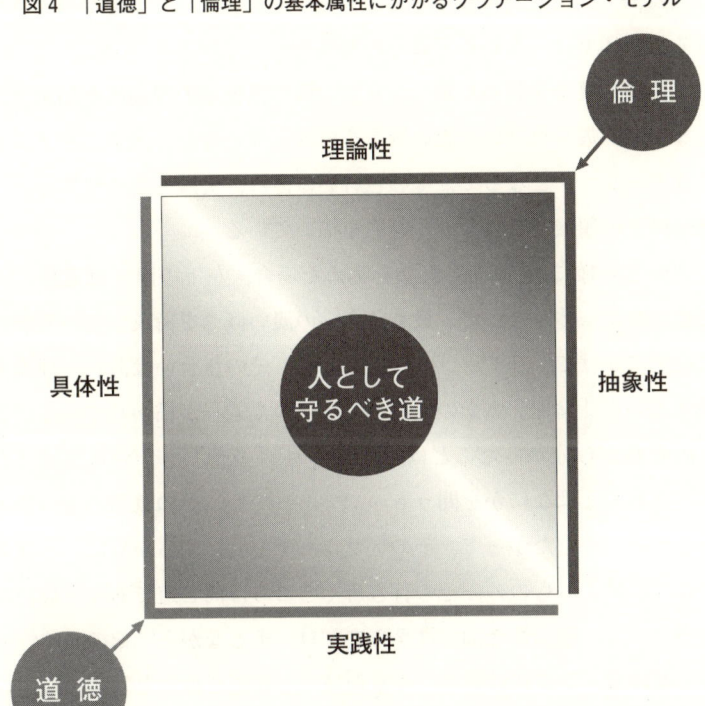

図4　「道徳」と「倫理」の基本属性にかかるグラデーション・モデル

倫理

理論性

具体性　　人として守るべき道　　抽象性

実践性

道徳

の解決の道を探るための図形化である。それが解決策というよりは，概念使用の語用論的意味合いを明らかにしようというものである。したがって，「図4」では，次のことを表現しようとしている。

(a)　「倫理」概念および「道徳」概念の**基本属性**はなにかを，確定することである。ここでは，先に示した一対の二つの概念から，「倫理」概念の基本属性として「理論性」と「抽象性」という二つの概念を取り上げ，また，「道徳」概念の基本属性として「実践性」と「具体性」という二つの概念を取り上げることにした。

(b)　したがって，「図4」では，理論性と抽象性との結合から**「倫理」**という概念が構成されるとみる。矢印では，右斜め上にその関係を示している。

(c) 次に，実践性と具体性との結合から「**道徳**」という概念が構成されるとみる。矢印では，左斜め下にその関係を示している。

(d) 「倫理」概念を眺めた場合，右上の隅では倫理の理論性と抽象性が一体となって，最も色合いの濃い概念を構成しているが，次第に左下にかけてグラデーションとなって，その色合いは薄れ，実践性と具体性という「道徳」概念の領域へと移りゆく過程を描いている。

(e) それと同様に，「道徳」概念を眺めた場合，左下の隅では道徳の実践性と具体性が一体となって，最も色合いの濃い概念を構成しているが，次第に右上にかけてグラデーションとなって，その色合いは薄れ，理論性と抽象性という「倫理」概念の領域へと移りゆく過程が描かれている。

以上の考察から分かったことは，「倫理」も「道徳」もその対象は「人として守るべき道」とはなにかを問うものでであっても，その概念のもつ基本属性が異なるが故に，したがって，そのアプローチを異にするが故に，一見異なる概念のように見えるものの，その行き着くところは同じ道であり，倫理問題を扱うに当たって，理論性と抽象性からアプローチしながら，その具体性や実践性に及んだ場合，そこには道徳の本来領域での問題を倫理として扱っているということになるので，倫理と道徳との仕切り線を明確に識別できないというのが実情であり，そこにこれら両概念の持ち味があると理解することができるのではないかと思うのである。

第5節　概念的多様化と別体系化

1　道徳をめぐる概念的多様化の背景にあるもの

「道徳」と「倫理」は「**同一対象の異なる扇面の表現**」にすぎないということを指摘した。かかる理解は，社会構造や社会事象が単純な時代，あるいは，科学技術の発達が不十分な時代においては，このような理解で十分であった。

ところが，近年，次の二つの面で大きな変革を経験している。

① 科学技術の著しい発達による社会事象の多様化現象——**極小化現象**
② グローバル化による社会構造のフラット化現象——**巨大化現象**

前者は極小化の方向で，後者は巨大化の方向で，異なる方向の力が社会に働きかけ，さまざまな産業への変化を与えただけでなく，われわれ人間の価値観にも著しい影響を与えることとなった。それだけに大きなメリットをもたらすこととなった反面，これまでにみられなかった新たな「道徳観」や「倫理観」の必要性が高まったとみられる。

2 「極小化現象」に伴う新たな道徳問題の発生

「極小化現象」の引き金となったものに，ナノテクノロジーがある。**ナノテクノロジー**とは，ナノメートル（nm：1メートルの10億分の1）で定義できる大きさをもった物質を作り出す技術をいい，ナノメートルで定義される物質を組み合わせることで，従来の世界には存在しなかった「新たな物質」（微少な世界の新たな物質）を創作する技術である。いま少し具体的にいうと，従来すでに発見されていた原子や分子を操作することでより小さな，新たな微少物質を作り出し，それらを組み立てて，新しい部品や装置を創作する技術である[6]。

そのことで，技術の世界における研究開発手法に飛躍的発展がもたらされた。たとえば，通信の世界においては，高速・高密度な情報蓄積が可能となり，あるいは，医療の世界においては，患者に苦痛を与えない治療法等が可能となる等の新たな扇面を切り開いた。このような技術の普及で，製造業，化学産業，宇宙産業，環境産業等，産業構造に大きな変化をもたらすこととなったのである。

このような事態に関連して，従来は全く問題視されなかった**新たな倫理問題**を惹起した。たとえば，ナノテクノロジーを含む科学技術の進歩によって，①遺伝子操作技術によるクローン動植物の誕生，②臓器移植技術の進歩によって臓器の売買という新たな問題を提起し，また，③生殖技術などの発達に伴う体外受精や「代理母」の登場の問題，さらにグローバル化の問題に絡んで，日本ではできない臓器移植を海外で行うなど，一国を超える形での問題へと発展し

ている。

3 「巨大化現象」に伴う新たな道徳問題の発生

「巨大化現象」の基底にあるものが，「**グローバル化**」である。グローバル化ないしグローバリゼーションは，単に一国という国境を超えて地球規模でのコミュニケーションが強まる事態を指し示す概念である。

「国際」という表現は，「国」という「際(きわ)」の存在を意識した表現であるが，時代は「ボーダレス社会」の到来で，「国境」という垣根があるものの，その「際」がかなり低くなり，国際交流がし易くなった段階の用語として使用された。あるいは，内国における「規制緩和」に関連する用語としても使用された。

「国際化」から「ボーダレス社会」へ，そして「ボーダレス社会」から「**グローバル化社会**」への移行現象により，いまや地球規模でのフラット化が進行しつつある。端的に「**社会構造のフラット化現象**」の到来である。

地球が「際」のないフラットなプラットホームと化し，社会，文化，経済等の諸活動が地球規模でリルタイムで結びつく時代となった。このような時代の到来で，**大学教育のあり方**についても検討すべき課題が山積していると考える。

たとえば，現行制度上認められていないインターネット等を活用した通信教育により修得した外国の大学の単位の認定について今後前向きに考えていく必要があるであろう。異文化交流という視点からは，単位認定の問題はグローバル化時代の教育として，外国の大学との協議を通じて制度化を図ることが必要である。

この場合，特定専門領域の知識の習得ということによる「**異文化理解**」は可能となったとしても，果たして，それによって「**国際倫理の理解**」が可能となるかどうかについては問題を残すところである。

4 クローンをめぐっての問題

クローンという言葉の語源は，元々はギリシャ語で「小枝」を意味する言葉であるが，科学的には現在「遺伝的に同一である個体や細胞（の集合）」を指す

生物学の用語である[7]）。

　クローン技術は，男女両性に関わり合いなく子供を誕生させることができる技術であり，自然界において両性による生殖の意義，人間の尊厳の問題，遺伝の影響による家族観の崩壊等の生命倫理上の問題は，従来の単純な倫理観をもってしては解決できない新たな問題を提起した。

　ただ，ここで指摘しておかなければならないのは，クローン技術の応用によるメリットである。たとえば，(a)肉質の良い牛や乳量の多い牛の大量生産（食糧分野），(b)病気の治療に必要な医薬品の製造（医療分野），(c)絶滅の危機にある動物を増殖することによる絶滅の回避（自然界の不均衡の回避），さらには，(d)男女両性の関与なしに子孫を作ることが可能（人への応用）等が挙げられる。

　その反面，**デメリット**も存在する。殊に，上記の(d)における「人への応用」の場合，子どもの成長についての安全性が保証されうるかというリスク問題は未解決である。つまり，安全面と子孫への影響の両面において，大きな影響があるだけに，さまざまな問題の検討が必要である。他にも，未知のウィルスに感染する危険性が指摘されており，未知な現状にあるといえる。

　他にも，安楽死問題，脳死判定問題等，従来の倫理概念をもって対応できないような状況が生じたのである。

5　科学技術の進歩による「倫理概念の二元化」

　これまで「図4」でみられるように，「道徳」や「倫理」という概念はその中核に「人として守るべき道」という単一概念が存在していたのみであった。その意味で，道徳も倫理も「人の道」ということを中心にした「単一の広がり」であったといってよい。

　このことは，社会状況が比較的安定し，社会的価値への認識が均衡していた時代の論理構成であって，道徳と倫理とが一体的なものとして認識されていた世界観の上に成り立っていたとみてよいのではなかろうか。

　しかし，すでに考察したように，科学技術等の著しい変化等に伴い，その置かれている状況と関連する動機づけが異なることで，伝統的な道徳観では説明

できない多様な現実世界が繰り広げられるようになった。

その結果，「**状況関連的に変化する世界**」に照応する形で，「倫理問題」が多元的に発生することとなった。そのような状況に対応するための論理構成が，現時点で求められるようになったといってよい。

このように科学技術等の進歩により「**社会的価値への認識**」が多様化する時代を迎え，これら倫理問題を解決するために新たな方法論が求められるに至った。その方法論として，筆者は倫理概念には次のような「二つの異なる概念」があるという論理武装が必要であると考えるのである。

① そのとき時の状況に関連して変化する倫理の世界

② かかる状況の変化に関係なく普遍的なアプリオリの世界（形相の世界）

前者は，特定の状況の発生により，それをなんらかの形で解決することを求められること（解決のための動機づけによって）設定された「目的」から導かれた世界であるところから，「**価値関連的世界**」において問題となる倫理問題である。

それに対し，後者は，状況の変化に関係なく，「生まれながらにして」（アプリオリに）存在する「**空なる世界**」（聖なる世界）において存在する倫理観である。その意味において，「**価値中立的世界**」において問題となる倫理という位置づけになる。

以上の内容を図形化したものが，「図5」である。

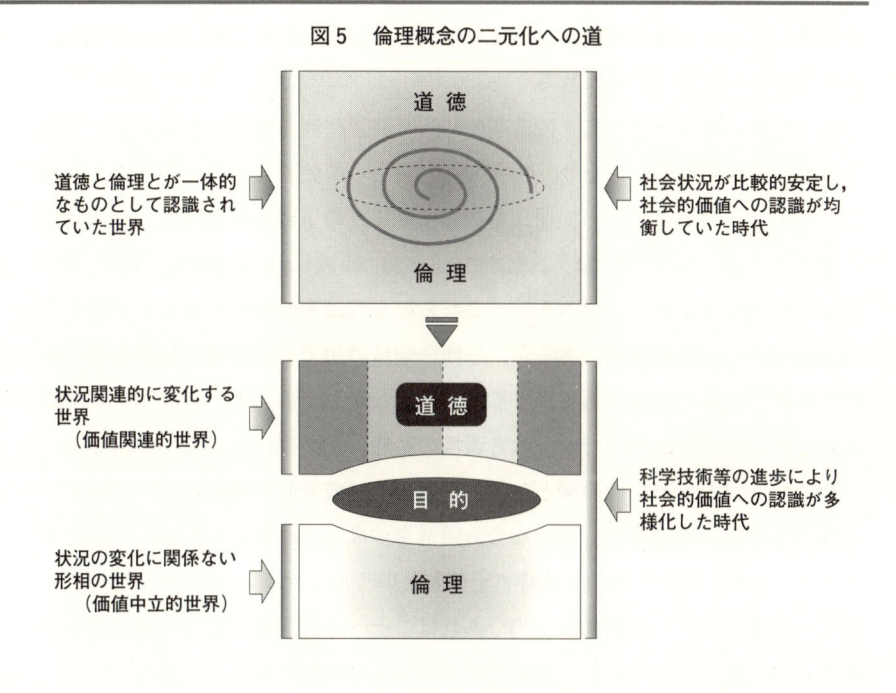

図5 倫理概念の二元化への道

道徳と倫理とが一体的なものとして認識されていた世界 → 道徳／倫理 ← 社会状況が比較的安定し、社会的価値への認識が均衡していた時代

状況関連的に変化する世界（価値関連的世界）→ 道徳・目的 ← 科学技術等の進歩により社会的価値への認識が多様化した時代

状況の変化に関係ない形相の世界（価値中立的世界）→ 倫理

第6節　エピローグ

　教育倫理，情報倫理，企業倫理等，「〇〇倫理」という**特定の専門領域に特化した形での倫理教育**は，専門に固有の特性によって構築された知識と技術の体系を実践する際に必要とされる倫理に関する必要事項を教授する領域であり，そのことの重要性を認めるものの，今後一層重視しなければならないことは，個々の教育者が自らの専門について語るとき，自然と「**正しい『おこない』の重要性**」（善悪をわきまえる感覚）を普段の教育態度の中で伝えることではないかと考える。そこに「生きた倫理教育」が存在しうると思う。専門を通じての「正しい知識の伝達」，「学問への正しい取り組みの姿勢」を，当該教育者の行動を通じて伝達することにこそ，**倫理教育の基本**があるのではないかと考える。
　従来型の倫理教育は，今後もそのことの重要性を失うものではないが，現に

求められている倫理の問題性は，倫理を重んじた生活態度（授業態度，研究態度）の中に存在するように思われる。

　たとえば，日常例として，授業開始時間と終了時間はキチッと守っているだろうか，授業の開始に当たり，挨拶の言葉をもって始めているであろうか，報告やレポートの提出について期日を厳守することの重要性をどのように伝えているだろうか（そのためには，教育者が自ら原稿の決められた提出期限を厳守していることが前提となるが，どうだろうか），これらの事例は専門教育そのものではなく，日常の生活の中での事例であるが，専門の領域の中でも，さまざまな場面で倫理の重要性を教える場があるかと思われる。しかし，このような問題の解決は，それぞれの大学行政の中での「**教育環境の整備**」が前提になることである。

　他に会計学の専門領域の例として，平成17年に成立した新会社法において，「株式会社は……適時に，正確な会計帳簿を作成しなければならない」と定められた（会社法432条2項）。「適時・正確」という四文字が法文に刻まれたことのもつ重要性は，ＩＴ時代の現代であればこそ一層に商人としての倫理実践の出発点の問題であることを，会計専門家は学生達に伝えられるであろうか。

　他にもある。新会社法に関連しては，「株式会社の会計は，『一般に公正妥当と認められる企業会計の慣行』に従うものとする」と定められた（会社法431条）。等しく株式会社という名の会社であっても，企業属性の異なることで異なる基準が求められるのであるが，従来，大会社の複雑な会計基準のみが会計基準であって，中小会社であってもこれに従わなければならないという立場（ダブルスタンダード排除論）から，実行できない基準を一方的に強要するような施策がみられたことは，倫理に反する行為であった。そのことは，新会社法ならびに法務省令（会社計算規則）が制定（平成18年2月）されたことで，より明確になった。この問題も倫理問題に絡めて教授できる材料を提供してくれる。

　人としての道に逆らわない「**善悪をわきまえる感覚の育成**」ということに，**倫理教育の神髄**がある。

【注】
1) 教育改革国民会議・中間報告「教育を変える17の提案」，2000年9月22日。
2) 大学審議会「グローバル化時代に求められる高等教育の在り方について」（答申）（2000年11月22日大学審議会），「1　グローバル化時代を担う人材の質の向上に向けた教育の充実」中「(3)教育方法，履修指導の充実」を参照。
3) 穂積八束「国民道徳の要旨」文部省，1910年，9頁；廣田佳彦「道徳性における普遍と特殊」紀要VSIO Research Reports（九州ルーテル学院大学），No. 30，2003年，13頁から引用。
4) 武田隆二「『空』なる世界を尋ねて」『TKC』，No. 399～，2006年4月号以降5号に亘り掲載。
5) 井上哲次郎「国民道徳論」三省堂，1921年，2頁（廣田前掲稿，15頁から引用）。
6) http://www.nanonet.go.jp/japanese/nano/primer/nano01.html.
7) http://www.mext.go.jp/b_menu/shingi/kagaku/klon98/index.htm#01.

（武田　隆二）

第2章　倫理と道徳の概念的二面性

第1節　プロローグ

　前章では，人間として営む行為は一定の規律の枠内において「自由」が保障されているが，その「行為枠」を規定する最も基本的な概念が「倫理」であり，そのこと（善悪をわきまえる感覚＝倫理観）を育成することが**「教育の原点」**となっていることを指摘した。

　また，社会構造や社会事象が比較的単純な時代においては，「道徳」と「倫理」は「同一対象の異なる扇面の表現」にすぎないという理解で十分であった。すなわち，両者は一体的な概念であるという理解で十分であったが，科学技術が著しく発達したことに伴い社会事象が多様化し，かかる**「対称性ある同型写像的理解」**では解決することができない多数の問題が発生するに至った。

　ここに至って，筆者はそのとき時の状況に関連して変化する倫理の世界（**価値関連的世界における倫理**）と，かかる状況の変化に関係なく普遍的なアプリオリの世界（**価値中立的世界における倫理**）との識別が必要であるという理解に従い，「普遍的倫理パラダイム」の必要性を提示したところである。

　本章では，「倫理」の「型(かた)」概念と「形(かたち)」概念の識別をめぐっての諸問題を取り上げたい。

第2節　「理論的道徳」概念と「実践的倫理」概念

　前章（「図4」）において明らかにしたように，「倫理」にかかる基本属性とし

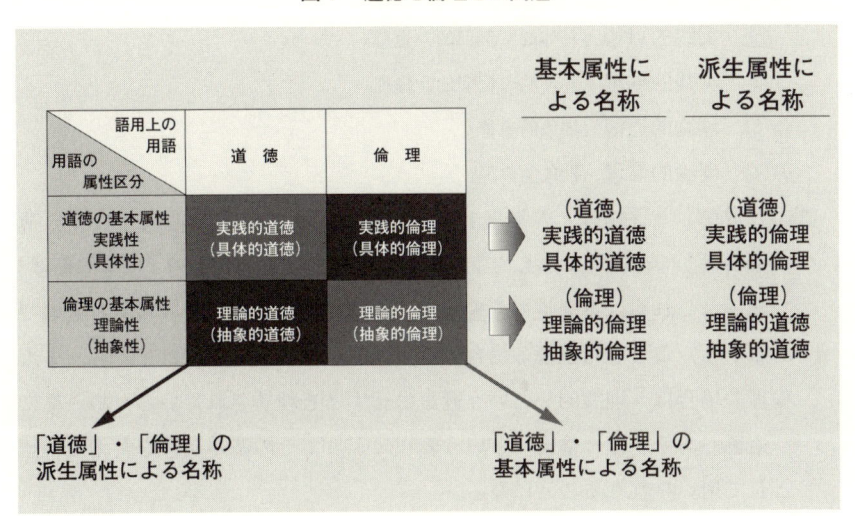

図1　道徳と倫理との関連

用語の属性区分 \ 語用上の用語	道徳	倫理
道徳の基本属性　実践性（具体性）	実践的道徳（具体的道徳）	実践的倫理（具体的倫理）
倫理の基本属性　理論性（抽象性）	理論的道徳（抽象的道徳）	理論的倫理（抽象的倫理）

基本属性による名称
（道徳）
実践的道徳
具体的道徳
（倫理）
理論的倫理
抽象的倫理

派生属性による名称
（道徳）
実践的倫理
具体的倫理
（倫理）
理論的道徳
抽象的道徳

「道徳」・「倫理」の派生属性による名称

「道徳」・「倫理」の基本属性による名称

て「理論性」と「抽象性」という一対の概念を設定し，また，「道徳」にかかる基本属性として「実践性」と「具体性」という一対の概念を設定することで，両者の特徴づけを試みた。この場合，倫理からみて道徳の基本属性は派生属性となり，逆に道徳からみて理論の基本属性は派生属性となる。したがって，そこにおいては，それぞれ4個（表記法の違いを含めて8個）の区別されうる概念が成り立つことが知られる。その関係を図形化したものが，「図1」である。

「図1」では，次のことを示している。

(1)　「道徳」の**「基本属性」**（道徳という概念に本来具わっている固有の基本的特質）として，「図1」では，「実践性」と「具体性」を掲げた。また，「倫理」の基本属性としては，「理論性」と「抽象性」という特徴があることを示した。その基本属性を，「用語の属性区分」として，挙げて示してある。

(2)　慣用的に「道徳」にも「倫理」にも，「実践性」と「理論性」があるかのように理解され，さまざまな場面で混用されているように思われる。そのため，図形上，縦軸と横軸とのそれぞれ二つの概念の組み合わせから，次の4個の概念（同義的な別表現を含めて8個の概念）が成り立つ関係を示し

たものである。

　① 実践的道徳（具体的＜個別的＞道徳）
　② 実践的倫理（具体的＜個別的＞倫理）
　③ 理論的道徳（抽象的道徳）
　④ 理論的倫理（抽象的倫理）

(3)　「道徳」と「倫理」の本来の基本属性に従う名称は，「図1」では「薄い網掛け」の枠組みで示した上記①の「実践的道徳」と④の「理論的倫理」である。これらは本来道徳や倫理が兼ね備えている属性を表現するものであるから，ことさら道徳の場合は「実践的」という冠(かんむり)を付けずとも，また，倫理の場合は「理論的」という冠を付せずとも理解されているため，単に「道徳」あるいは「倫理」という表現によってその基本属性を具えた用語として用いられうることになる。

(4)　それに対し，「図1」では「濃い網掛け」の枠組みで示した上記②の「実践的倫理」と③の「理論的道徳」という概念は，倫理や道徳が有する「派生属性」を冠にいただいた名称となっている。

(5)　上記の(4)から，次のような関係が導かれる。
　　　▶道徳＝実践的倫理
　　　▶倫理＝理論的道徳

　このことは，なにを意味しているかというと，「図1」において「道徳」概念をその基本属性（実践性；具体性）から眺めると「実践的道徳」が，また，それを「倫理」の側面から眺めると「実践的倫理」が問題とされるということを示している。

　「図1」において，道徳概念をその派生属性（理論；抽象性）から眺めると，「理論的道徳」（抽象的道徳）が，また，倫理概念をその派生属性（実践性；具体性）から眺めると，「実践的倫理」（具体的倫理）が問題にされるということを示している。

　以上の考察から，「道徳」概念はその基本属性から「実践的道徳」（具体的＜個別的＞道徳）が，また，その派生属性から「実践的倫理」（具体的＜個別的＞倫理）

が意味される。同様に,「倫理」概念はその基本属性から「理論的倫理」(抽象的倫理) が, また, その派生属性から「理論的道徳」(抽象的道徳) が意味されることとなる。このような事情から, 語用上の混乱が起こるものと考えられるのである。

現実には, この「理論性」(抽象性) と「実践性」(具体性) との境界線は, 明確な線引きが可能ではなく, まさに**不確かな交わりの中で交差する性格**のものであることが, 理解できるであろう。

第3節　人的倫理とグループ倫理

次に問題となることは,「**行為者の観点**」からの識別である。倫理ないし道徳を担う行為者という視点から, 次のような区別がある。

① 個体倫理——集団倫理
② 個人倫理——組織倫理

「**個体**」とは, 生物体としての人とみれば,「**個人**」という表現と一致する。「**集団**」とは「個体の集まり」と解すれば,「**組織**」と同一の意味をもつ。しかし, 異なるものがあるとすれば,「個体」とか「集団」という概念は単に「認識対象の存在」に与えられた名称であるのに対し,「個人」とか「組織」という概念は,「一定の目的指向性」を有する「存在」として扱う際に用いられる名称であるから, そこにおける差異は「**認識対象としての存在**」とみるか, あるいは,「**目的指向性を有する存在**」とみるかの違いがあるように思われる。

ただし, 道徳や倫理を語る場合, 行為者としての「行い」(行為) が問題なのであり, 単なる「対象としての存在」としては意味を有しないと考える限り, このような言葉による区別を倫理問題に持ち込むことの意義は少ないように思われる。

それ故, 本章文では上記①と②の区別を本質的なものとせず, **個人倫理**とは**個体倫理**のことであり, また, **集団倫理**とは**組織倫理**のこと意味するという形

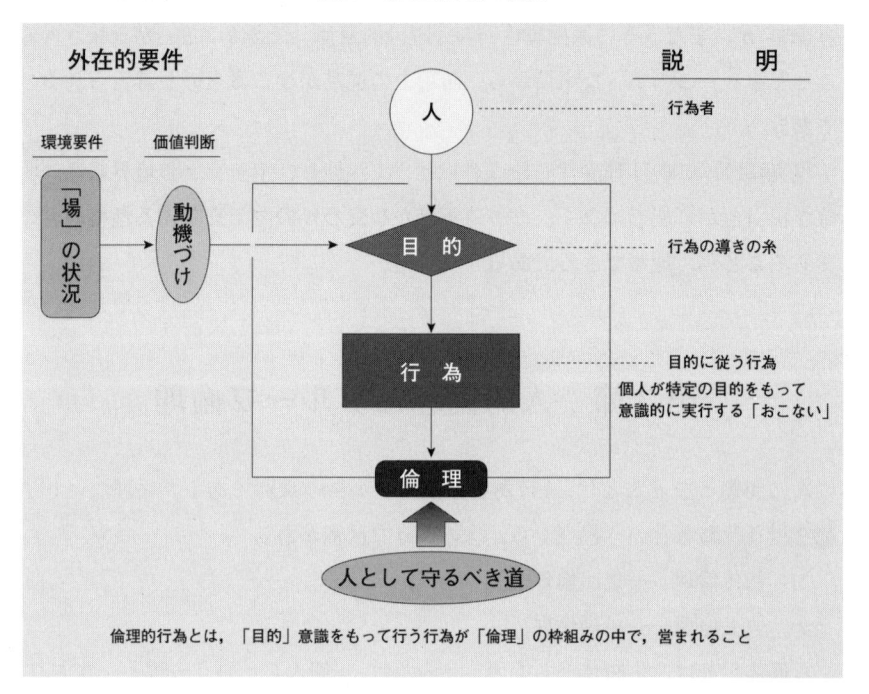

図2 倫理的行為の図式

外在的要件

- 環境要件：「場」の状況
- 価値判断：動機づけ

フロー：人 → 目的 → 行為 → 倫理 ← 人として守るべき道

説明
- 人：行為者
- 目的：行為の導きの糸
- 行為：目的に従う行為　個人が特定の目的をもって意識的に実行する「おこない」

倫理的行為とは，「目的」意識をもって行う行為が「倫理」の枠組みの中で，営まれること

で取り上げていきたい。そのように考えれば，「**人的倫理**」と「**グループ倫理**」という用法も，同じカテゴリーの分類法であるとして整理しておく。

　結論的に，倫理や道徳問題は，「**一定の目的をもった行為**」と絡めて論じられる。とするならば，「**目的**」とは行為者がその置かれている「**場の状況**」に応じて動機づけられた方向に向かって行動を取る際の「**導きの糸**」として機能するものであるから，それぞれの「場」という「状況関連性」において変化することが予定されていることとなる。この認識が後段において重要となる。

　以上の説明を図形化したものが，「**図2**」である。

第4節　倫理的行為の図式

「図2」について，行為結果が倫理にかなった正しいものであるかどうかは，行為者の「**意思性**」に左右される。行為者の「**意思**」を左右するものとして「**目的**」があり，その目的を「**動機**」づけるものが存在する。それは「**環境要件**」(社会経済的環境要因) という「**場の状況**」によって定まると考える。

ここで，「**目的**」とは，「行為の導きの糸として行為を規定し方向づけるもの」であり，そのとき時の社会的・経済的環境条件との相対的関連において定まるものである。したがって，特定の個人がめざす「目的は何か」という判断がくだされるためには，現にある社会的・経済的環境との相対的関連においてその判断を動機づけるものがなければならないということである。

判断主体は，その置かれている環境が事実としてどういう事情・状態・関係にあるかを「没価値的・没批判的に判断」すること（自己の主観的評価を加えることなく，また，批判的評価を与えることなく，事実をあるがままに把握すること：**事実判断**）が，まず必要となる。

次に，かかる事実判断を踏まえて，現にある環境内において，一定の目的に対しどのような方法が手段として役立つかについての評価過程が続く。この評価過程は，「**価値判断**」（規範となる価値を判断の基準として妥当性を推し量ること）のプロセスであり，これをモチベーション（**動機づけ**）と名づける。

そして，この価値判断（動機）に支えられて，いかなる目的を追求するために行為がなされなければならないかが確定する。故に，動機は価値判断であり，目的は「**当為判断**」である。かかる当為判断に従って営まれる「**行為**」が「**倫理**」にかなった行為であるかどうかは，その行為の導きの糸となった「**目的の妥当性**」にかかっているといえるであろう。このようにみてくると，倫理の問題は行為者の目的指向性に深く関わっており，現に行われている行為の倫理性や道徳性は，目的の妥当性によって決せられるということができるように思われる。

第5節　科学者倫理を手掛かりとした解説

　現に「事実」としての世界では，近年とみに経済や社会の仕組みが複雑化し，それを支えている各種の科学・技術が著しく高度化した。しかもインターネットを通じて各種の情報を居ながらにして入手することが可能となると同時に，情報の発信も「同時・同報」的に，リアルタイムで可能となる時代がやってきたのである。時代は，閉鎖された国境の壁を取り払い，グローバリゼーションの時代へと突入したわけである。まさにサイバースペースの「際(きわ)なしの世界」の出現は，行為者の競争の様相を一変するに至った。

　かかる「事実認識」(事実判断)を踏まえて，その事実を行為者がどのように評価し，その評価結果を行為の内に反映するかということが「動機づけ」の「価値判断」となる。ここでの行為者を科学者とした場合，動機づけの一般化は，研究成果公表へのスピードの加速化現象であろう。

　スピードの加速は，自ずから「**研究成果公表の先取り争い**」となって顕現する。「研究成果公表の先取り争い」という動機によって，なにが「目的」(当為判断)なのかが問題となる。

　たとえば，「社会的地位や名誉を得るため」であったり，「科学研究助成金の獲得」や「教授ポストの獲得」，より一般的表現では「昇進」が目的であったり，その様相はさまざまな形で存在する。そのような目的を成就するための「手段」として，これまたさまざまな方法がとられることとなる。その「結果」として，倫理から外れた**ミスコンダクト**が惹起されると考えられるのである。

第6節　「倫理」の「実践的具体性」とは

　「図1」で示したように，「道徳」という概念はその基本属性に即してみれば，「実践的具体性」をもつものであるから，その特性に即して「実践的道徳」と

しての実体をもっている。

「倫理」という概念はその基本属性に即してみれば,「理論的抽象性」をもつものであるから,その特性に即して「理論的倫理」としての実体をもっている。

しかし,道徳も倫理も日常の語用論からみると,必ずしも明確な論理に従って用いられていない。したがって,「道徳」という用語からすると,「倫理」は「理論的道徳」として,また,「倫理」という用語からすると,「道徳」は「実践的倫理」として特徴づけられるのである。

結論的に,「実践的具体性」という観点からすれば,「道徳」は「実践的道徳」ならびに「実践的倫理」であり,「理論的抽象性」という観点からすれば,「倫理」は「理論的道徳」であり,「理論的倫理」であるということになる。

「道徳」概念をそのように基本属性である「実践具体性」から規定する行き方は,現に一般の用法の中に認められるものである。具体的には,道徳といわれるものの限界原理を一義的・具体的に決することが困難な場合が多い。それは次の二つの点に問題を残すからではないであろうか。

(1) 道徳といわれる概念には,一定の幅があるため,その幅の広がりをどのように理解するかの行き違い——**認識枠の幅に対する感覚の違い**
(2) 状況に応じて場面が異なるため,異なる場面を同一局面の問題として議論することによる対立——**局面の違い**
(3) 受験競争は是か非かという議論においてみられるように,論者によってそれぞれ異なるキャリアーがあるために,議論の視点が異なっていることに基づくすれ違い——**視点の違い**

第7節 「局面の変化」と「倫理概念の変化」

前節で述べた(2)の問題点,つまり「異なる場面を同一局面の問題として議論することによる対立」の問題は,どこでも起こりうる事柄である。ということ

は，倫理概念は，時代条件付の概念であって，時代の変化と共に変化する概念であるということに由来するものであるからである。

そのことは，たとえば第4章で詳しく触れることになるのであるが，著作権をめぐる「公正性」の解釈の変化過程においてみられるところである。殊に最近では，著作権の保護問題をめぐって注目を集めている問題であるが，著作物は広く一般に利用されることが文化・科学の向上の面から必要なことであるが，そのためにはそれが公正かつ公平に利用されることを保証しなければならない反面，著作者の権利保護を図っていかなければならないという二つの異なる側面がある。

ここでの「公正」概念は，あらゆる場面において基礎とされる倫理の一要因であると解されるのであるが，この「公正」概念そのものが時代と共に変化していくことを知るための好例として，著作権の公正利用という問題に触れてみたい。

著作物が編綴（へんてつ）されて読まれた時代は，著作権者とユーザーとの間に図書館や出版社等の中間媒介者が介在し，作品に対する本源的な独占権でる著作権は，著作権者の承諾を得るという条件下において，ある程度の公正性が維持されてきた。

ところが，最近のような電子化が進むにつれて，大きな変化がみられるようになった。すなわち，「電子ネットワーク環境の世界」においては，出版社や図書館等の中間媒介者は存在しないため，著作権者とユーザーとが直接関係を結ぶことが困難となってきたことである。いわば無断での使用が横行するようになると，従来型の公正概念が維持しがたくなってきた。

その結果，電子ネットワーク環境下においても，なにが公正であるかを確実にすることが求められるようになる。このような現実的な問題の解決に当たって重要なことは，「公正性」の現実面での「変化する世界」の中にあって，公正性の概念内容を従来とは異なる内容においていかに維持するかが問題となってきている。

その場合，絶えず「変化しない世界」としての「公正性」が存在するという

意識をきっちりと持ち続けることが必要であり，そのことによって将来なんらかの問題解決の糸口が見いだされることになるだろうということである。公正概念の時代条件づきの変化の姿（現実型）と，その基底にある普遍型の存在ということへの認識が重要となってきた。

第8節　エピローグ

　本章では，倫理とか道徳とかいわれる概念が，さまざまな用法によって混乱している現状にあって，その内包を規定するために，概念の持つ基本的属性と派生的属性から，倫理と道徳を識別するやり方を提言することに第一の課題が置かれた。

　また，倫理概念は，行為者の意思性に従った行動（行為）に関わるものであることから，その意思を左右する「目的」がどのようにして定まるのかを考察し，その目的に従う行為が「人として守るべき道」にかなっているかどうかが問われることになる。

　具体的に，科学者倫理を問題とした場合，一方で科学の進歩に寄与するために，業績を積極的に社会に公表する「権利」を行使し，他方で社会から科学に対し負託された「責任」を意識して行動することが，倫理的行為として評価される。そのような権利と義務との均衡のとれた行為から外れるとき，すなわち，権利のみが先行し，義務を怠るとき，ミスコンダクトといわれる問題が発生することとなる。

　また，倫理概念は，「公正」概念に通ずるものがあるところから，具体的な問題として著作権をめぐる公正概念が，時代と共に変化する概念であることを取り上げたところである。

（武田　隆二）

第3章　倫理概念の階層構造と教育

第1節　プロローグ

　教育の原点となるものが,「善悪をわきまえる感覚を育成」すること, すなわち,「倫理」に求められるのであるが, それは教育環境の整備を通じて, 専門教育の中でのさまざまな場面において倫理の重要性を説く必要性があることを意味する。

　かかる倫理教育に当たって重要なことは, 道徳とか, 倫理といわれるものの概念を教授者において明確な形で保持することでなければならない。科学技術の急速な発展等に伴い, 倫理概念の「外延」(倫理が問題とされる領域の拡大)と倫理概念の「内包」(倫理という概念の質)の変化により, 倫理の世界は「状況に関連して変化する倫理の世界」が多様かつ多元化した。しかし, それのみに目を奪われていると判断の支点が失われるため, 常にかかる「状況の変化に関係なく普遍的なアプリオリの世界」において正しい倫理の世界があるという認識が重要となる。

　本章では, 道徳と倫理とが同一対象を問題としながら, 異なる扇面において漸次的に姿を変える(すなわち, グラヂュアルに変化する)特質を有するものであるが故に, これら二つの概念の適用限界を明確に区画(識別)できないという特性を有することを念頭に置きながら, 教育との関連を考えるという行き方が重要となる点を明らかにしたい。

第2節　教育課程と道徳・倫理の関連

　道徳と倫理という二つの概念は、「人として守るべき道」という「**同一対象**」を「異なる切り口」(**異なるディメンション**) から切り分けた表現にすぎないことについては、既に第1章で説明した。つまり「人として守るべき道」という対象の基本属性としての「具体性と抽象性」と「実践性と理論性」という相対峙(あいたいじ)する立場からのアプローチの違いによって生ずる区別にすぎない。
　そこで問題となるのは、そのような性格の道徳と倫理を教育課程の中でいかに位置づけるべきかということである。この点については、次のような考え方が成り立つ。

(1) 「倫理」を (前章の「図1」に従い)、その基本属性である「理論性」および「抽象性」において捉えた場合、倫理のもつ規範性を重視し、人間たるものすべてが守らなければならない道であること、したがって、そこには「**地域的**」(日本か、外国か等)、「**時代的**」(明治時代か、平成時代か等)、「**教条的**」(仏教か、キリスト教か等) 等のなんらかの識別性ある境界を超えた「**普遍性**」ある概念として、教育することの意義は、初等・中等教育では必ずしも必要性はないのではないかと考える。

(2) 上記(1)の観点から教育の問題を考えるとき、道徳と倫理という教科を区別したプログラムが準備されなければならない。

(3) しかし、上記(2)の立場に立つ場合であっても、道徳も倫理も共に本来一体的な概念としてみなければならず、それを単に実践面に重点を置くか、理論面に重点を置くかの相対的識別意義にすぎないとみることが重要である。

(4) 上記(3)の立場と用語の面との組み合わせでみれば、初等・中等の教育課程では道徳という名称で主として実践面に重点を置いて教育する必要があり、大学等の教育課程では倫理という名称をもって理論面と実践面との両面に亘って一体的なものとして扱うことが適切である。

以上のように考えると、倫理も道徳も同一内容のものであり、シノニム（**同義語**）として扱い、強いてその用語にこだわるときは、初等・中等教育課程では道徳という名称での教育を、また、高等教育課程では倫理という名称での教育を行うことが適当であろう。

　すでに（第1章で）指摘したように、「教育改革国民会議報告」によれば、「学校は道徳を教えることをためらわない」と題するセクションにおいて、「社会性の育成」、「自由と規律のバランスの回復」を図ることが「道徳」の教科の内容として提案されている。その上で、「提言」として、「小学校に『**道徳**』、中学校に『**人間科**』、高校に『**人生科**』などの教科を設け、専門の教師や人生経験豊かな社会人が教えられるようにする」としている。

　この提言を受けて、高等教育課程では、道徳の具体的・個別的な内容と合わせて、その理論的・抽象的な側面について教育することが重要である。というのは、具体的・個別的道徳の世界では、限りないバリエーションを伴った事象について「なにをもって正しいとするか」という価値判断による方向性の自主的判断活動を支えるものが、不動な超歴史的・普遍的概念である倫理観であるからである。「正しさ」は、確固たる倫理観に立っての俯瞰的展望において決せられるとする精神が、正しい「おこない」の基盤となると考えられるからである。

第3節　倫理の階層構造

　「倫理」と「道徳」とは、同一対象の異なる扇面からの接近法によって識別されるにすぎないという立場から、「倫理」という用語によって以下整理することとしたい。

　これまでの展開で、倫理は「抽象的な側面」と「具体的な側面」とから成るものであることを指摘してきた。

　人間は、「個人」としての存在であると同時に、「集団」の一員としての存在

第1部 基礎理論

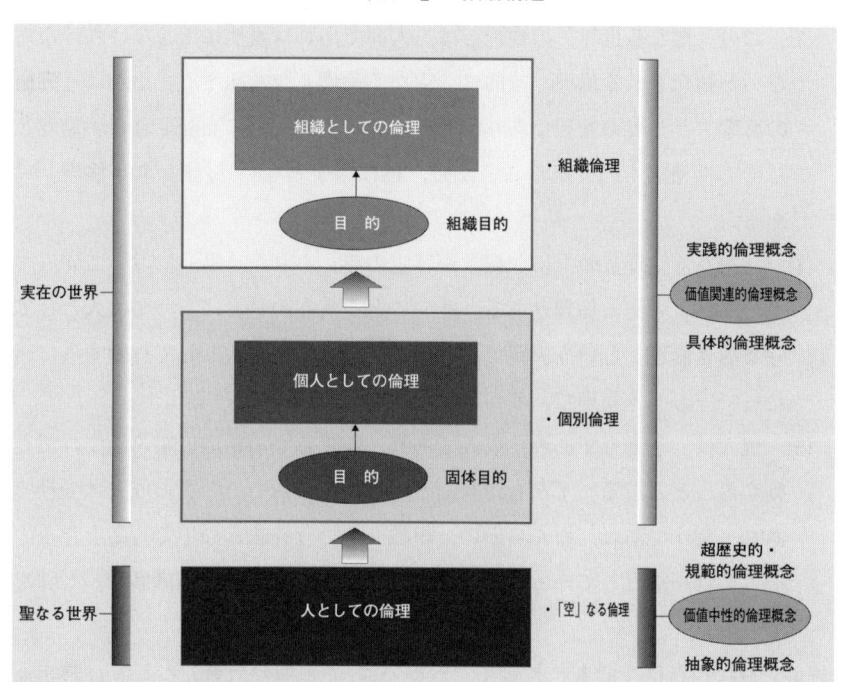

図1 「倫理」の階層構造

でもある。したがって，具体的側面から倫理を眺めると，個別倫理（個人倫理）と組織倫理（グループ倫理）とに区別することができる。そこで，以下の論理の展開上，はじめに倫理には階層構造があることを，「**図1**」で示しておかなければならない。

「図1」では，次のことを示している。
(1) 図形の左側を見ていただきたい。倫理が問題となり，通用する世界を「**実在の世界**」と「**聖なる世界**」という表現で区別している。
(2) 「**実在の世界**」における倫理とは，現に存在する実社会において「倫理」と観念されるものであり，「**聖なる世界**」における倫理とは，少なくとも実在の世界の人々が「真にあるべき倫理」が存在すると観念し，それを常に見えざるエグゼンプラ（範例）として近づこうと努力する過程で，

その目標となるような倫理という意味合いである。

(3) この「聖なる世界」の倫理とは，人間であれば当然に踏まなければならないと観念される倫理，端的に「**空なる倫理**」を意味する。それは「**究極の真理**」としての倫理であり，そのとき時の価値観に支配されない倫理としての性格のものであることから，色に染まらない「**『聖』なる倫理**」である。

(4) 「空なる倫理」の上に，個人が特定の与えられた「場」において守るべきであると考える倫理がある。そのことを実在の世界において「**人として守るべき倫理**」という表現で示すことができる。個人として行動するに当たって守るべき倫理であるから，「**個別倫理**」と名付ける。

(5) 個人は，子どもであれ，成人であれ，なんらかの組織に組み込まれて行動することとなる。子どもは家庭という組織において，また成人は会社であれ，官庁であれ，なんらかの「組織」という枠組みの中で行為を営む。そこには組織として守るべき倫理が存在する。それを「**組織倫理**」と呼んでいる。

(6) われわれは「個人」として，あるいは，「組織の一員」として行動する場合において，すべてなんらかの「目的」に従う行為を営むことになる。したがって，個人として実現すべき目的（**個体目的**）に従い守るべき倫理がある。すなわち「個別倫理」という概念は，個人の目的指向性に向けての倫理を問題にする。また，同様に組織として実現すべき目的（**組織目的**）に従い守るべき倫理がある。すなわち，「組織倫理」という概念は，組織の目的指向性に向けての倫理を問題とする。したがって，特定の目的に導かれた「**実箱**」としての倫理があり，それは「**形のある倫理**」である。

(7) 上でみたように，個別倫理も組織倫理もそれぞれ一定の「目的」に従う倫理観であるから，個人なり，組織の「価値評価過程」を通じて実践される具体的倫理観であり，それ故に，「**価値関連的倫理概念**」であるということができる。

(8) ところが，「聖なる世界」とは，「空の世界」であり，その「聖なる世界」

を「不動の世界」と読み替えたり，「中立的な世界」ないし「変化せざる世界」と解したり，特定の理論に彩(いろど)られない「理論中性的なもの」と言い換えることができる。したがって，「人としての倫理」の世界においては，「**価値中性的倫理概念**」が成り立つ。それは**倫理という名の「空箱(からばこ)」**に等しく，時代の変化に応じて，したがって，価値観の変化に伴って変化する倫理観をすべて受け入れることのできるような「宇宙につながる「**形相(けいそう)の世界の箱**」でもある。したがって，その特性はきわめて「抽象的」であり，また，歴史を超えて通用する倫理観であるところから，「価値中性的倫理概念」であるとして特徴づけることができる。

第4節　価値中性的倫理概念から価値関連的倫理概念への昇華

「価値中性的倫理概念」というのは，なんらかの価値判断を伴わない「倫理」という「**抽象的な『型(かた)』概念**」として存在するものの，「**具体的な『形(かたち)』を伴わない概念**」である。その意味においては「空箱」であるが，しかし，そのとき時の状況に応じた具体的倫理を基礎づける働きをするものであるから，規範性を有し，また，特定の価値と結びついて成り立つ概念ではないからこそ，価値中性的な特質をもちうることになる。したがって，時代を超えて，いかなる時代においてもなくてはならない概念としての存在理由があるので，それは端的に「**超歴史的倫理概念**」として，また，「**普遍的倫理概念**」として特徴づけられる。

　問題は，そのような中立的な概念から「**価値関連的倫理概念**」がいかに誘導されるのかということである。「社会」とは元来人の集まりとして成り立つ「人間の集合体」であり，その集合体を構成する「人と人とのつながり」から「社会的機能」が生まれると理解すると，「人と人との関係性」により「**組み立てられた構造**」として把握することができる。そのように「**組み立てられた人と人との関係性の構造**」が一つの「**機能**」を発揮するためには，なんらかの

「**方向性**」がなければならないはずである。この方向性（導きの糸）が「**目的**」として措定されている。

社会という観点から「人」をみると、社会があるから人がありうるというようにみられるが、やはりその原点となるのは一人ひとりの「個人」である。しかも、個人が社会性をもって行動するようになるまでは、母親や家族との関係において育まれ、培われることになり、さらにそれぞれ異なる教育や社会的経験を踏まえて、「組織集団」の一員となるという流れがある。

したがって、社会を構成する個人は、社会的成員としてなんらかの「目的」意識をもって、日常の営みを行っている。この「**個体目的**」によって支えられた「**個別倫理**」（個人倫理）は、その個人が帰属する家庭等のしつけ等によって形成されるもの、いわば「**ソーシャル・パースト**」（社会的過去）と強い結びつきをもって作り上げられていると解される。

「**組織倫理**」の基本としてそれを誘導する要素が、「**組織目的**」である。本来、「組織」とは、「特定の目的」を達成するために個人等に役割を与え、その活動を統合・調整する仕組みとして成り立っている。

ここで「組織」という単位を個別企業ととるか、地方行政単位ととるか、あるいは、国家単位としてとるかは任意であって、個人等のまとまりとして組み立てられた構造単位である。そこでの「目的」は、組織単位を構成する「**成員全体の合意**」の形式で定まるものである。その組織が「一定の目的」を実現するために組み立てられたものであるから、その組織成員として組み込まれた以上、その組織合意に従った「**組織倫理**」に沿った行動が要請されると解される。

第5節　倫理観のコンフリクトの解消に向けて

このように、「個別倫理」にせよ、「組織倫理」にせよ、特定の目的実現のために守るべき道として理解されている限り、そこでの倫理内容は具体性を有し、また、実践性を保有した「価値関連的倫理概念」として機能することになる。

しかし，当該価値概念が受け入れられるべき「聖なる世界」に合致しているかどうかを絶えず反省し，それによるべきであるとする道標（みちしるべ）として機能するものが，規範性をもった「価値中性的倫理概念」であるという関連が理解されなければならないであろう。

したがって，個別倫理と組織倫理の関連は，次のような関係として描かれる。

> 個別倫理 ≧ 組織倫理

この関係から考えると，現実に個人が組織人として行動するに当たって，個別倫理と齟齬（そご）するような事態が起こった際には，どのように対処しなければならないかという問題が起こるのである。

一般論として，組織人である以上，またその組織倫理に合意した限りにおいて，組織倫理に従うというのが基本である。しかし，現実論としての組織のミスコンダクトについてまで見逃すべきであるのかどうかということになると，より根源的な問題に立ち向かうこととなる。その場合，「価値関連的倫理」と「価値中性的倫理」との関連において判断すべきものがある。この両者の関係は，次のように表すことができよう。

> 価値中性的倫理 ≧ 価値関連的倫理

価値関連的倫理は，正義や公正という「規範論的観点」に立って判断されるべきであるということになる。このことが倫理観のコンフリクト解消の基本となる。

しかし，現実問題としてそれに決着を与えることができない場合には，コンフリクトの調停のための機関によって解決を求める以外にないということになる。ここにおいて，倫理違反のミスコンダクトに対する予防措置としての「**罰則規定**」の設置，ならびに，コンフリクトの裁定のための**決裁機関**の設定が必要とされることになる。

第6節 「科学者の人権」,「学問の自由」,「科学者のミスコンダクト」概念の階層的組み立て

　これまで「道徳」と「倫理」の問題を中心として検討してきたが,「倫理問題」をわれわれの行為の中においてどのような位置づけを与えるべきかについて,以下において考察するものである。

　考察のアプローチとして,われわれ研究者としての

① 主体の観点

② 研究の対象の観点

③ 「倫理」問題を含む「行為基準」の観点,さらに,

④ 倫理や法令という行為基準に準拠する行為である「コンプライアンス問題」,および,それに違反する行為である「ミスコンダクト問題」

を総合的に図形の中に収めて描いたものが,「**図2**」である。

　「図2」では,次のことを示している。

(1) 行為者という「**主体**」を特定する必要がある。行為者が誰であるかによって,その行為の「**場**」を異にし,「場」が異なることにより,行為の「**対象**」となるものが違ってくるからである。

(2) 図形上は,「科学者」という「主体」に限定してみるとき,そこに問題となる課題は「**科学者の『人権』**」が表面化する。科学者の人権の問題というと,科学者が科学者としてアプリオリに保有する権利が問題として取り上げられることとなる。

(3) 科学者にとって重要なことは,「**学問の『自由』**」についてであろう。このテーマは,「対象」を問題とするものであり,科学の担い手である科学者の「対象」とする「学問」への取り組みの保障というテーマが前面に立つ。

(4) 学問の「自由」という場合,際限のない「自由」が問題となるように思われるが,そこでの「自由」はそのとき時に与えられた「**法令**」の枠組み

第1部 基礎理論

図2 「科学者の人権」,「学問の自由」,「科学者のミスコンダクト」概念の階層的組み立て

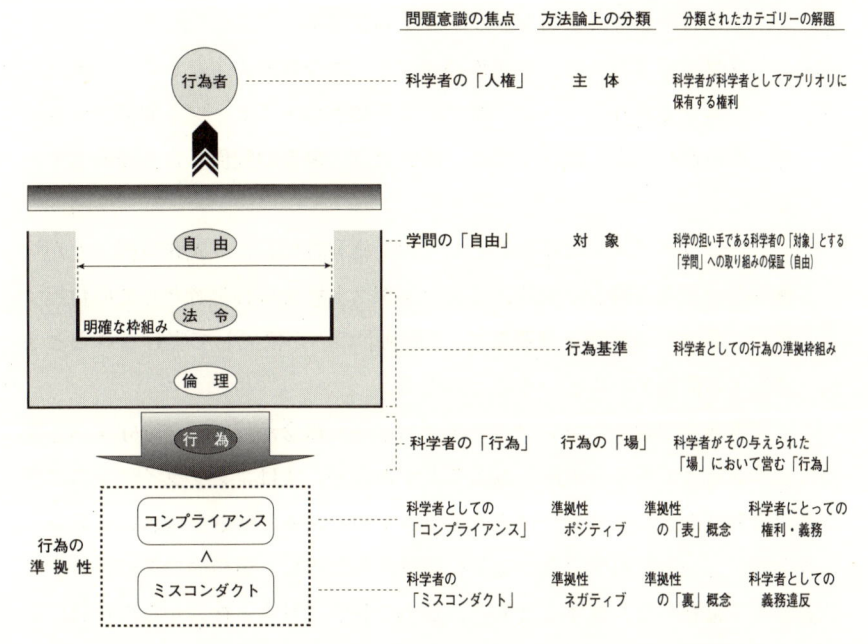

	問題意識の焦点	方法論上の分類	分類されたカテゴリーの解題
行為者	科学者の「人権」	主 体	科学者が科学者としてアプリオリに保有する権利
自由／法令／倫理	学問の「自由」	対 象	科学の担い手である科学者の「対象」とする「学問」への取り組みの保障（自由）
	行為基準		科学者としての行為の準拠枠組み
行為	科学者の「行為」	行為の「場」	科学者がその与えられた「場」において営む「行為」
コンプライアンス ∧ ミスコンダクト	科学者としての「コンプライアンス」	準拠性 ポジティブ／準拠性の「表」概念	科学者にとっての権利・義務
	科学者の「ミスコンダクト」	準拠性 ネガティブ／準拠性の「裏」概念	科学者としての義務違反

の中での「自由」であり，そのような枠組みの中での「**行為自由**」の保障問題であるという限界認識が重要である。

(5) しかし，科学者としての「**準拠枠組み**」は，決して「**制定法**」（成文法）によって明確に定められた枠組みに準拠するだけでは十分ではなく，その前提ないし基底には社会的な規範としての「**倫理**」が存在し，「行為の基準」となるものは広く法令と倫理という二つのものが措定されているということである。

(6) かかる前提に立って，科学者の「行為」が現実に営まれることになる。その行為はあくまでも科学者が行動する「**行為の場**」で展開されるものであって，その与えられた場が行為の広がりを決定する。

(7) 科学者の行為が，法令や倫理に準拠して営まれるとき，その行為は準拠性に基づく妥当な行為とみなされる。いわゆる科学者の「**コンプライアン**

ス」の問題である．しかし，そのコンプライアンスに従わず，逸脱するとき，その行為を「**ミスコンダクト**」と名付ける．

(8)　コンプライアンスは，準拠性のポジティブな側面，すなわち，準拠性の「表」概念であり，ミスコンダクトは準拠性のネガティブな側面，すなわち，準拠性の「裏」概念である．両概念は「**表裏の関係**」にある概念である．

(9)　コンプライアンスは科学者としての「権利行使」と「義務負担」とが均衡を保つときの概念であり，ミスコンダクト概念は科学者としての負担すべき「義務」の範囲を逸脱して，「権利」のみが優先して実行されたときに生ずる問題であるということになる．

　ここで重要な認識は，コンプライアンスという概念が行為者が遵守すべき義務に属する概念であると理解されることがあるが，実はコンプライアンスは行為者の権利概念として位置づけられるべきものであると解さなければならない．

　科学者が，一方で科学の真の進歩に寄与するために，積極的に業績を社会に公表する「**権利**」を行使すると共に，他方で科学に対する社会からの付託に応える「**義務**」を履行することにより，科学に対する社会的信頼の指標として，ミスコンダクトのなき科学者行為が求められることになる．

　かかる「**権利と義務との均衡**」の上にこそ，正しい科学者行為に基づく，公正な研究活動の積極的な展開と成果公表によって「**科学の進歩**」が期待されるところである．科学のミスコンダクトが問題となるのは，かかる均衡が破れ，「権利」の側面が科学的競争場裏において不当に先行し，科学者としての義務が顧みられないことにより起こる問題であると解されるのである．

　人間行為の基底には，常に「倫理観」に根ざした誠実性が求められている．

第7節　エピローグ

　倫理的行為とは，「目的」意識をもって行う人間行為が「倫理」という枠組みの中で営まれるときに語られる概念である。行為者の行為は，その者が置かれている「場」の状況における「動機づけ」により当為判断としての「目的」が設定され，その目的が「行為の導きの糸」として，「倫理」の枠組みの中で，意識的に行われるときに，「人として守るべき道」（善悪をわきまえる感覚）に沿った倫理的行為であるとされる。

　「倫理」と「道徳」とは，同一対象の異なる扇面からの接近法によって識別されるにすぎないという立場からすると，倫理は「抽象的な側面」と「具体的な側面」とから成り，さらに具体的側面から倫理を眺めると，個別倫理（個人倫理）と組織倫理（グループ倫理）とを区別することができる。その結果，倫理には三つの「階層構造」があることを浮き彫りにした。

　「実在の世界」における倫理とは，現に存在する実社会において「倫理」と観念されるものであり，「聖なる世界」における倫理とは，少なくとも実在の世界の人々が「真にあるべき倫理」が存在すると観念し，それを常に見えざるエグゼンプラ（範例）として近づこうと努力する目標となるような倫理という意味合いのものである。

　この二つの概念を区別することの意義は，「実在の世界」においては，行為者の置かれている「場の条件」や「目的設定の差異」等によって，倫理はさまざまな形で変化するものであり，その意味において「状況関連的」に変化する概念である。そのような中にあって，絶えず変わることのない「倫理」というものがあり，それに接近しようと努力するところに，「倫理の普遍性」を見い出すことができるという点で重要である。

　したがって，「実在の世界」における倫理は「価値関連的倫理」であり，「聖なる世界」における倫理は「価値中性的倫理」である。前者はなんらかの価値判断を伴わない「倫理」という「抽象的な『型』概念」として存在するものの，

第Ⅰ編　倫理概念と教育

「具体的な『形(かたち)』を伴わない概念」である。

しかし，そのような「価値中性的倫理」をベースにそれぞれの人に与えられた「社会的機能」を果たそうとするとき，なんらかの「目的」の設定が必要となり，その目的を介して行為の方向づけが行われるとき，「価値関連的倫理」が導かれる。

論を結ぶに当たって，行為者の「主体」，「対象」，「行為基準」等との関わり合いで，「倫理」の位置づけを考えるとき，「人権」や「自由」や「行為」や，さらに「コンプライアンス」と「ミスコンダクト」といわれる諸概念は，行為者のそれぞれの側面との関わり合いで問題となる概念であることを，俯瞰(ふかん)的な立場で明らかにした。

(武田　隆二)

第4章 「儀礼的無関心」と「倫理」

第1節 プロローグ

　「倫理問題」について，現在，多くの人の関心を呼んでいる。たとえば，最近，報道されたミスコンダクト（不正事件を含む広い意味での「誤った行為」）事件は，次に摘記するように，社会経済のすべての面で起こっているように感じられる。

(1) 早稲田大学理工学術院・教授の研究費不正受給（私的流用）問題——**科学者のミスコンダクト事件**

(2) 日本経済新聞社の東京本社広告局社員の証券取引法違反（インサイダー取引）問題——**言論報道機関のミスコンダクト事件**

(3) 村上ファンドによるニッポン放送株の取引をめぐる証券取引法違反（インサイダー取引）問題——**投資ファンドのミスコンダクト事件**

(4) カネボウの粉飾決算にかかわった中央青山監査法人・監査業務停止事件——**中立的立場にあるべき公認会計士のミスコンダクト事件**

(5) 民主党の国会議員（弁護士）の名義貸しによる弁護士法違反事件——**法律の番人たる弁護士のミスコンダクト事件**

　「倫理」という概念は，日常的には「周知された概念」であり，「倫理」という用語によって，相手方がどのような内容として理解するかは別にして，日常的にはほぼ違和感なく（コミュニケーション・ギャップを起こさずに）通用する用語となっている。その意味では**「形のある概念」**であるが，しかし，いざその内容としてどのようなものが指示されているかということになると，個別事例を挙げることができても，一般的にそこに共通するものは何かという点につ

いて必ずしも定かでない概念であるといえる。すなわち，「**形のない概念**」である。いわば，倫理は次のような特質をもっているといえる。

> 倫理とは，「形があって，形がなく」，また，
> 　　　　　「形がなくて，形のある」概念である。

　この論文で取り上げようとするテーマは，「倫理」や「道徳」という概念を正面から取り上げるのではなく，わたくしどもが日常生活する場面で，あるいは，自由職業人として業務を遂行する過程で，「この問題については，**この程度なら大丈夫**」と考える事柄の中に，実はミスコンダクトの要因が潜んでいるのである。「この程度なら」という「程度」について，さまざまな解釈がありうるからである。

　このような問題は，学術的面では「**通説**」といわれるものについてはリファレンス（参照文献の引用）なしに利用できるという暗黙の了解があるが，「通説」かどうかについて一意的な合意が存在するわけではない。ここにミスコンダクトの生ずる可能性があるといえる。そのような「**合意の幅**」の問題を社会心理学の事例を取り上げて，考察してみたいと思うのである。

第2節　「儀礼的無関心」と「通説」

　ここで，「**儀礼的無関心**」という問題が起こってくる。「儀礼的無関心」という言葉は社会学における用語であり，その当初，カナダ出身のアメリカの社会学者アーヴィング・ゴッフマン（Erving Goffman, 1922.6.11～1982.11.19）が使った言葉である[1]。

　ゴッフマンは，上記の書籍において，米国のミドル階層における社会的交流のあり方について述べている。その意味するところは，路上において見知らぬ人同士が出会ったとき，お互いに無関心を装って通り過ぎることが，共有した限られた空間において，それぞれ均衡のとれた平和な場を維持する上で必要だ

と考える慣行を意味する概念として使用している。それ故,「**不文律な道徳的規範の相対性**」を論じたものとして興味ある記述である。

こうしたことは,アメリカではミドルクラスの市民社会における礼儀であるとされている。この「**無関心を装う空間領域**」は,ゴッフマンによると「8フィート」(約2.5メートル)であるというのである。いま,この「8フィート領域」を,仮に科学において「**通説化した領域**」という用語に置き換えた場合に,行為者の理解する「通説」という**見積幅**(理解幅)に主観的要素が入り込む余地があり,すでに指摘したように,ミスコンダクトの原因となりうるのではないかと思われるのである。

このことを図形化して示したものが,「**図1**」である。

問題は,「儀礼的無関心を装うことの可能な範囲」,つまり,「通説とされる知識の広がり」(通説としての知識領域)を「客観的に画定」することができるかどうかということである。ここに科学者の個人的な「主観の介入」する余地があり,その「知識領域」を広くとる者もあれば,狭く解釈する者もあって,「儀礼的無関心」の限界領域を客観的に画定することができないことが現実であろうかと思われる。そのため,「引用せずに使用した知識領域」について,他者によりミスコンダクトであると解釈され可能性が起こるおそれが存在するということである。

なぜこれを問題としたかというと,繰り返しになるが,科学者のミスコンダクトという行為も,絶えず人間行為にまつわる問題であって,善と悪,正当性と不当性という,両者の間を走る細い路線の上を歩いているわけである。まかり間違えばミスコンダクトに陥ってしまう。そういう瀬戸際を人間は誰しもが歩いているというのがここでの理解である。

「儀礼的無関心」という用語を「通説」という言葉に置き換えてみると,「通説」は誰が使ってもよく,他人の書物であっても誰が書いたのかを引用せずに自由に使える許容幅であると解釈できるわけである。しかし,この許容幅は個々人によってすべて異なる。8フィートでなくて7フィートという人にとっては,8フィートはミスコンダクトに入るかもしれない。6フィートという人

第Ⅰ編　倫理概念と教育

図1　個人間の社会的交流のあり方——すれ違う米国ミドル階層の二人の個人の行為——

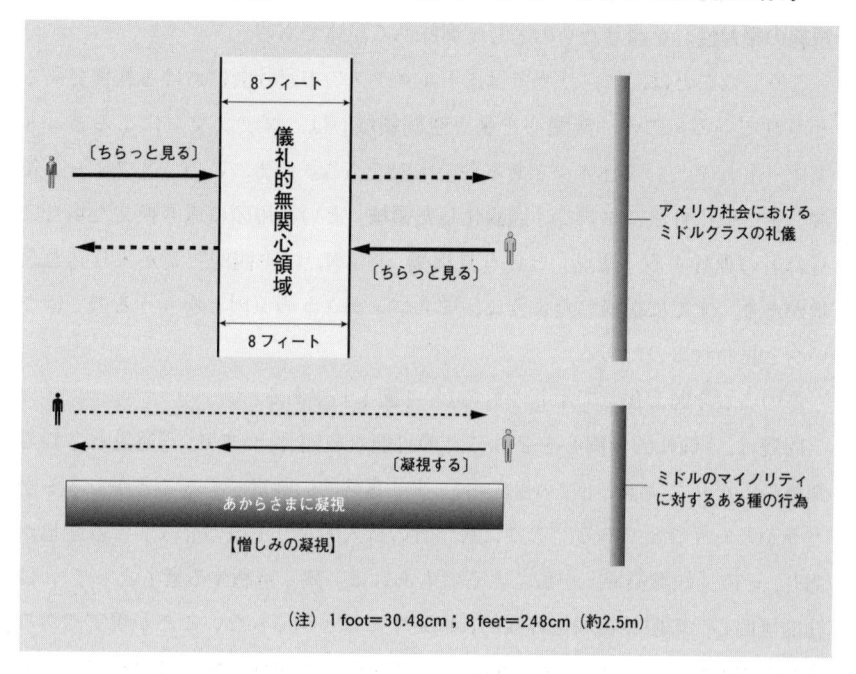

```
        8フィート
   ┌─────────┐
   │儀 礼 的 無 関 心 領 域│
   │         │
👤 〔ちらっと見る〕─────▶
   ◀─── ─── ─── ─── ─── 
                    〔ちらっと見る〕 👤
   │         │
   │ 8フィート │
   └─────────┘
                              ─── アメリカ社会における
                                   ミドルクラスの礼儀

👤 ─── ─── ─── ─── ─── ─── ─── ─▶
   ◀─── ─── ─── ─── ─── 
                    〔凝視する〕 👤
   ▓▓▓▓▓▓▓▓▓▓▓▓▓▓▓▓▓▓
    あからさまに凝視
   【憎しみの凝視】
                              ─── ミドルのマイノリティ
                                   に対するある種の行為
```

（注）1 foot＝30.48cm；8 feet＝248cm（約2.5m）

にとっては，7フィートもミスコンダクトになる。換言すれば，個人，組織，あるいは地域や国によって尺度・価値観が異なる結果，ミスコンダクトの問題も，日本では許される行為であっても，外国では通用しないというように，国際的行動における不適合（**国際的コードの不一致**）という問題が起こるのではないであろうか。

したがって，ミスコンダクトかどうかを判断する場合にも，特定の個人間や学会内部でだけで通用する判断基準ではなく，誰にでも，どの学会にも，ひいては世界に共通する判断基準が必要になるのではないかと考える。

第3節 「儀礼的無関心」と倫理性

上に述べた「儀礼的無関心」という用語は，ゴッフマンがアメリカ社会におけるミドル階層の「個人間の社会的交流のあり方」について語る際に用いた特殊な用語であり，「不文律な道徳的規範の相対性」を論じたものとして興味ある記述であると考える。

筆者は，すでに指摘したように，全く無関係にみえるこの用語を「倫理」を論ずる場合に援用できるように思ったのである。その場合，次の二つの点を**「学ぶべきもの」**として指摘できるであろう。

① 社会的行為にかかる不文律な道徳的規範は，「ローカル性」と「階層性」を備えている場合があること
② 「儀礼的無関心」と「憎しみの凝視」という二つの行為を「真」と「偽」ないし「正」と「邪」を分かつ行為として記述していること

そのように考えると，次の諸点を**問題**として提起できるように思われる。

(イ) 倫理性を論ずる場合，ミスコンダクトにかかる道徳的規範が，それぞれ国により**「地域性」**（ローカル性＝日本特有の事情やアメリカの特別な歴史的背景）という特性を有し，日本的風土・慣習・教条等を建前として，グローバルな対応が可能であるかどうかということが問題になること

(ロ) 行為者の**「階層性」**という点については，たとえば，職業会計士（公認会計士，税理士），企業内会計士，公企業会計士等という階層性を顧慮して，ミスコンダクト問題を扱うことが適当かどうかということが問題になること

(ハ) 「儀礼的無関心」という「8フィート領域」を，仮に会計士や税理士業界において「通常行っているやり方」，ないし，「誰でもがやっている事柄」（一般化した領域），あるいは，または，「慣行化した処理基準」という用語に置き換えて，措定した場合に，アカウンタントの理解する「慣行」という見積幅（理解幅）に**主観的要素**が入り込む余地があり，問題になる

こと

それをどのように解決したらよいのかということであるが，ここでは問題提起にとどめておきたい。

第4節 「通説」のフォーラム性

　一般に「**通説**」といわれる領域の知識は，その科学者集団の「**共有財**」ないし「**公共財**」としての性格をもつものであるから，引用するまでもなく，「**自由な利用**」が可能であると理解されている。

　論文を作成したり，社会に対して意見を述べたり，あるいは，インターネットを通じて不特定多数のものに情報を発信したりする行為は，現代社会においては，「**言論の自由**」の名において許されている。これを「**発言の自由**」と呼ぶならば，それは情報の発信者にとっての「**権利**」であると理解される。

　さて，一般論として，すべてのものが「発言権」を「自由権」として保有するものであるとすると，「権利」はもともと「**エゴイスティック**」（利己的）な性格をその根源においてもつものであるから，人間の相互行為の場面において「**衝突**」が起こり，「**対立**」する場面が起こりうる。もちろんそのことは，いかなる場合でも避けることができない状態であるが，それが放置されるとき，「**無法地帯**」が現出する欠点を伴う。そこで，そのようなエゴの対立が起きないような「**社会的調和**」（エゴの折り合いを付ける社会的枠組みの設置）が施されるとき，「公共の広場」（フォーラム）が開けるものと考えられる。

第5節 「自由な利用権」と「儀礼的無関心」

1　公共財の自由な利用権

そこで「通説」とは「公共財」であり，「フォーラム」の使用と同様に，誰

しもが自由に利用できるものであるとすれば，科学者は一般的にかかる「**自由な利用権**」を保有するものであるという結論を得る。そのことは，人間の相互行為における「**儀礼的無関心**」と同様に，「**引用すること**」（儀礼を踏むこと）をせずに，誰はばかることなく「**黙って**」（無関心であることを装って）利用することができるものであるという解釈が成り立つ。

2　著作権をめぐる公正概念の変化

フォーラム内での利用は自由であり，「儀礼的無関心」を装って振る舞うことも「公正」という概念内の行為であると解されている。「公正」は「妥当」であるが，「公正」といわれる概念内容自体が，時代と共に変化しつつあるため，「儀礼的無関心」の見積幅が変動する事例として，以下「著作権をめぐる問題」を取り上げ，参考に供したい。

「儀礼的無関心」という概念が「所与の概念」であるとすると，その範囲内の行為は「公正」であるということになる。著作権の利用に当たっては，従来から「儀礼的関心」を払うことが求められている。したがって，儀礼的関心を払うことは，著作権の「公正利用」がなされたという扱いになる。しかし，公正概念の内実を具体的・客観的標準を用いて定義できないことから，公正概念の積極的な定義に代えて，**権利制限**という形での対処の行き方が，わが国の著作権法体系においてみられる。そこでは「**フェアユース（公正使用）**」という概念はなく，「**著作権の権利制限**」という形をとっていることである。

「公正」という概念は，あらゆる場面において基礎とされる倫理の一要因であると解されるのであるが，この「公正」概念が時代と共に変化する様を描いたものにグラハム・P・コーニッシュ稿「電子ネットワーク上の著作権の環境における『公正』の概念」がある[2]。コーニッシュ氏は，著作権を「創作者が作った作品に対して獲得する，本質的には独占権」と定義する。

著作権が「作品に対する**本源的な独占権**」という意味合いは，本来的な権利属性ではあるが，現実の経済社会では必ずしも歓迎されることとはならず，西洋の長い歴史の中で，「**利用の例外**」を認め，「著作権の所有者の承諾を得ずと

も利用できる場合」もありうるとする運用がなされてきた。そのことが「公正」といえるかどうかは分からないのであるが，その公正という意味合いを「所有者の許可がなくても利用できる範囲」（儀礼的無関心の範囲）を明確にすることで，実際の混乱が避けられてきた。

　かかる「**例外を認めてきた理由**」として，二つ挙げられている。

　(1)　限られた利用を設けることが経済や社会的成長の促進につながること

　(2)　利用の際にすべての機会で所有者に許可を得ることは不可能であること

　このように「公正性」の内容として，「限られた利用が出来ることで公正である」という理解は，(1)の**経済効果の促進効果**，(2)の**許諾を受ける技術的困難性**という二つの理由に基づくものであった。

　ところが，サイバースペースの時代を迎え，「**電子ネットワーク環境**」が整備するに伴い，マテリアル（材料；資料）の利用に例外を設けることに対して，次のような**コンフリクト**が生ずるようになる。

　(イ)　著作権所有者の立場から……反対意見

　(ロ)　ユーザーや中間者（図書館など）の立場から……必要意見

　このように社会・経済的環境変化に伴い，なにをもって「公正利用」とみるかという見方に変化が起こっていることが理解できるであろう。このような状況変化は，次のように要約できる。

　①　従来型の「文書の世界」……著作権者とユーザーとの間に中間媒介者（図書館・出版業者）の介在

　②　近年型の「電子ネットワーク環境の世界」……中間媒介者は存在しないこと，著作権者とユーザーとが直接関係を結ぶことも困難であること

　このように，電子ネットワーク環境下においては，「なにが公正であるかを確実にするような機構を設立し，管理すること」が，事実上不可能であるということが，技術的にも，法律的にも明らかになったことである。

　このような現実的な問題の解決に当たって，重要なことは，「公正性」の現実面の「変化の世界」の中にあって，絶えず「変化しない世界」としての「公正性」が存在するという意識をきっちりと持ち続けることが必要であり，その

ことによって将来なんらかの問題解決の糸口が見い出されることになるだろうということである。公正概念の現実型と普遍型の存在ということが，本章で指摘したかったことである。

第6節 「儀礼的無関心」とその事例

1 儀礼的無関心の小括

さて，問題は，「儀礼的無関心を装うことの可能な範囲」（フォーラム）としての「通説とされる知識の広がり」（通説としての知識領域）を**客観的**に**画定**することができるかどうかということである。ここに科学者の個人的な「**主観の介入**」する余地があり，その「知識領域」を広くとる者もあれば，狭く解釈する者もあって，「儀礼的無関心」の限界領域を客観的に画定することができないことが現実である。そのため，「引用せずに使用した知識領域」について，他者によりミスコンダクトであると解釈され可能性が起こるおそれが存在する。

2 「儀礼的無関心に基づくミスコンダクト」の事例

「儀礼的無関心に基づくミスコンダクト」の事例としては，次のようなケースを挙げうるであろう。

① 先行例の無視（先行例があることを知りながら，引用しなかったこと）──「意図的歪曲」のケース

② 先行例の誤認（先行例があることを知らずに，あるいは，特定の科学者による研究成果に属する知識であるにもかかわらず，それを「通説」と誤って理解し，引用しなかったこと）──「無意識的歪曲」のケース

③ 不適切な引用（先行例を正しく引用せず，あるいは，引用の仕方において不十分な引用となっていること）──「意図的歪曲」のケース

上記の②は，「誤って引用しなかったこと」が「知識不足」に基づくものとして分類したが，「意図的に誤認したふりをすること」に起因するものである

ときは，①のケースと同じく，「意図的歪曲」のケースに属するものとなる。

第7節 「儀礼的関心に基づくミスコンダクト」とその事例

1 「儀礼的関心に基づくミスコンダクト」の小括

この項では，儀礼的無関心とは逆の事例を挙げることである。すなわち，「引用しないこと」に基づくミスコンダクトだけではなく，逆に，無理に「引用すること」に基づくミスコンダクトもあるということである。前者は「儀礼的無関心に基づくミスコンダクト」であり，後者は上司に対する過度の儀礼や「へつらい」による「**儀礼的関心に基づくミスコンダクト**」であるといえるのではないかと思われる。

2 「儀礼的関心に基づくミスコンダクト」の事例

「儀礼的関心に基づくミスコンダクト」の事例としては，次のようなケースを挙げうるであろう。
- (イ) 不適切な引用（引用するまでもないにもかかわらず，上司や先輩に対する「へつらい」からの引用）
- (ロ) 不適切なオーサーシップ（編者でも，執筆者でもない上司を，編者等に加える行為）

上記の(ロ)は，直接の引用としての場面ではないが，状況としては類似の場面であるが故に，「儀礼的関心に基づくミスコンダクト」のケースとしてあげることにしたものである。したがって，両者とも「意図的歪曲」のケースに該当する。

3 ミスコンダクトとされる規準はなにか

「ミスコンダクト」とされるかどうかの判断を，「読者に対して**誤解を与える結果を伴うもの**」，もしくは，「科学としての**権威を失墜させるような結果**を

第1部 基礎理論

伴うもの」，という意味に解するならば，上記二つのミスコンダクトはいずれもそれらに該当するものである。しかし，そのミスリーディングの程度は，「儀礼的無関心に基づくミスコンダクト」のほうが，「儀礼的関心に基づくミスコンダクト」よりもその罪の深度において深いものと解され，「**禁じられるべき行為**」であるといえる。

会計専門職業士等の自由職業人の場合においても，クライアントに対して「不必要に誤解を与えるような表現を行うこと」，「仕事内容の新規性を誇大に宣伝すること」，「自由職業者としての権威を失墜させるような結果を伴う行為」等は，公正性の枠組みから外れたものとして，禁じられるべきミスコンダクトであるといえる。

4　ミスコンダクトの「心的作用性」と教育

この種行為の予防は，ミスコンダクトの性格上，両者において異なっている。すなわち，「儀礼的関心に基づくミスコンダクト」は「**教育の徹底**」によって，「**学習による逸脱現象**」（ミスコンダクトを見よう見まねで一般化する現象）の発生を避けるべきであるとする考え方を漸次的に浸透させることにより，比較的容易に抑止可能な性質のものと解されるが，問題は「儀礼的無関心に基づくミスコンダクト」の予防措置についてである。

「儀礼的無関心に基づくミスコンダクト」についても，「意図的な歪曲」と「無意識的歪曲」とで，異なっている。これらのケースは，すべて行為者の「**意思の世界**」の問題であり，「**心的作用性を伴ったミスコンダクト**」であるからである。すなわち，「先行例があることを知らずに」とか，「先行例があることを知りながら」とか，さらに「先行例があるのかどうかすら分からずに」（知識不足）とかいうように，すべて行為者の「**心的問題性**」を伴っているものであるからである。

情報氾濫の現代においてすべての文献をカバーした上での論文執筆が不可能な状況下において，先行例があるにもかかわらず，そのことを知らずに引用しないケース（いわゆる「先行例の誤認」のケース）は，ある程度避けられない状況

があるものと考えられるが，その余のケースはおしなべて「心的な問題性」を抱えている。

第8節　エピローグ

　「倫理」とか「道徳」という概念は，本来，「善悪をわきまえる感覚」であり，「人としての道」であるとするならば，わたくしどもは「善」と「悪」との間の「細い道」を辿る旅人のようなものである。一歩足を踏み外すとそこには「悪」（非倫理的行為；非道徳的行い；ミスコンダクト）の世界が待っているのである。

　絶えず「善と悪とをわきまえる感覚」を養う必要があるのであるが，このような感覚は「教育」によって後天的に授ける必要があるように思われる。このことは家庭において，学校教育において，あるいは，独立の専門家として，若しくは組織人として，それぞれの役割において果たすべき「道」として保持することが必要であろう。

　上述のケースは，筆者がこれまでの半生を学会人として過ごした関係上，学界人としての立場からの事例を掲げたにすぎない。教育の重要性は確かであるが，それだけに頼ることは適切ではない。

　すなわち，「儀礼的無関心に基づくミスコンダクト」を引き起こす原因はさまざまであろうが，かかる心的領域に対する事前の措置はある程度「教育」によって回復可能なものであると期待できるとしても，万全ではありえない。

　結果的には，研究成果が公表され，ミスコンダクトが指摘されて，表面に浮上したときに，なんらかの「**裁きの場**」が準備されていることが肝要であろう。そのように考えた場合，ミスコンダクトに適切に対応できる「**調査・審査機関**」および「**裁決機関**」が準備されていること，ならびに，かかるミスコンダクトについての「**公開制度**」および「**公開のチャンネル**」が整備されていることが，効果的な制度的圧力として作用すると考えられる。

科学者を中核とするそのような周辺領域が整備されることで，不正な動機に基づく「心的作用性を伴ったミスコンダクト」は，かなりの程度において抑止されうるものと期待される。

　結局のところ，「儀礼的無関心に基づくミスコンダクト」や「儀礼的関心に基づくミスコンダクト」をなくするためには，「**予防措置**」に頼る以外にはなく，したがって，ミスコンダクトのインフラストラクチャーの整備を図ることに期待する以外に方法はないものと思料するところである。

【注】
1）　アーヴィング・ゴッフマン著，丸木恵祐・本名信行訳『集まりの構造』誠信書房，1980年。
2）　Graham P. Cornish, "Unethical, Immoral, and Essential : the Concept of "Fairness" in the Electronic Copyright Environment", in Lester J. Pourcian (ed.), *Ethics and Electronic Information in the Twenty-First Century*, Purdue University Press, 1999. 細羽嘉子訳「非倫理的な，不道徳的，そして本質的なもの：電子ネットワーク上の著作権の環境における「公正」の概念」。http://www.fine.bun.kyoto-u.ac.jp/tr3/hoshoba.pdf.

　　　　　　　　　　　　　　　　　　　　　　　　　　（武田　隆二）

第2部

倫理と「心の世界」

第1章 「空の世界」と「倫理」

第1節 プロローグ

　倫理の問題を論ずる場合,「正しいもの」,「あるべきもの」,「聖なる世界」等,さまざまな場面を連想する。いわゆる,哲学上の「イデアの世界」ないし「形相(けいそう)の世界」といった概念に関連する。そのことは,日常の空想の世界や,哲学上の問題といった領域での事柄であると同時に,科学方法論の世界においても,「聖なる世界」や「イデアの世界」と同じように,いかなる理論に対しても通用するような「中性的なあるもの」の存在がなければならないという形の議論に通ずるものがある。

　「倫理」や「道徳」といった概念を取り上げる際に,そこには「普遍的な人としての道」という意味合いと,「現存する人としての道」という意味合いがあるのではないかと考えるのであるが,このような考え方の基礎論として般若心経の「空の世界」についての思想が大いに参考となると思っている。

　やはり人の心に宿る「極限の姿」,自然世界における「真理」とは,それを意識すると否とにかかわらず,さまざまな場面に投影し,役立っているということではないかと思う。本章執筆の動機は,一つの偶然の出会いに始まる。

　平成17年の5月のある朝のこと,NHKのテレビ番組でアナウンサーと一人の女性(柳澤桂子さん)との対談の場面で,興味を惹かれるお話しを聞いたことであった。彼女の書かれた『生きて死ぬ知恵』と題する書籍[1]をめぐっての対談であった。

　この書物は,本のオビに「心訳　般若心経——科学的解釈で美しい現代語に」と記(しる)されており,内容は彼女の人生を通じて理解した内容を科学者として

の心を通して語っておられるので、惹きつけられる思いで、ゆっくりと味わいながら読んだ。このことがきっかけで、今回このテーマで執筆することにしたのである。それは倫理と深いつながりのある課題であるからである。

第2節 「般若心経」の普遍性

　「般若心経」は、僅か300字足らずの本文に「般若」——人間の根源的な叡智（真理を捉える優れた認識能力）ないし究極の真理——の世界（「空」なる世界）を説いたもので、呪文（なにか唱えることで、神秘的な力が現れるという言葉または文句）が含まれていない点で、日本における仏教のほとんどの宗派で読誦され、写経されているといわれている。

　般若心経の真髄が、「**究極の真理**」即「空なる世界」を説くものであるとすると、その基本において「哲学」が求めてきたものと相通ずるものがあることが分かる。哲学もまた、人間の叡智を探求する学問として成立しているという意味で、般若心経は哲学の書であるということができるかと思う。

　そこで、この般若心経を宗教の立場からではなく、森羅万象（宇宙に存在する、すべてのもの）の基本となるべき「空なる世界」すなわち「真理」を説いた書としての普遍性において、般若心経を読み取り、解釈することも許されるように思うのである。

　筆者は「**真理**」というものは、決して「遠い世界」に存在し、哲学を学び、特別に学を積まなければ接近できないような世界のものと解する必要はなく、つねに自らの身辺に存在し、身近にあるものを忠実に、できるだけ「**価値自由な立場**」（はじめから偏見をもってみるのではなく、したがって、価値判断に立ち入らずに、**没価値的立場**から事実そのものとして捉える立場）で観察するとき「そこに得られるなにか」を大切にし、それを足がかりとして問題解決に向けて努力することが、正しい行き方であるように思っている。

　そこで結論的に筆者は、次のような立場から本書を読み取っていこうと思う。

> 「空」の世界とは，
> 　　　「身近にあって，遠きもの」であり
> 　　　「遠くにあって，近きもの」である。

第3節　「ひと」は「野の花」のように

1　出典の解釈

　柳澤桂子女史の前掲の著書（以下，本書という）の書き出しから，注目していきたい。以下において囲い込みの文章は本書からの引用文であり，文章の最後にある「かっこ書き」の数字は引用したページ数を示している。なお，文章の頭の部分に段差を設けたのは，読みやすくするために筆者がつけたもので，原文は左揃えとなっていることを，予めお断りしておきたい。

> ひとはなぜ苦しむのでしょう
> 　　ほんとうは
> 　　　　野の花のように
> わたくしたちも生きられるのです　(1)

2　「環世界」からの解釈

　人間でも，動物でも，植物でも，生あるものはすべて，置かれている「**場の状況**」に適合するような形で生存し，そこにはそれらに適合した生き方のルール等（物差し，生き様）があって，調和が保たれているように思われる。ドイツの生物学者フォン・ユクスキュルは「**環世界**」という言葉で，動物はみなそれぞれ特有な世界に生きていると論じた[2]。

　その意味では，「ひと」も「野の花」も等しくそれぞれの「**種**」に与えられた環世界の住人であってみれば，「苦しみ」も「悲しみ」も，また，「よろこび」

も、「それぞれの種」において「異なる形」で経験していると解することができるであろう。

してみると、柳澤桂子女史の解釈は、あくまでも「ひと」という「種」の立場からみて、「野の花」がなにも「苦しみ」を感ずることなく、すくすくと生きているように感じられるという情緒的な意味合いにおいて解説されているように思うのである。そのことについては、別に論じてみたい。

3 「普遍的な空」の世界と「種」に特有の限定的な世界

しかし、般若心経の説くところは、もっと普遍的な森羅万象（宇宙に存在する、すべてのもの）に共通の話として展開されているのかもしれないし、「ひと」という「種」に限定した立場であるかもしれない。この点は専門家の方々の議論を待たなければならないと思う。

そのようにみると、「空」の世界は、あらゆる生あるものに「共通」の「普遍的な空」の世界と、生あるものの「種」に「特有の限定的（相対的）な世界」という二つの観点からみることができるのではないかと思うのである。この認識は、今後において重要な視点となるであろう。

第4節 「空」の感覚

1 出典の解釈

ひとはそれぞれにおいてなにがしかの悩みを持ち、そのことに「苦しみ」を感じるのでしょうかという問いかけに、心のもちようで、野の花のように、美しく、素直に、いきいきと生きられるのですよ、という書き出しに始まり、柳澤女史の解釈は、次のように続けられる。

> もし　あなたが
> 　　目も見えず
> 　　　耳も聞こえず
> 　　　　味わうこともできず
> 　　　　　感触もなかったら
> 　あなたは　自分の存在を
> 　　どのように感じるでしょうか
> これが「空(から)」の感覚です（1：段落は筆者）

　ひとは「五感」を備えている。五感があればこそ「動物」としの要件を充たしているといえる。しかし，もしひとが，
- 「視覚」を失い（目も見えず）
- 「聴覚」を失い（耳も聞こえず）
- 「味覚」を失い（味わうこともできず）
- 「嗅覚」や「触覚」を失ったら（感触もなかったら）

自らの「存在」をどのように感じ，受け止めるのであろうか。そんな世界が「空」の感覚だと，柳澤桂子女史はいうのである。分かりやすい解釈である。

2　「空箱」と「機能」の世界

　ひとは本来「五感」を備え，さらに「目的」をもって，社会的においてなんらかの「機能」を果たしている動物であると解するとき，
(1)　いろいろな目的をもち，そのことを実現するために，さまざまな形で社会的機能を果たしている人間という存在と，
(2)　そのような目的や機能の有無にかかわらず実存している人間という存在とが区別される。

　前者の人間は，「機能を持てる存在としてのひと」であり，後者は目的や機能を付加することによって社会に役立つことができる**空箱としてのひと**という存在でる。そこには幅広い許容可能性を持ちうる透明な「**聖(せい)なる世界**」が

あるとでもいえるものなのであろう。

　前者は，個体者として自己の存在を自覚した存在であると解される。そして事物に主体的に取り組むことができるが故に，人間としての悩みを抱くことになるのである。すなわち，人間としての有限性，社会との状況関連において自らの存在に対する不安や虚無といったネガティブな面，それを超越しようとするポジティブな面（努力），それらネガティブな面とポジティブな面との間で起こる葛藤，そのような側面をすべて備えたひととしての自己の存在，そのような人間像を「**機能的存在としてのひと**」と称してよいのではないかと考える。

　現実世界において巻き起こるであろうさまざまな葛藤の世界，五感や目的や機能を有するが故に起こる「苦しみ」は，人それぞれにおいて形が異なっても，存在する現実の姿であるといえる。

　そんな時，五感や目的や機能をすべて取り払うことで，「**自分であって，自分ではない，そんな自分**」を発見することであろう。それが「**空の感覚**」だということである。

3　「空箱」と「実箱」との連結帯

　上の説明では，「空箱としてのひと」という概念と，「機能的存在としてのひと」という概念とを区別した。筆者はこのような概念が，さまざまな領域で利用可能な方法論となっていると思っている。

　その際，重要なことは，「**空箱**」（どのような内容の品物でも詰め込むことができるような箱）の中に，いきなりさまざまな内容のモノを作り出す働きをもつものを詰め込んで，空箱を「**実箱**」に変換することはできない。そこにはなんらかのルールがなければならない。この両者の「**媒介項**」となるものを「**連結帯**」というならば，その連結帯として「**目的**」が設定されなければならないのである。

　以上を図形の形で表現したものが，「**図1**」である。

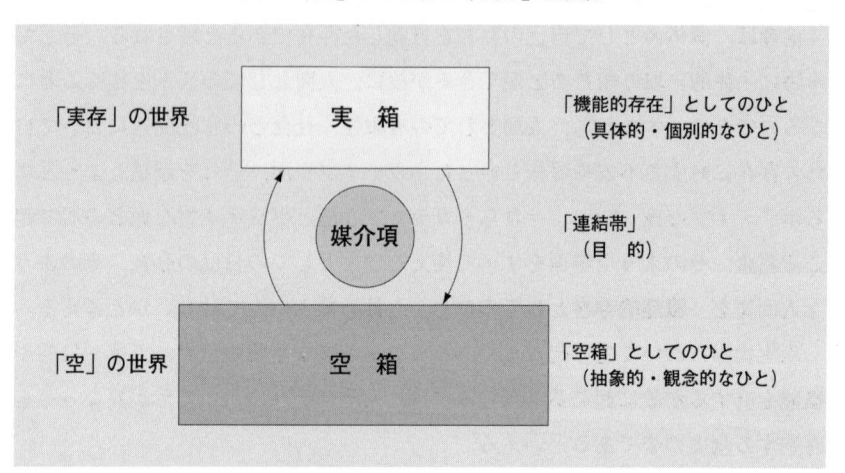

図1 「空」なる世界と「実存」の世界

「実存」の世界 — 実箱 — 「機能的存在」としてのひと（具体的・個別的なひと）

媒介項 — 「連結帯」（目 的）

「空」の世界 — 空箱 — 「空箱」としてのひと（抽象的・観念的なひと）

　このように，「空」なる世界のひとという概念は，きわめて「抽象的・観念的なひと」であるが，そのようなひとという概念が現実世界におけるひととなるためには，それぞれの個体者の**目的指向性**がなければならない。いわば「抽象的・観念的なものを」を実体の備わった「具体的・個別的なもの」に変換するためになくてはならない**装置**としての働きをもつものが必要であるということになる。

　かくて，ひととしてあるべき「普遍的な真実なひと」という真理値から，「現に存在するひと」という「相対的な歪められたひと」という概念が導かれることになるのである。わたくしどもの現にある姿は，歪められたひとの姿であり，真実なるひとに向かって弛むことなく努力するところに，コンプライアンスという概念が生まれ，また，倫理の重要性が説かれるのではないであろうか。

第5節　エピローグ

科学における各専門領域での問題を論ずる際に，基礎前提となる命題が「空

なる世界」にあると考えている。本章では，柳澤桂子女史の般若心経の心訳本を手掛かりに，「空」なる世界の存在の重要性について論じたところである。筆者がこれまで自らの専門領域において主張してきた事柄を裏づける見方が，仏教の代表的な教典の中に存在していたということを知ると同時に，第Ⅰ部で取り上げた倫理観の基礎づけとなる考え方であることを示したかったのである。

「般若心経」は，ある意味で，哲学の書であり，また，わたくしどもの日常における導きの糸として役立つ方法論の基礎についての記述として，それを取り上げるとき，なにか行き着くところ類似の方向へと歩んでいることが分かってきた。

以前，般若心経を写し取ったカードを「お守りに」といっていただいたことがあり，今でも財布の中に保管して持ち歩いている。それほどまでに一般に普及し，有り難いお経として読誦されてきた般若心経を科学哲学風に解釈し直すと，形があまりにもハッキリしすぎて，なにか味気なさを感じている方もおられるのではないかと思う。

研究者になり立ての頃のこと，先輩から教わったことは，よい講義というのは，分かったようで分からない話がよいと評価が得られるというのである。その先輩はカント哲学に造詣が深く，カントの哲学を通じて自己の専門領域である「会計学の世界」を眺めるという研究を続けておられた方であった。

筆者はその当時，先輩の影響もあって，カントにも関心をもったのであるが，会計学研究にとっては，むしろ**操作主義哲学**が参考になるのではないかという考え方を持っていた。「操作主義」という方法論は，アメリカの物理学者ブリッジマン（Percy Williams Bridgman, 1882-1961）が提唱した科学観で，一般的には，概念をある種の操作によって定義する方法論である[3]。端的にいうと，現にわれわれに与えられた経験的・具体的な手段（操作・技術・手法）によって規定することのできない概念は，無意味な概念であるという立場に立つ考え方である。その後，この考え方は，アメリカの哲学者ラパポートに継承される[4]。

したがって，「真実性」といった観察不可能な対象についての言明を，すべ

て観察可能な対象の操作についての言明に翻訳し説明しようとする立場である。先の先輩の説くところによれば,「真実」という目に見えないものに向かって絶えずわたくしどもは努力しているのであって,あるときにはその目標に届かず,ときには目標とする真実を飛び超えてしまうこともあるが,絶えずその真理に向かうということに大きな意味があるという立場である。

倫理問題についても,類似のことがいえるかと思われる。わたくしどもの心の中には,常に「正しい倫理」というものがあり,絶えずそれに接近すべく努力しているのであるが,それは「空の世界」における倫理観であり,「聖なる倫理」であるため,現実に達し得ないような目標なのかもしれない。

しかし,実存の世界における「倫理観」は,「場の条件」により,その「場」に参加する関係者(プレーヤー)により,あるいは,そのプレーヤーの果たすべき役割(機能)により,取り決められた「合意」としての倫理が存在する。具象の世界では,それらがさまざまな現象として現れることであろう。この倫理の世界は,いわば人間世界において「場」が異なり,「参加する人」が異なり,また,そこでの「機能」が異なるというそれぞれの「環世界」における倫理である。

だが,その具象の場における,倫理の背後には常に「空なる倫理」・「聖なる倫理」という超歴史的なイデアの世界が広がっている。このような倫理の取扱いは,本章で取り上げた般若心経の世界に通ずるものがある。

【注】
1) 柳澤桂子『生きて死ぬ知恵』小学館,2005年。
2) 日高敏隆『動物と人間の世界認識』筑摩書房,2003年,参照。武田隆二「税理士試験に合格するための心構え」『ＴＫＣ』ＴＫＣ全国会,No. 383(2004年12月),6〜8頁。
3) ブリッジマン著,今田恵・石橋栄訳『現代物理学の論理』創元社,1941年。
4) 真田淑子訳『操作主義哲学――思考と行動の統合』誠信書房,1967年。

(武田　隆二)

第2章 「般若心経」における「空の世界」と「実存の世界」

第1節 プロローグ

　前章においては、「ひと」という世界における「**極限の姿**」は、「**『空』なる世界**」にあり、そこには何事にもとらわれない「**無色透明な世界**」、それはまた「**価値自由の世界**」が開けており、それを基点として「ひと」はそれぞれの向かうべき「**目標**」を定めて、その目標を実現すべく努力するところに、人間としての真価が問われるとする考え方を述べた。

　このような解釈が正しいかどうかは、論者により解釈の余地のある問題であるかもしれない。それは「現実世界」において、それぞれの「ひと」（個人）が、なんらかの主観的な「価値判断」の過程を通じて理解する以外にないということから、「無色透明な『空』の世界」が価値判断という「色彩」に彩られざるを得ないということになるからである。その現実世界は般若心経でいうところの「空なる世界」からみれば、やはり「**歪められた世界**」として存在するにすぎないと解釈される。しかし、それが「**許されうる誤差の範囲内**」にとどまるならば、認められる解釈ということになるであろう。

　だが、真理値は般若心経によれば、一点において存在するのか、その一点がある広がりを持ったゾーンとして存在するのかについて特に限定していないが、行論全体としてみると「**宇宙につながる世界**」を想念しているので、そこには限りない世界において通用する広がりが理解されているように解される。

　本章では、続いて述べられている般若心経の内容を、柳澤桂子女史の解釈に従い、筆者の理解で見ていきたいと思う。

第2節 「形」と「形」の関係

前章では，「空箱」と「実箱」という表現で，また，「抽象的・観念的世界」と「具体的・個別的世界」という表現で，世の中には二つの世界が存在するという形での整理法で説明を進めてきた。このことを倫理問題に置き換えれば，「抽象的・観念的倫理」と「具体的・個別的倫理」という表現で表すことができるであろう。

このような論述について，さらに論を進めると，次のように展開される。衆生(しゅじょう)（一般大衆）のなやめる声を聞き，求めに応じて救いの手をさしのべた慈悲深い菩薩（観世音(かんぜおん)菩薩）として知られた「聖なる観音(かんのん)」が，求道者として「真理」を究めようとしていたときに，悟(さと)ったことがある。「宇宙」には，「五つの要素」が存在するということを。この五つの要素とは，この世の中に存在するすべてのものと理解したとき，それらのものは「**実体をもたないの**」であり，しかも重要なことは，次のことだというのである[1]。

> 形のあるものは形がなく
> 　　形のないものは形があるのです　(3)

「形」という世界はわたくしどもの「認識」の世界にあるものであるから，「形があるもの」として認識したものの「**実体**」，すなわち，その姿は「**歪められた姿**」であるにすぎず，真にそこにあるものは「**形がないもの**」であるということを意味している。大変重要なことを述べているように思われ，このことが本質的な問題を形づくっていると考えるのである。

第3節　プラトンのイデアの世界

この辺で，般若心経から少し離れて，近代科学論の領域へ議論を移してみよ

う。手掛かりを，操作主義哲学を書いたラパポートの記述を引用して，議論を展開してみたい。

「真実がともかく，われわれの周辺の事物の中に存在する，という見方は哲学者から繰り返し挑戦を受けた問題である。たとえばプラトンは，われわれの経験する世界（木々や家々）は真実からは遙かに遠いものとして扱った。彼は，人間の経験を遙かに超え，しかし人間の理性の少くもある部分の達し得る範囲内にイデアあるいは形相の世界があるはずであり，ここでは事物や性質は完全な状態にあるにちがいないと論じた。プラトンは，われわれの観察する事物や性質はこれらの完全な形相の不完全な写しにすぎないと教えた。こうして，彼はどこかに（恐らく神の心の中に）完全な人間，完全な木，完全なベッドさえあるのだと主張した。……

真実が物体になく，物体についてのイデアの中にあるという哲学的見解は一般に観念論とよばれる。真実は事物自体の中にあるという反対の見解は，従来唯物論の名の下に行なわれた。」[2)]

少々長くなったが，上に引用した文章から，観察によって「**認知する世界**」と「**イデア**」（**形相の世界**＝個々の事物をそのものたらしめている真の実在）との関係について，その要点を次に摘記してみたいと思う。

(1) わたくしどもが日常,「これは本だ」とか，「あれは椅子だ」と認知する経験世界は,「真実から遙かに遠いもの」であること
(2) したがって，わたくしどもの「経験の世界」は「**完全な形相の不完全な写し**」（歪められた世界）であること
(3) 真に正しい世界，すなわち「**イデアの世界**」あるいは「**形相の世界**」は，人間の経験から遙かに遠い世界のものであるにせよ，人間の理性によって到達できるような範囲内において存在するものであること
(4) そのようにみてくると，イデアの世界はおそらく「**神の心**」の中に宿るということ

(5) かくて,「真実」とは,「事物自体」にあるのではなく,「事物についてのイデア」の中にあること

ここでなぜラパポートの記述から,イデアの世界について触れたかというと,般若心経でいう「空の世界」とプラトンのいう「イデアの世界」との類似性を指摘したかったからである。

突き詰めていくと,「空なる世界」とか「イデアの世界」というのは,「神の心の世界」に宿るものであり,神の世界に帰着するのであろう。しかし,プラトンのいうように「人間の理性によって到達できるような範囲内において存在するもの」であり,それ故に般若心経でいうところの「求道者であれば,宇宙についての悟り」として到達できるものであると,理解できるように思われる。

そのようにみてくると,両者において共通するところは,理性をもってその道を究めようとする求道者であれば悟りによって到達できる境地に,「空なる世界」があり,「形相の世界」があるとして整理することができたように考える。

第4節　宇宙の中の均衡状態

さて,般若心経でいう「空の世界」とは,「実体がなく」(6),生起したり,消滅したりすることなく(3),「広大な宇宙のなかに……安定し……静止」している(6)。

これに反して,「物質的存在としての現象」は,絶えず「変化するもの」であり(7)。物質的存在を粒子にたとえるならば,あなたもわたくしも一つの粒子として,宇宙のなかでは「ほかの粒子と一つづき」(10)である。だから,「あなたという実体」はなく,「あなたと宇宙は一つ」(10)であるという。

あなたもわたくしもそれぞれの粒子としてつながり,宇宙を構成しているのであるから,本源的には「空」でもあり得る。

ここにわたくしという自己を見つめたとき,般若心経では二つの存在として

図1 「空なる自己」と「現象としての自己」

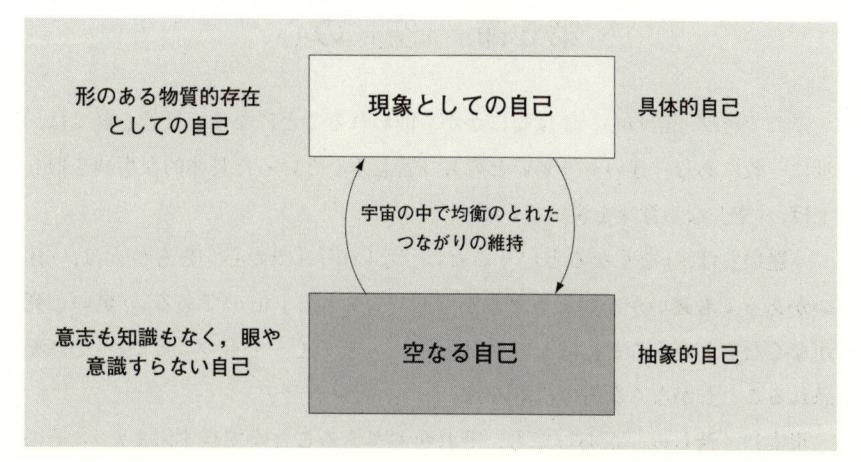

```
形のある物質的存在        現象としての自己         具体的自己
としての自己
                   ↑
            宇宙の中で均衡のとれた
              つながりの維持
                   ↓
意志も知識もなく，眼や      空なる自己           抽象的自己
意識すらない自己
```

の自己を見い出していることが分かる。

① 一つの自己は，「**形のある物質的存在としての自己**」であり(7)
② いま一つの自己は，「**意志も知識もなく，眼や意識すらない自己**」(15)という存在である。

前者の「物質的存在としての自己」ないしは「**現象としての自己**」というのは，「時々刻々変化するもの」であり，「変化しない実体というものはありません」(7)。しかし，後者の「意志も知識もなく，眼や意識すらない自己」という存在は，「**空なる自己**」言い換えれば「具体的実体を持たない自己」という存在である。

前者「現象としての自己」は**具体的自己**という存在であり，後者「空なる自己」は**抽象的自己**という存在である。ここで「図1」のような図形が描かれるであろう。

第5節 「空」の心

　ここで再び「空の心」とはなにかが，問われることになる。般若心経では，世に一般にある「迷い」，「老いと死」，「苦しみ」といった具体的な事柄を取り上げ，「空」なる意味を説いている。

　「**迷い**」は，「なくなるということは」ないが，「空の心」をもつ人は，「迷いがあっても迷いがないときとおなじ心でいられる」(18)のである。「**老いと死**がなくなるということ」はないのであるが，「空の心」をもつことで，「それを恐れること」がなくなるのである(19)。

　現実に「**苦しみ**」があっても，それをおさえることができず，また，「その苦しみをおさえる方法もない」ために，そこにはなにも「知ることもなく，得るところもない」のである(19)。得ることがなければ，それを求め続け，「永遠に努力し，心を覆われることなく生きて」(22)いけるのである。このような「心を覆うものがない」ところには，「恐れがなく，道理をまちがえるということ」もない世界であるから，そこから「**永遠の平和に入っていける**」(22)のであるという。

　このように「ひと」はひととしての煩悩（ぼんのう）である迷いや苦しみといったものから解脱（げだつ）（すなわち，煩悩の束縛（そくばく）から解放されて，安らかで自由（じゆう）な悟りの境地に達する）とき，「永遠の平和」が訪れる。この世界が「**空の心の世界**」といえるのである。

　そのように考えてくると，「空」とするためには，「削り取り」さらに「削り取ったことさえも削り取る」ことで，「**深い理性**」に立ち至り，「**空なる知恵**」を「身につけたものになれる」(21)のである。

第6節 「空」と「無情」と「悟り」

　現実の世界において「空の心」で生きるということは，どのような姿になる

のであろうか。柳澤桂子女史の解釈では、「**無情**」（特別な感情や意識をもたないこと）の中に暮らすことで「**楽園を発見**」できるというのである(26)。そこでは「**永遠のいのちに目覚め**」ることができ，苦を経験しても，それを苦のままとして受け止め，そうすることで「**幸せに生きることができる**」(29)のであり，それが「**ほとけの智慧**」(30)というものであるといわれる。

　そのような境地は，決して特別なものではなく，「**すべての人の胸に宿っている**」(27)と考えられる。そのような「ほとけの智慧」は，「**大いなるまことの言葉**」であって，「**真実で偽りのない言葉**」(30)である。悟(さと)りの世界(31)とは，そのような世界を指すのである。

　「空の世界」は価値自由な考え方で物事をみるという姿勢の中にあると理解するとき，個人的に前もってつくられた固定的な観念をもつことなく，無情の気持ちで事柄に対処するとき，そのとき自由な思考によって形づくられる「永遠の世界」の広がりに気が付くことであろう。そのように理解できるならば，そしてそのことが「幸せに生きること」につながるのである。そのように「幸せに生きることの世界」が「ほとけの智慧」であり，「悟り」の境地であるといえる。

第7節　「体験」を通じての「悟りの世界」とは

　このことに関連して，柳澤桂子女史は，自らの体験を通して，次のように語っておられる。この方は医師から見放されるような，原因不明な難病と闘いながらの長い闘病生活の過程を経て，あるときある種の「神秘体験」を得られたことを，文藝春秋で「いのちの悟り」と題して語っておられる[3]。

　闘病の苦しみの過程で，宗教との出会いがあり，さまざまな本を通じて知り得たことは「あらゆる宗教が，自我を捨てよ，欲を捨てよ，それによって真実が見えてくるというのです」(156ページ下段)。「しかし，自我を捨てるとはどういうことなのでしょうか。その答えを見つけるには，自我とはどうして生まれ

のか，について考えてみなければなりませんでした」(同上)。

病状も少し改善し，電動車椅子のお陰で行動範囲が広まり，家の近くを散歩できるようになった頃のこと。特に桜の季節が好きで，花吹雪の下をオープンカーに乗って走るような気分での散歩。あるとき道ばたで，同世代のご婦人と出会い，「大変でいらっしゃいますね」と声を掛けられた。その瞬間，「私は憐れまれているのかしら」という考えが頭をよぎったというのです(157ページ)。

　　「『憐れまれている』といういやな気持ちは私の頭の中にだけ存在しているのです。私が勝手に作り出した現象です。あのご婦人は……優しく声をかけた，よいことをしたという気持ちでいらっしゃる。……つまり，自我さえなければ苦しみもない，とはこのことなのです。私は身震いするほど感動を味わいました。ようやく探し求めていた真理に出会えた気がして，あの神秘体験に似た恍惚感に包まれました」(57ページ下段)。

苦しみの中からの悟りとは，宗教が「自我を捨てよ」といい，また，「欲望に執着しないように」と教えてくれたとき，「欲望を捨てること」は簡単なことのように思われる。物欲とか金銭欲とか，あるいは，名誉欲とかというさまざまな「欲」があるが，そのような欲は，自分自身で望まなければ済むことである。柳澤さんはそのような心境にすぐになれたのであるが，最終的に理解しにくかったことは「自我を捨てよ」という言葉であったというのである。

「修行という経験」を経なければたやすく手に入らないものであるといわれたことが，柳澤さんは，病魔との戦いという「修行の経験」を通して知ることができたのである。「自我という自らの誇り」は，自分自身の頭の中に作り出されている世界である。そのような**自分の頭の中にあるだけの誇り**という**「自我」**，すなわち，「自分自身の意識」を捨てるとき，一つの境地が開けたというのである。

「自分自身を意識しないような境地」が**「自我を捨てた境地」**であり，**「空の世界」**であり，「恍惚感に包まれた世界」ということになる。その世界が，

「絶対的自己」の世界であるという解釈が成り立つ。

第8節　エピローグ

　以上において，般若心経についての柳澤桂子女史の思いを辿りながら，筆者なりの整理をしてきた。そこで分かったことは，般若心経における，

$$\text{空——無情——悟り}$$

という一連の言葉の持つ連鎖の関わり合いは，「空箱」という名の「実箱」であり，悟りという「実箱」であって，すべてを受け入れるという意味での「空箱」であると，そんな風に理解できるように思われる。

　般若心経において「自分自身を意識しないような境地」が「絶対的自己」の世界であるという場合，倫理の世界においても，実存の世界において「倫理を意識しないような境地」，それが「絶対的倫理」の世界であるということにつながる。それは「空箱」としての倫理であり，いかなる時代においても普遍的に存在し，いかなる時代条件付の倫理（実箱としての倫理）であっても，それらを受け入れうるような存在としての意義を有している。

　このような見方が，さまざま形を変えて，現実のわたくしどもの世界に分析のための方法論を提供してくれている。

【注】
1)　柳澤桂子『生きて死ぬ知恵』小学館，2005年。文章末のカッコ内の数字は，本書の頁数を表す。
2)　真田淑子訳『操作主義哲学——思考と行動の統合』誠信書房，1967年，27頁。
3)　柳澤桂子「いのちの悟り——般若心経と私——」『文藝春秋』，2005年10月号。以下のカッコ内の数字は，雑誌の頁数を示す。

（武田　隆二）

第Ⅱ編

学術倫理と学会倫理

第3部

学術倫理

第1章　科学者の行動規範について
～日本学術会議の活動を中心に～

　科学者および科学者コミュニティが，その役割を適切に果たすためには，それぞれの科学分野がめざす目標と意義，そして，科学研究の実行に際して守るべき規範とそれを自律的に担保する公正な制度を，社会に対し明示し，社会の負託を受けねばならない。その意味で，行動規範とそれを担保する制度は，科学者コミュニティと社会との間の契約といってもよく，規範と制度は，科学が社会から信頼され自由を享受しつつ研究を遂行し成果をあげるために不可欠なものである。本章では，日本学術会議における行動規範制定にいたる最近の活動を紹介し，科学者コミュニティにおける行動規範，倫理綱領の意味を考える。

第1節　科学と科学者の役割と倫理

　科学は，自然の摂理を解き明かし人類の豊かさに貢献する知的営みであり，その成果は人類が共有する。科学の目的，科学者の役割は，添付資料の「声明」に委ねることとし，ここでは，科学（学術）には，「科学のための科学」と「社会のための科学」，別のいい方では，好奇心駆動型と目的（需要）駆動型の科学研究があり，ともに重要であることを述べるにとどめる。この二つは，科学と技術といいかえてもよいであろう。なお，この章の記述では，科学に技術も含めている。

　科学におけるミスコンダクト（不正行為）にはさまざまなものがある。科学あるいは特定科学分野の専門家として固有の問題もあれば，人間としての一般的な倫理に関わる問題もある。前者を職業倫理，後者を一般倫理と呼ぶことができよう。日本学術会議の議論は，ミスコンダクトのうちの捏造（Fabricaton），

改ざん（Falsification），盗用（Plagiarism）の三つ（FFP）を中心に行われた。科学研究の過程では，誠実に研究を行っても間違えることがある。誤りと修正の繰り返しの上に科学が進歩したということもできるくらいで，この場合の誤りは，ミスコンダクトとはいわない。ただし，誤りと知ったとき，誠実に処理しないとすると，それはミスコンダクトになる。なお，「ミスコンダクト」とは，「不正行為」とほぼ同義であるが，不法性，違法性という法的な意味合いが強くなりすぎるとの懸念から，日本学術会議では，後になって，「ミスコンダクト」を使うようになった。

第2節　行動規範制定と審議経過

1　第18期（2000－2003）。対外報告

日本学術会議では，第18期の学術と社会常置委員会において，今回の行動規範につながる議論を開始したが，議論の対象は，医療から始まり，生命科学，社会科学，技術の倫理に及んだ。期の後半になって対外報告をまとめることになり，FFPを中心に分科会が起草し，平成15年6月に対外報告「科学における不正行為とその防止策について」を発表した（http://www.scj.go.jp/ja/info/kohyo/pdf/kohyo-18-t995-3.pdf）[1]。さらに，同名のリーフレットも配布した（http://www.scj.go.jp/ja/print/pdf/taigai_reef.pdf）。

報告は，①組織的な背景，②研究倫理と不正行為，③不正行為の特徴づけ：ピアレビューの限界，再現実験が困難，新たな倫理問題（複合的な組織形態，市場主義，資金獲得競争，国際性，高度情報処理，マスメディアの影響など），④過去の事例と海外動向，⑤対応策，⑥まとめと提言，からなる。防止策の主な目的は，科学の健全な発展であるとした上で，以下の提言を行った。

　　"科学における「不正行為」は，人々の生活，福祉に重大な影響を与え，人間の尊厳を傷つける結果にもなりかねず，科学と科学者に人々が託したと夢と信頼を裏切る行為となる。「不正行為」の防止は，科学者コミュニティ

が社会に対する説明責任を果たし，「科学者が広く国民から評価され，尊敬される社会」を築くためには不可欠な実践的課題であり，「負託自治」の倫理の核心をなす責務である。日本学術会議が「科学者の代表」として，不正行為の抑止と研究上の「誠実」の確保に関する具体案の作成に向け，鋭意，審議を進めることを提言する。"

2　第19期（2003－2005）。対外報告と公開講演会

上記の提言を受けて，第19期においては，学術と社会常置委員会内に，「科学におけるミスコンダクト防止分科会」を設け，事前防止，事後処理の制度設計を中心に審議，対外報告「科学におけるミスコンダクトの現状と対策。科学者コミュニティの自律に向けて」を平成17年7月に発表した（http://www.scj.go.jp/ja/info/kohyo/pdf/kohyo-19-t1031-8.pdf）[2]。

その中で国内学協会の取り組みの現状についてのアンケート調査をとりまとめたが，それによると，倫理に関する規定を有している学協会は13％程度であり，常設の倫理委員会を設置しているものはきわめて少数であった。また，参考のために，海外（欧米，中国）におけるミスコンダクト防止策と事後処理の制度を文献等に基づいて調査を行いまとめた。

さらに，事前防止策と事後処理制度について具体的に考察し，科学者個人，研究機関・学会，研究資金提供機関に対して，倫理性の向上，行動規範等の制定，防止・処理制度の導入を提案，さらに，日本学術会議が，行動規範，憲章を提示し，倫理活動を展開するとともに，ミスコンダクト審理・裁定のための独立機関の設置に努力することを提言した（表1）。公開講演会も開催し，その内容は，学術叢書「科学のミスコンダクト」にまとめられた[3]。

表1　第19期対外報告の内容

- ミスコンダクトの概念的フレームワーク
- 国内の学協会の倫理綱領に関する調査
- 海外諸国の制度調査
- ミスコンダクト防止のための具体的提言（制度設計）
    事前防止策（倫理綱領，行動指針，倫理教育など）
    事後処理制度（調査，審理，裁定）
- まとめと提言
    科学者個人，研究機関・学会，研究資金提供機関，日本学術会議に対する提言，独立した裁定機関の設置

3　20期（2005－　）。行動規範の制定

　以上を背景として，第20期日本学術会議は，平成17年10月に「科学者の行動規範に関する検討委員会」を設置し，科学者が有する責任と権限および科学研究における倫理規範等について検討した。検討委員会が起草した「科学者の行動規範（暫定版）」および「科学者の自律的行動を徹底するために」は平成18年4月に総会で承認，全国2,819の大学，研究機関，研究団体等に送付して，アンケート調査により意見が求められた。寄せられた回答をもとに，修正したものが本章に添付した「科学者の行動規範」とそれを補完する呼びかけ「科学者の行動規範の自律的実現を目指して」の二つであり，平成18年10月，総会承認を経て，日本学術会議声明「科学者の行動規範について」として発表された（http://www.scj.go.jp/ja/info/kohyo/pdf/kohyo-20-s3.pdf.）。

　この「行動規範」は，すべての学術分野に共通する基本的な規範を示したものであり，日本学術会議は，各専門分野，組織それぞれが，この規範を参考に，それぞれの特性を活かした行動規範，行動指針，制度を整備することを呼びかけている。また，科学者コミュニティや社会との対話を通じ必要に応じて今後見直すことにしている。

　アンケート調査（回答数1,332）について簡単にふれておくと，回答の多くは，行動規範を肯定的に評価するものであったが，具体性に欠ける，インパクトが不足，科学の使命を謳うべき，学術分野ごとの特有な問題の配慮が必要，ミス

コンダクト誘発の背景にふれるべき（競争的研究資金，業績主義など）などの意見も寄せられた。抽象的になったのは，本行動規範が共通的，基本的なものなのでやむを得まい。ミスコンダクトの背景については，非常に多くの指摘があった。この問題は，今後の重大な課題として残っている。

資料 「科学者の行動規範」と「科学者の行動規範の自律的実現を目指して」

科学者の行動規範

　科学は，合理と実証を旨として営々と築かれる知識の体系であり，人類が共有するかけがえのない資産でもある。また，科学研究は，人類が未踏の領域に果敢に挑戦して新たな知識を生み出す行為といえる。

　一方，科学と科学研究は社会と共に，そして社会のためにある。したがって，科学の自由と科学者の主体的な判断に基づく研究活動は，社会からの信頼と負託を前提として，初めて社会的認知を得る。ここでいう「科学者」とは，所属する機関に関わらず，人文・社会科学から自然科学までを包含するすべての学術分野において，新たな知識を生み出す活動，あるいは科学的な知識の利活用に従事する研究者，専門職業者を意味する。

　このような知的活動を担う科学者は，学問の自由の下に，自らの専門的な判断により真理を探究するという権利を享受するとともに，専門家として社会の負託に応える重大な責務を有する。特に，科学活動とその成果が広大で深遠な影響を人類に与える現代において，社会は科学者が常に倫理的な判断と行動を成すことを求めている。したがって，科学がその健全な発達・発展によって，より豊かな人間社会の実現に寄与するためには，科学者が社会に対する説明責任を果たし，科学と社会の健全な関係の構築と維持に自覚的に参画すると同時に，その行動を自ら厳正に律するための倫理規範を確立する必要がある。科学者の倫理は，社会が科学への理解を示し，対話を求めるための基本的枠組みでもある。

　これらの基本的認識の下に，日本学術会議は，科学者個人の自律性に依拠する，すべての学術分野に共通する必要最小限の行動規範を以下のとおり策定した。これらの行動規範の遵守は，科学的知識の質を保証するため，そして科学者個人及び科学者コミュニティが社会から信頼と尊敬を得るために不可欠である。

（科学者の責任）
1　科学者は，自らが生み出す専門知識や技術の質を担保する責任を有し，さらに自らの専門知識，技術，経験を活かして，人類の健康と福祉，社会の安全と安寧，

そして地球環境の持続性に貢献するという責任を有する。
（科学者の行動）
2 　科学者は，科学の自律性が社会からの信頼と負託の上に成り立つことを自覚し，常に正直，誠実に判断し，行動する。また，科学研究によって生み出される知の正確さや正当性を，科学的に示す最善の努力をすると共に，科学者コミュニティ，特に自らの専門領域における科学者相互の評価に積極的に参加する。
（自己の研鑽）
3 　科学者は自らの専門知識・能力・技芸の維持向上に努めると共に，科学技術と社会・自然環境の関係を広い視野から理解し，常に最善の判断と姿勢を示すように弛まず努力する。
（説明と公開）
4 　科学者は，自らが携わる研究の意義と役割を公開して積極的に説明し，その研究が人間，社会，環境に及ぼし得る影響や起こし得る変化を評価し，その結果を中立性・客観性をもって公表すると共に，社会との建設的な対話を築くように努める。
（研究活動）
5 　科学者は，自らの研究の立案・計画・申請・実施・報告などの過程において，本規範の趣旨に沿って誠実に行動する。研究・調査データの記録保存や厳正な取扱いを徹底し，ねつ造，改ざん，盗用などの不正行為を為さず，また加担しない。
（研究環境の整備）
6 　科学者は，責任ある研究の実施と不正行為の防止を可能にする公正な環境の確立・維持も自らの重要な責務であることを自覚し，科学者コミュニティ及び自らの所属組織の研究環境の質的向上に積極的に取り組む。また，これを達成するために社会の理解と協力が得られるよう努める。
（法令の遵守）
7 　科学者は，研究の実施，研究費の使用等にあたっては，法令や関係規則を遵守する。
（研究対象などへの配慮）
8 　科学者は，研究への協力者の人格，人権を尊重し，福利に配慮する。動物などに対しては，真摯な態度でこれを扱う。
（他者との関係）
9 　科学者は，他者の成果を適切に批判すると同時に，自らの研究に対する批判には謙虚に耳を傾け，誠実な態度で意見を交える。他者の知的成果などの業績を正当に評価し，名誉や知的財産権を尊重する。
（差別の排除）
10 　科学者は，研究・教育・学会活動において，人種，性，地位，思想・宗教などによって個人を差別せず，科学的方法に基づき公平に対応して，個人の自由と人格を尊重する。

第Ⅱ編　学術倫理と学会倫理

（利益相反）
11　科学者は，自らの研究，審査，評価，判断などにおいて，個人と組織，あるいは異なる組織間の利益の衝突に十分に注意を払い，公共性に配慮しつつ適切に対応する。

(以上)

科学者の行動規範の自律的実現を目指して

　日本学術会議は，自律する科学者コミュニティを確立して，科学の健全な発展を促すため，全ての教育・研究機関，学協会，研究資金提供機関が，各機関の目的と必要性に応じて，科学者の誠実で自律的な行動を促すため，具体的な研究倫理プログラム（倫理綱領・行動指針などの枠組みの制定とそれらの運用）を自主的かつ速やかに実施することを要望する。
　そこで，参考までに，以下に具体的な取組みとして求められる事項の例を列挙する。「科学者の行動規範」の趣旨も御参照いただきたい。
（組織の運営に当たる者の責任）
1　「科学者の行動規範」の趣旨を含む，各機関の倫理綱領・行動指針などを策定し，それらを構成員に周知して遵守を徹底すること。
2　組織の運営に責任を有する者が自ら指導力をもって研究倫理プログラムに関与し，不正行為が認められた場合の対応措置について，予め制度を定めておくこと。各組織内に研究倫理に関わる常設的，専門的な委員会・部署・担当者など，対応の体制を整備すること。
（研究倫理教育の必要性）
3　構成員に対して，不正行為の禁止，研究・調査データの記録保存や厳正な取扱い等を含む研究活動を支える行動規範，並びに研究活動と社会の関係を適正に保つ研究倫理に関する教育・研修と啓発を継続的に行うこと。特に，若い科学者に，科学における過去の不正行為を具体的に学ばせながら，自発的に考えさせる研究倫理教育を進めること。
（研究グループの留意点）
4　各機関内の研究グループ毎に，自由，公平，透明性，公開性の担保された人間関係と運営を確立することによって，研究倫理に関する意見交換を促進し，不正行為を犯さぬように日々互いに注意を喚起する環境を醸成すること。また，構成員が，科学研究に従事することによって，かけがえのない公共的な知的事業に参加し，それを育んでいるという目的意識を共有すること。
（研究プロセスにおける留意点）
5　研究の立案・計画・申請・実施・報告などのプロセスにおいて，科学者の行動規範を遵守して誠実に行動するよう周知徹底すること。

(研究上の不正行為等への対応)
6 ねつ造，改ざん及び盗用などの不正行為の疑義への対応のため，以下に示すような制度を早急に確立し，運用すること。
(1) 不正行為などの疑義の申し立てや相談を受け付ける窓口を設けること。その際，受付内容が誣告に当たらないか，十分精査すること。
(2) 申立人に将来にわたって不利益が及ばないよう，十分な配慮を施すこと。
(3) 不正行為などの疑義があった場合には，定められた制度に沿って迅速に事実の究明に努め，必要な対応を公正に行い，その結果を公表すること。特に，データのねつ造，改ざん及び盗用には，厳正に対処すること。
7 研究の実施，研究費の使用等に当たっては，法令や関係規則を遵守するよう周知徹底すること。また，研究活動を萎縮させないように十分留意しつつ，利益相反に適切に対応できるルールを整備すること。
(自己点検システムの確立)
8 自己点検・自己監査システムによって，倫理プログラム自体を評価し，改善を図ること。

(以上)

第3節　今後に向けて

科学の健全な発展に貢献するための今後の倫理に関する課題と今回は取り上げられなかったが，科学者倫理として重要な課題について私見を述べる[4]。

1　実効をあげるための具体的課題

日本学術会議の今回の「行動規範」は一般論であって，今後，研究者が直接属する学会，研究・教育機関が，それぞれの学問領域や研究・教育機関の特性にふさわしい具体的な行動指針や制度の制定と運用を行うことを求めている（声明中の「自律的実現をめざして」）。

ミスコンダクト審理制度をもつ組織も徐々に増えているが，未熟なものがまだ多いように思われる。たとえば，中立，公正，守秘が明確に保障されねば，署名の申し立て（告発）をすることは難しいが，それらを明示しているものは少ない。ミスコンダクトの第一義的な審理は，研究者が所属する機関において

行うことが妥当と考えられるが，当該分野の学会もなんらかの行動をとるべきである。また，科学者の代表として日本学術会議が審理に関して一定の役割を果たすことが，科学者の自律の観点から望ましい。

2　今後の検討課題
(1)　ミスコンダクト誘発要因の分析と対策
①　研究資金獲得競争と研究管理能力

　研究資金の増加は科学の振興に貢献しているが，過度の競争が副作用としてミスコンダクトを誘発していることは否めない。確認・解析が不十分な研究成果の発表や誇張された表現が誘発され，場合によってはＦＦＰに至る。もう一つの副作用は，研究資金が研究グループの管理能力を超えることにある。研究面で，研究リーダーの目が届かないだけではなく，研究費管理においても手が回らない場合がある。後者については，組織・機関の運営・管理（特に事務処理）機能の増強が必要であろう。

②　共同研究のあり方

　最近のいくつかの事件をみると，共同研究において指導的立場にあるものが，実験装置や生データをみながら真摯に議論するという当たり前のことをしていれば，起こりえない捏造であることが共通してみられる。ミスコンダクトを防止するには，直接捏造したものだけではなく，指導的な立場の共同研究者の責任も追及されるべきである。共同研究のもう一つの問題は，専門が非常に異なる者同士の共同研究が増えて，グループ内における相互の評価能力と各人の発表成果に対する責任のとり方が難しくなっていることである。

③　再現性に関する相場観

　ミスコンダクトの大半を占めている生命科学系の研究では再現性を得ることが難しいという。その際，通常よりも念入りに再現実験を行う道と，少数例でも事実だからとそのまま発表してしまう道がある。成果と名誉を急ぐと後者になりがちである。どの辺りが適切であるのか，そして，その際に留意すべきことは何であろうか。

④ 法と倫理

倫理的な判断と処罰が，法的なそれと一致するとは限らない。疑わしきを罰すべきなのか罰さないのか，罰の重さの妥当性はどうかなど，公正で透明な事後処理例が多くない現在，処罰の重さに関する相場観がまだ形成されていない。ミスコンダクトの蓋然性が高ければ，科学者コミュニティは処分を行うべきだが，法的には非常に異なる結論となることがありうる。

（2） 科学技術政策論議の危うさ

科学技術倫理の教科書によく登場する原子力（原爆）の論議のような科学技術のあり方自体に関わる問題がある。人類の持続性に直結したエネルギー関連の科学技術政策もその例であるが，視野が狭く近視眼的な意見が少なからず影響力を発揮している。不確実性の大きい中で定量的な論議をして合理的な結論を出さねばならないが，そのために必要な基本的な前提や規準を軽視した論議を，意図的あるいは非意図的に行い，科学技術政策を歪めるとしたら，それは倫理にもとることになろう。

日本学術会議における検討は，2006年10月の行動規範制定をもって第1段階を終え，各個人，各組織・機関における具体的活動を中心とする次の段階へと進むものと考える。日本学術会議の検討委員会は任を終え解散したが，日本学術会議が，科学者コミュニティと連携し，行動規範を普及し実効をあげるための活動を継続すること，志の高い科学者憲章改訂を行うこと（検討中と聞く），そして，これらの努力が，科学者コミュニティと社会に支持されて，科学の健全な発展に貢献することを期待したい。

第Ⅱ編　学術倫理と学会倫理

【注】
1) 第18期日本学術会議学術と社会常置委員会報告『科学における不正行為の防止について』，2003年6月24日。
2) 第19期日本学術会議学術と社会常置委員会報告『科学におけるミスコンダクトの現状と対策―科学者コミュニティの自律に向けて』，2005年7月21日。
3) 黒川清他『科学のミスコンダクト』学術会議叢書13，日本学術協力財団，2006年。
4) 御園生誠「行動規範制定に続くべきもの」『学術の動向』日本学術協力財団，2007年1月号，p.16。

(御園生　誠)

第2章　学術倫理の位置づけ
～学術団体の倫理綱領の分析を踏まえて～

第1節　学会の「倫理綱領」の調査

1　プロローグ

　本章は，各学会で定めている「**倫理綱領**」が実体としてどのような構成で組み立てられているかを調査し，「倫理」といわれる概念の「**形質**」としてどのような命題が浮き上がってくるかを調査した結果について記述することに目的がある。

　「倫理」という概念は，日常的には「周知された概念」であり，「倫理」という用語によって，相手方がどのような内容として理解するかは別にして，日常的にはほぼ違和感なく（コミュニケーション・ギャップを起こさずに）通用する用語となっている。その意味では「**形のある概念**」であるが，しかし，いざその内容としてどのようなものが指示されているかということになると，必ずしも定かでない概念であるといえる。すなわち，「**形のない概念**」である。いわば，

> 　　　　　「形があって，形がなく」，また，
> 　　　　　　「形がなくて，形のある」概念

としての特質をもっているといえる。

　そこで，倫理概念が形があるというのであれば，それを形づくる「あるもの」を抽出して表現すればどうなるかが，出発点になる課題である。そこで倫理を形として表現しているものに「倫理綱領」があるので，それを手掛かりに，少なくとも学会において「倫理」と一般に考えている「**概念属性**」ないし「**概**

念の特質」を抽出する作業が必要となってくる。

2 調査対象学会
(1) 調査対象とした科学系列

　調査対象とされた学会は，多少偏りがある。それは次のような制約の下での調査であることによる。

　日本学術会議（第19期）内に設置された「学術と社会常置委員会」での研究課題であった「科学におけるミスコンダクトの現状と対策——科学者コミュニティの自律に向けて——」（平成17年7月21日）のとりまとめの一環として，日本学術会議登録団体（1,481学会）を調査対象とした調査での資料が基となっている[1]。それによると，2004年6月現在で，倫理綱領を制定している学会（97学会）の状況は次のようである。

　　①医療・保健系（45），②自然科学・技術系（17），③都市工学系（2），
　　④情報メディア系（3），⑤心理・臨床系（17），⑥教育系（4），⑦人文社
　　会学系（9）

　特徴としては，倫理綱領を制定している学会は，1995年以降に増加傾向にあることと，倫理綱領を設けている学会数は調査対象学会数の約6.5%と僅かに過ぎず，しかも，その大半はいわゆる「理系」といわれる学会に偏り，なかでも圧倒的に「医学」系の学会に集中していることが分かる。

　今回取り上げる学会は，「行動基準」として定めた学会であって，その頭の部分に「綱領」というセクションを設けて言明している学会を取り上げることとし，さらに日本学術会議（第19期）における学会分類で第1部（文学部系列）と第5部（工学部系列）のうち，「専門」として識別された学会で2以上が回答した学会とすることにした。また，医学系は専門的に特殊であることから，今回の調査から省くことにした。その結果，最終的に，次のような17学会の倫理綱領を対象とした。

(2) 対象とした学会一覧

第1部：文学部系列（語学文学・哲学・教育学・心理学・社会学・歴史学・地域研究）

① 心理学——日本生理心理学会；日本心理学会；日本教育心理学会；日本リハビリテーション心理学会；日本心理臨床学会

② 行動科学——日本音楽療法学会；日本臨床催眠学会；日本行動療法学会

第5部：工学部系列（基礎工学・応用物理学・機械工学・電気工学・電子工学・情報工学・土木工学・建築学・金属工学・応用化学・資源開発工学・造船学・計測制御工学・化学工学・航空宇宙工学・原子力工学・経営工学）

① 機械工学——自動車技術会学会；日本機械学会

② 建築学——日本都市計画学会；日本建築学会

③ 電気工学——照明学会；電気学会

④ 情報工学，電子・通信工学——情報処理学会；電子情報通信学会；映像情報メディア学会

綱領調査対象　計17学会

社会学系列に属する「全国四系列教育会議」の課題としての「倫理」問題を扱うに当たって，調査対象となった学会が主に人文科学系列ないし自然科学系列の学会であるところから，必ずしも適切な対象の捉え方ではないように思われるであろう。しかし，このことは，現状において，社会科学系列の学会では「倫理綱領」を設けている学会が全く少ないことによるのである（調査時点：平成17年度）[2]。

第2節 分析結果

1 倫理キーワードの抽出

　分析の方法は，各学会が「倫理綱領」として文章で表現している内容に含まれている「キーワード」を抽出し，それを学会ごとに集計するというやり方によった。パイロットモデルで抽出した項目に沿って，全体をチェックする過程で新たに得られた項目を追加しながら整理を進めた。その結果，次のようなキーワード別の項目が得られた。

　下の表の中で，ゴシック体で表示したものが「整理項目」であり，それに続く文章（具体例）はそれら項目に分類する際の参考事例として示した。

表1　倫理綱領に含まれるキーワード

項　目	具　体　例
1　研究目的	・○○学会は□□の研究および関連分野の学理の研究と応用を目指すものである
2　専門家としての自覚と責任	・専門家としての自覚をもち，自らの行為に対する責任を負う義務をもつ
3　基本的人権の尊重	・人間の基本的人権と動物の生命の尊厳を尊重
4　環境・社会・文化への配慮	・地球を取り巻く環境との調和をはかる
5　社会的役割と責任の認識	・歴史と伝統と文化に根ざした豊かな人間生活に果たす専門分野の社会的な役割と責任を正しく認識する
6　使命の完遂	・人類社会の幸福と福祉に貢献することを使命とする
7　秘密保持	──
8　綱領違反者に対する罰則	──

　「表1」で示したキーワード別に集計した結果を，次に示しておきたい。ただし，原資料に基づく統計結果を示すことは，紙幅の関係上できないことと，定量分析でないことから，件数表示に目的はなく，倫理を構成する形質として

の用語の抽出に主題がおかれる。

2 研究目的

「倫理綱領」の文中での「研究目的」として掲げられた内容は，それぞれ専門分野が異なることに基づき，それぞれの研究分野ないし研究団体の本来的な研究と関連づけての目的が掲げられるのは，当然である。

学会という性格からすると，①研究，②教育，③実践（ないし実務）という三つの面が目的として挙げられよう。特に，理工系の中でも実務に近い接点をもつ学会では，上記の③の「実践」という面が「学会目的」として挙げられるのは，当然であるといってよい（日本生理心理学会，日本行動療法学会）。

他に，「学際的研究」を目的に挙げている学会（日本音楽療法学会）や「関連分野の学理の研究と応用」（照明学会）等がある。

結論として，標題では「研究目的」として整理されているが，内容的には「学会目的」であり，学会の研究対象に応じて，「研究・教育」面だけではなく，「実践」面もその目的の射程内にあり，研究という面からは「学際的研究」も「関連分野の研究」も関わりをもってくるということになる。すなわち，「**対象依存的に規定が定まる傾向**」があるということである。それは各学会が，その研究対象分野を異にすることに基づくもので，当然の結果というべきであろう。

3 専門家としての自覚と責任

学会という集団は，それぞれの専門分野における研究者の集まりである以上，各自が「専門家としての自覚と責任」をもって行動することは当然であると考えられる。ここで，「専門家としての責任」という表現により，次のようなものをもその中に含めて理解している。

① 「学問水準の維持のために研鑽」する責任
② 「資質の向上」・「技能の向上」に務める責任
③ 他者の非倫理的行為の「監視義務」やその防止のための「抑止義務」

④　研究が社会に与える影響についての「道義的責任」の自覚

再度，それを要約すれば，次のようになる。

(イ)　研究者自身の責任……学術水準の維持・高揚（自己研鑽による科学者としての義務）

(ロ)　他者に対する責任……非倫理的行為の監視

(ハ)　社会に対する責任……道義的責任

4　基本的人権の尊重

学会の倫理綱領において，広い意味で，「基本的人権の尊重」を守るべき道として求めていることが知られる（たとえば，日本教育心理学会，日本心理学会）。学会の研究対象が人間以外のものに及ぶところでは，「動物の生命の尊厳」についても尊重すべき旨を謳っている学会（日本心理学会，日本生理心理学会），また，研究の対象が人間といっても特に「子どもの教育」に及ぶ学会においては，「子どもの健全な発達を損なわぬような配慮」を求めているもの（日本教育心理）等がある。

5　環境・社会・文化への配慮

学会の倫理綱領として，「環境・社会への配慮」が挙げられている。内容的なカテゴリーとしては，次のように要約される。

(1)　①「環境との調和」をストレートに掲げるもの（照明学会），②「環境との調和」と合わせて，「環境への影響」を掲げるもの（日本機械学会，日本都市計画学会），③それらと共に「人類の安全・健康・福祉の向上」を掲げるもの（自動車技術会）

(2)　「社会への影響」を挙げているもの（映像情報メディア学会，電気学会，情報処理学会）

(3)　「歴史・伝統・文化の尊重」を挙げるものも，このカテゴリーに含めた（日本都市計画学会，日本建築学会）

6 社会的役割と責任の認識

学会の倫理綱領では，学会あるいはその会員が「社会的役割と責任の認識」を遂行するということを課題として挙げている。内容的に，「社会への貢献」あるいは「公益への寄与」をめざすものであることを掲げている学会（照明学会，日本教育心理学会，情報処理学会）や，「専門領域の技法」をもってポジティブに関連領域への展開を図ることを役割ないし責任として認識している学会（映像情報メディア学会）等がある。

7 使命の完遂

倫理綱領では，それぞれの専門学会領域における理論・技術・教育等を通じて「使命の完遂」を図ることを掲げている。その「使命の完遂」の具体的内容として，キーワード的には，健康，幸福，福祉，文化，教育，技術，学術的寄与，社会への貢献といったものが挙げられる。

他に，倫理綱領といっても，その構成は学会によってさまざまである。そこで，倫理綱領が実際にどのような構成で作成されているかを，調査対象としたが，形式的な調べであり，紙幅の関係から省略したい。

第3節　倫理綱領と行動基準との関係

「倫理綱領」とか，「倫理規定」（倫理規程）といわれるものと，「行動基準」といわれるものとの関係がどうなっているのかについて，次に考察したい。かかる考察の後で，「倫理綱領」や「行動基準」の具体的な組立の様子を見てみたい。

次に，サンプル学会について，「倫理綱領」と「行動基準」との関係を示したものが，次の「表2」である。

上記の二つのサンプルにおける綱領と基準との関係から知られることは，次

の点である。

(1) 倫理綱領に対し倫理基準は，概して，「**具体的**」であり，「**技術的**」であり，「**手続的**」なものが定められていること
(2) 中には，倫理綱領とほぼ同じ内容を倫理基準において**二語反復的**に定めている場合もあること
(3) 倫理綱領にあるすべての規定について，行動基準がそれに対応する形で「技術的・手続的規定」を定めているわけではないこと
(4) 上記(3)とは逆に，行動基準に定められている事項であっても，倫理綱領にはそれに見合った条項がないものがあること

なお，この問題に絡んで，各学会の規定の内容に立ち入って，「倫理規程」・「倫理綱領」・「倫理基準」の関係を紹介すべきであるが，この内容については紙幅の関係から割愛したい。

表2 「倫理綱領」と「行動基準」との関係
―――サンプル学会（その1）―――

(社) 照明学会　倫理綱領

倫 理 綱 領	行 動 基 準
1．【研究目的】 　　照明・光および関連分野の学理の研究と応用にあたって	1．学術の発達と技術の向上に寄与するため，常に専門能力の向上に努め最善を尽くす。
2．【専門家としての自覚と責任】 　　＊＊＊　＊＊＊　＊＊＊	4．他者の生命，安全，財産，知的財産，名誉，プライバシーを尊重する。 5．技術上の主張や判断は，学理と事実とデータに基づき，誠実，かつ公正に行う。 6．技術的討論においては，互の立場を尊重し，率直に他者の意見や批判を求め，誠実に論評を行う。 7．ネットワーク上での広報，発表においては，節度ある態度を保つ。
3．【基本的人権の尊重】	3．全ての人々と人種，宗教，性，障害，年齢，国籍にかかわらず公平に接する。
4．【環境・社会・文化への配慮】 　　地球を取り巻く環境との調和をはかり	2．研究開発とその成果の利用については，地球環境・社会への影響を充分に配慮する。
5．【社会的役割と責任の認識】 　　歴史と伝統と文化に根ざした豊かな人間生活に果たす照明の社会的な役割と責任を正しく認識し	＊＊＊　＊＊＊　＊＊＊
6．【使命の完遂】 　　人類社会の幸福と福祉に貢献することを使命とする	＊＊＊　＊＊＊　＊＊＊
7．【秘密保持】	8．守秘義務を尊重する。
8．【綱領違反者に対する罰則】	＊＊＊　＊＊＊　＊＊＊

表3 「倫理綱領」と「行動基準」との関係
—サンプル学会（その2）

日本音楽療法学会　倫理綱領

倫 理 綱 領	行 動 基 準
1．【研究目的】 　日本音楽療法学会は，疾病と健康に関わる音楽の機能と役割を学際的に研究する	＊＊＊　＊＊＊　＊＊＊
2．【専門家としての自覚と責任】 ＊＊＊　＊＊＊　＊＊＊	第五条　研究成果の公衆に伴う責任 　会員は，研究成果の公表に際して，学会員としての立場を十分に自覚し，虚偽や誇張のないように十分配慮する。
3．【基本的人権の尊重】 ＊＊＊　＊＊＊　＊＊＊	第二条　人権の尊重 　会員は，個人の人権を尊重し，個々のプライバシーを侵害しないように十分に配慮する。
4．【環境・社会・文化への配慮】 ＊＊＊　＊＊＊　＊＊＊	＊＊＊　＊＊＊　＊＊＊
5．【社会的役割と責任の認識】 　音楽療法が，医療，福祉，健康・教育の領域において積極的に展開することを目指す	第一条　社会的責任 　会員は，自らの活動が社会に与える影響を十分に認識し，人々の幸福と福祉，社会への貢献を目指して，常に自己研鑽に努力する。 第三条　社会的規範 　会員は，自らの活動が法や道徳などの社会的規範を逸脱しないように十分に留意し，常に良心に基づいて活動を行う。
6．【使命の完遂】 　音楽療法を通して人々の健康の維持・促進など広く社会に貢献することを目的とする	＊＊＊　＊＊＊　＊＊＊
7．【秘密保持】 ＊＊＊　＊＊＊　＊＊＊	第四条　守秘義務 　会員は，治療上知りえた情報や資料については，これを厳重に管理し，みだりに他に漏らしたり，本来の目的以外に使用してはならない。
8．【綱領違反者に対する罰則】 ＊＊＊　＊＊＊　＊＊＊	第六条　疑義の申し入れ 　会員は，倫理綱領に違反すると考えられる事例を発見した場合，すみやかに書面にて署名，捺印の上，倫理委員会に疑義の申し入れをする。 第七条　罰則 　会員が本倫理綱領に著しく違反する行為を行った場合には，倫理委員会の発議により，理事会および評議員会の承認を経て除名などを含む罰則が適用される。

第4節　学術倫理・行動基準書の組み立て

　「学術倫理」と「行動基準書」とは本来区別すべきものであるものの，現実には，さして意識することなく，両者の識別的定義なしに，同等の概念として使用されている場合が多いように思われる。両者が混同される所以のものは，「倫理」は単に「概念」でそれを現実に実施するものが人間の「行動」であるということから，「概念」と「行動」とを表裏一体のものとして扱う傾向があるからであろう。したがって，行動基準書として，そのなかに倫理規定を含む立案となっている場合が多いように思われる[3]。

　また，税理士の任意団体である「ＴＫＣ全国会」では，昭和53年に「ＴＫＣ会計人の行動基準書」を制定した。ほぼ35年前のことである。自由職業団体としては最初の「倫理規定」であり，「行動基準書」であった。今回，第三版として改定され，さらに初代会長であった飯塚毅氏の「自利利他」を中核とする倫理に関する経営理念を，そのエピゴーネン（後継者）がよりよく一般に理解できるように説明を付した「解説書」が同時に出版されている[4]。この点については，第8部・第3章において，その作成責任者である森末英男氏が詳説することとなっているので，参照願いたい。

　この「行動基準書」では，①総論，②倫理規定，③実践規定，④遵守義務という構成がとられている。筆者は，この「行動基準書」を参考に，あるべきと考えられる「学術倫理綱領」の体系を次の「図1」で提示しておきたい。

　「図1」では，「倫理綱領」と「倫理規定」を重点的に取り上げ，その内容的構成を示す形で描いている。図形中にも指示したように，次のことが描かれている。

(1) 「**倫理綱領**」とは，科学者（学会人）が，科学者として追求すべき「真理の探究」という「理念」を踏まえて，各学会が科学の一扇面を担って行動する場合に，追求すべき「目的」を掲げ，学会の成員がその目的に沿って，社会からの負託に応え，使命を果たすこと（コンプライアンス）により，

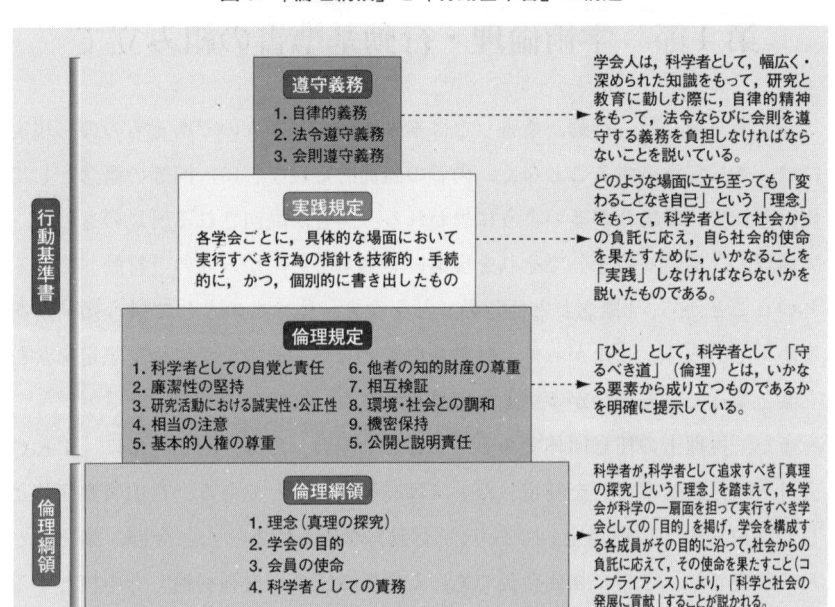

図1 「倫理綱領」と「行動基準書」の構造

行動基準書

遵守義務
1. 自律的義務
2. 法令遵守義務
3. 会則遵守義務

> 学会人は，科学者として，幅広く・深められた知識をもって，研究と教育に勤しむ際に，自律的精神をもって，法令ならびに会則を遵守する義務を負担しなければならないことを説いている。

実践規定
各学会ごとに，具体的な場面において実行すべき行為の指針を技術的・手続的に，かつ，個別的に書き出したもの

> どのような場面に立ち至っても「変わることなき自己」という「理念」をもって，科学者として社会からの負託に応え，自ら社会的使命を果たすために，いかなることを「実践」しなければならないかを説いたものである。

倫理規定
1. 科学者としての自覚と責任
2. 廉潔性の堅持
3. 研究活動における誠実性・公正性
4. 相当の注意
5. 基本的人権の尊重
6. 他者の知的財産の尊重
7. 相互検証
8. 環境・社会との調和
9. 機密保持
5. 公開と説明責任

> 「ひと」として，科学者として「守るべき道」（倫理）とは，いかなる要素から成り立つものであるかを明確に提示している。

倫理綱領
1. 理念（真理の探究）
2. 学会の目的
3. 会員の使命
4. 科学者としての責務

> 科学者が，科学者として追求すべき「真理の探究」という「理念」を踏まえて，各学会が科学の一局面を担って実行すべき学会としての「目的」を掲げ，学会を構成する各成員がその目的に沿って，社会からの負託に応えて，その使命を果たすこと（コンプライアンス）により，「科学と社会の発展に貢献」することが説かれる。

「科学と社会の発展に貢献」することを内容として成り立つものである。

(2) 「**倫理規定**」とは，「ひと」として，科学者（学会人）として「守るべき道」（倫理）とは，いかなる要素から成り立つものであるかを明確に提示したものである。

(3) 「**実践規定**」とは，どのような場面に立ち至っても「真理の探究」という「理念」を堅持して，科学者（学会人）として社会からの負託に応え，自ら社会的使命を果たすために，いかなることを「実践」しなければならないかを説いたものである。

(4) 「**遵守義務**」とは，学会人が科学者として，幅広く・深められた知識をもって，研究と教育に勤しむ際に自律的精神をもって，法令ならびに会則を遵守する義務を負担しなければならないことを説いたものである。

第5節　倫理規定のカテゴリー化

　上で述べた「倫理綱領」と「倫理規定」とが，学術倫理の中核的存在となって，科学者の行動基準書を形づくるものと考えられる。もっとも「図1」で掲げたように，倫理規定の実践に当たっての指針となる「実践規定」と「遵守義務」が続く訳であるが，その部分を除いて，学術倫理の全体像を図形化してみたものが，「図2」である。

　この図形化に当たっては，事柄の全体像を俯瞰的に示す目的から，「図1」で示した「倫理規定」の各項目をその属性に対応する形でカテゴリー化して表示することとした。そのカテゴリー化とは，次のような分類である。

① **人的要件**
　　1．科学者としての自覚と責任
　　2．廉潔性の堅持

② **行動要件**
　　3．研究活動における誠実性・公正性
　　4．相当の注意

③ **他者間関係要件**
　　5．基本的人権の尊重
　　6．他者の知的財産の尊重
　　7．相互検証

④ **社会環境要件**
　　8．環境・社会との調和
　　9．機密保持
　　10．公開と説明責任

　上記の①と②は，科学者（学会人）に関連した要件を，「ストック」（「ひと」そのもの）の要件として**人的要件**を，また，「フロー」（行いとして）の要件である**行動要件**をカテゴリーとして取り出し，それらを縦軸に表すことにし

た。

　科学者を中心としてみることで,「他者」(研究面では他の研究者,教育面では学生等)との関わり合いは,科学コミュニティの健全な育成と発展・維持という観点から重視されなければならない。このことを上記③の「**他者間関係要件**」として整理し,図形上,左側に位置づけた。

　科学者の行為は,単に行為者自らにとどまることなく,その及ぼす影響の範囲はさまざまな社会関係や環境関係にまで及ぶものと考えられる。そのような趣旨においてカテゴリー化したものが,「**社会環境要件**」である。このことを図形上,右側に位置づけた。

第6節　学術倫理の構図

　倫理規定のカテゴリー化が完成したならば,それをまとまりある形で表現する必要がある。それを図形に表現するために,「ひと」と「行為」とを縦軸に,関係要件として「他者」と「社会環境」を横軸にとることで,これらの4つのファクターが科学者倫理の中核に位置する「理念」(真理の探究)をめぐって,あたかも星座(コンステレーション)の如く循環する姿が構図として完成するのである。

　その様子を描いたものが,「**図2**」である。

　「図2」では,次のことを描いている。

(1)　「学術倫理」という用語を,学会の「倫理綱領」ないし「倫理規定」等と同等の内容のものと理解した場合,「科学」を追究する研究団体としては,「**理念**」として「**真理の探究**」を究極の狙いとするものである,と解されよう。しかし,そのことをコアコンセプトに挙げている学会はほとんど存在せず,多くは「**研究目的**」という名称で,当該学会の目指す具体的な目的設定が記載されている。いずれにせよ,「理念」ないし「目的」が,学術倫理の中核概念となっていることは確かであると考える。

図2 学術倫理の構図

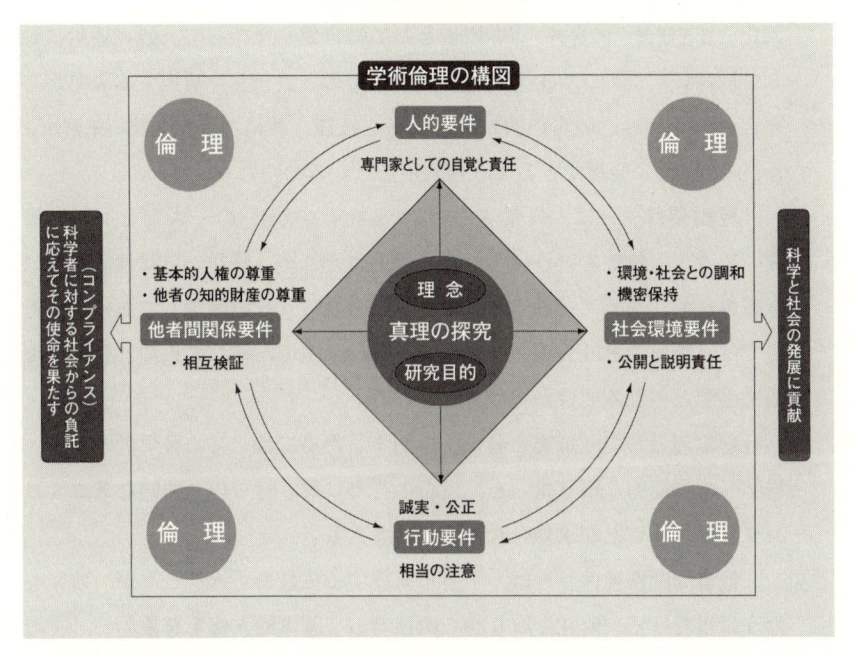

```
                    学術倫理の構図
          ┌─────────────────────────────┐
          │          人的要件              │
   倫理    │    専門家としての自覚と責任      │   倫理
          │                               │
科       │ ・基本的人権の尊重  ・環境・社会との調和 │       科
学       │ ・他者の知的財産の尊重 ・機密保持      │       学
者       │           ┌─────┐            │       と
に       │           │ 理念 │            │       社
対       │  他者間関係要件  │真理の探究│ 社会環境要件 │       会
す       │           │ 研究目的 │            │       の
る       │           └─────┘            │       発
社       │  ・相互検証         ・公開と説明責任 │       展
会       │                               │       に
か       │                               │       貢
ら       │          誠実・公正              │       献
の       │          行動要件              │
負       │          相当の注意            │
託       │                               │
(コンプライアンス)                           
          │                               │
   倫理    │                               │   倫理
          └─────────────────────────────┘
```

(2) 「理念」としての「真理の探究」という概念と，各学会における「研究目的」との関係は，「倫理」と「道徳」の関係においてみたように，「真理の探究」は科学における**抽象的な理念**であるのに対し，「研究目的」として各学会で掲げる題目は**具体的な理念**であって，後者のめざすところは「聖なる世界」における「真理の探究」に置かれているとみなければならない。

(3) 学術倫理は，「理念」(目的)を中核として，① 人的要件，② 行動要件，③ 他者間関係要件，④ 社会環境要件という4つの要件で整理された。これらが，先に指摘したように，あたかも**コンステレーション**(星座)の如くループをなして存在すると考えられる。

(4) 「**人的要件**」とは，学会を構成する成員が「**専門家としての自覚と責任**」において，科学に向かって対処することを要請されることを示してい

109

る。すなわち，各人が科学の担い手として自らの専門領域における知識の深化（**自己研鑽**）に務め，「専門家としての自覚」を持って，研究活動に勤しむ同時に，そのプロセスと結果についての「責任」を負担する姿勢が必要とされる。自己の専門的知識，技術や技能，蓄積された知識（暗黙知を含む）を存分に発揮できるよう務めることが求められる。

(5) 「**行動要件**」とは，科学者（学会を構成する成員）の一人ひとりが，研究・教育・実験等を行うに当たって，それぞれの「科学の自律性」を常に意識のうちに秘めて行動する際に必要とされる「**行動倫理**」であって，そこでは「**誠実**」と「**公正**」という研究者にとって，そして人間として本源的に必要とされる要件が掲げられている。

　行動倫理として「誠実と公正」を期するためには，常に科学者として，科学への積極的な取り組みと，自らの行為に対し自らの「**内的なモニタリング**」を行うことが求められるものと考える。

(6) 「**他者間関係要件**」とは，学会を構成する成員の一人ひとりが，研究を行うに当たって，研究を取り巻く関係者の「**基本的人権を尊重**」し，また，教育に当たっては，受講する「**学生の人権**」（差別の排除を含む）を尊重する必要がある。さらに重要なことは，「**他者の研究成果を尊重**」（他者の知的財産の尊重を含む）すると同時に，自己の研究成果については，他者による検証（**相互検証**）が可能な形での成果の公表が求められる。

(7) 「**社会環境要件**」とは，研究者が研究活動や教育活動を通じて，常に社会や環境と向き合って行動しているからこそ，科学技術等の開発が社会に対して，あるいは，自然環境に対して与える影響を顧慮して，絶えず「**環境と社会との調和**」を保つような行動が求められている。

　なお，科学者（研究者）は，自らの研究成果を社会に対して積極的にディスクローズ（公開）し，その意義と役割を説明する責任（アカウンタビリティー：説明責任）を果たすことが求められている。

以上の諸要件は，「**単独・独立概念**」であると同時に「**相互関係概念**」であ

るから，互いに関係し，影響し合って，ループをなして回転（循環）しているとみなすことができよう。その中核に学会として，研究者として，教育者としての「理念」や「目的」が「**レギュレーター**」（調整役）として機能しているとみなすことができる。

このような「学術倫理」の構図の中にあって，一方において，学会として，あるいは，学会を構成する成員の一員としての活動において，この構図に示されたすべてを履行することが，まさに「**コンプライアンス**」であり，かかる意味でのコンプライアンスを履行するに当たり「**科学者に対する社会からの負託に応えてその使命を果たす**」ことが必要となる。このことを「図2」の左側の矢印で示した。

また，他方において，科学者としての行動の成果が，「**科学と社会の発展に貢献**」するような結果につながることが期待されているといってよい。このことを「図2」の右側の矢印で示した。

第7節　エピローグ

本章は，倫理一般の問題から各学会での「倫理綱領」がどのような「形質」の概念から構成されているかについて，その主要な要素を抽出することに狙いがあった。しかし，分析の対象が，心理学という文学部系列の学会（しかし，実態的には医学系統に属するともみられる学会）と，工学部系列の学会とが対象であり，分析において偏りがあったことは，現状においてやむを得ないところがあった。

結論的に，「学術倫理」を論理的に構成する手法として，中核概念を置く必要があるということである。本章では，科学のコアコンセプトとなる「理念」を「真理の探究」として設定した。しかし，「真理」とはなにかを問うことは，哲学史上，未だ十分解決したテーマではない。

すなわち，「真理」とは，「形相の世界」における「科学の属性」であって，実存の世界における「真理」概念は，各学会がめざす「学会の目的」ないし

「研究の目的」という具体の世界に置き換えて措定する以外にないといえる。

その意味で,「真理の探究」という理念は,科学にとって必要不可欠な概念ではあるものの,それは「聖なる世界」にのみ存在するものであるところから,「変化せざる世界」における達成値である。したがって,実存の世界における「変化の世界」を照らし出す際の「真理値」として必要不可欠な存在となっている。

本章では,そのことを深く追求する余裕が存在しないため,とりあえず,「理念」としての「真理の探究」と「研究目的」(各学会の目的)とをコアコンセプトとして,図形の中心に位置づけ,人的要件と行動要件とをペアーとして縦軸に,また,他者間関係要件と社会環境要件とをペアーとして横軸に配して,学術倫理のループをなすモデルを示すことで,倫理なるものの構図を明らかにしたところである。

この問題は,学術倫理の「表街道」の問題であり,学術倫理の履行はコンプライアンスというポジティブな行動様式であるが,そのことに違反するネガティブな行動様式がミスコンダクト問題である。

また,かかる学術倫理の担い手である「科学者の基本的人権」の問題や「学問の自由」の問題等,倫理関連の課題が存在する。それについての考察と論究は,別の機会に取り上げたい。

【注】
1) その概要は,本文中に示した日本学術会議の報告書の第2章に収録されているが,それ以外に,次のものを挙げておきたい。佐藤学「学協会における倫理綱領の制定状況——調査結果の概要——」『学術の動向』2006年1月号参照。
　　他に,第19期日本学術会議(学術と社会常置委員会)の研究成果は,次の出版物として発刊されている。『科学のミスコンダクト——科学者コミュニティの自律を目指して』学術会議叢書13,財団法人日本学術協力財団,2006年。
2) 日本学術会議・声明「科学者の行動規範について」(2006年10月3日)において,「2　現状及び問題点」の箇所で,倫理綱領を制定しているかどうかのアンケート調査の結果を次のように述べている。

「全国の大学や研究機関,学協会等へのアンケート調査（回答率46.9%）を実施したところ,倫理綱領を制定済みの機関は全体の13.3%で制定予定のない機関が41.3%,不正行為の疑義について話題になった経験を持つ機関が12.4%,疑義申し立ての組織や手続きを決めている機関が12.5%で決めていない機関が75.9%であった。」

3) 日本学術会議「科学者の行動規範」（暫定版），2006年4月11日。ここでは,「行動規範」と銘打って,内容的には,学術倫理の問題が扱われている。
4) ＴＫＣ全国会総務委員会『ＴＫＣ全国会の行動基準書』（第三版）「解説書」,2006年4月7日版。

(武田　隆二)

第Ⅱ編　学術倫理と学会倫理

第3章　研究者の社会的役割と研究行為基準の構造
～アカデミック・ミスコンダクトをめぐって～

第1節　プロローグ

　会計学に限らず他の領域においても，誠実な姿勢で真理を探求することが研究者に求められている。真理を探究した結果としての新たな知見の蓄積が学問の発展につながる。本章は，アカデミック・ミスコンダクト（academic misconduct）を防止するための研究行為基準の基礎理論を体系化することを目的とするものである[1]。

　この問題は決して新しいものではないが，近年，内外において，社会を取り巻く状況変化から，殊に問題視されるに至った[2]。すなわち，情報技術の発展に伴うインターネットの普及によって，学部や大学院における学生の研究に不適切な引用がみられるなど，盗用，捏造などのアカデミック・ミスコンダクトが目立つようになり，社会的な問題[3]としてあらためて注目されているものである。

　この点に関連し，日本学術会議は一連の報告書を公表している[4]。また，海外では，アメリカ会計学会の教育部会は2003年に学部・大学院の学生が論文作成を行う場合の規準に関するステートメント[5]を公表し，学会としての取り組みを進めている。また，海外の主要な大学では，当該問題に関する明文化した規定が1990年代後半に相次いで整備されている[6]。

　このような規定の整備の動向は，知的財産権の保護・管理に関する法律制定や企業戦略における知的財産活用の動きと軌を一にしているように思える。1990年代には情報通信技術が飛躍的に発達すると共に，企業戦略における知的財産を活用することの重要性が高まっていった。実際に，1980年代と1990年代

を比較すると，先進諸外国では研究開発投資の増加と技術進歩率が比例関係にあり，研究開発の効率性が企業の収益性と相関関係を持つようになり，企業収益への研究開発の影響が多大であったことが指摘されている[7]。

国際市場での競争が激化する中で，知的財産の保護の強化を通じた質の高い効率的な研究開発の実施が不可欠な時代となっており，大学と民間企業（いわゆる産学連携）の協同研究が増加している状況において，大学における知的財産権の保全がきわめて重要な問題となったことから，知的財産を生み出す大学所属の研究者の行為を管理するために明文化した規定が整備されたものと忖度される。

本章で扱うテーマは，そのような観点からも重要な意義を有しており，研究者の倫理行為に関する規定を含めた研究行為基準は大学における知的財産管理を担う規定の基礎を形成する重要な領域であるといえる。同時に，それは学問の健全な発展の基礎を成すものである。以下においては，海外の主要な大学の研究行為基準の検討を通じて，その規準に内在する基礎理論の体系を明らかにしようと試みるものである。これは，わが国の会計学関連諸学会の機関誌において査読制度が一般化しつつあることからも重要な意義があるとみている。

第2節　ミスコンダクトの意味

デクー（Decoo, W., 2002）は，ミスコンダクトに関連する用語として，上記のアカデミック・ミスコンダクトの他にサイエンティフィック・ミスコンダクト（scientific misconduct）とリサーチ・ミスコンダクト（research misconduct）の二つがあることを指摘し，前者は自然科学の領域に特化した用語であること，また，後者は調査研究の手法に焦点を当てた限定的な用語であることを考慮し，この問題には自然科学に限らず人文科学を含める必要のあること，また，ミスコンダクトには経歴の詐称，補助金の目的外使用や悪用なども含まれることから，広く一般的な議論を行うためにはアカデミック・ミスコンダクトという用

語が適切であると述べている[8]。そこで，本章においては，そのような観点からアカデミック・ミスコンダクトという用語を用いることとし，アカデミックとは大学における研究者を意味するものとして議論を展開している。

ここで検討の対象としたのは，現地調査やインターネットを利用した検索などによって収集したシカゴ大学，ケンブリッジ大学，オックスフォード大学，メルボルン大学の関連規定およびアメリカ会計学会の報告書である（注3）4）を参照されたい）。以下においては，上記の諸大学の規定における定義を参照し，ミスコンダクトが意味するところをまず明らかにしたい。それを踏まえてミスコンダクトを防止するために研究行為基準が体系化されていることを浮き彫りにするものである。

1　シカゴ大学による定義

研究者の不正行為（academic fraud）は，他者を意図的に欺こうとする試みを意味するもので，判断や解釈の故意でない（honest）誤謬や相違は含まれない。研究者の不正行為は，証拠，データ，または，結果の盗用（plagiarism），捏造（fabrication）または偽造（falsification），関連する証拠またはデータの隠蔽，情報源の意図的な書き換え，アイデアの盗用，他者の研究またはデータの意図的な悪用を意味する[9]。

2　ケンブリッジ大学による定義

ミスコンダクトは，研究を企画し，実施しまたはその結果を報告するときに行われる捏造，偽造，盗用または詐欺（deception）のことをいう。また，研究を実施するときの認められた慣行からの故意の，危険を伴う，あるいは，不注意による逸脱もミスコンダクトになる。ミスコンダクトは合意された実施要綱の遵守の失敗も含むものである。それはこの失敗によって人間またはその他の感覚をもつもの，または環境に対して不当なリスクまたは危害が及ぶおそれがあるからである。そのような行動に関する他者との共謀または隠匿による研究のミスコンダクトの助長もミスコンダクトに含まれる。この脈絡におけるミス

コンダクトは，研究方法または結果を評価するときの解釈または判断における故意でない誤謬または相違を含むものではない。また，研究プロセスに関連しないミスコンダクトを含まない[10]。

3 オックスフォード大学による定義

ミスコンダクトが意味することは，研究の企画，実施，もしくは結果の報告における捏造，偽造，盗用または詐欺である。また，研究を実施する上で認められた実務からの意図的な逸脱，危険なまたは不注意な逸脱を意味する。合意された実施要綱の不履行が人間またはその他の脊椎動物もしくは環境への不合理なリスクまたは危害を生じさせる場合，当該不履行はミスコンダクトとなる。また，他者との共謀によるミスコンダクトの助長，または，他者による上記の行為の隠蔽もミスコンダクトに含まれる。ミスコンダクトは，また，それらの行為の計画，共謀，企てを含む。ミスコンダクトは，研究方法または研究結果の評価における解釈または判断の故意でない誤謬や相違，または，研究プロセスに関連しないミスコンダクトは含まない[11]。

4 メルボルン大学による定義

メルボルン大学では以下において検討する研究行為基準の不履行がミスコンダクトを引き起こすものであることを指摘し，その事例として次の三つを挙げているが，それらに限定されるものではないことは，上記の諸大学の規定と同様である[12]。

(a) データの捏造または偽造
(b) 適切な承認なしに他者のアイデア，業績，または，データを利用すること
(c) 公表物の著作者であると偽ること

以上のアカデミック・ミスコンダクトに関する諸大学の定義から知られることは，他者を意図的に欺こうとする行為がミスコンダクトの本質を成すものであり，ミスコンダクトを「捏造，偽造，盗用」に限定するか（シカゴ大学），そ

れに「合意された研究の実施要綱や慣習からの逸脱行為」を含めるか（その他3大学）という違いがあるが，「捏造，偽造，盗用」に派生する，あるいは，それを超えたところでさまざまな問題が発生している現状に対処するためには広義の概念を用いる必要がある[13]。このような観点から，アカデミック・ミスコンダクトの概念には，次のような要素が含まれることが特徴となる。

① 研究者による捏造，偽造，盗用，詐欺等の行為がミスコンダクトに共通する中心概念であること。
② 合意された研究の実施要綱や慣習からの逸脱行為もミスコンダクトに含まれること。
③ 人間，動物，環境に対して不合理なリスクまたは危害を生じさせることはミスコンダクトになること。
④ 上記行為の隠蔽，共謀などもミスコンダクトに含まれること。

なお，解釈または判断の故意でない誤謬や相違はミスコンダクトにはならないことは，いずれにおいても共通している。

第3節　研究行為に内在する役割期待の構造

前節のミスコンダクトの定義において取り上げた諸大学の規定のうち，オックスフォード大学やケンブリッジ大学の規定はミスコンダクトが生じたときの申し立てと調査に焦点を当てたものである。これに対して，メルボルン大学の研究行為基準（Code of Conduct for Research）は，大学に所属する研究者の研究行為の包括的なガイドラインを提示している。それはミスコンダクトを防止するための基準の体系として有益な示唆を含む内容となっており，以下においては同大学の研究行為基準から抽出できる研究行為に内在する役割期待の構造を浮き彫りにしたい。それは大学に所属する研究者の研究行為に求められる一つの規範であり，そこからの逸脱行為がアカデミック・ミスコンダクトにつながるものと解釈されうるのである。

メルボルン大学の研究行為基準は，⑴原則，⑵特定の要件，⑶追加的要件，⑷ミスコンダクトという四つの部分で構成されている。これらの行為基準は，大学において研究に従事するすべての人々が遵守しなければならないものであり，当該基準の不履行は懲罰の理由となるものである。まず，研究行為基準の原則が次のように述べられている[14]。

(a) 研究は真理を探求するものであること。──真理の探究
(b) 研究者は，研究のすべての側面において，
　① 誠実さ（integrity）と専門家としての高い見識を示し，──誠実性・専門性
　② 公正（fairness）と公平（equity）の感覚を持ち合わせ，──公正性・公平性
　③ 利益相反（conflict of interest）を避け，そして──利益相反の回避
　④ 研究に関与する人々の安全を確認するものでなければならないこと。──安全の確保
(c) 研究手法と研究結果について，その検証と議論を拒否してはならないこと。──検証・議論

それらの原則は，広く一般の大学においても，研究者が研究を遂行するときの基準，あるいは，研究における倫理行為にかかる基準の指導原理となるものと考えられる。そこで，研究行為は人間の行為である以上，大学，学会，社会との関係において役割期待の相補性という観点から研究行為を体系化することができる。役割期待の相補性とは，社会（組織）の成員がコミュニケーション・プロセスを通じて相互の関係を認識し安定的制度を築き上げるためのメカニズムを意味する[15]。ミスコンダクトは，かかる安定的制度を破壊する行為あるいは当該制度から離脱する行為とみなすことができる。

「図1」は，研究行為に内在する役割期待の構造を図式化したものである。まず，大学，学会，そして社会からの期待が研究者に向けられていると理解することができる。それは，ごく一般的に「真理の探求」という言葉で表現されている。「真理の探求」という大学，学会，社会からの期待が研究者へ向けら

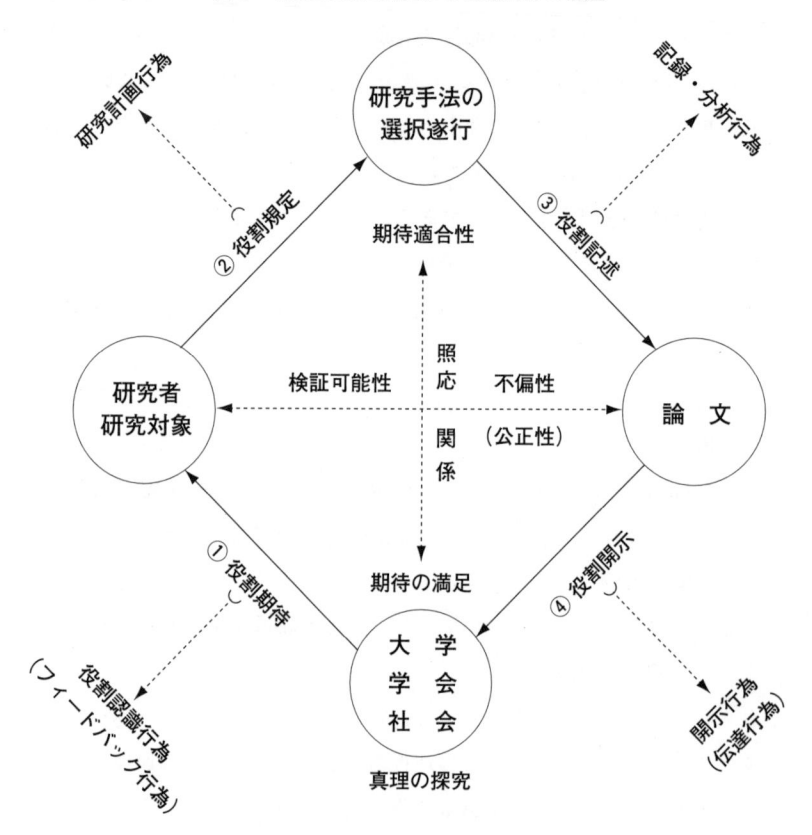

図1　研究行為に内在する役割期待の構造

```
                    研究手法の
                    選択遂行
      研究計画行為 ↖     ↑ ↘ 記録・分析行為
              ② 役割規定   ③ 役割記述
                  期待適合性
                      ↑
                      ｜
    研究者        照｜　　不偏性
    研究対象 ←検証可能性→応｜  （公正性）← 論　文
                  関｜
                  係｜
                      ↓
                  期待の満足
              ① 役割期待   ④ 役割開示
    役割認識行為 ↗     ↓     ↘ 開示行為
    （フィードバック行為） 大　学   （伝達行為）
                       学　会
                       社　会
                      真理の探究
```

出典：武田隆二『会計学一般教程』(第6版) 中央経済社 (2004年) の22頁の「図2-1」を基に，筆者の解釈に基づき修正の上で作図したものである。

れ，研究対象の識別，いわゆる問題の認識が行われることになる。たとえば，1990年代には金融の自由化・国際化が進展しリスク管理の手段として多用されたデリバティブの認識・測定・開示が重要な研究課題となった。近年ではブランド等の知的財産が同様に重要な研究課題となっている。社会科学に限らず自然科学においても，そのとき時の環境において生ずる種々の要因（換言すれば，社会的な期待や要請）が研究の動機づけとなる。

そのようにして研究対象の識別が行われたならば，次に当該問題を解明するために具体的に研究が遂行されることになる。会計学は，自然科学と同様に測定科学であり，企業の経済活動（取引）をいかに認識し計量化すべきかに研究の主題がある。会計目的に照らして真実な事実関係を写像するための認識・測定の手法が会計研究のプロセスを通じて精緻化される。この研究のプロセスは一般に実験主義に基づく研究プロセス（「図2」を参照されたい）に相当するものであり，仮説の設定と実験に基づく仮説の改善により知識が豊富化される。

　このときに，研究者の行為を方向づけるものが役割規定である。役割規定は大学，学会，社会の期待を実現するために，研究者が研究を計画しそれを実施する上での基準となるものである。メルボルン大学の研究行為規定では以下のような基準が示されている。誠実性，専門性，公正性・公平性は，研究者の性行に関わる特性であり，利益相反の回避，安全の確保は研究者の技術的特性として理解することができる。ここでいう利益相反とは，外部の研究者と協同研究を行っている場合に研究成果（発明，特許など）の帰属について大学が不利益を被ることを意味し，その回避とは研究者は大学に不利益となるようなことはしてはならないということである。

(1) 研究者の性行に係る基準
　① 誠　実　性
　② 専門性（専門家としての高い見識）
　③ 公正性・公平性
(2) 研究行為の技術的基準
　① 利益相反の回避
　② 安全の確保

　役割規定に従って研究が遂行されることなるが，法律の遵守はいうまでもなく社会的規範をも考慮し，学会において一般に認められている研究方法の中から問題を解決するための最適な方法を選択する。選択された研究方法に基づいて実施した研究結果を分析し，次にその成果を論文にまとめることになる。これが役割記述に該当する。研究成果を論文として作成するための規準が，先に

第Ⅱ編　学術倫理と学会倫理

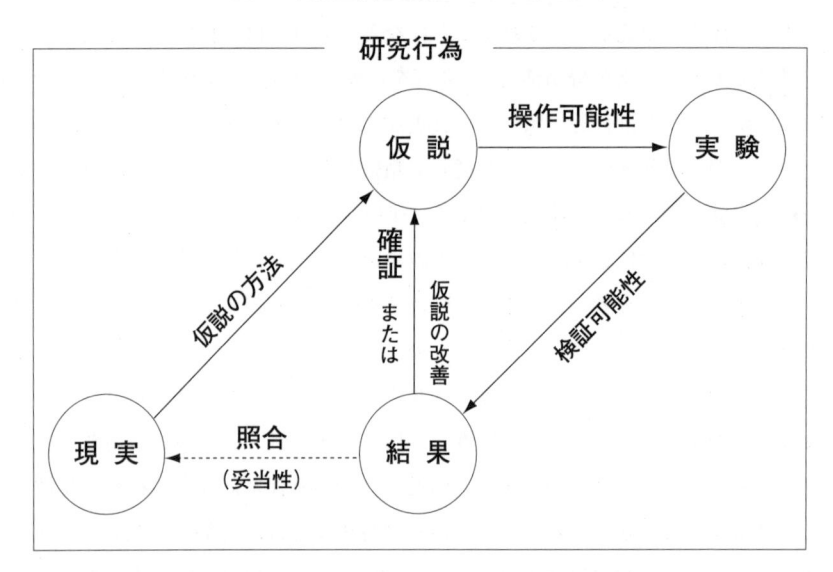

図2　実験主義の観点からみた研究行為

```
                    研究行為
                        操作可能性
            仮 説 ─────────────→ 実 験
             ↑  │     ↑              │
    仮説の方法 │ 確証  │ 仮説         │ 検証可能性
             │  また  │ の改善        │
             │  は   │               ↓
           現 実 ←────照合──── 結 果
                    （妥当性）
```

出典：武田隆二『制度会計論』中央経済社（1982年），28頁の「図2－5」の表記を，筆者の理解に基づき一部修正したものである。

掲げた特定の要件である。そこでは次のような要件が掲げられている。

① データの保存管理
② 著作者の確定
③ 研究成果の公表
④ 研究プロセスの監督
⑤ 利益相反

研究成果が論文としてまとめられたならば，これを学会や社会に対して公表することになる。これが役割開示である。役割開示に当たっては，他者による検証が必要なる。メルボルン大学の研究行為基準では，研究手法と研究結果についてその検証と議論を拒否してはならないことが明記されている。研究会や学会での報告・議論を通じて論文の内容が検証され，指摘された問題点をさらに解明することで研究が精緻化される。あるいは，学術雑誌の場合は，レフェ

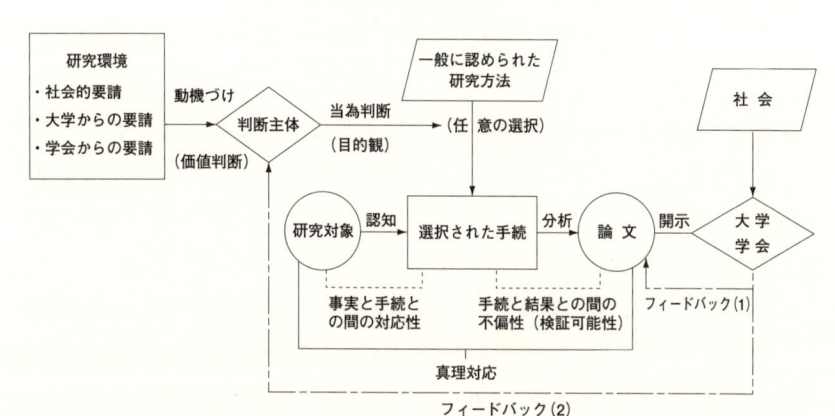

図3　研究行為の概念的フレームワーク

出典：武田隆二『制度会計論』中央経済社（1982年），173頁の「図11－1」を参考に，筆者の理解に基づき修正の上で作図したものである。

リーによる査読によって同様の検証を受ける。この検証の手続は，言い換えれば，大学，学会，社会の役割期待をどの程度充たしたかの期待適合度を確認することであるといえる。このようなステップを経て研究者の論文が学術雑誌，商業専門誌に掲載されたり，あるいは著書として出版される。さらに，近年ではホームページを利用した研究の公表も考えられる。

　これまで検討してきた一連の研究プロセスを研究行為の概念的フレームワークとして図式化したものが「図3」である。この図では，研究者が社会，学会，大学からの要請を受けて研究の動機づけがなされ，一般に認められた研究方法から問題解決のための最適な方法を採用し問題の解明を行い，その結果を論文としてとりまとめ，それを社会，学会，大学に公表するという一連のプロセスを示したものである。

第4節　エピローグ

　本章は，海外の主要大学におけるアカデミック・ミスコンダクトに関する規定の検討を通じて，ミスコンダクトを防止するための研究行為基準の基礎理論の体系化を試みたものである。本章での考察を通じて浮き彫りとなったことを以下に要約することで結びに代えたい。

① 　ミスコンダクトの定義には，「捏造・偽造・盗用」に限定した考え方とそれに「合意された実施要綱や慣習からの逸脱行為」を含める広義の考え方があり，「捏造・偽造・盗用」に派生する，あるいは，それを超えたところで種々の問題が生じていることから，ミスコンダクトを議論するに当たっては広義説をとる必要があること。

② 　大学に所属する研究者の研究行為には役割期待の構造が内在しており，それを役割期待，役割規定，役割記述，役割開示という四つの側面からなるものとして研究行為を特徴づけ，それぞれの側面における研究行為の内包を明らかにしたこと。

③ 　研究行為に内在する役割期待の構造における役割期待として「真理の探究」という要請があり，これに基づく役割規定の具体的な規準として，(1)研究者の性行にかかる基準（誠実性，専門性，公正性・公平性）と(2)研究行為の技術的基準（利益相反の回避，安全の確保）があることを示したこと。

④ 　研究結果を論文としてまとめる行為を本章では役割記述と呼んだが，これに関わる基準としてデータの保全管理，著作者の確定があることを示したこと。当該基準は大学における知的財産管理という観点から特に重要な具体的内容をもっている。

⑤ 　研究結果を公表するに当たっては他者による検証が必要であることを示したこと[16]。その検証の基本的なポイントは，「図3」のフレームワークに示すように，(1)研究に当たって一般に認められた研究手法を採用しているかどうか，(2)選択された研究手法が問題を解決するための方法として適

切であるかどうか，(3)選択された研究方法によって研究者と同一の結果が得られるかどうかの三点である。この検証行為によってなんらかの疑義や問題点が生じたときには，それがミスコンダクトに相当するかどうかの判断を下す必要がある。

⑥ 研究者に誠実性や公正性が備わっているかについて，外部から客観的に判定することはできない。そのため現実には，一般に認められた研究手法を採用しなかった場合，誠実性に欠ける行為があったと判定せざるを得ないであろう。また，利益相反の回避や安全性の確保についても外部から判断することは困難である。その一つの方策として，オックスフォード大学ではイギリスの公益開示法（いわゆる内部告発者保護法）の規定を適用することで内部からの告発を受けるという考え方が示されている。

以上，本章はアカデミック・ミスコンダクトを議論する際の一般的枠組みを提示したものであるが，この種のミスコンダクトを防止するためにはなぜ研究者がミスコンダクトを引き起こすのかという点についての原因や心理的要因に関する解明が必要となる。

【注】
1） ミスコンダクトに関する研究を始める契機となったのは，神戸大学名誉教授武田隆二先生のご教示によるものであり，会計学の領域においてもミスコンダクトに関する総合的な研究の必要性を認識したことによるものである。
2） なお，市販されているミスコンダクトに関する著書は1990年代前半からみられ，近年の最新の研究として次のようなものがある。
　　Decoo, Wilfried, *Crisis on Campus: Conftronting Academic Misconduct*, The MIT Press, 2002.
　　Institute of Medicine National Research Council of the National Academy, *Integrity in Scientific Research*, The National Academies Press, 2002.
　　山崎茂明『科学者の不正行為―捏造・偽造・盗用―』丸善，2002年。
　　Nicholas H. Steneck著，山崎茂明訳『ＯＲＩ研究倫理入門』丸善，2005年。
3） 大学におけるインターネットを利用した資料の不適切な引用に関する問題点については注5）のアメリカ会計学会の報告書を参照されたい。また，2006年に報道された事例として早稲田大学（2006年10月6日・読売新聞）と大阪大学の事例がある。大

阪大学の事例については,2006年9月21日に大阪大学大学院生命機能研究科研究公正委員会から「不正行為があった疑いのある2論文に関する調査報告書」が公表されている。また,国内外におけるミスコンダクトの事件については,注2)の山崎(2002)および注4)の日本学術会議(2003)において検討されているので参照されたい。
4) 日本学術会議とその下部組織である学術と社会常置委員会から,これまでに次のような報告書が公表されている。
① 日本学術会議・学術と社会常置委員会報告「科学における不正行為とその防止について」,2003年6月24日。
② 日本学術会議・学術と社会常置委員会2005年7月21日:「科学におけるミスコンダクトの現状と対策—科学者コミュニティの自律に向けて—」,2005年7月21日。
③ 日本学術会議「科学者の行動規範について」,2006年10月3日。
5) American Accounting Association, Defining and Avoiding Plagiarism : The Council of Writing Program Administrators' Statement on Best Practices, *Accounting Education News,* Vol. 32, Issue No. 1 , pp. 5 − 8 .
6) 本章をまとめるに当たって海外での現地調査やインターネットを利用して収集することができたミスコンダクトに関する大学の規程には次のようなものがある。
 The University of Chicago, Report of the Provost's Committee on Academic Fraud, approved by the University Senate on March 17, 1998.
 University of Cambridge, Misconduct in Research, Statement of policy and procedure to be followed in the University for dealing with an allegation of misconduct in research against an officer, member of the unestablished staff or assistant staff of the University, 1998.
 Oxford University,Codes of Practice and Procedure: Public Interest Disclosure Academic Integrity in Research, Supplement (3) to Gazette No. 4517, 30 June 1999.
 The University of Melbourne, Code of Conduct for Research, in : Faculty of Economics and Commerce, *Postgraduate Handbook 2004,* pp. 144 − 145.
7) 産業構造審議会知的財産政策部会(経営・情報開示小委員会)「知的財産情報開示指針(案)特許・技術情報の任意開示による企業と市場の相互理解に向けて」2003年12月19日,1〜2頁。
8) Decoo, W., *op. cit.,* p. 4 .
9) The University of Chicago, *op. cit.,* p. 4 .
10) University of Cambridge, *op. cit.* 同規定のミスコンダクトの定義の項を参照されたい。
11) Oxford University, 同規定のミスコンダクトの定義の項を参照されたい。
12) The University of Melbourne, *op. cit.,* p.145.
13) 米国科学技術政策局はミスコンダクトをリサーチ・ミスコンダクトという概念でとらえ,その内包を捏造,偽造,盗用に限定した狭義説をとっている。その定義に一般に認められた実務からの逸脱行為を含めないのは,従来認められなかった独創的な研究手法などが拒否されるおそれがあったり,裁判などの審判において逸脱行為に関す

る説明や抗弁が困難であるということによるものである（Decoo, W., *op. cit.*, p. 6.）。米国科学技術政策局は，捏造，偽造，盗用を次のように定義している。

捏造とは，データまたは結果を作り上げること，および，それを記録または報告することである。偽造とは，研究資料，設備，または，プロセスを操作すること，もしくは，正確にいえば研究記録に相当しないようなデータまたは結果を（著者注：研究記録となるように）改竄するかもしくは除外することである。盗用とは，他者のアイデア，プロセス，結果，または，表現について適切な著作者表示を行わずに使用することである。

また，アカデミック・ミスコンダクトを広義でとらえるべきか，狭義の概念を採用すべきかに関する議論は次を参照されたい。Decoo, W., *op. cit.*, pp. 3 - 9. Institute of Medicine National Research Council of the National Academy, o*p. cit.*, p. 172. 山崎，前掲書，60～64頁。

14) The University of Melbourne, *op. cit.*, p. 144.
15) たとえば，制度会計における役割期待の構造の体系は次のように説明される。すなわち，主要な情報利用者としての投資者・債権者の投資・与信の意思決定に有用な情報を提供するという情報ニーズ（役割期待）を受けて，情報作成者（経営管理者）は，その情報ニーズを反映させた作成・開示指針（役割規定）に基づき，アウト・プットとしての財務諸表（役割記述）を作成し，財務報告（役割開示）を通じて情報利用者に財務情報を提供していくという図式が描かれる。役割期待の相補性に関する議論の詳細については，次の文献を参照されたい。

武田隆二『制度会計論』中央経済社，1982年，8 ～11，41頁。
16) 論文の効率的かつ組織的な審査体制の確立については，本書の第 9 部第 4 章を参照されたい。

（浦崎　直浩）

第4章　大学におけるアカデミック・ミスコンダクトの調査手続

第1節　プロローグ

　アカデミック・ミスコンダクトとは，研究の企画・実施およびその成果の公表のプロセスにおいて生ずる不正行為ならびにそれに派生する諸問題を意味する。ミスコンダクトについては，その概念が対象とする事柄の性質上，これまで十分な議論が行われてこなかった。

　倫理観の欠如した一部の研究者によるアカデミック・ミスコンダクトは，当事者のみならずその領域における研究全体の信頼性をも低下させかねない。考古学の分野における遺跡捏造がその例である[1]。研究を通じて獲得した知識は誠実な研究行為を前提として評価されるべきものであり，独創的な研究成果もそのような条件下でこそ価値を持つものであろう。研究成果としての知識の蓄積には発明や特許が含まれることを考えると，ある学問領域に構築された知識の体系は，まさに知的財産であるとみなすことができる。

　本章は，学問の健全な発展を阻害するアカデミック・ミスコンダクトの調査手続について，海外の主要大学における関連規定を管見し，その特徴を浮き彫りにすることを主たる目的とするものである。

第2節　アカデミック・ミスコンダクトの申立と処理

　メルボルン大学の研究行為基準では，そこに示されている諸規定の遵守が維持されない場合に，リサーチのミスコンダクトが引き起こされると述べられて

いる。これを防止するためには，大きく二つのアプローチが考えられる。

一つは，取り上げた諸大学の規定に明示されているように，大学に所属する教職員，非常勤教職員，学生，その他研究に関与する人々がアカデミック・ミスコンダクトに関する規定を熟読し，責任を自覚するとともにルールから逸脱した行為がないように自己を律する方法である。さらに，学部や大学院の学生，あるいは教職員に対しても倫理教育を徹底し，規律を守る意識を高めることが考えられる。

もう一つの方法は，逸脱行為に対して何らかのサンクションを与えることにより，潜在的なミスコンダクトの誘因を防止しようとするものである。そのサンクションは大学により異なるが，訓戒から解雇に至るまでミスコンダクトの内容によって懲罰が異なる。そのような裁定を下すためには，ミスコンダクトの存否を判断する調査委員会が設けられ，予備調査と公式調査（コーネル大学は尋問（inquiry）と調査（investigation）と呼ぶ）の２段階で事実認定が行われることが共通した特徴である。

ミスコンダクトに関する調査は，ミスコンダクトに関する申立により開始されるが，善意の申立であっても，その後の身分の保証がなければ，現実には申立は起きないであろう。したがって，ある研究グループに所属し研究の過程でアカデミック・ミスコンダクトを知り得た者が申立を行うためには，当該機関での職業継続を保証する必要がある。オックスフォード大学の規定では，イギリスの公益開示法（わが国の公益通報者保護法）の規定を援用し，告発者を保護することが明示されている。もちろん，悪意の申立は相当の処罰が与えられる。

以下においては，コーネル大学，オックスフォード大学，ケンブリッジ大学の関連規定におけるアカデミック・ミスコンダクトの申立とその処理に関する手続をみてみたい。

1　コーネル大学の申立の手続[2]

コーネル大学の規定によれば，コーネル大学に所属するあるいは関係する者，たとえば，学部教職員，学生，大学の設備を利用する者等は，アカデミック・

ミスコンダクトの疑義がある場合，当該行為について学部長に対してまず報告を行う義務がある。その後の手続は，以下の尋問と調査という2段階でその申立を処理することになる。

(1) 尋　　問

　アカデミック・ミスコンダクトに関する報告を受けた場合，学部長は当該申立またはアカデミック・ミスコンダクトのその他の証拠に関する予備的尋問を行う。学部長が申立のケースと実際のまたは明白な利益相反がある場合には，事務長または副学部長が尋問者となる。事務長または副学部長が申立のケースと実際のまたは明白な利益相反がある場合には，学長が教授会から尋問者を指名する。尋問の目的は尋問者が調査を正式に許可するかどうかを決定することができるように十分な情報と事実を収集することである。尋問者にこのタスクを行うために必要かつ適切な技能がない場合には，尋問の実施を補佐する他の担当者を指名する。

　そのような尋問は，通常，申立のあったアカデミック・ミスコンダクトに関する最初の報告から60日以内に終了しなければならない。尋問者は，尋問の過程において次を行う。

(1) 申立の対象となった人と申立を行った人の利害および名声を保護するためにすべての合理的な予防措置を行わなければならない。
(2) 原告，被告または尋問の目的に照らして必要または適切な人物に聞き取りを行う。
(3) 検討した証拠および聞き取りの内容をまとめた書面による報告書を作成する。尋問期間が60日を超過した場合にはその理由を文書化する。調査が正当であるかどうかについて尋問者の結論を記載する。
(4) 被告と原告に書面によるコメントを求めて報告書の写しを提供する。そのコメントは報告書とともに尋問者の記録の一部となる。

　もし申立がスポンサーのあるリサーチを含んでいる場合には，尋問者は尋問の開始時点で研究担当の副学長に慎重に通知する。このとき，副学長はアカデ

ミック・ミスコンダクトの尋問に適用される管理規則について尋問者に助言する。研究担当の副学長は，また，資金を保護するために適切であると考えられる暫定的な管理的処置を行い，資金援助の目的が実行されていることを確認しなければならない。申立の事件が公表される可能性が高いことを尋問者に通知する場合，研究担当の副学長にも連絡する。尋問の過程で，副学長はスポンサーの規則の必要からそのことについて通知し報告書を提出する。

　申立がスポンサー付きの研究を含むかどうかにかかわらず，尋問者が直接的な健康被害要因または尋問によって影響を受ける個人，資金，設備を保護する必要性を認識したならば，尋問者は適切な暫定的措置を行う研究担当副学長に通知する。尋問の過程において大学の資金管理に不正があったことを示す合理的な証拠が発見されたならば，尋問者は大学監査部へこの件を通知する。尋問の過程において犯罪行為があったことを示す合理的な証拠が発見されたならば，尋問者は24時間以内に研究担当副学長と大学法律顧問（University Counsel）にこの件を通知する。副学長はスポンサーの規則によって必要がある場合には，資金管理の不正や犯罪行為についてスポンサーに通知する。

　調査は必要ないという結論は，(1)申立の事実はアカデミック・ミスコンダクトの行為を構成しないということ，もしくは，(2)尋問によってアカデミック・ミスコンダクトが発生したことを確信するための合理的な証拠は全くないことのいずれかに基づくものではなければならない。

　尋問者が調査は必要ないと結論づけた場合には，尋問者は尋問を終了する。この場合，尋問報告書は3年間学部長の機密ファイルに保存し，その後廃棄する。尋問者が尋問の終了前になんらかの理由によってスポンサー付きのリサーチを含む尋問を終了すると意思決定する場合，尋問を終了する理由に関する記述を含めて予定される終了に関する報告書を研究担当副学長に提出する。研究担当副学長はスポンサーの規則によって必要がある場合には，この決定についてスポンサーに通知する。

(2) 調　　査

　尋問者の判断によって申立についてさらに調査が必要になった場合は，尋問者は尋問の終了後30日以内に当該問題について学部長または適当な管理部長に通知する。学部長または管理部長は，報告書の受領に基づいて，申立の調査を指揮する。学部長または管理部長が当該問題について実際にまたは明らかに利害の抵触の状況にあるときには，学長は調査を担当する専門学部のメンバーを指名する。申立には実体があると尋問者が発見したならば調査を実施しなければならない。

　尋問者は，研究担当副学長および大学法律顧問にこれから行われる調査について通知する。尋問が終了した後で調査が開始する前に，研究担当副学長はスポンサーの規則によって必要であるときには影響を受けたリサーチについてスポンサーに通知する。副学長は，自らの裁量によって，調査の対象となる個人についてすべてのスポンサーに連絡する。研究担当副学長は，調査に関する情報はスポンサーに対して秘密にしていることを確認する。同時に，副学長はアカデミック・ミスコンダクトの調査に適用される管理規則を調査者に助言する。

　調査者は，アカデミック・ミスコンダクトが発生したかどうかを決定するためにすべての関連する情報の完全な審査と評価を行う。調査者は，調査を補佐するために特別委員会，独立委員会，またはその他の人員を任命することができる。調査者は，必要でかつ適切な専門的知識を有する者が調査を担当し，そして，実際のまたは明白な利害の抵触のある者が調査者に任命されていないことを保証する。

　調査には次のような事項が含まれるがそれらに限定されるものではない。
① 　関連するリサーチデータおよび企画書，公表物，通信文などのすべての関係文書を審査する。
② 　随時すべての当事者や証人から聞き取りを行う。
③ 　コメントや書き直しのために聞き取りを行った当事者に提出される書面による聴取書，そして，スポンサーの方針に基づく要求によってスポン

サーに提供される聴取書を作成する。
④ 調査ファイルの一部として聞き取りの文書と要約を管理する。
⑤ 適任と考えられる大学内外の専門家に相談する。
⑥ 次の事項について書面による報告書を作成する。
　(a) 実施した調査の方針および手続に関する記述
　(b) レビューした証拠と実施した聞き取りの要約
　(c) アカデミック・ミスコンダクトに関与したことが判明した個人の見解についての実際の表現または正確な要約
　(d) アカデミック・ミスコンダクトに関する発見事項およびこれらの発見の基礎
　(e) ミスコンダクトによって生じたダメージを回復するために勧告された管理行為
　(f) 訓戒から解雇までを範囲とする懲罰，書面によるコメントを求めて被告および原告に調査報告書を提出すること，そのコメントは報告書とともに調査記録の一部を形成する。

　申立の事件が公表されることについて調査者に知らされるならば，調査者はその申立がスポンサーの資金を含んでいるかどうかについて研究担当副学長に通知する。調査の過程において，研究担当副学長はスポンサーの規則により必要であればスポンサーにこれを通知し，その報告書を提出する。

　申立がスポンサーからの資金によるリサーチを含んでいるかどうかにかかわらず，調査者が直接的な健康被害について知り得た場合，あるいは，調査によって影響を受ける個人，資金または設備を保護する必要がある場合，調査者は適切な暫定的措置を行う研究担当副学長に通知する。調査の過程において，大学またはスポンサーの資金に不正を示す合理的証拠が発見されたときは，調査者は大学監査部に通知する。調査の過程において犯罪行為を示す合理的証拠が発見されたときは，調査者は24時間以内に研究担当副学長または大学法律顧問に通知する。副学長はこれらの不正や犯罪行為についてスポンサーの規則によって必要がある場合にはスポンサーに通知する。調査者が(1)調査対象の個人

第Ⅱ編　学術倫理と学会倫理

図1　アカデミック・ミスコンダクトの調査プロセス

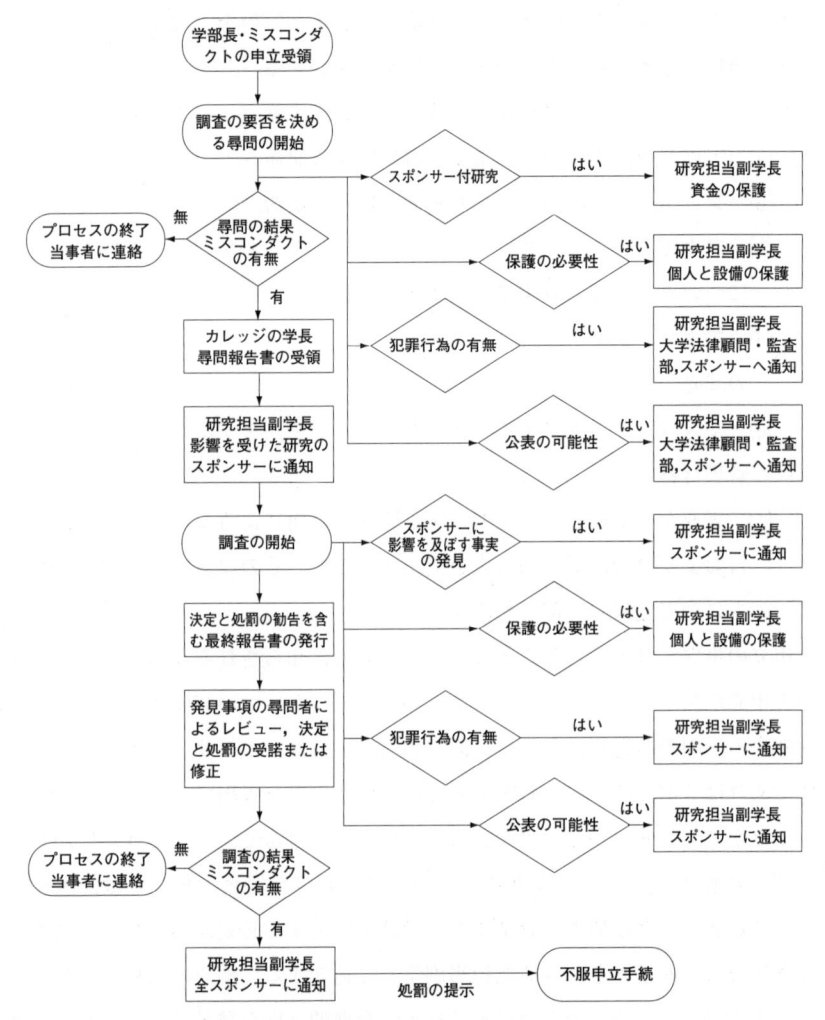

```
学部長・ミスコンダクトの申立受領
        ↓
調査の要否を決める尋問の開始
        ↓                    スポンサー付研究 ──はい──→ 研究担当副学長 資金の保護
尋問の結果ミスコンダクトの有無 ──無──→ プロセスの終了 当事者に連絡
        │                    保護の必要性 ──はい──→ 研究担当副学長 個人と設備の保護
        有
        ↓                    犯罪行為の有無 ──はい──→ 研究担当副学長 大学法律顧問・監査部,スポンサーへ通知
カレッジの学長 尋問報告書の受領
        ↓                    公表の可能性 ──はい──→ 研究担当副学長 大学法律顧問・監査部,スポンサーへ通知
研究担当副学長 影響を受けた研究のスポンサーに通知
        ↓
調査の開始               スポンサーに影響を及ぼす事実の発見 ──はい──→ 研究担当副学長 スポンサーに通知
        ↓
決定と処罰の勧告を含む最終報告書の発行    保護の必要性 ──はい──→ 研究担当副学長 個人と設備の保護
        ↓
発見事項の尋問者によるレビュー,決定と処罰の受諾または修正  犯罪行為の有無 ──はい──→ 研究担当副学長 スポンサーに通知
        ↓
                         公表の可能性 ──はい──→ 研究担当副学長 スポンサーに通知
調査の結果ミスコンダクトの有無 ──無──→ プロセスの終了 当事者に連絡
        有
        ↓
研究担当副学長 全スポンサーに通知 ──処罰の提示──→ 不服申立手続
```

出典：図1は，コーネル大学の規定（注2）を参照されたい）にあるフローチャート図を翻訳して掲載したものである。

について現在のまたは潜在的なスポンサー資金に影響を及ぼす事実または(2)リサーチ・スポンサーが資金の適切な利用について確認する必要があるという事

実もしくは公共の利益を保護する必要があるという事実を発見したならば，調査者はすぐに研究担当副学長に通知する。副学長はスポンサーの規則により必要がある場合にこれらの事実をスポンサーに通知する。

被告のコメントを含んだ最終の報告書は，調査者から尋問者へ提出される。最終報告書はスポンサーの規則の求めに応じてスポンサーの利用に供される。調査は，尋問者からの委託から120日以内に通常完了しなければならない。報告書に基づいて尋問者がアカデミック・ミスコンダクトは発生していないと結論づけたならば，調査はこれで終了する。このような場合，調査報告書は3年間学部長の秘密ファイルに保存され，その後破棄される。

調査の性質によって120日の期限を守ることができない場合，調査者は中間報告書を作成する。この報告書は，調査の遅延に関する説明，現在までの調査の進捗に関する報告，これまでに終了した事柄についての概略，調査終了の予定日を記載する。調査者は，この報告書を調査担当の副学長に提出する。副学長はスポンサーの規則の求めに応じてスポンサーにこの報告書を提出する。

調査者が何らかの理由でスポンサーの資金に基づくリサーチを含む調査を終了すると決定するならば，終了に関する理由についての記述を含めて予定される終了についての報告書を研究担当副学長に提出する。副学長は，スポンサーの規則の求めに応じてこの決定を通知する。

2 オックスフォード大学・疑義のあるミスコンダクトの申立手続[3]

ここでは，オックスフォード大学におけるミスコンダクトの申立手続を管見したい。オックスフォード大学の申立手続の運用面での特徴は，ミスコンダクトの規定が関連懲罰手続の通常の実施を侵害してはならないという点，ならびに，ミスコンダクトの規定と関連懲罰手続との間で食い違いがある場合には，後者の懲罰手続が優先するという点である。以下，オックスフォード大学のミスコンダクトの申立とその処理に関する規定の手続をみていきたい。

(1) 大学のすべての構成員および大学およびその機関において業務の遂行が許可されている個人は，スタッフまたは学生のそれぞれについての苦情

ついて，そして，証明されたものであるかまたは疑義の段階であるかにかかわらずミスコンダクトの事件について，事務局長または学生監に報告する責任がある。

(2) さらに調査が必要である場合には，事務局長またはそれに代わって権限が与えられている者，もしくは，学生監は，事情に応じて，申立を調査するための小委員会を設置しなければならない。この小委員会は通常二人の委員，すなわち適切な専門知識を有する学科または学部の委員一名と学科または学部外の大学もしくは単科大学の，可能であれば，専門知識を有する委員一名からなる。事務局長または学生監が適任であると考えられる場合には，事情に応じて，委員会の委員一名は大学外ではあるが専門知識を有する者を選任することができる。委員会の委員は，申立の事件と利害の抵触がないことが条件であり，公正でなければならない。予備調査の目的は，ミスコンダクトが明白な事実であることを証明するために十分な証拠があるかどうかを確認するために申立の事実を評価することである。

事務局長またはそれに代わって権限が与えられている者，もしくは，学生監が適任である場合には学生監が，調査を遂行するために必要な記録の作成を要求し，そしてその記録の保全を確保しなければならない。

(3) 被告人に調査委員会の設置の決定とその委員について通知しなければならない。

(4) 委員会は申立を行っている者と被告人の双方にインタビューを行う。また，証人とみなされるその他の者についてもインタビューを行う。インタビューに参加している者は他者の同伴が認められる。

(5) 委員会は報告書を作成し，その中で評価を行った証拠について詳述し，インタビューの記録，もしあれば結論を記載する。被告人にはそれにコメントする機会が与えられなければならない。

(6) 委員会がミスコンダクトの証拠を全く発見できなかった場合には，その申立は棄却される。委員会がミスコンダクトを証明する明らかな証拠が存在すると結論づけた場合には，報告書は大学の関連懲罰手続に基づいて

(公式または非公式のいずれかで) 措置を下すために適任者に委ねられなければならない。申立が立証されそれが解雇の正当な事由となるという見解を委員会が下した場合，また，申立が大学定款タイトルXVIの規定の適用を受けると判断した場合，委員会は大学定款タイトルXVIの14(1)条の規定に基づいて事務局長に報告書を提出しなければならない。あるいは，もし申立が非学術スタッフに対する大学の懲罰手続規定の適用に関連する場合，委員会は当該スタッフの雇用に責任を有する学科長に報告書を提出しなければならない。申立が新任の構成員に関連する場合，学生監はタイトルXIIIの規定に基づいて今後の措置をとらなければならない。

(7) 調査のために利用できる人員や実施上の要請を条件として，委員会の調査は通常事務局長または学生監のいずれかの適任者に最初に申立を行った日から2業務週間以内に完了しなければならない。

(8) 申立の苦情が大学の懲罰手続の適用を受けない者に関係している場合には，委員会は事務局長を招聘し報告書を適切な懲罰機関に提出するように依頼しなければならない。

(9) 研究の資金が全額または部分的にせよ学外の補助金から出ている場合には，大学は研究資金提供機関が公表した指針を考慮しなければならない。そして，当該機関に対して調査の開始と進捗について適切にかつ適時に情報を提供しなければならない。

3　ケンブリッジ大学の申立手続[4]

　ここでは，ミスコンダクトに関するケンブリッジ大学の申立手続についてみていきたい。当該手続の特徴は，手続は契約の性質をもつものではなく指針として利用されるべきものであるということである。また，事務総長は理事会を代表して，事務局長は評議員会を代表して，あるいは助手の場合には人事担当理事は，ミスコンダクトのケースに合わせて手続を変えることができるということである。さらに，以下にみるように，ミスコンダクトに関するケンブリッジ大学の規定では，予備調査と公式調査から構成されていることがもう一つの

特徴である。

（1） 申立と部局長の責任

　部局長に非公式にせよ公式にせよ申立について通知があった場合には，ミスコンダクトの可能性がある，または，ミスコンダクトが生じたということを確信するに足る理由があるかどうかを決定するためにこの問題について調査しなければならない。部局長は申立の通知の後にできる限り速やかにその後のステップがとられるべきかどうかについて決定しなければならない。部局長がその申立が正当なものではないか，または，取るに足らないものであるとみられるときは，即決して当該申立を棄却するか，または，その後の手続をとらないという決定をすることができる。もし部局長が申立はもっともである，もしくは，実体がありかつ取るに足らないものではないと判断したときは，部局長は遅滞なく次の手続をとらなければならない。

① この件について事務総長，事務局長または人事担当理事のいずれか適当な者に通知する。
② この件についてすべての関連する研究またはその他の記録または資料を押収するためにあらゆる可能なステップをとる。
③ この件について必要と考えられる者にその他の調査または質問を行う。
④ 申立の対象となっている者（被告人）へこの件について通知し，押収した資料の写しを提出する。被告人に対してこの手続が懲罰のステップではないが申立に関する調査を可能とするためのものであることを明らかにしなければならない。

　申立の対象となっている個人に通知する場合に，被告人を停職にするか，または，大学の敷地内から排除することが適切であるかどうかについて決定しなければならない。大学役職者は大学定款Ⅱ，Ⅲ，8に従って副学長によってのみ停職の措置を下すことができる。臨時職員の場合には，事務総長は理事会を代表して，事務局長は評議員会を代表してその特定のケースにおいて停職が適切であるかどうかについて決定しなければならない。また，状況を考慮して無

給の停職が正当であるかどうかについて決定しなければならない。人事担当理事は，助手が関連するケースにおいて停職が適切であるかどうかについて決定しなければならない。

(2) 予備調査

　部局長が当該問題はさらに調査することに値すると決定したならば，申立を調査するための小委員会を立ち上げなければならない。小委員会の構成は少なくとも2名の大学役職者で構成されるが，学科長をこれに含めてはならない。小委員会の委員は，ミスコンダクトの申立の対象となっている部局のメンバーである必要は必ずしもない。委員は当該ケースに利益相反があってはならず，公正でなければならない。また，委員は調査対象となっている問題を評価することができる当該分野に関連する適切な資格と経験がなければならない。予備調査の目的はミスコンダクトが明白な事実であることを証明するための十分な証拠があるかどうかを確認するために申立の事実を評価することにある。

　被告人は調査の決定と委員会の構成について通知を受ける。被告人が委員のいずれかまたは両方の委員とも適切でないか，もしくは，かなりの程度公正さに欠けるということについて書面にて相当の理由を示すことができる場合，委員のいずれかまたは両方を交替させることができる。

　委員会は，申立を行っている者と被告人の双方について尋問する。そして，証人と見なされるその他の者についても尋問を行う（尋問を受ける者は別の者の同伴が許される）。

　評価された証拠，尋問調書，ミスコンダクトが明らかに存在するというものであるかどうかについての結論を開陳する第1回目の会議から2業務週間以内に報告書を作成する。報告書の写しが被告人に送付される。被告人は28日以内に書面にてコメントを提出することが求められる。

　次に，部局長は，臨時職員や助手にとって当該問題の調査を打ち切るべきか，あるいは公式の調査を開始すべきかを決定しなければならない。また，大学役職者の場合は，当該問題が大学定款U，Ⅲ，2または3によって処理されなけ

ればならないのかどうか，あるいは，副学長に問い合わせなければならないのかどうか（U，Ⅲ，6-9）について決定しなければならない。そして，当該問題はいずれかに従って処理される。いずれにせよ，部局長は，事務総長または事情によっては事務局長に対して情報を提供しなければならない。また，助手の場合には人事担当理事に情報を提供しなければならない。そして，部局長は原告と被告に対して予備調査の結果について書面で通知しなければならない。

（3） 公 式 調 査

　大学役職者の場合には，当該問題は大学定款U，Ⅲ，9(d)に基づいてさらに手続を進める。

　臨時職員の場合には，理事会または評議員会が適切である場合には評議員会が，あるいは，助手の場合には人事委員会が，申立に関する公式の調査を実施するための調査委員会を設置する。設置後2業務週間以内に面会する。事務総長は理事会の指示に従って，事務局長は評議員会の指示に従って，あるいは助手の場合には人事担当理事の指示に従って，調査の対象を書面で明確にする。調査委員会は，ミスコンダクトの行為があったのかどうかを確定するという観点からすべての関係する証拠，責任者およびミスコンダクトの重大性を検証し，そして評価する責任がある。

　調査委員会の委員は，理事会または評議員会によって，あるいは助手の場合には人事担当理事によって，選任される。また，適切な委員の数を決定する。被告人または調査対象となっているケースと明白な利益相反があるとみられるときは選任してはならない。すべての委員は証拠を検証し，そして，証人を尋問するための必要な専門的知識をもっていなければならない。理事会または評議員会，あるいは，助手の場合の人事担当理事は，被告人が公式調査委員会の委員が適任でないことを証明する健全な理由を提出したときは当該調査委員を交替させることができる。

　調査はすべての関係文書の検証を含む。公式調査委員会は，申立に関わっているすべての個人または申立の対象となっているすべての個人，さらに，申立

に関連する知識または情報を有するその他の個人について尋問を行う。これらの尋問については記録がとられ，正確な事実関係を確証するために尋問を行った個人にこの記録を提供する（尋問を受ける者は他者の同伴が許される）。

　公式調査委員会は，尋問を終了した日から１週間以内に最終の報告書を作成しなければならない。報告書は，調査はどのように実施されたか，調査のための関連する情報の源泉および情報収集の方法，到達した結論および結論に至った理由について説明する。

　被告人は最終報告書の写しが提供され，当該報告書とそこに記載される発見事項について28日以内に書面でコメントする機会が与えられる。当該コメントは最終報告書の付録として掲載される。

第３節　エピローグ

　アカデミック・ミスコンダクトに関する議論の要点は，それをいかに防止するかということにある。すでに武田隆二教授は「ミスコンダクトの概念的フレームワークと組織的審査体制の確立」[5]と題する論文の中で，ミスコンダクトの誘因に関する心理的分析を綿密に行い，倫理規定の遵守による自己規律に期待することには限界があることから，組織的審査体制を確立する必要性を主張されている。武田教授は，組織的審査体制のあり方として次の三つの段階を指摘されている。

① **第１段階「調査機関」**
　　各科学者の所属する組織（学部ないし学科，その他の研究機関）におけるミスコンダクトのチェックシステムの確立
② **第２段階「調査・審査機関」**
　　各科学領域（各学会）におけるミスコンダクト調査・審査のための機関の設立

③ 第3段階「裁決機関」
　国家機関としてのアカデミック・コート（不正裁定機関）の設立
　本章で取り上げた資料は，上記の第1段階に当たる審査組織の手続を扱ったものである。本章で取り上げたアカデミック・ミスコンダクトの申立と処理に関する規定は，わが国の大学において同種の規定を整備する上で貴重な資料的価値を有するものと考えられる。

　本章において検討したように，アカデミック・ミスコンダクトに関する規定はミスコンダクトという逸脱行為に対してなんらかのサンクションを与えることにより，潜在的なミスコンダクトの誘因を防止することを目的とするものである。そのサンクションは大学により異なるが，訓戒から解雇に至るまでミスコンダクトの内容によって懲罰が異なる。そのような裁定を下すためには，ミスコンダクトの存否を判断する調査委員会が設けられ，予備調査と公式調査の2段階で事実認定が行われることが共通した特徴である。

　ミスコンダクトに関する調査は，ミスコンダクトに関する申立により開始されるが，善意の申立であっても，その後の身分の保証がなければ，現実には申立は起きないであろう。したがって，ある研究グループに所属し研究の過程でアカデミック・ミスコンダクトを知り得た者が申立を行うためには，当該機関での職業継続を保証する必要がある。オックスフォード大学の規定では，イギリスの公益開示法（わが国の公益通報者保護法）の規定を援用し，告発者を保護することが明示されている。もちろん，悪意の申立は相当の処罰が与えられる。

　以上，本章で取り上げた海外の諸大学におけるアカデミック・ミスコンダクトの申立とその処理の手続の内容を要約してきたが，いずれの大学においても「盗作をすれば解雇」といった具体的な懲罰に関する規定は，調査した範囲では発見することができなかった。この種の規定で最も重要な点は，規定に量刑が明示されることである。つまり，ミスコンダクトの内容に従った懲罰の程度が示されることで，それがミスコンダクト発生の抑止力になるものと考えられるのである。しかしながら，本章で取り上げた規定ではそれが含まれていない。

　その理由は，アカデミック・ミスコンダクトに非常に幅があり一律の量刑の

適用が困難であるということにあるのではないか。盗作という場合でも，数行から数ページに及ぶ場合が考えられ，数行であってもそれが重要な発明や発見に関わるものを自分の業績として故意に盗作した場合の質的な問題も含まれる。このように，盗作といった場合でも，発生した事犯によってその内容が異なり，量的な問題と質的な問題の双方が複雑に関係していることが理解できる。

【注】
1) 捏造が及ぼす影響に関する分析が下記の文献において詳細に行われている。捏造がとりわけ問題となるのは，まず第一に捏造が先取権に対する競争ルールに違反していることである。また，捏造は，他の多数の研究を誤った方向へ導き，さらに，捏造を見抜けなかった場合，当該分野の専門家の能力が批判されることになる。内井惣七『科学の倫理学』丸善，2002年，31〜39頁。
2) コーネル大学のアカデミック・ミスコンダクトに関する申立の手続は，以下の資料をまとめたものである。
   Cornell University, Policy 1.2 Academic Misconduct, Volume 1, Academic Research, Chapter 2, Academic Misconduct, Originally Issued December 1998.
3) オックスフォード大学のアカデミック・ミスコンダクトに関する申立の手続は，以下の資料をまとめたものである。
   Oxford University, Codes of Practice and Procedure : Public Interest Disclosure Academic Integrity in Research, Supplement (3) to Gazette No. 4517, 30 June 1999.
4) ケンブリッジ大学のアカデミック・ミスコンダクトに関する申立の手続は，以下の資料をまとめたものである。
   University of Cambridge, Misconduct in Research, Statement of policy and procedure to be followed in the University for dealing with an allegation of misconduct in research against an officer, member of the unestablished staff or assistant staff of the University, 1998.
5) 当該論文は，日本学術会議・学術と社会常置委員会での報告文書（2004年1月29日）であり，『會計』の次の各号において公表されている。
   武田隆二「ミスコンダクトの概念的フレームワークと組織的審査体制の確立（一）」『會計』第166巻第2号，2004年8月号。
   武田隆二「ミスコンダクトの概念的フレームワークと組織的審査体制の確立（二・完）」『會計』第166巻第3号，2004年9月号。

（浦崎　直浩）

第4部
学会倫理

第1章　日本会計研究学会の研究倫理諸規程

第1節　はじめに

　日本会計研究学会は，2006年9月に専修大学で開催した第65回大会において，「研究倫理綱領」および関連する諸規程の制定を行い，直ちに実施した。

　今般の「研究倫理綱領」等の諸規程の制定は，学界および社会における研究者の倫理に対する関心の高まりの中で，当学会において研究倫理のルール作りを行わざるを得ない具体的な問題が数年前に発生したことが直接的な契機となっている。

　問題の発生に遭遇してから今般の諸規程制定に至るまで，この間私が会長を務めた当学会の経験について，この機会を借りて記録させていただくことにする。以下に述べることは，当学会の「学会広報」，「会報」，「会員総会報告」等によって会員間には周知の事柄であるが，他の学会等でこの方面に関心のある方々にもきっとお役に立つものと考える次第である。

第2節　問題の発生とその対応

　問題の発生とその対応については，市販月刊誌『曾計』第166巻第5号（2004年11月）に掲載した「日本会計研究学会広報」において，以下のとおり公表した。なお，当学会の「学会広報」は『曾計』に随時掲載している。

スタディ・グループ報告における論文盗用問題とその対応

会長　安藤英義

　日本会計研究学会第63回大会（2004年9月8日～10日，中央大学）において開催した評議員会および会員総会で，会長は理事会を代表して「スタディ・グループ報告における論文盗用問題とその対応」について口頭で報告を行った。ここにその報告内容を載せる。

1．問題の事実
　機関誌『会計プログレス』第5号，142頁「お詫び」文の前段に書かれた事実が判明した。

2．問題への対処
（1）当該スタディ・グループ主査の対処

　被盗用者側から問題の指摘を受けて，盗用の事実を盗用者に確認した後，被盗用者の著作権の回復措置について，被盗用者側と話し合い，合意に達した。この合意に基き，スタディ・グループ最終報告書から盗用者の執筆論文の全面削除，およびスタディ・グループ委員からの盗用者の除外を行うとともに，これらの内容を含む主査の「お詫び」文を『会計プログレス』第5号（142頁）に掲載した。

（2）理事会の対処

　上記のスタディ・グループ主査の対処について承認した後，議長たる会長は，盗用者と面談し（主査も同席），論文盗用問題のお詫びを理由とした退会申出の文書（8月6日付け）を受け取った。そして，この問題に対する理事会としての声明を，9月8日の評議員会および会員総会において会長が口頭で行い，この内容を『曾計』誌の学会広報に掲載する。

　なお，このような理事会の対処は，当学会として初めてである今回の問題に対して，被盗用者の著作権回復が急務であることと，盗用者側が（被盗用者側から指摘された）事実を認め且つ被盗用者側と著作権回復措置について合意に達したことから，今大会で決着させることを最優先に考えた結果である。理事会は，時間の掛かる事実関係の調査は必要ないと判断するとともに，適用の前例および基準のない会則第8条（「会員が，本会の体面を汚す行為をしたときは，理事会で審議し，その審議結果を評議員会に諮り，会員総会の議をへて除名することができる。」）を適用しなかった。

3．遺憾の意の表明と今後の対策
　今回の論文盗用問題は，誠に遺憾である。この責任は，問題を起こした盗用者およびスタディ・グループに止まるものではなく，スタディ・グループの設置を承認した理事会にも及ぶものである。理事会およびその議長たる会長は，このことを認識し，会員各位および被害を受けた関係者に対してお詫びする。

　当学会は，「会計学の研究およびその普及」を目的としている（会則2条）。この目的を社会に責任をもって達成するには，今回の問題に照らす時，研究者の行為に

おける倫理に関して，個々の会員はもとより，研究グループの責任者，さらには学会の役員の，不断の注意が要求されるものであることは明らかである。会員各位にはそれぞれの立場で，このことについて認識を新たにし，研究者として責任ある行動に留意して頂きたい。

　日本学術会議では最近，科学者の不正行為防止問題について，検討を始めている。今年になって，同会議は検討の中間段階ながら，同問題についてリーフレット「科学における不正行為とその防止について」を刊行し，同時に関係学術研究団体に対してアンケート「科学者のミスコンダクト防止に関する調査」を実施した。日本学術会議は，各学会における不正行為防止問題への取組みに注目している。

　このような状況の下で，今回の問題に直面した当学会としては，会員の不正行為防止問題に関するルール作りについて，会長の責任において理事会で検討を開始することとした。

第3節　不正行為防止問題検討委員会の設置と検討

　上記の会長声明の後，理事会の下に不正行為防止問題検討委員会を設置し，検討を開始した。このことは，2005年9月に関西大学で開催された当学会第64回大会において，会長より次のとおり文書（9月14日付け，会員総会配付資料）で報告された。なお，以下に紹介する諸資料は，「平成17年度　日本会計研究学会会報」（平成18年4月）に収録されている（16〜18頁）。

「研究倫理綱領」等（案）の提示について（ご報告とお願い）

会長　安藤英義

　昨年の大会（評議員会および会員総会）において会長が声明し，学会広報（『會計』166巻5号）に掲載したとおり，理事会は会員の不正行為防止問題に関するルール作りに取り組むため，昨年12月に不正行為防止問題検討委員会（略称：MC委員会）を設置しました。

　今般，MC委員会は一応の結論に達したので，理事会の了承のもとに同委員会は，その成果である「研究倫理綱領」「不正行為に関する調査等規則」等の案（資料1〜3）を，会員各位に提示し，意見を募ることとしました。

　ルール作りのスタンスおよび諸規定について，多少ともご理解の助けとなるよう，簡略ながら説明文（資料4）を付してあります。

会員各位には，これらの資料により，「研究倫理綱領」等（案）をご理解頂きますようお願い申し上げます。そして，もしご意見があれば，記名文書により，今年11月末までに，日本会計研究学会MC委員会宛て（森山書店気付），お寄せ下さい。

なお，MC委員会および理事会は，残り1年を掛けてさらに検討を重ね，来年の大会において，「研究倫理綱領」等を評議員会で決定し，会員総会に報告して，直ちに実施する予定です。

以上のことについて，会員各位のご理解とご協力をお願い申し上げます。

このときの会員総会配付資料には，これに続いて，上の文中にあるとおり，「研究倫理綱領」「不正行為に関する調査等規則」等の案（資料1～3）とこれらの説明文（資料4）がある。これらの諸資料の内容は，次に紹介する部分を除いて，この1年後に決定する内容と実質的に変わらないので，ここに掲載することは差し控える。

紹介するのは，諸規程案についての説明文（資料4）の冒頭部分である。

不正行為防止問題検討委員会（略称：MC委員会）
「研究倫理綱領」等の会員提示案に関する説明

1．MC委員会

MC委員会（以下，「委員会」という。）は，理事会の下部委員会として，昨年12月の理事会で設置が決定，委員長（会長安藤）の他7名の委員（関東側から北村理事，松原理事，挽幹事（万代幹事の後任），関西側から谷理事，桜井理事，松尾理事，浦崎幹事）で構成。

委員会の会議は，今年2月から8月まで5回開催し，その途中で理事会メンバーの意見も聴き，会員に提示する委員会案を決定した。

第4節　「研究倫理綱領」その他の諸規程の決定

冒頭に述べたとおり，2006年9月に専修大学で開催した第65回大会において，「研究倫理綱領」および関連する諸規程の制定（決定）を行い，直ちに実施した。

第Ⅱ編　学術倫理と学会倫理

　具体的にはまず，この大会前にＭＣ委員会で，前大会以降に出された意見（評議員会で出された一意見だけで，一般会員からの意見はなかった）を確認した上で，諸規程の委員会案を固めた（昨年の委員会案と実質変化なし）。これを大会における理事会（9月5日）に掛けて，諸規程案とその即時実施を決定した。この理事会案を評議委員会（9月6日）に掛けて最終決定し，会員総会（9月6日）に文書（配付資料）で報告した。また，総会に不参加の会員には，この文書を事務局から送付した。

　当学会が決定した「研究倫理綱領」その他の諸規程（会員総会配付資料1～3）は，次のとおりである。

研究倫理綱領　　　　　　［資料1］

（平成18年9月6日制定）

　会員は，本会の目的（会計学の研究およびその普及）を自ら責任をもって達成するために，以下の倫理綱領を遵守するものとする。
1．会員は，本綱領に則り，研究者としての社会的負託にこたえ，本会の社会的信頼の維持向上に心掛ける。
2．会員は，研究の遂行，成果の公表および本会の事業に係る活動において，誠実かつ公正であることに努める。
3．会員は，研究者としての個人の自由と人権を尊重し，他者の知的成果および知的財産権を侵害しない。
4．会員は，公表した研究成果を得るために用いたデータ等の証拠を，公表の時から一定の期間，保存する。
5．会員は，研究成果の公表に際して，本会の事業に参加した成果についてはそのことを明示する。

附則
1．本綱領4にある「一定の期間」とは，5年間とする。
2．本綱領は，平成18年9月6日から実施する。
3．本綱領の改廃は，理事会の審議をへて，評議員会で決定する。

不正行為に関する調査等規則　　［資料２］

(平成18年9月6日制定)

1　(趣旨)

本規則は，会則第四条の二第2項の規定に基づき，会員の不正行為に関する調査および審議に必要な事項を定める。

2　(不正行為の定義)

本規則において，不正行為とは，研究の遂行および成果の公表における捏造，改ざん，盗用，その他の，故意又は悪意による「研究倫理綱領」に反する行為をいう。

3　(不正行為に関する申し立て)

会員は，他の会員の不正行為について，会長に申し立てることができる。

4　(調査委員会の設置)

前記3の申し立てがあったときは，会長は速やかに理事会に諮り，その議をへて，当該申し立てに係る不正行為の事実を中立的な立場で調査するために，理事会の下に調査委員会 (以下「委員会」という。) を設置する。

5　(委員会の構成)

(1)　委員会は，理事会で選出した委員5名をもって構成する。

(2)　委員会は，委員の互選によって委員長を決定する。

(3)　委員の任期は，委員長が後記6に定める報告を終了した時点までとする。

(4)　委員会は非公開とし，委員は守秘義務を負うものとする。

6　(調査結果の理事会への報告)

(1)　委員長は，委員会設置の日から原則として3か月以内に，委員会による調査の結果を理事会に報告する。

(2)　前記(1)の報告で不正行為の事実を認定した場合は，委員長はその報告において，不正行為を行った会員に対する懲戒について意見を述べることができる。

7　(理事会による懲戒案の決定)

理事会は，前記6(2)の報告がなされたときは，付された意見があればこれを考慮して，審議のうえ，多数決により，不正行為を行った会員に対する懲戒案を決定する。

8　(評議員会による懲戒の決定)

会長は，前記7の懲戒案を評議員会の審議に付し，評議員会は，多数決により，不正行為を行った会員に対する懲戒を決定する。

9　(懲戒の通知および公表)

前記8の懲戒の決定がなされたときは，会長は，速やかに，これを書面で本人に通知するとともに，会員総会で報告し，学会広報欄に掲載する。

10　(規則の改廃)

本規則の改廃は，理事会の審議をへて，評議員会で決定する。

附則
1．本規則2にいう「捏造」（Fabrication）とは「存在しないデータの作成」を，「改ざん」（Falsification）とは「データの変造・偽造」を，「盗用」（Plagiarism）とは「他人のアイデアやデータや研究成果を適切な引用なしで使用」することを意味する（日本学術会議・学術と社会常置委員会報告「科学における不正行為とその防止について」平成15年6月24日，5頁）。
2．本規則は，平成18年9月6日から実施する。

「研究倫理綱領」及び「不正行為に関する調査等規則」の根拠規定及び関連規定の整備　［資料3］

（平成18年9月6日改正）

「会則」の規定の新設および改正
第四条の二（会員の倫理）（新設）
　1　会員は，別に定める研究倫理綱領を遵守しなければならない。
　2　会員の不正行為は，別に定める規則に従って，調査および審議に付される。
第八条（懲戒）（現行第八条の改正）
　1　会員が不正行為その他本会の体面を汚す行為をしたときは，理事会で審議し，その審議結果を評議員会に諮り，そこでの決議により，当該会員を懲戒する。
　2　前項の懲戒は，会員資格の取消し（除名），一定期間の会員資格の停止，または厳重注意とする。
附則一　（改正）
この会則は，制定および改正と同時に実施する。

「会員の入会および退会に関する基準」の一部改正
　（五(1)第一文の後にただし書き追加する。第二文は削除し，代わりに(3)を新設して，退会者名簿の理事会，評議員会および会員総会での報告を定める。）
五　退会基準
(1)
　　ただし，退会を申し出た会員に会則第四条の二（会員の倫理）に係る疑義がある場合には，退会の申し出は，その疑義が決着した時点でなされたものとして扱う。
(3)　退会者の氏名は，退会理由の種類別に，毎年四月以降に開催される理事会，評議員会および会員総会に報告するものとする。

第5節　諸規程の説明

以上の諸規程について，会員に配付した説明文（会員総会配付資料4）は次のとおりである。

「研究倫理綱領」等の制定およびこれに伴う「会則」等の改正に関する説明

[資料4]

I．「研究倫理綱領」等の構成およびスタンス

　当学会理事会・評議員会が審議・決定したのは，研究倫理の綱領を定める「研究倫理綱領」（資料1），不正行為発生時の手続き等を定める「不正行為に関する調査等規則」（資料2），およびこれらの綱領及び規則の根拠規定及び関連規定の整備（資料3）である。

　これら綱領及び規則等の内容は，当学会に関して現時点で想定可能な不正行為を念頭において，その対応に必要な範囲にとどめた。この分野で直接参考となるような先行例を見ない当学会にとって，当初から完全な内容は期しがたいと認識している。想定外の問題の発生があれば，また諸学会において整備が進むであろう綱領内容を参考に，これら綱領・規則等は必要に応じて見直されるべきものである。

II．「研究倫理綱領」（資料1）

　必要にして簡潔な内容とすることを旨とした。柱書きに続く1はいわば大きな網，2は中網，3～5は小網で具体的である。4の本文で「一定の期間」とし，附則1でこれを「5年間」としたのは，倫理綱領の本体に具体的年数の記述は似合わないと判断したからである。「5年間」は，内外の他学会等の例に倣った。

III．「不正行為に関する調査等規則」（資料2）

　2（不正行為の定義）にある捏造・改ざん・盗用の定義は附則1に定めた。不正行為には，捏造・改ざん・盗用の他に，故意又は悪意による「研究倫理綱領」違反が入る。例えば，会員が悪意で「不正行為に関する申し立て」を行った場合，その会員の行為は「故意又は悪意による研究倫理綱領違反」（具体的には綱領2と3に違反と判断される。）による不正行為となり，逆に申し立てられることになろう。捏造・改ざん・盗用は，その行為者の故意又は悪意が推定されている。したがって，例えば，論文にとって重要とはいえない箇所について引用注の一部付け忘れ等は，それが本人の不注意によるものと認定されれば，ここでいう「盗用」，したがって不正行為には当たらない。

　4（調査委員会の設置）で，「中立的な立場」での調査を明言したことは，申立人と被申立人の双方からの事情聴取が前提であることを意味している。

5（委員会の構成等）(1)で選出される委員5名には，理事，評議員さらには会員以外の者（例えば法律専門家）も選出可能である。会員から過半数選出などという縛りはかけず，その辺の判断は理事会に委ねることにした。委員会における調査は，中立的であることを前提として，具体的な手続き・方法等については，事案に応じて委員会自らの判断で進めればよいと考えた。

　6（調査結果の理事会への報告）で，調査委員会は，本務である調査結果の報告と同時に，懲戒について意見を述べることができるとした。これは，事案の調査において得られるであろう情状や心証は，考慮すべきものと考えるからである。

　7（理事会による懲戒案の決定）では，懲戒案決定を「多数決により」とし，「3分の2の賛成により」などとしなかったのは，懲戒案を決定し得ない事態となることを避けるためである。このことは，次の8（評議員会による懲戒の決定）についても，同様である。

　9（懲戒の通知および公表）では，本人通知，総会報告，学会広報欄掲載という順序で書いてあるが，実際には，時間の関係から，総会報告，本人通知，広報欄掲載という順序となる。しかし，規定としては，本人通知を先に書かざるを得ない。

IV. 根拠規定及び関連規定の整備（資料3）

「会則」

第四条の二（会員の倫理）（新設）

　1は「研究倫理綱領」，2は「不正行為に関する調査等規則」の，会則上の根拠となる規定である。

第八条（懲戒）（現行第八条の改正）

　1には，現行条文にある「本会の対面を汚す行為をしたときは」の文言を，「その他」を付して残した。これは，「研究倫理綱領」違反とは異質の犯罪・不正行為の場合がないとはいえない，と考えたからである。万一この場合には，今回の諸規定の整備では対応できないので，理事会が直接扱うことになる。現行条文では「懲戒することができる」とあるが，改正案では，諸規定の整備がなされることに合わせて，「懲戒する」とした。

　2では，懲戒を，会員資格の取消し（除名），一定期間の会員資格停止，厳重注意の3種類とした。会員資格停止の「一定期間」については，適当な先例も見当たらないことから，具体的な期間の幅の絞込みを差し控えた。懲戒案の決定の際は，調査委員会の意見を考慮して，理事会が具体的な期間を決めることになる。

「会員の入会および退会に関する基準」

　五退会基準の第一文の後に追加するただし書きは，不正行為の申し立てを受けた会員が，直ちに退会届を提出して非会員（懲戒の対象外）となることを防ぐためである。

V. 実施時期

　今回制定された「研究倫理綱領」等および改正された「会則」等の実施時期は，制定・改正の決定日の平成18年9月6日とした。

第6節　会員への確認の努力

　以上のような諸規程の決定と実施について，今大会終了後の「日本会計研究学会広報」(『會計』第170巻第5号，2006年11月) において，会員への確認に努めた。その広報記事は，次のとおりである。

「研究倫理綱領」等制定および会則等改正について

会長　斎藤靜樹

　日本会計研究学会は，先般開催した第65回大会 (9月6日～8日，専修大学) における評議員会および会員総会 (9月6日) で，「研究倫理綱領」及び「不正行為に関する調査等規則」の制定と，これに合わせた会則及び退会基準の一部改正 (懲戒規定の整備等，研究倫理上疑義ある会員の退会申し出の凍結) を行ない，同時に実施しました。

　これらの制定及び改正の目的は，会員の研究倫理規範を確立して，会員が本会の目的 (会計学の研究及びその普及) を「自ら責任をもって」達成するようにすることにあります。

　これらの具体的内容については，第65回大会参加会員に配付された大会資料における「会員総会」冊子 (の資料4) をご覧ください。大会に不参加の会員は，事務局より送付する『平成17年度日本会計研究学会会報』と同封の「研究倫理綱領」等資料をご覧ください。

　今回の決定は，当学会にとって画期的であり，会員の権利及び義務に係わる重要なものです。会員各位には，このことを十分認識し，その内容を確認されるようお願いします。

　なお，以上の制定及び改正の決定は安藤英義前会長の下でなされたものですが，この広報は，今回の会長選挙で選出された新会長名で掲載するものです。

第7節　おわりに

　本章の執筆依頼を受けてから，どのように書くかいろいろ考えて，結局以上のような，当学会の正式文書によるいわば顛末記に行き着いた。

第Ⅱ編　学術倫理と学会倫理

　当学会には，問題の発生から研究倫理諸規程の制定まで，理事会等が決定し会員に配付等した関係文書が残されていた。これらの文書は，問題への対処から諸規程の制定まで，時間をかけて，当学会の理事会等が総力を傾注したこと，および一般会員の理解を得る努力を行ったことを物語っている。

　また，関係文書には，諸規程の説明文もある。これも，理事会および評議員会で決定した説明文である。それは，諸規程の説明部分について，当学会の共通認識を示している。

　これらの理由により，当学会の経験を記述した本章の内容は，他の学会等で関心のある向きに，お役に立つものと考える次第である。

（安藤　英義）

第2章　経営情報学会の倫理綱領

第1節　倫理綱領制定の背景

1　学会の設立と特徴

　経営学が100年以上の歴史をもつのに対して，経営と情報技術との統合した領域を扱う経営情報学は1950年代初頭に汎用（コンピュータ）機がビジネスに用いられたことを起源とするから，たかだか50年の歴史をもつにすぎない。しかし，情報技術がもつ潜在能力は大きく，経営に与える影響は計り知れない。情報技術の適用領域は，組織内のみにとどまらず外延化し，あらゆる組織や組織間，個人や個人間の社会経済に及び，その影響を増してきた。しかし，このように，企業，組織，社会，また個人にとって，情報技術の利用は，重要になってきているにもかかわらず，情報技術の進展に比べて，その利用についての理論的研究は十分になされているとは到底いえない状況であった。

　そこで，このような状況を解決すべく設立されたのが，経営情報学会である。同学会は，1992年4月1日に経営情報に関する研究の推進と議論の場として設立された。その目的は，経営情報に関わる諸問題の研究および応用を促進し，会員相互および関連する学協会との情報交換を図ると共に，経営情報学の確立，産業の進歩発展に寄与することである。

　経営情報学会の特徴は，社会科学系と理工学系双方の研究者で構成され，両者が同じ研究目的をもち，自由な雰囲気の中で幅の広い研究活動を行っていることである。また，企業人，大学人が分け隔てなく共に参画し，啓発し合っている。

　さらに，2001年3月8日には，経営情報学会は，使命（mission）と目標

(objectives)を定めている。そして、使命として、情報やコミュニケーションと経営の接点に関心をもつ研究者、実務家、および教育者に対して、企業、組織、社会、また個人の情報、および情報技術の活用に関する対話の場を提供することであるとしている。

学会員は、この使命を果たすには、法令ではカバーできない事象に柔軟に対応する高い倫理性をもつ必要がある。それを規定したものが倫理綱領である。また、情報や情報技術に深く関わることから情報倫理が焦点となる。

2　情報倫理の必要性
(1)　情報倫理問題の発生

情報技術の発展とインターネットの普及は、情報を電子化し、個人が情報システムによって情報を自由に扱うことができる社会を生み出した。Webを利用した情報の収集、電子メールの利用による情報の伝達、ＰＣや携帯電話を利用した情報の自由な加工や蓄積等は、われわれの日常に欠かせないものとなった。

このように、情報を自由に扱える環境は、われわれにさまざまな利便性をもたらしているが、一方で、これまでにはなかったさまざまな問題を生み出した。近年、情報の不適切な利用によるプライバシーの侵害や知的財産権の侵害、有害情報へのアクセス、他人の情報の不正な取得、顧客や消費者利益の侵害等、情報化社会特有のさまざまな問題が表面化している。

インターネットやＰＣが普及していなかった時代は、情報システムを扱う人間が一部の専門家に限られていたため、情報の取扱いに関してわれわれが頭を悩ますことは少なかった。しかし、今日のように、社会が高度に情報化され、組織や種々の生活局面で個人が日常的にＰＣや携帯電話を用いて情報の処理を行っている現代社会においては、情報の取扱いに関して何を行うべきで、何を行うべきでないかを、われわれ一人ひとりが自覚していなければならない。情報を扱う際に守るべき行動規範である情報倫理を理解し、これを守っていくことの重要性が増してきた。

（2） Y2K問題とウィニー（Winny）事件

　多くの情報倫理問題について，学会員は，学会の倫理綱領に照らして，それが違反しているかどうかについて容易に判断できよう。しかし，なかには容易に適否が判断でき難いものも少なくない。ここでは，そのような問題として，Y2K問題とウィニー事件という二つの事例を取り上げ，倫理問題の難しさについて考えてみることにしたい。

　西暦2000年1月1日に世界中のコンピュータが誤動作を起こすとして世間を騒がせた，いわゆる「Y2K（ワイ・ツー・ケー）問題」を記憶している人も多いとみられる。官公庁や企業の事前の対策が功を奏し，幸い大きな問題には至らなかったが，この問題は，組織の情報倫理と大きな関わりがある。この問題が起きたのは，組織としての倫理の欠如に起因すると唱えられたり，犯罪行為そのものであるといわれる一方では，技術者や管理職にはそこまで責任がないという主張もあり，意見が分かれた。

　Y2K問題の原因は，コンピュータの記憶容量を節約するために，日付データを4桁ではなく2桁で管理していた旧時代のプログラムが，2000年を1900年と誤認識してしまうというものであった。1999年12月31日から2000年1月1日に変わるとともに，カレンダーを内部にもつコンピュータに依存した多くの活動が停止して，種々の事故が発生し被害をもたらすのではないかと懸念された。

　事故の発生を防ぐために，ほとんどの官公庁や企業では，関連するプログラムの修正を行った。作成されたプログラムの言語は，ＣＯＢＯＬで書かれたものが多く，当時はＣＯＢＯＬ作成者が少なくなっており，引退して家庭に入っている経験者も駆り出されたりした。また，その修正にかかるコストも膨大なものであった。

　1950年代から1980年代まで，当時のシステムエンジニアやプログラマーは，すべてこのような問題が将来的に起こることを予測していたとみられる。また，管理者もそれを知りながら認めたという経緯がある。ＩＢＭのB.ビーマ（Bemer）が1970年代にこの問題を予見し，桁数を2桁から4桁取ることを提

案していたという記録もある (De George, 2003)。

　しかし，当時は記憶装置が高価であり，記憶容量節約という組織の論理を優先させ，つけを将来に先延ばしするという行動を取ったわけである。情報倫理の欠如がこのような問題を招いてしまったのである。

　ただ，Y2K問題には時間的要素が絡んでおり，記憶装置が高価であったためにその節約を図った時代と，記憶装置が低価格になり記憶容量を気にしなくてもよくなった時代とで情報処理技術者の責任は同一に論じてよいかということもある (Johnson, 2001)。その場合に，いつの時代までが正しいとし，いつからが不正とするのか，賠償責任を問う場合に難しい問題を含んでいる。また，この問題には，システムエンジニアやプログラマーの他に，管理者，ベンダー，ユーザーなど多くのステークホルダーが関わっているが，どのように役割責任を負ったらよいのかという問題もある。

　もう一つの事例は，ファイル交換ソフトであるウィニーの利用に伴う情報流出事件である。ウィニーは，インターネットを通して，音楽や映像などのファイルを交換できるソフトで，2002年に日本で開発された。サーバーを介さずに直接パソコン同士でバケツリレーのように情報が伝わるP2P（ピア・ツー・ピア）技術を用いる等使い勝手がよい。また，フリーソフトで，ファイルを暗号化して交換できるため匿名性が高いために，広く国内に普及している。

　ただ，ウィニーを使用すると，ウィニー使用者を狙ったウィルスに感染し情報流出被害も拡大している。情報流出は2004年3月，京都府警での実在する人物の入った捜査報告書などが流出した事件に始まり，情報流出元は自衛隊，消防署，病院，企業，官公庁など多くの組織に及んでおり，流出した個人情報や機微情報に対しては，それが誰によってアクセスされるかをコントロールできない状況である。

　ウィニーの開発者は，2004年5月に著作権侵害幇助の容疑で京都府警によって逮捕された。そして，裁判で争われ，2006年12月，京都地裁は，開発者はファイル交換ソフトが著作権を侵害する状態で広く使われていることが分かっており，それにもかかわらずウィニーを公開し誰でも使えるようにしたのは幇

助に当たるとし有罪の判決を下した。この事件は，上級審でも争われることになるが，この判決をめぐって賛否両論がある。

この事件で，ウィニーを使って，男性2人が無許可で映画などをネット上に流し，著作権違反に問われたが，こちらは違法になるのは間違いないが，果たして開発者が違法行為を手助けしたといえるかどうかである。違法性がないとする主な主張は，次のとおりである。

ファイル交換ソフトという技術は中立性をもち，使う者によって善にも悪にも使える。新技術の開発者が悪用者の責任まで負わされることにならないか。車の利用者がひき逃げを起こして，車の開発者を有罪にできるだろうか。また，違法性とすることで，技術者の多くが開発行為の萎縮につながらないか社会的影響を懸念する。

一方，違法性があるとする主な主張は，次のとおりである。技術は一概に中立性をもつとは言い切れない。ソフトを開発する専門家には相当の社会的責任が伴い，自分のもつ知識・技術の活用が広く社会に影響を及ぼすことを理解し，公共性を第一に考えて行動選択をしなければならない。開発者が，このソフトの開発により，一般ユーザーへの利用に供したとき，そのことがもたらす社会的影響について考える必要がある。また，ウィニーを媒介にするウィルスが開発される可能性について思いをめぐらす必要がある。たとえ，技術的にいかに優れていたとしても，責任を免れることはできないとする。

なお，ファイル交換ソフトをめぐっては，各国で開発者と著作権者の間で衝突が起きており，係争中のものが多いが，裁判の結果は割れている。この問題について，経営情報学会では，2006年6月にその見解をHPで表明しており，章末に掲載している。

3 倫理綱領制定の経緯

倫理綱領（Code of Conduct，Code of Ethics）は，組織の全般的な価値体系，目的を示すとともに，それらを基礎とした具体的で規範的な原則を明らかにする。また，個人が恣意的な倫理的判断をしないように，望ましい行動の基準を客観

的に示す。倫理綱領は,「行動憲章」,「行動基準」,「行動規範」,「行動指針」,「倫理規定」等さまざまな呼び方がされている。

　情報技術関連の学会の倫理綱領は,諸外国においては欧米を中心に1980年代から1990年代のはじめにかけて,制定されるようになった。それは,倫理綱領または行動綱領の名のもとに,専門家 (professional) としての責任および行動の規範を定めたものである。多くの倫理綱領の構成は,まず人間として守るべき一般的道徳規範を取り上げた上で,続いて専門家としての責任を述べている。それらの代表的なものの一つがＡＣＭ (the Association for Computing Machinery) の倫理綱領である。それは,上記の構成に加えて,管理者としての位置にある者の責任を追加している (日本セキュリティマネジメント学会,1998)。

　わが国では,このような諸外国の動向等も受けて,1996年に情報処理学会が,続いて1998年に電子情報通信学会が倫理綱領を制定している。両学会とも,主たる構成員は,情報科学・工学関連の研究者,実務家,および教育者である。

　一方,経営情報学会では,2003年に倫理綱領制定のための検討委員会が組織され,綱領案が作成され,2004年に理事会で承認・制定された。策定に際して,検討委員会は内外の経営・情報関連団体の綱領を収集し,参考にして作成した。

第2節　経営情報学会倫理綱領

経営情報学会倫理綱領は,以下のとおりである。

・基本理念
　経営情報学会会員(以下,本会員)は,経営情報学の重要性と社会に与える影響の大きさを認識し,経営情報学が社会の健全な発展に貢献し公益に寄与するよう,経営情報学の専門家として高い倫理観を持って各自の研究,開発活動を行う。
　本会員は,学会活動,研究・開発活動およびその他の活動において,適用される法令・ガイドラインとともに,次の行動規範を遵守する。

・個人として
本学会員は，専門家および一人の個人として次の各項を遵守する
(1) 公正と誠実を重んじる
(2) 社会常識を重んじ，社会人としての良識をもって行動する
(3) 他者の人格および権利を尊重する

・研究者として
(1) 研究がもたらす負の影響についても配慮し，他者の研究についてもその影響に関して十分な関心を持ち，社会的に負の影響を及ぼす場合または及ぼすことが予想される場合には積極的に懸念を表明する
(2) 研究に当たっては，客観的事実とデータを尊重する
(3) 経営情報学の確立に向けて，広く学問体系を捉え，専門外の分野にも敬意を払う
(4) 他者の創意工夫を尊重する
(5) 研究成果を適正に利用し，不正な目的で利用しない

・組織の一員として
(1) 所属する組織の目的とその社会における役割を理解する
(2) 組織における自己の役割を理解し，課せられた仕事に責任を負う
(3) 組織のルールを理解し，公共の利益ならびに法に矛盾しない限りそれに従う
(4) 公共の利益に対する重大な懸念がない限り，組織に不利益ないかなる行動もしない
(5) 公共の利益に対する重大な懸念があるときには，適切な手続きに従って，組織内のあるいは組織外の適切な個人・組織に対してそれを報告する
(6) 組織が社会におけるその役割を果たし，健全な社会の発展に寄与しつつ，発展することに組織の一員として寄与するよう努める

・経営情報に関する技術を扱う者として
(1) 経営情報学の進展がもたらす成果とリスクが社会に与える社会的責任を自覚し，社会の健全な発展に寄与するように技術開発活動を行う
(2) 現行の法制度について常に関心をもち，それを理解し，遵守する
(3) 経営情報に関する技術を用いたシステムの開発や運用によって影響を受ける人達への配慮を持ち，その尊厳が損なわれないように努力する
(4) 技術開発成果を適正に利用し，不正な目的で利用しない

経営情報学会倫理綱領検討委員会
主査　島田達巳（摂南大学）
梅田敏文（愛知淑徳大学）

	村田　潔（明治大学）
	花岡　菖（元関東学院大学）
	柴　直樹（千葉工業大学）
	島田裕次（東京ガス）
	木村　誠（長野大学）
幹事	久保貞也（摂南大学）
	東元重樹（明治大学）
	（順不同）

　まず，倫理綱領の策定は，学会員の行動に制約を与えたり，行動を萎縮させたりするものではなく，逆に学会員が主体的かつ自立的に研究活動を進めることを促すものである。

　構成は，最初に「基本理念」を掲げ，続いて，「個人として」，「研究者として」，「組織の一員として」，そして「経営情報に関する技術を扱うものとして」というように，行動の主体別に扱っている。倫理綱領案の作成については，本学会の定款を参考にした上で，学会員に浸透させることを考慮して，できるだけシンプルなものにするように努めた。

　「基本理念」については，学会によっては基本理念としないで，序文，前文等としているところもあるが，本学会では，指導原理・指導指針を示す意味で，あえて基本理念とした。

　また，「個人として」，「研究者として」，および「組織の一員として」では，経営情報に関する技術者であること以前に，専門家として共有し遵守すべき行動規範を記述している。そして，情報技術特有の行動規範については「経営情報に関する技術を扱う者として」として区分した。

　なお，「個人として」は，プライバシーの問題にも触れておく必要もあると考えられるが，人格および権利の尊重に含まれると解した。

　倫理綱領案の検討の過程で意見が分かれたのが，「組織の一員として」の項目を加えるかどうかであった。「個人として」の内容には，組織の一員としての行動も含まれるので特に加える必要がないという意見がある一方で，学会員の多くが組織人として，さまざまな立場，さまざまな責任の中で行動しなけれ

ばならない点に配慮し，独立して「組織の一員として」を追加したほうがよいとする意見である。学会員には，組織の経営者や管理者に就いている人々も多く，一社会人としての倫理と研究者としての倫理だけではカバーできない部分もあるほか，企業等各組織体において倫理意識が必ずしも高くなく倫理綱領制定のところが少ないことから「組織の一員として」を追加することに積極的な意義を認める意見である。その一方では，経営者，管理者は，経営上の意思決定に倫理問題が絡む問題も多く，その場合に組織人としてどう判断を下すかは難しく，それらについては経営者，管理者が所属する組織体の倫理綱領に委ねられるべきではないか，果たして学会の綱領によって実効性が担保できるかという意見もあった。

こうした議論も踏まえて，網羅的に細かい倫理綱領を作成することは困難であり，項目を多くすることで内容に整合性がとれなくなるという懸念もあり，倫理綱領案では，根幹となる部分のみをシンプルに表した。

第3節　日本学術会議「科学者の行動規範」について

これまで，前述の経営情報学会倫理綱領のように，一部の学会が個別に倫理綱領を定めてきたが，日本学術会議 (Science Council of Japan) が2006年10月に「科学者の行動規範」(Code of Conduct for Scientists) についての声明を発表した。同会議は，わが国の人文・社会科学，自然科学全分野の科学者の内外に対する代表機関である。

もとより，この声明は，学会に対して強制力をもつものではないが，学会をはじめとして，各大学・研究機関，協会に大きな影響を与えるとみられる。同会議は，声明の中で，各関連組織が「科学者の行動規範」を参照しながら，自らの行動規範を策定し，それが科学者の行動に反映されるよう周知されることを要望するとしている。

日本学術会議では，「科学者」と「行動規範」について，それぞれ次のよう

に定義している。

「科学者」とは，所属する機関にかかわらず，人文・社会科学から自然科学までを包含するすべての学術分野において，新たな知識を生み出す活動，あるいは科学的な知識の利活用に従事する研究者，専門職業者を意味する。そして，「科学者の行動規範」（以下，行動規範と略称する）とは，科学者が，社会の信頼と負託を得て主体的かつ自律的に科学研究を進め，科学の健全な発展を促すため，科学者個人の自立性に依拠する，すべての学術分野に共通する必要最小限の倫理規範である。

このような行動規範が策定される契機となったのは，最近，自然科学分野を中心に研究遂行や成果の発表において捏造，改ざん，盗用等の不正行為が相次いだことによる。そのことが，社会からの信頼を失墜させつつあることを危惧し，それの回復を図ろうとする危機意識が高まったからである。そこで，日本学術会議では，2005年10月に検討委員会を設置し，科学者が有する責任と権限および科学研究における倫理規範の在り方等について検討を行い，そこで策定された案は2006年4月に承認された。

行動規範の内容は，科学者の遵守すべき事項として11項目を定めている。それらは，科学者の責任，科学者の行動，自己の研鑽，説明と公開，研究活動，研究環境の整備，法令の遵守，研究対象等への配慮，他者との関係，差別の配慮，および利益背反である。

また，各関連組織が，科学者の誠実で自律的な行動を促すため，具体的な研究倫理プログラム（倫理綱領・行動指針等の枠組みの策定とそれらの運用）を実施するのに便利なように，「科学者の行動規範の自律的実現を目指して」と題して，次の事項を定めている。それらは，組織の運営に当たる者の責任，研究倫理教育の必要性，研究グループの留意点，研究プロセスにおける留意点，研究上の不正行為等への対応，自己点検システムの確立等である。

このような行動規範は，前述のように2006年10月に制定されたが，行動規範案（暫定版）等について，広く関連組織に意見を求めるために，2006年4月にはアンケートを実施している。調査の対象は，大学や研究機関等2,819機関で

1,332機関の回答（回答率47%）を得ている。調査結果では，倫理綱領を制定している機関は，全体平均で13.3%と少ない（大学14.3%，学会などの研究機関12.1%）。

主な設問に対する回答は次のとおりである。

① 行動規範の効用　「行動規範が倫理意識を高め科学者として適切な行動を促すか否か」については，「倫理意識も高め適正な行動も促す」とする回答が46.5%，「意識を高めるが行動を促すとは限らない」が27.1%，「意識を高めると思えないが行動を促す」が6.1%，「意識も高めなければ行動も促さない」が4.4%，「分からない」が11.6%であった。

② 行動規範の利用方法　「行動規範をどのように使用あるいは利用するか」については，「採用する」(22.8%)，「引用参照して利用する」(34.9%)，「独自の規範を策定する」(16.5%) が主な回答であった。

この結果から分かることは，行動規範の効用については，約半数の機関がその意義を認めていることである。また，行動規範の利用方法についても，57.7%の機関がなんらかの形で利用したいとしている。

検討委員会では，ここに紹介した暫定版に対する肯定的な意見や行動規範が抽象的で具体性を欠くという意見等を参考に，必要な修正・加筆を加え，最終版を制定した。

第4節　今後の課題

経営情報学会の倫理綱領は，情報技術の急速な発展に伴って，組織や社会において情報倫理問題の増大という環境下において，経営と情報技術に関わる専門家を抱える学会として，社会をリードする使命があるという認識のもとに制定された。幸いにも，学会では，倫理綱領そのものが制定されてから日が浅いこともあって，これまでに不正行為は学会員の博士後期課程学生と指導教授との応募論文が二重投稿であったという事実が1件発生し，理事会で処分を行っ

たというほかには発生していない。

　ただ，この倫理綱領が，学会員にどの程度認知され，十分に機能しているかとなると，疑問なしとしない。学会員にとって不正行為の発生を予防する上での宣言的な意義は認められるものの，綱領そのものがシンプルであることと，運用についての取り決めがない等課題がある。学会員のほとんどの者が，正規に大学等の研究機関や企業に所属しており，学会という組織への所属は従たるものであること，そして学会という組織の性格が互助的でボランティア的であることを配慮するとき，大学等の研究機関や企業等での倫理綱領の制定と制度化が重要であり，それの充実を図ることで，学会においては，その機能が発揮されないで済む状況が望ましく，現在程度の宣言的意義で足りるとする意見もありえよう。

　しかし，われわれは，今日において，倫理綱領の持つ意義を積極的に認め，より実効性のあるものにすることを提唱したい。そのためにはどう改めたらよいか。内閣府は，優れた倫理綱領の要件として，「明確性，具体性，透明性，信頼性」の4つを明示している（「自主行動基準の指針」最終報告，2002年12月）。日本学術会議の行動規範（「科学者の行動規範の自律的実現を目指して」を含めて）等も参考にしつつ，今後の課題について若干触れて稿を閉じる。

　まず，経営情報学会の倫理綱領に比べて，日本学術会議の行動規範がより網羅的で範囲が広い。倫理綱領になくて行動綱領にある項目を大まかに挙げると，「科学者の行動（一部）」，「自己の研鑽」，「説明と公開」，「研究活動（一部）」，「研究環境の整備」，および「差別の排除」である。これらのうち，「自己の研鑽」，「説明と公開」，「差別の排除」ついては，学会では当然のこととして実施されていることから不要とみられるが，他の項目については検討が望ましい。

　「科学者の行動」については，「……科学者コミュニティ，特に自らの専門領域における科学者相互の評価に積極的に参加する」を加えている。

　「研究活動」については，倫理綱領では，研究者として「研究に当たっては，客観的事実とデータを尊重する」と「研究成果を適正に利用し，不正な目的で利用しない」としているが，行動規範では，より具体的に「……研究・調査

データの記録保存や厳正な取扱いを徹底し，ねつ造，改ざん，盗用などの不正行為を為さず，また加担しない」としている。

「研究環境の整備」では，「科学者は，責任ある研究の実施と不正行為の防止を可能とする公正な環境の確立・維持も自らの所属組織の研究環境の質的向上に積極的に取り組む。また，これを達成するために社会の理解と協力が得られるよう努める」とし，研究環境整備に積極的に取り組むべきことを定めている。

以上，行動規範を参考に倫理綱領の見直しを図るべき事項について述べたが，経営情報学会にとって，より重要なことは綱領を単なる宣言にとどまらせず制度としてどう運用するかである。

倫理綱領を実効的なものにするためには，綱領を策定するだけでこと足れりとすることなく，策定→導入→運用→評価・見直し→策定のサイクルを円滑化し，倫理水準を高めていくことが必要である（島田，2006）。その場合に，組織の運営責任者の役割がきわめて大きい。責任者は，担当部門を組織し，倫理綱領の策定，啓発・普及，教育，フォローアップなどの制度化を行う必要がある。そして，教育の責任者や苦情・相談窓口責任者も設けるほか，組織構成員への教育を実施する。組織の構成員への周知や，これらの措置を行えば，次は，運用段階へと入る。すなわち，倫理綱領の遵守状況の確認，不法行為が発生した場合の対応策を講じる。最終的には，自己点検を行い評価をした後に，見直していくという過程をサイクルとして実施していく必要がある。また，環境変化に対応して倫理綱領も変更していくこととなる。変化に対応していかなければ，綱領そのものが形骸化する。また，このサイクルには最終ゴールはない。組織的に，継続的にサイクルをスパイラルに廻すことでレベルを上げていくことこそ重要なのである。

付録
ファイル交換ソフトウェアの利用に伴う情報流出に対する見解

経営情報学会
情報倫理研究グループ

現状認識

　現在，WinnyやShareなどのP to P技術を利用したファイル交換ソフトウェアを介してパーソナルコンピュータ（以下，ＰＣ）に保存されているファイルを共有あるいは流出させてしまうコンピュータウィルスAntinnyとその亜種による情報流出被害が拡大している。情報流出は2004年3月から現在に至るまで続いており，一向に終息する気配を見せていない。情報流出元は企業，警察，消防署，病院，自衛隊，日本郵政公社，農協，官公庁，学校など多岐にわたっており，流出してしまった個人情報や機微情報，機密情報に対しては，それがどこの誰によってアクセスされるかをコントロールできない状況が出現している。

　現代のネット環境においては，一度発信された情報の流れや歪みをコントロールすることは誰にとっても困難であり，こうした情報流出がもたらす社会不安には無視できないものがある。機密情報の保全は社会の安全性や企業活動の健全性のために重要であり，また，個人情報・機微情報のコントロールは個人が社会の中で他者とどのような関係性を築き，いかに自律性を保つことができるかを決定する要因となっている。

　情報流出が拡大している原因としては，①ＰＣ所有者がウィルスの感染に気づかないうちにファイルが流出している，②個人用ＰＣを利用して職場ならびに家庭で仕事を行うことが一般化している，③こうした事件に対するマスメディア報道が新たなファイル交換ソフトユーザを増加させている，などをあげることができる。

とられるべき対策

　情報流出のような，議論の余地なく防止しなければならない問題が発生したときには，適切な対応策が迅速に講じられなければならない。このとき，単に人々のモラルに訴えるという対応では何ら問題の解決にはならない。

　もちろん，発生した問題についての情報を関係する人々に周知することは大切である。しかし，たとえば「ファイル交換ソフトを使うのをやめましょう」と呼びかけたところで，その実効性はまったく期待することができない。なぜなら，どのような組織・社会にも，問題の深刻さについて無知あるいは鈍感な，また，自分だけは大丈夫であるとか，自分には関係ないと考えたり，問題の発生を愉快だと感じたりする人間が存在しうるからである。むしろ，こうした人間の存在を前提として対応策は考えられるべきである。実際のところ，情報流出を起こしてしまったＰＣの所有者の中には，ファイル交換ソフトの利用によって生じうる知的財産権侵害に対

してまったく鈍感な者がいると推測できる。
　また、「データを持ち運び可能な媒体にコピーしてはならない」といったルールの設定も、同様の理由で有効ではないかもしれない。ルール違反をした者を組織から追放するといった処分をしても、流出した情報を取り戻すことはできないのである。
　したがって、ここで論じている情報流出問題については、関係する組織において、それを引き起こしうる行為をそもそも不可能にする対応がとられなければならない。たとえば、ネットワークに接続されたＰＣの使用そのものを禁止することが現実的ではない組織においては、業務を行うにあたって必要なＰＣはすべて組織が用意し、ＰＣのハードディスクにデータファイルを保存できない、ソフトウェアはプレインストールされたもの以外利用できない、データの送受信は特定のデータベースとの間のみで許される、持ち運び可能な記憶媒体にデータを保存することはできない、などのように設定し、さらに、サーベイランスソフトウェアを導入するといった対応をとることが求められよう。このことは、組織メンバーがデータ処理に関わる仕事を職場以外の場所に持ち出せないことを意味し、したがって、職場においては十分な要員確保と適切な業務管理が必要とされる。従業員に仕事の持ち帰りを余儀なくさせるほどの残業を日常的に課すような職場は、情報流出を促進する環境作りをしていると言わざるをえないのである。

ソフトウェアエンジニアのプロフェッショナル責任

　一連の情報流出事件で問題となっているファイル交換ソフトウェアWinnyの開発者は、2004年5月に著作権侵害幇助の容疑で京都府警によって逮捕された。この逮捕の正当性については賛否両論があり、議論の分かれるところである。しかし、ここではこれについて論じることはせずに、むしろ視点を変えて、ＩＣＴ専門家のプロフェッショナリズムという側面からファイル交換ソフトウェア開発者の責任について述べることにする。
　現在の社会がＩＣＴに大きく依存しているということについて異論をはさむ余地はないであろう。個人や組織が享受できるさまざまなサービスは、その背後にある情報システムの働きがあってこそのものであり、情報システム、とりわけソフトウェア品質の向上は現代社会の安全性・信頼性と強く関わっている。こうした状況の中で、ＩＣＴ専門家、特にソフトウェアエンジニアのプロフェッショナルとしての責任の確立が社会的課題であるとみなされるようになってきている。ここでプロフェッショナルとは、自分の持つ知識・技術の活用が広く社会に影響を及ぼすことを理解し、それゆえ社会の福利を第一に考えて行動選択をしなければならない者のことである。
　ソフトウェアの利用と普及が社会にもたらす影響について最もよく考えることができるのは、ソフトウェアの開発者に他ならない。Winnyの開発者は、言うまでもなく技術的にはすぐれたソフトウェアエンジニアである。しかし、彼がこのソフト

ウェアを開発し，一般ユーザへの利用に供したとき，その利用と普及がもたらす社会的影響について考えてみたであろうか。また，Winnyを媒介とするウィルスが開発される可能性について思いをめぐらしたのであろうか。もしそうではなかったとすれば，彼をプロフェッショナルなソフトウェアエンジニアであると呼ぶことはできないであろう。

　プロフェッショナルなソフトウェアエンジニアは現代情報社会にとって必要不可欠な人材である。こうした人材を育成するための教育プログラムや資格制度の充実は早急に実現されなければならない。また，多くのソフトウェアエンジニアが企業の従業員であることを考えれば，彼ら／彼女らが職場においてプロフェッショナルとしての責任をまっとうできるためには，ソフトウェアエンジニアの社会的に認知された地位の確立が求められるのである。

2006年6月1日

本見解の執筆に関わったメンバーは以下の通りである：
村田　潔（明治大学）
飯島淳一（東京工業大学・大学院）
木村　誠（長野大学）
柴　直樹（千葉工業大学）
梅田敏文（愛知淑徳大学）
島田達巳（摂南大学）
島田裕次（東京ガス）

本見解に対するご意見・ご質問は，kmurata@kisc.meiji.ac.jpまでお寄せください。

【参考文献】
・De George, R. T, The Ethics of Information Technology and Business, Blackwell, 2003.
・Johnson, D. G, Computer Ethics（3rd Eds.）, Prentice-Hall, 2001.（水谷雅彦・江口聡監訳『コンピュータ倫理学』オーム社，2002年。）
・村田潔編，経営情報学会情報倫理研究部会『情報倫理～インターネット時代の人と組織～』有斐閣，2004年。
・日本セキュリティマネジメント学会編『セキュリティハンドブックⅢ』日科技連，1998年。
・島田達巳編『自治体の情報セキュリティ』学陽書房，2006年。

【参考URL】
・ACM Code of Ethics and Professional Conduct
　　http：//www.acm.org/constitution/code.html

・電子情報通信学会倫理綱領　http://www.ieice.org/jpn/about/code.html
・経営情報学会　http://www.jasmin.jp/
・経営情報学会「ファイル交換ソフトウェアの利用に伴う情報流出に対する見解」
　　　http://www.jasmin.jp/news/20060602.html
・情報処理学会倫理綱領　http://www.ipsj.or.jp/04tosho/ipsjcode.html
・日本学術会議　http://www.scj.go.jp/ja/info/iinkai/kodo/index.html

（島田　達巳）

第3章　システム監査学会の倫理綱領

第1節　システム監査学会「倫理綱領」

　システム監査学会「倫理綱領」は，1996年（平成8年）11月に制定された。その内容はシステム監査学会会員（以下，会員という）が遵守すべき基本的な事項を倫理綱領として定めている（表1）。規定事項は短いが，会員として遵守すべき基本事項を定めている。システム監査のような実践的研究を対象とした学会では，実務を執行するに当たりそのよりどころとなる細則規定や基準等において，倫理条項を規定することが多い。システム監査学会においても例外ではなく，システム監査を実施するに当たり，そのガイドラインとなる「システム監査基準」に職業倫理を規定しており，倫理綱領とあわせて理解する必要がある。システム監査の実施に当たってシステム監査人は，その目的を達成するために，独立性，客観性と職業倫理に従って実施しなければならない。システム監査学会倫理綱領は，この前提のもとで策定された。しかし，現代のようなＩＣＴ（Information and Communication Technology：情報通信技術）の高度化時代では，システム監査の位置づけやあるべき姿は進化しており，システム監査基準が改訂されたときにはその整合性を評価する必要はある。その意味で本学会の倫理綱領は絶対的なものではなく，その時代に相対的であるといえる。

表1　倫理綱領（1996年11月13日制定）

　システム監査学会の会員は，健全な情報化社会の発展に貢献するために，以下のとおりに倫理綱領を定める。本学会の会員はこれを遵守しなければならない。
1．会員は，学究的な研究・調査および現場における実践活動の実施を通じて，システム監査に関する研究を促進し，情報化社会の健全な発展に貢献する。
2．会員は，自己および会員相互の向上のため，システム監査の理論的および実践的研究に励む。
3．会員は，本学会の名誉を重んじ，かつ自らの品位を高めるよう努める。
4．会員は，本学会の名称を利用しまたは利用させ，自己または第三者の利益を誘導しない。

■「1．会員は，学究的な研究・調査および現場における実践活動の実施を通じて，システム監査に関する研究を促進し，情報化社会の健全な発展に貢献する。」

　システム監査はＩＣＴ社会に欠かせない実践的活動を通じて健全な情報化社会の実現に寄与するものであり，その最終目標は「情報化社会の健全な発展に貢献すること」である。また，情報システムの活用は，企業や事業体の経営戦略の実現，ＢＰＲ（Business Process Reengineering），ＣＲＭ（Customer Relationship Management），ＳＣＭ（Supply Chain Management），ＥＣ（Electronic Commerce）等，企業や組織内の情報化から企業間や国際間の情報化へと高度化し日々進化している。企業等がＩＣＴなしに，戦略の実現や競争優位の展開ができなくなった今日，コーポレート・ガバナンス（corporate governance：企業統治）が，ＩＣＴに付帯するところは大きい。ＩＣＴ投資の失敗やＩＣＴマネジメントの欠如，情報資産の損失や個人情報の漏洩，オンラインシステム・トラブルによる社会的混乱など，まさしく，経営責任を問われることになり，経営者には強力なＩＣＴの管理統制が求められている[1]。これが，近年，求められる「ＩＴガバナンス（Information Technology governance）」であり，その重要性はますます高まりつつある。

　このことから，倫理綱領の第1項では，経営・情報・監査・法律の領域を横断的に関連する実践的活動であることをまず，明記している。

■「2．会員は，自己および会員相互の向上のため，システム監査の理論的および実践的研究に励む。」

　システム監査の実施に当たっては，ＩＣＴの基本的知識，技術的評価能力，情報の経営活用能力，情報関連法および監査能力等の知識および能力が必要である。したがって，常に実践的研究のたゆまない追求が求められ，この努力なしに有効な質の高いシステム監査は望めない。また，高い視座からの評価能力を持続するためには，最新の情報収集と知識と能力のバランスが必要である。これは，システム監査人にまず求められる要件である。しかし，システム監査を実施するための知識や能力は，前述のとおり，経営・情報・監査・法律の領域での横断的なものであり，一人のシステム監査人がすべての事項について精通することは難しい。近年のシステム監査の実施は，内部監査人のみならず，外部監査人と協力体制のもとで，プロジェクト方式が多くなってきている。したがって，システム監査人はシステム監査全体をコントロールするＣＩ（Control Integrator）の役割を担っている。

　この知識と能力を高めていくには，会員相互間での情報交換，関連知識・能力の相互研鑽が重要であり，システム監査人に理論および実践的研究に励むことを第2項に掲げた。

■「3．会員は，本学会の名誉を重んじ，かつ自らの品位を高めるよう努める。」

　本項は，システム監査人の自ずからの行動倫理の指針である。システム監査が企業や組織のコンプライアンスやＩＴガバナンスの領域に密接に関連することから，その影響は企業のステークホルダーにも及んでくる。また，繰り返しになるが，システム監査の最終目標が「情報化社会の健全な発展に貢献すること」であることから，学会の名誉と自らの品位を高めるために，会員の行動には自らが責任をもって律すべきである。不断の研鑽と深い教養，高い品性を保つことが重要である。

■「4．会員は，本学会の名称を利用しまたは利用させ，自己または第三者の利益を誘導しない。」

　システム監査の立場は，独立性を保ち，客観的な姿勢が求められる。また，システム監査人には，高度な知識と専門性が求められる。ややもするとその立場に胡坐をかくことになる。

　「会員は，本学会の名称を利用しまたは利用させ，自己または第三者の利益を誘導しない。」とは，システム監査は独立した立場での助言や指摘が求められるため，利益誘導が起りやすくする環境が発生する。これに屈してはならないことを戒めている。特に，安全性やセキュリティの問題では，企業の社会的責任の問題まで広がることにもなりかねない。そこで，対策には多くの改善努力や投資が必要になることもあり，必要なセキュリティ投資を削減したり，否定したりする経営者や組織体の長に対して，毅然とした態度が求められる。

第2節　システム監査学会「倫理委員会規則」

　システム監査学会「倫理委員会規則」は，1996年（平成8年）11月に「倫理綱領」とともに制定された。倫理委員会規則は，倫理綱領に違反し本会の名誉および信用を著しく損ねた会員の処分を理事会に勧告するための規則である。

　倫理委員会は常任理事で構成され，会長が議長となる。これまで，会員が倫理綱領に違反するような行為があって，倫理委員会が開催されたことはない。

表2 倫理委員会規則（1996年11月13日制定）

第1条（趣旨）
この規則は，理事会規則第8条の規定により設置された倫理委員会の組織および運営に関し，必要な事項を定めるものとする。
第2条（倫理委員会）
倫理委員会は，常任理事をもって組織する。
2 倫理委員会の招集は会長が行い，議長となる。
3 倫理委員会は，委員の半数以上が出席しなければ，会議を開くことができない。
4 倫理委員会の議事は，出席した委員の過半数でこれを決し，可否同数のときは，議長の決するところによる。
第3条（処分）
倫理委員会は，倫理綱領に違反し，本会の名誉および信用を著しく損ねた会員の処分を理事会に勧告することができる。
附則
この規則は，平成9年1月1日から施行する。

第3節　システム監査基準と倫理綱領

1　システム監査におけるシステム監査基準

　システム監査は「監査対象から独立した客観的な立場で，コンピュータを中心とする情報システムを総合的に点検・評価し，組織体の長に助言・勧告するとともに，フォローアップする一連の活動」をいい，その有効利用の促進と弊害の除去とを同時に追求して，システムの健全化を図るものである（財団法人日本情報処理開発協会，1978年）。このことを踏まえて，1985年（昭和60年）にシステム監査のガイドラインとなる「システム監査基準」が公表された。

　その後，システム監査基準は1996年（平成8年）1月と2004年（平成16年）10月に，二度改訂がなされている。また，2004年10月にはシステム管理基準が公表された。1996年1月の改訂は，1995年（平成7年）1月に発生した「阪神淡路大震災」が契機となった。このときに問題となったのが通産省の電子計算機安全対策基準（現経済産業省の情報システム安全対策基準：以下，安全対策基準）であ

る。この安全対策基準が震度5を想定して策定されたものであり、緊急の見直しがなされた。安全対策基準の見直しに伴い、その整合性を図るべくシステム監査基準の改訂がなされた。

　一方、ＩＣＴの高度化に伴い、情報システムの位置づけは大きく変化し、企業経営は事業体の戦略活用に欠かせない情報基盤となってきた。情報システム構築のアーキテクチャ（architecture：設計思想）はダウンサイジングとオープンシステムである。この急速な進展は、情報の分散とエンドユーザー・コンピューティング（end‐user computing：利用者中心の設計・開発・運用）をもたらした。しかし、情報システムの戦略活用は、ＩＣＴの本質的な脆弱性による新たな情報システム・リスクを潜在化することになる。たとえば、個人情報のデータベース化は、個人情報の漏洩や情報システムへの不正侵入、プライバシー侵害などのリスクを発生させる脆弱性が潜在化する。そして、その脆弱性のコントロールの弱いところか、コンピュータ事故やハイテク犯罪が発生することになる[2]。

　2004年10月の改訂は、企業社会等においてＩＣＴの戦略活用が積極的に推進されたことである。ＩＣＴ投資の目的が単なる合理化の手段ではなく、経営革新にあると、変化したことである。ＩＣＴ投資が企業全体の最適化に資するよう、経営戦略の観点やＩＣＴの最新動向を踏まえて基準を改訂した[3]。

　システム監査の目的は、これまでのように情報システムを対象に、その信頼性、安全性、効率性を総合的に点検評価し、助言・勧告をするのみでは不十分である。情報システムが多様化、複雑化した今日、さまざまなリスクが顕在化して大きな事故や犯罪をもたらすようになってきた。これらの事故や犯罪は、一企業や組織の問題として片付けるわけにはいかなくなり、企業の信用やＣＳＲ（Corporate Social Responsibility：企業の社会的責任）を問われるようになってきた。まさしく企業や組織のコンプライアンス（compliance：法令遵守）の問題であり、ガバナンスを問われるのである。このような時代背景のもとで、システム監査の目的も変化し、その目的は、「組織体の情報システムにまつわるリスクに対するコントロールがリスクアセスメントに基づいて適切に整備・運用さ

れているかを，独立かつ専門的な立場のシステム監査人が検証または評価することによって，保証あるいは助言を行い，もってＩＴガバナンスの実現に寄与することである」となってきた[4]。

2　システム監査基準の倫理

システム監査が提唱されたのは1974年（昭和49年）である。日本情報処理開発協会では，情報化社会の基盤整備の一環としてシステム監査の必要性を訴えた。その後，企業や関連組織の協力を得て調査研究を進め，1980年（昭和55年）に，システム監査基準（試案）が公表された。このシステム監査基準の「一般基準」の事項で，システム監査人に対して，「システム監査人は，監査人に対する倫理的要請を自覚し，的確かつ誠実な監査の実践を通じて，内外における信頼と期待に応えなければならない」と，「職業倫理」を明記している。しかし，1985年（昭和60年）１月に公表された基準では，システム監査人の独立性は記述されていたが職業倫理は明記されなかった。だからといって，システム監査人の職業倫理が否定されたわけではない。システム監査が内部監査の一環として実施され，企業や組織内での独立・客観性を問われたものの，職業的な資格をもつシステム監査人に外部監査として実施されるものではなかったからといえる。

1996年（平成8年）１月に改訂されたシステム監査基準にて，システム監査人の立場を「職業倫理」で示された。

職業倫理
① システム監査人は，客観的な評価者としての立場を堅持すること。
② システム監査人は，自己に対する倫理的要請を自覚し，的確かつ誠実なシステム監査の実践を通じて，内外の信頼に応えること。

2004年（平成16年）10月に再改訂されたシステム監査基準では，「独立性，客観性と職業倫理」の項において，「外観上の独立性」「精神上の独立性」「職業倫理と誠実性」が明記された。

> **職業倫理と誠実性**
> 　システム監査人は，職業倫理に従い，誠実に業務を実施しなければならない。

　このようにシステム監査基準に職業倫理として明記された背景には，システム監査が専門的な資格をもつシステム監査人による監査の実施を求め始めたことによるものである。

3　専門システム監査人資格と人材育成

　1986年（昭和61年）に，「情報処理技術者試験」の中に「システム監査技術者」の試験が創設され，システム監査の実施ができる人材の確保と人材育成およびその普及と定着を図られるようになった。

　しかし，近年の情報ネットワークの発展により，コンピュータウィルスやワームなどの新しい問題が国境を越えて出現するなど，情報システムをめぐる環境はますます厳しさを増してきた。このような客観情勢を真剣に受けとめ，システム監査のさらなる普及と定着を加速化しなければならない時期にきた。システム監査の対象が複雑かつ多様化し，専門的能力を必要とする監査領域の増加に対応するため，システム監査学会では，2004年（平成16年）より「専門システム監査人資格認定制度」が開始された。現在，以下の３区分が設定されている。

- 情報セキュリティ専門監査人
- 個人情報保護専門監査人
- 会計システム専門監査人

第4節　システム監査の今後と学会倫理

　本章の最初に記述したように，システム監査学会での倫理綱領は1～4項と非常に短いものとなっている。システム監査学会が実践研究の学会であることから，遵守すべき倫理事項は，システム監査基準に委ねている。現在のシステム監査は実施を強制される法定監査ではなく，任意監査である。しかし，ICT活用の高度化は速く，予期できないコンピュータ事故・犯罪が容赦なく人々を襲い，健全な情報化社会を脅かす混沌とした国際情報化社会に向かい始めている。その一方で，国際企業間の競争は激化し，企業等が生き残りをかけたICTの戦略活用が求められている。社会公共性の高い情報システムにおいては，その安全性に対する対策不足がトラブルを引き起こし，企業等の存続を危うくするばかりか企業や組織の社会的責任や法的責任を問われることになりかねない。このことから，これまで情報システムの信頼性や安全性を担保するシステム監査から，一歩踏み込んだ情報システムの社会的責任を担保するシステム監査が求められるようになってきた。そして，このシステム監査を，もはや内部監査の一環としての任意監査ではなく，実施を法的に義務づける「法定監査」にすべき時期にきている。

　システム監査学会は実践研究学会としての位置づけをより明確化し，研究者の研究と実践を積極的に支援する学会となってきた。今求められているITガバナンス確立のための監査はシステム監査のみではない。情報セキュリティ監査，内部統制監査（金融商品取引法に基づく内部統制監査），個人情報保護監査等，その実施は企業や組織にとって急務となっている。ITガバナンスの確立を支援するシステム監査は，これらの監査を横断的に取りまとめる監査とし，その役割は大きい。いずれ，システム監査学会の倫理綱領を大きく見直しする必要が出てくるであろう。

【参考文献】
1） 松田貴典「ITガバナンス新潮流時代のシステム監査」『システム監査』Vol.20 No.1，システム監査学会，2006年。
2） 松田貴典『ビジネス情報の法とセキュリティ』白桃書房，2005年。
3） 鳥居壮行『新版　システム監査の歴史』駿河台大学，2006年。
4） 『新版　システム監査基準解説書』（財）日本情報処理開発協会，2006年。

（松田　貴典）

第Ⅲ編

倫理教育の実践と現状

第5部
専門教育と倫理

第1章　経営学教育における，企業倫理，教育倫理，学生倫理

第1節　プロローグ

　中央大学商学部の経営学科には，Business Ethic（「企業倫理」，「経営倫理」）の科目は設置されていない。私の担当科目「経営学」（1年生）では，企業倫理に関しては，「コーポレート・ガバナンス」に関するところか，「アメリカとドイツの企業目標の違い」，「環境保全と企業目標」の箇所で説明する「ビジネス・モデルの違い」（アメリカの株主資本主義とドイツの利害関係者資本主義の違い）のところで，30分程度講義をしているだけである。また，最近の，ライブドアの粉飾会計，村上ファンドのインサイダー取引による企業犯罪の新聞記事については，10分間程度で2回ほど説明したが，「企業倫理」というタイトルでは，1コマを講義したことはない。以下の報告は，将来あるかもしれない報告者の企業倫理に関する覚書ともいえるものである。

第2節　企業倫理

1　アメリカの企業倫理の研究

　ローラ・L.ナッシュの著作，*Good Intentions Aside : A Manager's Guide to Resolving Ethical Problems, 1990*（小林俊治・山口善昭訳『アメリカの企業倫理』日本生産本部，1992年）では，企業倫理を定義し次のように述べられている。

　　企業倫理とは，個人の道徳的規範を営利企業の活動や目標にどのように適用するかを研究することである。……企業倫理は，管理者が自分自身や部下

たちの活動に関して育んだ習慣や選択を表している。……企業倫理は基本的にはつぎの三つの管理的意思決定のどれかに分類できる。すなわち，

　１．法律に関する選択―法に従うか従わないか。２．法律の守備範囲を越えた経済的・社会的問題に関する選択―「人間の価値」に関係し，他人をどのように扱うかについての具体的方法に関係している。３．自己利益優先に関する選択―会社の内外を問わず他人の利益を考えるよりも自分の満足をどの程度優先させるか。所有者の権利に関する決定や，どのくらい金額を留保し，どれくらいを分配するかに関する決定がこれにあたる。（小林・山口訳，7～8頁）

梅津光弘の研究「アメリカにおける企業倫理」（『中村瑞穂博士古希記念論文集』文眞堂，2003年，第1章）によれば，Business Ethicsの発祥の系譜には二つの学問的起源があるという。ひとつは，哲学・倫理学を方法論的基礎としての応用倫理学の一部としての企業倫理（たとえば医学倫理もある―高橋）であり，もうひとつは，経営学の一部としての「企業と社会」をその基礎とする社会科学の方法論から接近する企業倫理である。企業倫理の学問的論議は，これらの二つの方法が，並列的，相互補完的に発展してきている（梅津，14～15頁）。

　次に，企業倫理の制度化について歴史的に考察すると，1980年代から始まる企業が倫理規定を社内に制度化する「コンプライアンス型」企業倫理と，1990年代の半ば頃から始まる「価値共有型」企業倫理とがある。

　前者に関しては，レーガン政権のもとでの防衛費（軍需品）の使用とその調達先（企業）との癒着をめぐってその防止のために考えられた企業倫理（軍需品調達をめぐる行動規範，内部監査規定など）である。さらに，1991年に連邦裁判所の量刑のばらつきをなくするためのガイドラインとして規定されたもので，組織犯罪に関して，仮に従業員が違反行為をしても，組織ぐるみの犯行とみなされないようにするため（罰金額が大幅に軽減される）の次の7項目の規定がある。

① 法令遵守のための一連の基準と手続き
② 基準の遵守を監督する上級管理職の任命
③ 法令を守らない懸念のある人物には広い裁量権限を与えない保障

④ 基準と手続きを周知徹底するシステムの構築

⑤ 犯罪行為を監視し，監督し，通報するシステムの採用

⑥ 訓練を通じての基準の徹底的な強制の実施

⑦ 必要な防止策講じたか否かを含む，違法行為に関する適切な対応の記録

この7項目は「連邦量刑ガイドラインの7項目」と呼ばれ，企業内に企業倫理を制度化する司法的な背景となり，コンプライアンス型企業倫理の制度化の枠組みとなる。

後者の価値共有型の企業倫理の制度化とは，不正行為の防止とか，不祥事対策型の企業倫理から一歩前進させ，組織活性化や人材育成，ステークホルダーへの責任の遂行，ブランドの構築，経営革新と結合させ，企業倫理を制度化する動きである。

しかし，アメリカの場合，価値共有型企業倫理として企業の社会的責任（ステークホルダーへの責任）を問題にしても，その前提は，ミルトン・フリードマンに典型的に示される「企業の目的は利潤を追求すること」，「ビジネスの社会的責任はその利潤を増やすこと」であり，結局「株主価値最大化」であるといえる。

2　ドイツの企業倫理研究

ドイツでも，新古典派経済学を基礎に経営学を展開する経営学者は，D. シュナイダー，G. ドルーゴスなどのように，経営経済の枠組みの中で企業倫理を扱うのには問題があり，倫理的要件や企業の社会的責任といわれる事項は，国家の行う社会的厚生政策の問題として行うべきという見解がかなり支配的である。しかし，フライブルグ学派（新自由主義・新古典派にも依拠）に属する経営経済学者は，ドイツが「社会的国家」という経済秩序（個人の自由は公共の福祉のために制限される）を採用している限り，個人の自由は無制限には認められず，経営者といえども公共の福祉を考慮すべきことを主張している。しかし，これらの立場の人は，あらゆる集団は，構成員の利益を擁護するという願望と義務をもっているため，公共の利益を第一義的に追求することはできないと考える。

それに対して，労働志向的経営経済学や構成主義的経営経済は，企業目標の利潤と企業倫理（公共の福祉）は同等に顧慮すべきと，強く主張している。

　ドイツ経営経済学界で，最も企業倫理の分野で多くの業績を残しているH.シュタインマンの構成主義哲学に基づく企業倫理について，万仲脩一『企業倫理学―シュタインマン学派の学説―』（西日本法規出版，2004年）の研究から簡単に紹介する。シュタインマン学派は，資本主義経済秩序では，形式的には利潤原則が妥当するが，目的設定の段階で利潤追求が利害関係集団の間で利害対立を生ぜしめる可能性が存在するから，その対立の平和的解決をめざさなければならなくなり，企業倫理が要請される。戦略決定における利潤原則の完全な貫徹は，平和の追求という非経済的で倫理的な原理によって譲歩を余儀なくされることもあると考える。シュタインマン学派は，多元的な社会においては，価値の多元性を認め，それに伴う対立の解決を権力闘争に委ねるのではなく，生活形態の多元性を相互に平和へ導くことこそが公共の利益の最高の目的と考える。そのため自由主義秩序に代えて共和主義秩序の正当性を主張し，共和主義的に利害関係集団間の議論を通じて合意形成の可能性を開くことが，公共の福祉に貢献すると考える（万仲『前掲書』第5章）。

　シュタインマン学派は，企業倫理の制度化として，苦情処理システム，オンブズマン制度，消費者保護のための部署，全般的公共担当取締役，倫理担当職員，倫理問題にかんするタスクフォースを念頭に置いている。これらの機関が円滑に機能するためには，この対話の番人として，

① 公共監査人（企業管理者の倫理基準の遵守の監視），
② 複雑な対話で調整の役割を果たす専門家集団，
③ 企業が義務を果たしているかどうかを判断する準裁判官集団

が必要と考える。これらは企業における倫理的努力の達成を刺激するか要求する圧力として機能する。委員の構成としては，一般的に定めることはできないが，対話を主導する利害関係者と，対話に参加して専門的な立場から支援する専門家が含まれていなければならない。彼らは，すべて誠実性，客観性，道徳的判断力をもっていなければならないというのである（万仲『前掲書』185～187

頁）。

　風間信隆の研究（前著『中村瑞穂博士古稀記念論文集』第3章所収）は，ウルリッヒ等が1995年に実施した企業倫理を制度化の状況に関する調査（ドイツ企業550社，スイス企業224社，合計774社アンケートのうち有効回答企業112社）の内容を紹介している。それによると，企業倫理を具体的に制度化している企業の割合は，以下のようであった。「倫理綱領を制定している」28％（アメリカ1992年調査87％），「企業倫理委員会を設置している」5.4％（アメリカ23.4％），「オンブズマン・企業倫理担当者の任命」13.3％（アメリカでの調査なし），「企業倫理問題を含むセミナー・コースの開催」(34.8％），「社内の討議フオーラム」(18.8％），「社会・エコ会計の導入」(26.8％）である。ドイツ語圏における企業倫理の制度化の内容は，アメリカと違っていること，倫理綱領とか倫理委員会の設置は，アメリカに比べてかなり低いということができる。

　最後に，ヨーロッパにおける企業の社会的責任とアメリカ，日本とのそれの違いについてふれておこう。欧州議会が，2001年7月に，グリーン・ペーパーを発表し，国際機関を含む公的機関，企業，社会パートナー（労働組合を含む），ＮＧＯ，その他ステークホルダーに，企業の社会的責任（ＣＳＲ）に対するパートナーシップ・アプローチをいかにして開発するかについて意見を求めたことは，よく知られている。その要点は，

① 　ＣＳＲの内部的側面（1．人的資源管理〔差別撤廃，年配者，マイノリティー，女性〕，2．職場における健康・安全管理，3．変化（リストラ）への対応，4．資源および環境インパクト管理），

② 　ＣＳＲの外部的側面（1．地域社会，2．現地調達先，サプライヤー，消費者，3．人権＝腐敗，贈収賄，児童労働，4．グローバル環境），

③ 　全体的アプローチ（1．社会的責任統合マネジメント＝企業倫理，2．社会的責任監査＝雇用問題に関する監査を含む，3．労働生活の質，4．エコ・ラベルおよびソシアル・ラベル制度，5．社会的責任投資［ＳＲＩ］）

であった（Scott T. Davis「ＣＳＲと欧州連合」，高巌他共著『企業の社会的責任』日本規格協会，2003年，第3章）。

その後，2002年にホワイト・ペーパーを出し，その提言により設立されたマルチステークホルダー・フォーラムは，2004年6月に最終報告書を提出している。このフォーラムの設立の準備の会議に参加した藤井俊彦（経済産業省）は，『ヨーロッパのＣＳＲと日本のＣＳＲ』（日科技連出版会，2005年）の中で，このフォーラムによるＣＳＲの定義を紹介している。「ＣＳＲとは，社会面および環境面の考慮を自主的に業務に統合することである。それは，法的要請や契約上の義務を上回るものである」。業務に統合するとは，いま，女性が働きやすい環境づくりを例にとれば，外部の保育園に寄付を1回したからといって，業務との関係が見出せず，このＣＳＲの定義に含まれない。しかし，勤務形態の自由度を高める人事政策を採用するとか，女性登用率の高い企業から優先調達をすれば，事業に統合されたＣＳＲということになるのである（藤井，39〜41頁）。

また，アメリカのＣＳＲの主な内容は，地域でのフィランソロフィーということができるが，ヨーロッパのＣＳＲは，地域が問題ではない。失業問題，男女差別の問題，高齢化，治安悪化，廃棄物処理，有害物使用，食品の安全性など，国でも地域でも問題になることを業務に統合させることなのである。また，日本のＣＳＲは，法令遵守が中心的問題となっている，と藤井氏は解説している（藤井，41〜51頁）。

第3節　教　育　倫　理

1　教員に課せられた教育責任・倫理

教員に課せられた講義クラスでの責任・倫理の第1は，多くの学生に理解しやすい講義を提供し，それが学生の頭の中で理解され自分の知識として表現（構成）する能力を養成すること，と私は考える。ゼミでは，卒業論文の作成過程をとおして，それぞれの学生が，自己の考えを人に明確に伝える能力，直面する問題を解決できる能力をもち，卒業の時にはエムプロイアビリティーを

もつほどに社会的に自立しうる能力が養われることが望ましい。それには、教員は、「教育とは何か」、「大学生のための教育方法」を理解し自分のものにしておかねばならない。

まず、教育とは何か？ドイツ語で「教育」は「Erziehung」であるが「zihen」（引く、引きつける）の動詞を名詞化したもので、「引き寄せる」の意味である。ドイツの『広辞苑』にあたるドイツ語辞典『Wharig（バーリッヒ）』によると、教育とは「若者をそのすべての諸能力について、精神的、道徳的、肉体的に形成し、かつ責任感のある性格強固な人格を養成するために、計画的、目的意識的に影響を及ぼすことである」。

大学教員が学生に精神的、道徳的影響を及ぼしうるのかについは、私は直ちに「イエス」とは答えられないが、ともかく、原理的には、教育という営為においては、教師は教育対象である生徒ないし学生の水準にまで引き下がり、その対象に則して計画的、目的意識的に影響力を発揮し、一定のレベルにまで引き寄せることをしなければならないのである。

それでは、計画的、目的意識的な、学生への教育方法とは何か？講義のケースについて私の見解を紹介する。まず、教員は、学習者（学生）の学習過程について理解することである。私は、喜多村和之教授がその論文「日本の大学における教授と学習」（ロンドン大学教育研究所大学教授法研究部、喜多村和之、馬越徹、東蓉子編訳）『大学教授法入門』（玉川大学出版部、1982年）で紹介している、坂元昂教授の『教育工学の原理と方法』（明治図書、1972年）の内容を自分なりに理解し、それを実践している。

坂元教授の、教授・学習過程とは、①教授者の「情報処理」（テキスト、教材、何を、どのように教えるか、新聞を用いての例示の提示─高橋）→②「情報提示」（出来る限り平易な言葉で文章化したものを渡しキー・センテンスにマークをつけさせる；パワーポイントのキーワードの提示は学生に文章構成力をつけることにおいては不十分である─高橋）→③学習者の「受容」（学生の学力水準により受容の内容に大きな違いがある─高橋）→学習者の「情報処理」（学生が文章化された箇所以外の例示や関連事項に関する講義・説明をどの程度理解しているか、理解できない箇所をどのくらい質

問するか，それをどのくらい辞典などで調べるか—高橋）という経路をたどる。

しかし，教育・学習過程で，学習をより完全にするためには，教授者は，学生が示す「わかる」という受容反応と「できる」という「構成能力」反応とは別なものであり，効果的学習が成立したかどうか（構成能力がついたかどうかを—高橋）チェックする必要がある。そのために，⑤学習者の「反応」をみるために，→⑥「診断」→⑦「評価」→⑧「ＫＲ (knowledge of results＝学習の結果)のフィードバック」を行う必要がある。情報が教授者から学習者に「行って，帰って，また行く」という８つのステップを繰り返すことが，教授・学習過程であるというのである。

私は，この⑤から⑧までの過程を自分なりに実現するために，たとえば，半期間（13回講義）に次のような課題を４−５回出し，１−２週間後に教室で集める（最初は400人中250人が提出，２回目150人と減少するが，最終的には約100人は提出する）。たとえば，課題の内容は次のようなものである。

Ⅰ．利益と企業目標について，次の問いに答えなさい
 1) 利益の概念について，ⅰ) 損益計算書における５つの利益概念, ⅱ) ＲＯＩとはなにか（20点）
 2) ドイツとアメリカの企業行動（企業目標）の違いについて（15点）
 3) 日本とアメリカの企業の企業目標の違いについて（15点）
 4) 環境保全施策の実施と営業利益率の関係について，高橋が主張するＡ（１−２）型，Ｂ（１−２）型，Ｃ（１−２）型の企業モデルの違いを具体的に説明して論じなさい。Ｃ型モデルにおけるマーケティングの意味についても説明しなさい（50点）

集めた学生のペーパーから，毎回最も良い学生の答案を選び出し，それを私の手書きで改善しそれをコピーして全員に配布する。各学生は，提出前にあらかじめコピーしていた自分の書いた答案と比べて，自分のまとめの未熟な点を発見し修正をする。学期末の試験問題は，この４−５問から２−３題ほどが出題され，学生は１問を選択し回答する。それぞれの問題は，個々の問題に解答しながら全体としてのまとまりをつけなければならないので，答案の表と裏に一杯に書かねば，Ａ（90点以上）ないしＢ（80点以上）はとれない。

私の「経営学」の教育目標は，約50%以上の学生が80点以上とれるほどに，経営学の基礎知識をしっかりと文章で表現できる能力をもたせることである。昨年前期の評価分布は，A（90点以上）が26%，B（80-89点）は23%，C（70-79点）は19%，D（69-60点）15%（以上が合格），E（59点以下）6%，F（未受験）9%であった。AとBの合計の割合が50%近い評価を与えている教員は私以外にあまり見られない。しかし，私の評価は甘いとは，まったく考えていない。

　ちなみに，中央大学では，教員の学期末の学生評価A，B，Cなどの割合は，教員に公表されている。各教員の評価表のリストの公表は，15年ほど前に制度化され実施されたが，これ以降は，たとえば受講学生全体の80%以上にAをつけるいわゆる「仏の教員」はいなくなった。また，毎期の試験問題とレポート課題も，一覧表として教授会に回覧され，かつ上記のリスト表とともに，一定の場所に設置されており，各教員は，自分の評価割合を他の教員のものと比較できる状態になっている。

2　学生は消費者という考え方について

　私立大学のへの国庫補助が約6-10%程度ある現状では，卒業生，父兄から寄付があったとしても，大学財政の90%近くが学生の保護者から支払われる授業料で運営されている事実を直視しなければならない。授業料なくて私立大学は成り立たない。それゆえ，学生は消費者であり，大学教員はこの消費者の要求に答えなければならない。

　しかし，消費者の欲求は多様である。私は，最初のクラスで学生に，「この1コマの時間は何円か計算したことはありますか？」と尋ねることにしている。中央大学商学部の学費に占める1コマは約3,400円になる。入学金240千円（1年間60千円）＋授業料669千円＋実験・演習費18千円＋施設費154千円＝901千円÷260（10科目年間26回）＝3,400円だからである。それゆえ，私は，教員の義務・倫理として，この1コマ3,400円の授業をしなければならないと，いつも学生に言っている。

3　教員に対する学生による授業評価

中央大学でも，3年ほど前からアンケート方式での学生による教員評価が制度化されている。毎期（半年1回）最終授業時間に行われている。アンケートの内容は，

① 講義の内容はよく理解できるものであったか？
② 講義の教材はよく準備されたものであったか？
③ 教員は学生に理解させる努力をしていたか？
④ 教員は質問によく答えてくれたか？
⑤ 講義の内容は聞き取りやすかったか？

など約10項目についての5段階評価で，5（最善），3（普通），1（最悪）の方式である。余白には，教員への評価を文章で書くことも要請している。

この評価に意味をもたせるために，学部の全教員の平均値を出し当該教員がどの位置にあるかを示すべきとの改善案が出され，自分の授業が平均に比べ，上か下かの評価も分かるようになった。私は，幸運にも平均より良く評価されているが，個々の学生からは，沢山の資料（細かい新聞記事など）を読むが，どこを読んでいるのか分からない，早口で聞きとれない，などの厳しい評価も書かれる。私は，携帯マイクにしてもらい，300人ぐらいいる教室で，教壇から降りて学生に質問をして，返答させることもある。

だが，この学生による評価を，学部として考慮し個々の教員の教育方法に生かすといった制度化は未だされていない。教員がそれをどう生かすかは個々人にまかされている。

4　FDの制度化と教員人事評価システムの確立の必要性

それでは，教員の教育方法の改善方策を制度化するFD（Faculty Development）は，どこまで行われているか？またどのように行われるべきか？FDのあるべき方法について，この会議でも議論すべきである。中央大学商学部では，個々の教員のクラスでの教育方法の経験を報告し合うことが，定期的

に行われたりしたが，現在は行われていない。ただ，授業のやり方について，なんらかの形式で教育方法に関する相互の経験を交流することは，大切であろう。

　大学教授たるものは，教授になって安心するのではなく，教授になってからこそ，円熟した研究業績を残し，円熟した教授方法を確立する努力をすべきであろう。したがって，私は，理事会側から要請されてからではなく，学長・学部長を頂点とする教学側の責任で人事評価委員会を組織し，一定の評価基準を作成しそれに基づいて，研究業績，教育活動，社会活動について，定期的に客観的に評価する『大学教員の人事評価システム』（佐々木恒男，斉藤毅憲，渡辺峻編著，中央経済社，2006年参照）を，確立する時期がきていると考えている（この著作では，12人の専門家が教員の人事評価システムに関してそれぞれの視点から論じており，その視点が微妙に異なっている）。

第4節　学生倫理

1　学生の倫理の高低は，そこの大学の文化をつくりあげる

　学生倫理とは，学生としてあるべき姿，学生としての義務ということになろう。倫理は，社会・文化に大きく規定される。文化とは，ある国の国民，集団の中での価値体系ということができ，若者（学生）集団と教員集団との価値は違うので，教員である私が，学生倫理について議論することは，必ずしも適当とはいえない。であるから，一教員の価値観から見た学生倫理ということになる。

　先に，私は，学生を消費者と規定した。賢い学生消費者なら，自分が購入（聴講）しようとする講義の内容が自分の要求に合わないなら，質問しながら改善を要求するであろう。聖職を意識している教員なら，それに真剣に対処しようとするだろう。しかし，学生の立場からすると，いつもそうした対応をしてもらうのは難しいかもしれない。こうしたこともあり，少ない学生集団（多

分組織的なものではないだろう）は，インターネットを使って個々の教員の評価リストを作成し，教員をこき下ろしたりしているが，こうした例は，あまり建設的ではない場合が多い。

　私の学部では，あまり休講が多い教師，遅刻が多い教師，授業の内容が真面目でない教師については，数少ないが，学生が，相談窓口へ訴えるか，紙面で要求するので，学部としてそれなりの対処がなされてきている。

　学生倫理に属すると思われる私（たぶん他の多くの教員）にとっての最大の問題は，授業時間での学生たちの私語である。私は徹底的に私語をする学生とは戦っている。そのつど口うるさく注意すると私語をしなくなるか，その学生は授業に出てこなくなるので，教室は静かである。留学生にとっては，講義の内容が私語の騒音で聞こえないのは重大な問題であることを強調している。

　学生の私語に関する数少ない調査がある。1987年11月に多分関西にある女子大学の学生641名（全体の13.4%）に対して実施されたもので，対象学生は，特に私語のあった特定の講義を念頭において回答するように指示された（島田博司〔武庫川大学教授〕の論文「授業中の私語」，片岡徳雄・喜多村和之編『大学授業の研究』玉川大学出版部，1989年，第4章，65～77頁）。

1）どんな教師の授業で私語が発生したか？
　　a．授業に関心がもてない・おもしろくない（37.9%），b．授業内容がわからない・難しい（28.2%）c．教師が私語を注意しない・こわくない（18.1%），d．教師の声が小さくて聞こえにくい（17.5%），e．友達と話すことがあった（教師によらない）（12.9%）
2）周囲に私語をしている人がいたときに学生はどう感じたのか？
　　a．うるさいから，静かにしてほしい（49.0%），b．腹が立つ・いらいらする。うっとうしい（37.0%），c．慣れてしまって気にならない・あきらめ（21.4%），d．どうしてしゃべるのか・大学生らしくない（2.7%），e．私語をする学生の気持ちがわかる（2.5%），f．教師が気の毒である（1.6%）
3）周囲に私語をしている人がいたときに，学生はどのように対処したのか？
　　a．何もしない（54.8%），b．言葉で注意をする（14.8%），c．気にしない（8.3%），d．がまんをする（8.1%），f．視線で注意をする・にらむ（7.6%），g．授業に集中する（7.3%），h．自分も私語をする（3.9%）
4）教室内で私語はどのように広がっていったのか？

ａ．一点から広がる（54.1％），ｂ．教室の雰囲気・みんながしゃべるから（9.4％），ｃ．自然に広がる（5.6％），ｄ．教室の後方から前方に向かって広がる（4.7％）
５）教師への要望
　　ａ．興味や関心のわく授業（27.6％），ｂ．私語をする学生への注意（13.4％），ｃ．教師が声を大きくしはっきり話す（13.4％），ｄ．わかりやすい授業（9.4％），ｅ．板書技術の向上（5.6％），ｆ．体験談・身近な話・雑談を盛り込む（5.3％），ｇ．ＮＡ（22.0％）

　上記のアンケート結果からも暗示されるとおり，教員にとっては，学生の私語を積極的に防止し，学生が興味をもてるように平易に講義をすることが第一の使命であり，これを果たすことが，学生の授業への出席率を高め，授業に出なければ面白い話も聞けないし理解できないという「学生倫理」を高めることに寄与することになろう。だが，多分，私立のマスプロ大学の学生には，最初から単位さえ取れれば良いと考えるか，自分の基礎的知識の低さを克服する努力をせず誤魔化してなんとか卒業しようとする学生がおり（全体の多分10-20％？），私は，当人たちに真面目さがないときは切り捨てることにしている。なぜなら，他の真面目な学生に対して目的的に，かつ計画的・意識的に影響力を与えその能力を伸ばしていかねばならないという，教員としての使命を果たせなくなるからである。

　教室で帽子をかぶっていることについても，そのつど「勉強する場所では，帽子はとりませんか」と注意をしている。教室での授業風景は，教師と学生とでつくりあげる１つの文化である。学生が学生らしい文化をつくりあげられるように，教師が側面援助をすべきであろう。さきのドイツ語辞典の『Wharig』にあった，精神的，道徳的，肉体的能力に影響を及ぼすとは，こうしたことも含まれるのであろう。

２　カンニング問題

　試験でカンニングをしてはならないことは，学生倫理のいわばコンプライア

ンスに関わることである。関西に比べて関東の大学は，カンニングに対する罰則規定が甘いということを耳にすることがある。中央大学では，替え玉受験が発覚したときには，双方に3か月の停学処分が下されたことがあるが，カンニングペーパーが没収され明らかにカンニングが発覚しても，厳重戒告で，その科目が不合格になるだけである。関西のある大学のように，その学期の受験科目を無効にすべきだという意見はあるが，それが実施されることはない。

　私の学部では，試験時期になると毎時期，学部長名でカンニングには厳重に対処する旨の張り紙が事務室の前に出されるが，これも大きな効果がある。カンニングが多いか少ないかも，その大学・学部の文化の問題といえよう。

　見つからずカンニングをした者が得をし，真面目に勉強する学生に不信をもたらすといった文化を学生間に醸成してはならないのである。「悪貨が良貨を駆逐する」文化を断絶し，「良貨が悪貨を駆逐する」文化を育む努力を，教員は，学生と共に，しなければならないのである。

　教育倫理として，セクシャル・ハラスメント，パワー・ハラスメントの問題も会議では検討すべきと，若干の言及をしたが，ここでは紙幅の関係で省略した。

　　　　　　　　　　　　　　　　　　　　　　　　　　（高橋　由明）

第2章　会計倫理教育の現状と課題

第1節　調査の目的と調査票回収率

　本章は，全国四系列教育会議から委託を受けて企画・実施した「倫理教育に関する調査」[1]の結果に基づき会計倫理教育の現状を分析し，今後の課題を闡明化することを目的とするものである。当該調査は，全国四系列教育会議に登録されている学部および大学院を対象として倫理教育の実施状況を明らかにすることを目的として実施された。平成18年3月1日に大学213学部および大学院192研究科に調査票を発送し，回答期限を3月20日とした。最終的に回収率は次のような結果となった。

表1　学部の回収率

調査対象数	213
回　答　数	77
回　収　率	36.2%

表2　大学院の回収率

調査対象数	192
回　答　数	67
回　収　率	34.9%

第2節　会計倫理教育に関する調査結果の特徴

　近年，企業会計に関連するさまざまな不祥事が発生し，企業会計制度の信頼性が社会問題となっている。このような問題を解決するためには，筆者は学部の早い段階から会計倫理教育を取り入れるべきであるという立場をとっており，このような観点からこれまで会計倫理教育を実践するための概念的フレームワークに関する研究を進めてきた。ここでは，会計倫理教育を実践する際の課

題を検討するための現状分析として，今回実施した倫理教育に関する調査の結果を吟味したい。それを踏まえて，次節において会計倫理教育を行うためのフレームワークと課題について検討するものである。

「グラフ1」と「グラフ2」は，学部と大学院における倫理に関する何らかの科目を開講しているかどうかの現状を示したものである。学部では本調査に回答した77校のうち25校（32.5%）が倫理に関する科目を開講しており，大学院では本調査に回答した67校のうち17校（25.3%）が倫理に関する科目を開講していることが明らかとなった。倫理に関する科目を開設していない比率は，学部は61%であり，大学院では65.7%であった。

グラフ1　倫理に関する科目の開講状況（学部）

- 検討中 2.6%
- 未回答 3.9%
- 開講 32.5%
- 未開設 61.0%

グラフ2　倫理に関する科目の開講状況（大学院）

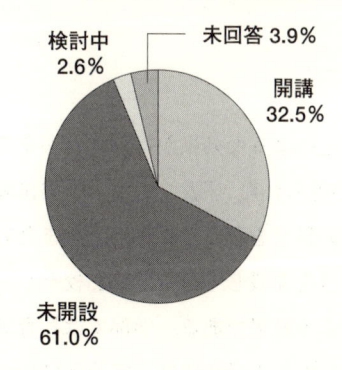

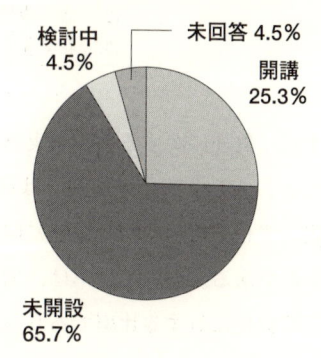

- 検討中 4.5%
- 未回答 4.5%
- 開講 25.3%
- 未開設 65.7%

表3　倫理に関する科目の開講状況の比較

	学部（77校）における比率	大学院（67校）における比率
企業倫理・経営倫理に関連する科目	64.0%	76.4%
情報倫理に関連する科目	40.0%	5.8%
職業倫理に関連する科目	8.0%	52.9%

「表3」は，倫理に関する科目を開講していると回答した学部と大学院においてどのような科目が開講されているかの比率を示したものである。学部と大学院に共通する特徴は，企業倫理・経営倫理に関連する科目が高い比率で開講されているということである。これに対して，情報倫理に関連する科目は学部

では40%の割合で開講されているのに対して，大学院ではわずか5.8%である。逆に，職業倫理に関連する科目は，学部では8.0%で開講されているのに対して，大学院では52.9%が開講しているという結果が出た。そのうち，本章の課題に関連して，職業倫理に関連する科目の具体的な名称を示すならば次のようになる。

表4　職業倫理に関連する科目名称

```
① 学部で開講されている職業倫理科目
   (1) 会計職業倫理
   (2) 職業と企業の倫理
② 大学院で開講されている職業倫理科目
   (1) 会計職業倫理
   (2) 会計専門職業倫理
   (3) 職業倫理
```

　また，倫理に関する教育を実施することでどのような効果が得られたかを聞いたところ，学部と大学院では違った回答が得られた。「表5」は，職業倫理に限らず企業倫理や情報倫理に関するその他の科目を含めた教育効果をまとめたものである。表中の比率は，倫理関係の科目を開設している学部25校そして大学院17校に対する比率であり，複数回答による結果である。学部では教育効果についてそれほど認識されていないのに対して，大学院では「実施前に比べて学生の企業の不正問題に対する意識が高まった」が41.2%，そして，「将来において不正問題に遭遇したときの対応に差が出るように感じられる」が47.1%という比率となり，かなり高い評価がなされている。ここでの結果は，回答者による主観的判断の域を出ないと考えられるが，倫理教育の課題の1つは，教育目的をどこに設定し，教育の効果をどのように測定するかであると考えている。

表5 　　倫理教育の効果に関する学部と大学院の比較

	学部	大学院
① 実施前に比べて学生の企業の不正問題に対する意識が高まった	24.0%	41.2%
② 将来において不正問題に遭遇したときの対応に差が出るように感じられる	16.0%	47.1%
③ 効果についてはよくわからない	48.0%	41.2%

表6 　　倫理関係の科目を開講していない理由の比較

	学部	大学院
① これまで独立科目としての開講の必要性を認識していなかった	23.4%	34.1%
② 倫理問題に関する授業の必要性は感じていたが内容的に他の関連科目の中で教授することで十分であると感じていた	27.7%	27.3%
③ 倫理問題に関する授業の必要性は感じていたが倫理問題を扱う担当者がいなかった	25.5%	27.3%
④ 倫理問題に関する授業の必要性は感じていたが倫理問題を扱う科目を独立して開講するための教材がなかった	2.1%	4.5%
⑤ その他	2.1%	11.4%

　最後に，倫理関係の科目を開設していない理由をまとめたものが「表6」である。表中の比率は，倫理関係の科目を開講していないと回答した学部47校と大学院44校に対する各項目の比率を示したものである。科目開講については，学部では23％が，そして大学院では34％がその必要性を認識していなかった。また，科目開講の必要性を認識している場合でも，理由の②と③の間には特に差はないようにみられる。また，テキスト等の教材についてはそれほど問題とされていなかった。

　このような現状を踏まえて，今後会計倫理教育を実践し拡充していく上での概念フレームワークについて次節において検討したい。

第3節　会計倫理教育を行うための概念的フレームワーク

1　企業の逸脱行為と企業倫理研究の目的

　宝月誠教授は，社会学の観点から逸脱生成のメカニズムを次のように明らかにしている[2]。逸脱行為が社会的世界[3]において生成するのは，当該世界の成員による相互作用を通じて逸脱を肯定する「状況の定義」が構成されることによるものであり，それに対する社会的コントロールが脆弱であれば，さらに逸脱の持続を許容する社会的世界が編成されるというものである[4]。同教授は，企業の逸脱行為を「組織体逸脱」と特徴付け，その理論を敷衍して企業逸脱を次のように説明する。

　企業逸脱は，企業内での成員の相互作用が発端となる。厳しい市場競争の中で利潤を追求するという企業目標達成のプレッシャーに圧され，目標達成のためには「逸脱」も必要であり，やむを得ないという「状況の定義」が生まれる。このような「定義」は成員間のコントロールが均衡している状況では特殊なものとして成員すべてに浸透することはないが，責任逃れや短期的利益の追求に走る企業リーダーが出現し逸脱の「状況の定義」を受け入れた場合に，それが組織内で一般化し企業のサブカルチャーとして定着する。つまり，企業逸脱を認める暗黙のルールが企業内で制度化され，それに反する成員には特定のサンクションを与え，組織ぐるみで逸脱行為を密かに継続的に行うようになる[5]。

　次に，このような企業逸脱を内在する企業は，外部集団に働きかけて，たとえばロビイングを通じて企業活動に好都合な法制度や慣例を作り上げ，逸脱行為の遂行を容易に可能とするような社会的世界を構築しようとする[6]。近年の例では，鋼鉄製橋梁工事をめぐる談合疑惑がある。マスコミの報道によれば，メーカーに工事を発注する関係当局・官庁から天下りがあり，発注側から談合組織に情報が流れ発注工事の「談合」が繰り返されてきた（讀賣新聞，2005年6月15日朝刊）。

以上述べてきたように，企業内で逸脱が生成するのは，成員間のコントロールが崩れ，逸脱にかかる「状況の定義」が浸透することによるものであり，さらに企業内外において逸脱の継続を可能にするような制度を作り上げることによって，企業逸脱を許容する社会的世界が構築される。このような企業逸脱の問題は，単に会計学の知識体系のみによって解決できるものではなく，経営学，経済学，法学，社会学，心理学，倫理学等の学際的アプローチが必要になってくる。ここではそのような制約を認めた上で，会計学の枠組みの中でその解決のために何ができるのかを考えてみたい。

いうまでもなく，企業倫理研究が必要となるのは，一つには企業逸脱を原因とした経営破綻等により企業のステークホルダーが損害を被るのを未然に防止するためである。前述の社会学の説明理論に従えば，逸脱を認める「状況の定義」の発生を抑止することが，逸脱行為の防止につながる。ここで，企業の価値基準（ＢＶ：たとえば，利潤追求と競争）と倫理の価値基準（ＥＶ：たとえば，人間の行為における善悪等）という二つの尺度[7]から企業倫理研究の領域を明らかにしたい。

「図1」は，上述の二つの尺度の組み合わせをを示したもので，二つの価値基準の相対的な比較によって次の4タイプの企業が分類される。
① ＢＶの評価が高く，ＥＶの評価も高い企業
② ＢＶの評価は低いが，ＥＶの評価は高い企業
③ ＢＶの評価が低く，ＥＶの評価も低い企業
④ ＢＶの評価は高いが，ＥＶの評価は低い企業

倫理という側面のみに着目すれば，逸脱行為のある企業をいかにすれば倫理の価値基準で高く評価される企業へ移行させることができるかを研究することに主眼が置かれ，③と④の企業が研究対象となる。④の企業は企業の価値基準からは高い評価を得ているということで問題はないとみなすこともできるが，当該企業は逸脱行為を内在する企業であり，その潜在的コストを差し引けば実質的に③の企業と同一ということになる。また，②の企業は逸脱行為はないが，企業の価値基準では評価が低い企業であり，倫理的には高い評価を受けている

第Ⅲ編　倫理教育の実践と現状

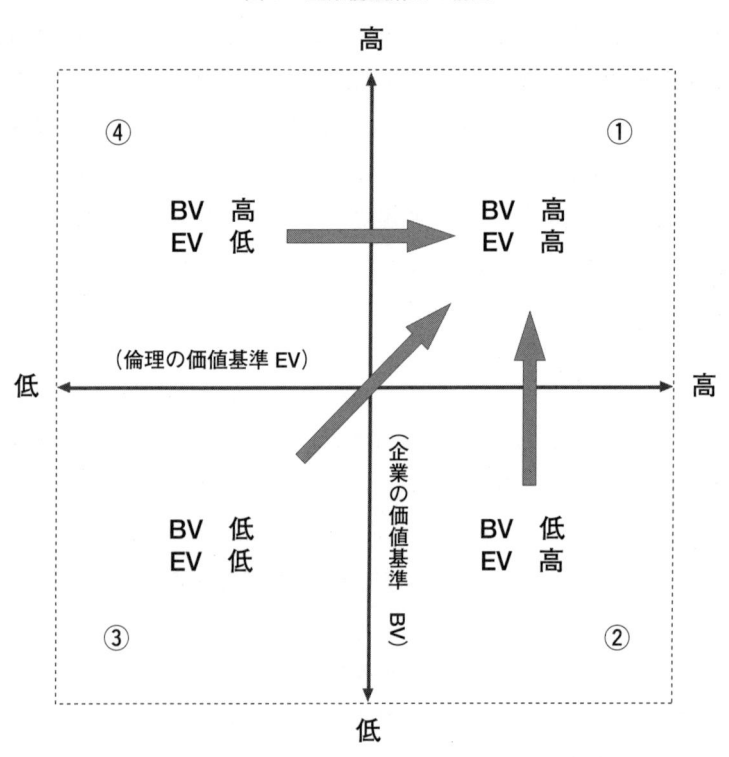

図1　企業倫理研究の構図

```
                        高
                        ↑
          ④            |            ①
                       |
       BV 高           |         BV 高
       EV 低      ⟹    |         EV 高
                       |     ↗       ↑
  (倫理の価値基準 EV)    |
低 ←───────────────────┼───────────────────→ 高
                       |（
       BV 低           |企      BV 低
       EV 低           |業      EV 高
                       |の
          ③           |価         ②
                       |値
                       |基
                       |準
                       |BV
                       |）
                        ↓
                        低
```

出典：梅津光弘『ビジネスの倫理学』丸善，2002年。同書5頁の図「『ビジネス』と『倫理』の価値基準関係」を参考に筆者の理解に基づいて加筆修正したものである。

ことから問題はないとみなすこともできるが，企業内での倫理に関する取り組みが外部のステークホルダーに正当に評価されていないことからその評価が低いと考えることができる。したがって，②の企業に限らず，③や④の企業にとっても，倫理監査，環境報告，ＣＳＲ会計等の実施によって企業内での倫理的活動の取り組みが企業外部での評価につながるようなディスクロージャーの制度が必要になる[8]。以上要約するならば，企業倫理研究は，②から④の企業を如何にして①の企業に移行させることができるかを探求することに目的があるといえる。

2　会計倫理教育のための概念的フレームワーク

　ここでは，会計学の枠組みの中で倫理とは何かを議論し，企業倫理教育の一環として会計倫理教育を実践する際の前提を提示したい。会計行為は，「企業の利益稼得の物的・経済的事実関係（たとえば，商品を購入し販売するという事実関係）を一定の測定ルール（会計処理の原則・手続）を介して貨幣的・経済的数関係（会計報告書）として写像する活動である」[9]と規定することができる。かかる会計行為を方向づけるものが「一般に公正妥当と認められる企業会計の慣行」（会社法431条）である。かかる会計慣行は，「その時々の社会経済的意味状況下において成立する価値（妥当な会計的判断）の均衡体系」[10]であり，歴史的時間の中で安定化した行為基準としての性格を有する。

　周知のように，「一般に公正妥当と認められる企業会計の慣行」を構成するものの一つが企業会計原則である。企業会計原則は，「企業会計の実務の中に慣習として発達したもののなかから，一般に公正妥当と認められたところを要約したもの」（企業会計原則の設定について二１）であって，社会的に承認されたものであるという意味で規範的性格を有する。その一般原則の一として真実性の原則が掲げられている。この原則は，企業の財政状態および経営成績に関する真実な報告を義務づけるもので，財務諸表規則5条1項1号の規定によりキャッシュ・フローの状況についても同様の情報の提供が求められている。

　ここであえて指摘するまでもなく，わが国企業会計における当為命題としての最高規範が前述の真実性の原則であり，「財務諸表の真実性は，会計原則や基準に従うかぎりにおいて保証される」[11]ものと解釈される。しかも，かかる財務諸表の真実性は，一般に公正妥当と認められたところに従って得られたものであるから，社会的に一般に承認された制度的真実性[12]であると考えることができる。したがって，企業会計における逸脱行為としてのなんらかの不正行為は，最終的に真実性違反として帰結することになる。換言すれば，会計教育における倫理の意味は，企業会計原則に展開されていると理解することができる。つまり，企業会計原則が，貨幣資本利益の算定という目的のもとで妥当性

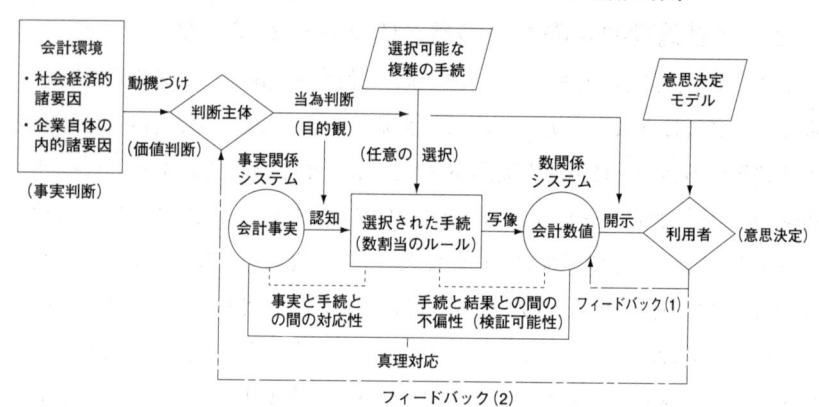

図2 会計行為のプロセスとアカウンタントの判断の体系

出典：武田隆二『制度会計論』中央経済社，1982年，173頁。同頁の図11-1「会計測定・伝達の概念的フレームワーク」を基に筆者の理解に基づいて一部加筆したものである。

を有する秩序維持の考えであり，少なくとも企業会計原則に準拠する行為が倫理的に善であるということができる。

それでは，学部・大学院における会計倫理教育を実践する場合に，会計行為のどの部分に重点があるのであろうか。ここで，上述の会計行為を「インプット―処理―アウトプット」の体系として単純化して表現するならば，インプット段階での秩序が最も重要となる。というのは，会計事実のインプットが余すところなくすべて適切に行われていれば，処理とアウトプットの段階での不正行為は，外部の第三者が事後的にチェックし，それを正すことができるからである。企業倫理教育が早くから実践されているアメリカにおいても，多くの企業の倫理綱領の中で，記帳や記録の重要性が謳われていることが明らかとなっている[13]。

「図2」は，以上述べてきた会計行為のプロセスを図式化したものである。そこでは，アカウンタントは，会計環境によって動機づけれられ，一定の目的観をもって会計事実のインプットを行い，選択可能な複数の手続の中から当該目的に照らして最適なものを選択し，それによって会計事実を会計数値へと変

換することが示されている。会計倫理教育の主題と考えている健全な会計マインドの育成は，実務において会計技術を公正に応用できるような判断能力の開発を目的としたものであるが，情報の信頼性をえるための事後的チェックを考慮すれば，すでに述べたように「図2」における会計環境に関する事実判断，それに基づいた会計行為のための価値判断，当該価値判断に基づいた会計事実のインプットとその処理のための適切な手続の選択を行うことが重要となってくる。

　企業会計におけるアカウンタントの逸脱行為は，具体的にはそれらの判断におけるルールからの離反として解釈してよいであろう。したがって，会計倫理教育のコアに置かれるべきことは，会計原則や会計基準等のルールに従った会計処理をなぜ行わなければならないないのかを理解させ，会計ルールを遵守しなかった場合にどのような影響があるのかを分析できる能力を高めることが重要な課題となるものと考えている。

第4節　結びに代えて

　本章では，全国四系列教育会議から委託を受けて企画・実施した「倫理教育に関する調査」の結果に基づき会計倫理教育の現状を分析した。その特徴を要約するならば次のようになる。
① 倫理関係の科目を開講しているのは，学部では32.5%，そして大学院では25.3%であった。
② 開講されている科目については，企業倫理・経営倫理に関連する科目が高い比率で開講されているということである。これに対して，情報倫理に関連する科目は学部では40%の割合で開講されているのに対して，大学院ではわずか5.8%である。逆に，職業倫理に関連する科目は，学部では8.0%で開講されているのに対して，大学院では52.9%が開講していた。
③ 教育効果について学部ではそれほど認識されていないのに対して，大学

院では「実施前に比べて学生の企業の不正問題に対する意識が高まった」が41.2％，そして，「将来において不正問題に遭遇したときの対応に差が出るように感じられる」が47.1％という比率となり，かなり高い評価がなされていた。

このような現状を踏まえ今後会計倫理教育を実践していく場合の概念的フレームワークを提示した。「図2」で示したアカウンタントの判断の体系では，

(1) 会計環境に関する事実判断
(2) それに基づいた会計行為のための価値判断
(3) 当該価値判断に基づいた会計事実のインプット
(4) その処理のための適切な手続きの選択
(5) 処理結果の適正な表示と伝達

という五つのステップが重要となってくる。したがって，この五つのステップにおける判断が公正妥当に行われるように倫理教育を実施する必要があると考えている。その教育に当たっては，ケースメソッドやケーススタディ等の手法[14]を用い，倫理のジレンマが組み込まれた事例を教材に用いて具体的な行為や問題状況への対応をめぐる討議を中心に行い，このような思考訓練を繰り返すことにより，「自らの意思決定のアルゴリズムの中に倫理的なサブルーチンを組み込む」[15]ことが求められる。

以下，本章での検討に基づいて今後の課題を提示することで本章の結びに代えたい。

① 会計倫理とは何か　――――――　誠実性や公正性等の基礎概念の理解
② 教育の目的とその方法　―――　具体的な教育目標の設定と方法の定式化
③ 教育の効果をどのように測定するか　―――――　教育効果の客観化
④ 教育の資源・材料　―――――　倫理教育を実践するための教材の開発
⑤ 企業倫理・情報倫理教育との連携　―――　倫理教育の枠組みの再検討

【注】
1) 本調査の企画・実施に当たっては，武田隆二教授，斎藤毅憲教授，藤永弘教授，佐々徹教授から多大なご指導とご支援を賜った。記して感謝申し上げたい。調査結果の詳細は次の論文において公表しているので参照されたい。
浦崎直浩「会計倫理教育の実態分析」『商経学叢』第53巻第1・2号。
2) 宝月誠『逸脱とコントロールの社会学』有斐閣，2004年。詳細は，「第3章 逸脱行為の生成」の「7 市場社会の逸脱行為の諸相」を参照されたい。
3) 社会的世界とは，「行為者が互いに相互作用を行い，状況の定義や社会関係を形成し，資源を用いて，特定の行為や活動を遂行している世界」を意味する。同上書，108頁。
4) 同上書，115頁。
5) 同上書，116〜119頁。
6) 同上書，120頁。
7) 二つの価値基準の組み合わせによる企業の分類は，次の文献に基づくものである。なお，同文献では企業の価値基準をビジネスの価値基準と表記している。梅津光弘『ビジネスの倫理学』丸善，2002年，5頁。
8) 宮坂教授は企業評価としての倫理監査のあり方について議論されている（宮坂純一『企業は倫理的になれるのか』晃洋書房，2003年，230頁）。また，倫理問題のみならず，企業の社会的責任という観点からコンプライアンス，環境問題，労働環境，社会貢献，製品開発等について総合的に企業を評価するＣＳＲ会計が提唱されている（麗澤大学・企業倫理研究センター「ＣＳＲ会計ガイドライン」2004年7月21日）。
9) 武田隆二『会計学一般教程（第5版）』中央経済社，2002年，4頁。
10) 同上書，25頁。
11) 武田隆二『制度会計論』中央経済社，1982年，193頁。
12) 同上書，193頁。
13) 宮坂純一『企業は倫理的になれるのか』晃洋書房，2003年，52〜54頁。
14) 筆者は平成18年11月1日から3日まで香港バプティスト大学とマカオ大学で開催された World Business Ethics Forum に参加した。学会に参加してさまざまな点を学んだが，本章に関連した重要な点を以下に摘記しておきたい。
① 倫理教育によって期待される機能に，予防機能（preventive function）と防御機能（protective function）の二つがあること。たとえば，組織内での教育が有効であれば組織成員の行為に不正が発生する可能性は低くなる。これが予防機能である。また，組織成員が外部との取引に関わることで不正の誘因に対峙したときに，それに荷担したり巻き込まれないように判断することができるようにする。これが防御機能である。
② 本文で述べているように，企業倫理の教育を行うに際して，ケースメソッドやケーススタディが有効であろうと考えていた。しかし，Journal of Business Ethics の編集長である。ミカロス（Alex C. Michalos）教授はハーバード大学でやっているようなケースに重点を置いた教育には賛成しないという返事であった。倫理教

にはさまざまなアプローチがあり，それぞれ目的としているところや教育の有効性に関する評価も異なっていることを学んだ。
③　上述のミカロス教授が行った学会開会の記念講演では，Quality of Life の重要性を問いていた。英語の聞き取り能力に限界があり，2日目に教授に内容を確認した。「生活の質が向上すれば，人間の行動は誠実なものになり倫理的に問題となるような不正行為は無くなるということですか。」と聞いたら，「そのような趣旨ではない。」との返事であった。しかし，不正行為を防御するために，制度として内部統制や外部監査があり，その限界を埋めるものが倫理教育であると位置づけている筆者の方法論からすれば，それは重要な論点となる。当然，その倫理教育にも限界があるのであり，人間は組織（会社）人である前に，家庭の中での生活人である。したがって，組織倫理の教育の前に生活の質を問うことが重要な要素になることを学んだ。
④　生活の質とは，人間としての満足と理解する。とするならば，それは，精神的側面の質と技術的あるいは経済的側面の質に分けられると考えられる。経済事犯の多くは，一般人からすれば経済的満足を十分に得られているはずの人が起こしているものである。とすれば，生活の質とは精神的側面の質を問うものになる。これは道徳や宗教の問題にもつながることである。
⑤　中山大学の魏明海教授によると，数年前に企業倫理の独立講義を取り入れたが，学生には不評であった。それで現在では，各授業の中で関連する倫理問題を取り入れるように，分解して扱っているとのことである。日本で実施する場合の重要な示唆になる。

15）梅津光弘『ビジネスの倫理学』丸善，2002年，79頁。

（浦崎　直浩）

第3章　四系列教育の視点からの倫理教育のあり方

第1節　プロローグ

　大学も「社会制度・社会システム」の一つであることから，当然，大学を取り巻く環境の変化に伴い，大学の教育・研究に対する社会的ニーズ・社会的要請も変化してくる。したがって，大学は，常に科学的な歴史認識と時代認識の上に立って，社会的ニーズや要請に応えるために，大学での学術研究の深化とその成果を踏まえた教育を行い，社会をリードすることが求められている。

　第二次大戦後の日本の大学教育の変遷を振り返ると，戦後の経済再建と産業育成期にはそれを担う人材教育が，高度経済成長期にはそれを担う人材教育が，ビジネスの国際化時代には異文化理解教育が，地球環境保全時代には環境教育が求められ，現在のグローバル化時代にはグローバルな視野と思考力および国際的コミュニケーション能力を有する人材教育が求められている。さらに現在は，個別専門教育のさらなる進化・深化とその限界を克服するために四系列教育のような総合教育・連携教育や，社会的公徳心・道徳心が問われる中では新たな倫理教育の導入が求められている。

　本章では，四系列教育の視点から倫理教育のあり方を検討することを目的としている。そこでまず，戦後の日本の大学教育の目的と，その目的を達成するために大学教育の方向づけを与えた大学設置基準の意義と役割を検討する。次に，大学を取り巻く環境の変化に対応した大学設置基準の大綱化・弾力化と21世紀の大学像および大学教育改革を検討する。

　そしてその後に，経営学，会計学，商学，経営情報学教育を一体として大学教育の改革・改善を図ることをめざす四系列教育と経営倫理教育について検討

し，大学における経営倫理教育のあり方について論ずることにする。

第2節　戦後の大学教育と大学設置基準の意義と役割

1　大学の教育目標と大学設置基準

　戦後の日本の教育制度は，アメリカ占領政策による民主化政策により，抜本的な教育制度改革が実施された。すなわち，「国民はその能力に応じて等しく教育を受ける権利を有する」（憲法26条）とする国民の教育権および教育の機会均等の保証，「国民は人種，信条，性別，社会的身分，経済的地位または門地によって教育上差別されない」（教育基本法第3条）との保証がなされ，その理念に基づいて教育制度の改革が実施された。

　その結果，日本の教育制度は，戦前の教育目的が多様化された「複線型教育制度」から「単純型教育制度」に再編された。それは本章末の図1に示されるように，戦後の新たな社会制度の再構築・再出発に当たり，戦前の多様な中等教育制度は中学校と高等学校に，多様で複雑であった大学制度は短期大学・4年制大学・大学院という単純な新制大学制度に変更された。

　新制大学制度での大学の目的に関しては，「大学は，学術の中心として，広く知識を授けるとともに，深く専門の学芸を教授研究し，知的，道徳的及び応用能力を展開させることを目的とする」（学校教育法第52条）と明記された。そして，大学の教育目的として，①専門的な学芸（学問と芸術）の研究，②教養教育による人間形成，③専門教育による職業教育の3本柱となった。

　さらに，新制大学の教育目的を適切に達成するために「大学設置基準」が設定された。大学設置基準は，大学の学部・学科別に教育課程および教育方法について詳細に規定され，それに基づいて文部科学省による学部・学科の認可や行政指導が行われてきた。

　大学設置基準の長所としては，①大学の研究・教育の水準が一定に維持され，学術や文化の向上，豊かな活力ある社会の形成に必要な人材育成の場として，大学が多くの社会貢献を果たすことができた。②大学の申請認可基準を明確化

することにより教育・研究の地域間格差を防ぐことができた。

一方大学設置基準の短所としては，①大学教育に対する細部にわたっての規制は大学教育の均一化・同一化・横並び化をもたらした。②大学を取り巻く社会環境の変化や社会のニーズの変化への敏感な対応ができず大学教育の硬直化をもたらした。③大学設置基準が大学教育の最低基準として設定されたものが，大学の財政上の理由から最低基準が最高基準となり，特色ある大学づくり・特色ある教育改革の阻害要因となった。④また大学の教育改革も大学設置基準の枠内での教育改革に留まったり，大学設置基準を理由に大学の教育改革を停滞させた大学が多数であったといっても過言ではない。

なお，この大学設置基準では，ここで論ずる倫理教育に関する科目については個別的には明記されていないが，倫理教育は，大学の教育目的の一つである教養教育による人間教育，専門教育による職業教育の中での価値観や判断能力教育にあると考えられる。

2 大学環境の変化と大学の教育改革

戦前の日本の大学制度は，ドイツの大学制度をモデルにしたものであった。ドイツの大学は，研究と教育の統合をめざし，講義と共に，教授のもとで最先端の学問を学ぶゼミナールが重視されている。また，大学進学者は，ギムナジウム（高等学校）で勉強し，さらにアビトゥア（ギムナジウム終了全国統一試験）に合格する必要があることから，一定の学力を有する者が大学生となっている。

アメリカの大学制度は，学部教育は職業教育を含めた高度な市民教育である「ジェネラル・エデュケーション」および「リベラルアーツ・エデュケーション」が重視された教育が行われ，高度な専門教育は大学院で行われている。

戦後の日本の大学制度は，新制大学制度に移行する中で，ドイツ的大学制度モデルからアメリカ的大学制度モデルへの移行がなされた。しかし，新制大学制度への移行の実態は，形式的にはアメリカ的大学制度モデルを導入しながら，ドイツ的大学制度モデルが存続し，研究と教育の統合をめざした日本的大学制度として定着してきた。

日本の大学進学者は1950年代から1960年代は，大学進学率は10～15％と少なく，大学もマーチン・トロウの高等教育制度の段階的移行論で指摘されているようなエリート型大学の時代で，教授は最先端の研究を講義して，ゼミナールでは学生は教授と共に最先端の研究課題に取り込むことが可能であった。このように日本の大学制度は，エリート型大学からスタートしたと言える。

　周知のように，マーチン・トロウは，エリート型大学（18歳人口の15％以下）からマス型大学（15％以上50％以下）へ，そしてユニバーサル・アクセス型大学（50％以上）への大学の段階的移行説を唱え，大学の教育課程および教育方法の段階的移行を主張している。

　したがって，エリート型大学ではそれに適合的な教育課程および教育方法が，マス型大学ではそれに適合的な教育課程および教育方法が，そしてユニバーサル・アクセス型大学ではそれに適合的な教育課程および教育方法の開発と適応が要請される。

　その後，日本の経済的豊かさが進む中で大学進学率は増大し，1970年代から1980年代には，大学進学者は15％をはるかに超え，大学はエリート型大学からマス型大学へ移行した。当時，日米安保条約締結問題による大学紛争も伴うが，大学のあり方，大学教育のあり方等に対する多くの疑問が投げかけられた。そして学生と教授会間，教員間での真剣な議論が戦わされ多くの大学改革案・教育改革案が提案されたが，大学紛争の終焉と共に，ほとんどの改革案は実現されずに終わった。したがって，マス型大学の教育課程および教授法の大幅導入や大学設置基準の改正には至らなかった。

　しかし，1980年代から1990年代入り，大学進学率のさらなる増大に伴うユニバーサル・アクセス型大学への移行，グローバル化・高度情報化などに代表される大学を取り巻く環境の激変の中で始まった大学の教育改革は，大学内部から提起されての教育改革である点に特色がある。これは，大学を取り巻く環境の変化への対応と共に，大学のユニバーサル・アクセス型大学への移行に伴い，大学教員自身が教育改革の必要性を痛感し，大学の教育課程および教育方法の改革に大学の存亡をかけて取り組み始めたといえる。

3　21世紀の大学像と大学設置基準の改正

　1993年6月に，文部省（現文部科学省）の大学審議会は，大学設置基準の改正をようやく行った。この改正の理由は，大学を取り巻く環境の変化に中で，大学設置基準を弾力化し，大学が多様な社会的ニーズ，社会的期待に対して，各大学が積極的にその変化を受けとめ，それに応えうる教育の場の創造を大学自身に可能なようにしようとしたものである。

　すなわち，大学自身による大学改革・教育改革への取り組みを容易にし，研究と同等に教育を重視し，大学の自己改革による教育の特色化，個性化，多様化を可能にしたものである。大学の教育改革競争の幕開けが始まったといえる。

　大学設置基準の主要な改正は，①個々の大学が，教育理念・教育目標に基づき，自由に教育課程および教育方法を決定できるように，一般教育科目と専門科目との区分の廃止，②大学独自の教育目標達成に向けて，適合的な授業科目の開設の容認，③グローバル化，高度情報化，技術革新の加速化などの社会の変化に対応するための継続教育，再教育，生涯教育などの社会的ニーズへの対応の容認である。大学設置基準の枠内での教育改革に慣れてきた大学がいかなる改革を行うか，大学の経営能力・大学の教育能力と力量が問われることとなったといえる。日本の大学の特質でもあった横並び的，均一的，同質的な大学から，社会の多様なニーズ，期待を反映した多様な大学教育の容認である。

　1998年に大学審議会は，大学設置基準の改正に伴う大学の教育改革について，一定の評価を示すと共に，「21世紀の大学像と今後の方策について」の答申を発表した。この答申で特に注目すべきことは，大学を取り巻く21世紀の社会状況に対する認識である。主要な21世紀の社会状況に関する分析と認識は下記のとおりである。

①　**一層流動的で複雑化した不透明な時代**：21世紀は，グローバル化の急速な進展，情報通信技術の急速な進展，自由貿易体制の拡大，大競争時代の到来などにより複雑化した不透明な時代

②　**地球的規模での協調・共生と国際競争力の強化が求められる時代**：交

通・通信・マルチメディアなどの発展により社会・経済・文化・教育面での世界的規模での交流の進展，国際的争議依存関係の深化と協調・共生の必要性の増大，国際競争の激化，地球環境問題・エネルギー問題，人口問題などの地球的規模での解決の必要性の増大の時代

③ **少子高齢化の進展と産業構造・雇用形態などの変化の時代**：少子高齢化の進展，生産年齢人口の大幅減少と労働力の産業間移動調整，終身雇用形態の変化，企業内教育のアウトソーシング化，社会の高度化・複雑化に伴う高度な専門知識・能力を有する高等教育に対する需要の増大の時代

④ **社会人，職業人の再教育・再学習などの生涯学習需要の増大の時代**：個人のキャリア・アップ支援および再学習の場としての高等教育に対する期待・需要の増大，多様な学習段階・多様な能力や適性を有する学生に対する教育内容・教育方法の開発の必要性の増大，生涯学習需要の増大・幅広い年齢層の学習者の知的探求心に応える教育力量の必要性の増大の時代

⑤ **豊かな未来を開く学術研究の進展の時代**：豊かな未来を開く原動力となり，人類社会の発展に貢献する学術研究の重要性の増大，学術研究の高度化・専門化と共に，学際化・総合化の必要性の増大，地球環境・生命科学などの新たな学術研究の社会的需要の増大，学術研究と社会の調和の必要性や研究者の社会的責任の増大の時代

21世紀の社会状況の分析と認識は，21世紀に入って6年を経過した現在からみて，正確な展望であったといえる。大学もこのような時代認識のもとに，現在真剣に取り組んでいる大学改革および大学の教育改革をさらに促進させ，高等教育機関としての社会的使命を果たさねばならない。

第3節　大学における四系列教育の意義と役割

1　大学における四系列教育導入の意義

　全国四系列教育会議は，1983年に日本経営学会が拓殖大学で開催された際に，同大学で第1回大会が開催され，全国四系列教育会議の目的，運営方法および当面の検討事項が審議された。

　全国四系列教育会議の斉藤毅憲会長が保有されている「本教育会議の設立・活動報告」によれば，「四系列教育会議は，1976年に設立され，12月に湯島会館（現東京ガーデンパレス）で第1回会議が開催された『経営学部長会議』に端を発している。すなわち，経営学部長会議は，高度成長期の経営学部ブームを背景に，私立大学を中心に経営学部が増設されるにつれ，カリキュラム体系，研究体制，教員交流，単位交換，就職，入試，情報化，国際化への対応，産業界との関係など，各大学の経営学部の抱える諸問題に関して，相互に情報交換し，研究する必要性が痛感され，設立された。しかし，その第9回会議（1983年6月）で，それを実現する具体的方策として，この教育会議が『経営・商学系分野における教育制度に関する研究や情報交換』であり，ここでの成果は経営学部長会議に反映されることを期待されたが，学部長会議の下部機関ないし小委員会といったものでなく，別組織として位置づけられた。その意味でも，この研究会への参加対象校も，経営学部に限らず，商学部，経済学部などの経営学科，商学科などにも拡げられた。この研究会のねらいは，経営学教育に強い関心と知識をもつ教職員をそこに派遣してもらい，上記分野に関して研究を進め，情報交換し，各大学の教育改革・改善に反映させることであった。」と記されている。

　さらに，「この研究会ないし教育会議は，機関代表のほかに個人資格の参加を排除せず，出席者を比較的固定化し，教育問題を継続的に研究し，その成果を交換し，四系列科目の教育現場の改善に反映させるところに，そのねらいを定めていた。そして，できれば日本学術会議での教育問題に関する議論，さら

第Ⅲ編　倫理教育の実践と現状

表1　全国四系列教育会議のこれまでの開催校と大会テーマ

回	開催年	開催校	大会テーマ
1	1983年	拓殖大学	研究会の目的と運営，当面の検討事項
2	1984年	早稲田大学	国際化・情報化に対応する新科目の諸問題
3	1985年	東洋大学	科目の編成と教育内容の問題点
4	1986年	慶應義塾大学	アメリカの経営教育と日本の経営教育
5	1987年	横浜市立大学	ビジネスのための高等教育の改革
6	1988年	九州産業大学	商学・経営学教育の反省と改革
7	1990年	流通科学大学	1990年代における経営学・商学・会計学・情報科学について
8	1991年	札幌学院大学	四系列教育のニューフロンティアを探る
9	1992年	城西国際大学 早稲田大学	四系列にかかわる基礎教育の問題
10	1993年	阪南大学	大学変革期における四系列教育
11	1994年	松山大学	四系列教育における人材教育を考える ――経営学・商学・会計学・情報科学の教育革新をめざして――
12	1995年	中央大学	四系列教育の現代的課題 ――情報・環境教育と，教育方法と教育効果を考える――
13	1996年	明治大学	経営教育の新動向 ――カリキュラム改革をめぐって――
14	1997年	熊本学園大学	四系列教育における国際化と情報化の再検討
15	1998年	立命館大学	社会的ネットワークのなかの四系列教育のあり方
16	1999年	名古屋商科大学	ネットワーク技術と四系列教育の諸問題
17	2000年	大阪経済大学	低年次生と経営学などの専門科目導入の課題と展望 ――専門科目の"経験交流"を中心として――
18	2001年	札幌学院大学	四系列教育のグローバル化
19	2002年	立命館アジア太平洋大学	大学教育のグローバル化と四系列教育
20	2003年	青森公立大学	地域の活性化と四系列教育
21	2004年	千葉商科大学	改めて問う，いま何をどう学ばせるのか
22	2005年	龍谷大学	四系列（経営学・商学・会計学・経営情報科学）の大学院教育の動向と課題 ――大学院教育はどこへ向かうのか？　環境変化のなかでの教育課題を考える――
23	2006年	大阪学院大学	倫理教育にいかに取り組んでいくか ――倫理の捉え方，専門教育，キャリア教育，インターンシップ，起業家教育の面から――

第5部　専門教育と倫理

に大学設置基準の学科目の配列のあり方に対しても，一定の影響力をもちうるようになることも期待されていた。」と記されている。

　この教育会議は，四系列教育の充実のための教育会議であると共に，そこでの成果を日本学術会議での教育問題の議論および大学設置基準の学科目の配列などに反映させることをもめざした全国四系列教育会議として設置されたものである。

　そして現在，全国四系列教育会議は，毎年開催され，すでに23回の全国大会を開催している。全国大会の開催年，開催校および大会統一テーマは表1に示されている。

　全国四系列教育会議は，過去23回の全国大会の統一テーマ一覧からも理解できるように，大学の教育環境の変化の中で，経営学，会計学，商学，経営情報学の教育においては，各々の専門教育科目の連携教育，専門教育科目のバリアーを低くした教育，あるいは専門教育科目のバリアーを取り払った教育を検討・提言し・四系列教育の充実をめざした教育会議である。したがって，経営教育における現代的課題を大会統一テーマとして取り上げ，経営学，会計学，商学，経営情報学の個別的な専門教育立場から，あるいは個別的な専門教育のバリアーを超えた四系列教育の立場から経営教育の充実と新たな専門教育の必要性を提言してきている。

第4節　経営倫理教育のあり方
〜四系列教育の視点から〜

1　四系列教育と経営倫理教育

　四系列教育領域における倫理教育は，企業倫理，経営倫理，ビジネス倫理，会計倫理，マーケティング倫理，情報倫理，組織倫理，職業倫理，経済倫理，社会倫理など多様な用語が使用されている。しかし，日本においては，①倫理教育科目が大学設置審議会内規（特定学部特定学部の学科についての申合わせ）に科目名に記載されていないこと，②倫理教育の担当者が求めがたいこと（倫理

に関する科目を担当するには研究業績などがなければ担当が認められないこと）から，学部教育においては，科目開講はきわめて少ないといっても過言ではない。ただ，経営倫理教育の内容が経営哲学，監査論，経営情報論などの講義内容に取り入れられている。最近の専門職大学院のアカンティング・スクールでは，「職業倫理」の開講が義務づけられているので開講されている（学部および大学院における倫理教育科目の開講状況については，前章を参照）。

経営倫理教育については，単なる知識教育だけでなく，倫理的な行為ができる教育が要求される。松本邦明は，経営倫理教育の特徴について「経営倫理教育の特徴は，それが知識の教育だけでなく，価値観や判断力の教育と関係している。」[1]として，知育教育と徳育教育の両方が必要であると主張されている。

また，武田隆二は，倫理教育における徳育教育の重要性を主張されると共に，「徳育教育」，「知育教育」，「体育教育」について次のように述べられている[2]。

(1) 徳育教育（道徳教育）は，社会において望ましいと考えられている価値観や価値体系に基づく意識や行動様式・生活態度の形成をめざす教育

(2) 知育教育は，知識を深めるための教育

(3) 体育教育は，身体活動により，健康の保持・増進と体力の向上を図るための教育

そして三者の教育が並列的な関係でなく，図1のように「徳育教育（道徳教育）」のめざす「自由」と「規律」とのバランスと「善悪をわきまえる感覚」を有する社会的自立の促進を図る教育が中核となり，「知育教育」と「体育教育」が人間としての「社会的自立」という「行為の側面」においては，人間行為を基本的に支える基本概念（コアコンセプト）となっていると述べられている。

経営倫理教育は，上記の両者の主張のように，知育教育，徳育教育，体躯教育が有機的に統合されて教育過程および教育方法に組み込まれる必要があるといえる。また，経営倫理教育は，組織の中での価値観や判断力を育成する教育であることから，組織の中での「個の確立」をめざす教育でもあるといえる。

図1 「教育」に占める「徳育」の位置づけ

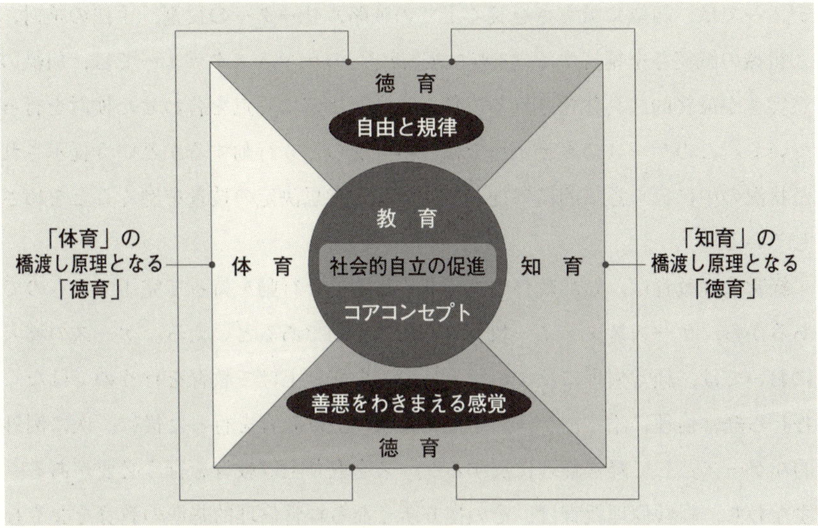

```
         徳　育
      自由と規律
         教　育
「体育」の                          「知育」の
橋渡し原理となる  体育  社会的自立の促進  知育  橋渡し原理となる
「徳育」        コアコンセプト              「徳育」
      善悪をわきまえる感覚
         徳　育
```

出典：武田隆二「倫理教育の位置づけと倫理概念の多様化」全国四系列教育会議第23回大会報告概要，大阪学院大学（2006年8月3日）5頁

2　経営倫理教育における教育方法

　経営倫理教育方法については，一般的にいわれているように，①講義方式，②演習・ゼミナール方式が考えられるが，問題は経営倫理教育の特色から，徳育教育を中核に知識教育，体育教育の教育効果を上げるための教育方法の開発と導入である。

　ハーバード大学での企業倫理教育では，周知のごとく，ケーススタディーを中心とした倫理教育が行われている[3]。ＲＳペイン著の『ハーバードのケースで学ぶ企業倫理』によれば，企業倫理を「組織の誠実さ」の概念で説明している。そこでの組織の誠実さは，自己管理，責任感，道徳的健全さ，原則への忠実さ，強固な目的意識など広い意味で使用している。企業倫理教育として，ケーススタディー方式をとり，①組織の誠実さを理解する（倫理の役割）のケーススタディーでは，近年企業経営者がなぜ倫理に関心をもつようになって

きたかの理由の検討，②組織の誠実さを構築する（環境づくり）のケーススタディーでは，組織に誠実さを築く上での戦略，リーダーの役割，手法の検討，③組織の誠実さを維持する（重要な意思決定）のケーススタディーでは，組織の誠実さが最終的に具体化される責任ある意思決定に焦点を合わせた検討を行っている。このケーススタディーでは，自分ならどう行動するかという提示された状況の中に自ら意識的に参加して，分析と意思決定の技量を磨くことをめざしている。

　経営倫理教育は，知識教育のみでなく倫理的な行動を持って完了するものであるから，ケーススタディー教育の導入は有効であるといえる。ケースの導入においては，経営倫理に反するケースのみを取り上げて教育を行うのではなく，むしろ経営倫理に添ったケースを最初に取り上げ教育を行った後に，次に例外的なケースとして経営倫理に反するケースを取り上げ教育を行う必要がある。すなわち，経営倫理教育は，その拠り所となる経営倫理的基準の教育をなくしてはなり得ないからである。

3　経営倫理教育のあり方

　大学における経営倫理教育は，基本的には個人の価値観と判断力を養成する教育であるが，それにとどまらず，個人と個人，個人と組織，個人と社会，組織と社会との関係の中での価値観と判断力を養成する教育である。大学の経営倫理教育は，経営倫理に関する教育科目を設定したから良いというものでなく，経営教育のすべての教育科目に貫かれねばならない教育理念である。したがって，各教育科目の中に導入された上で，それを統合する経営倫理論，経営哲学，経営理念論などの開設が望ましいと思われる。

　21世紀は，地球的規模での社会・経済・文化などの変化を受けて，新たな社会制度・社会システムの再構築の時代であるといわれている。また，21世紀は，倫理の時代・倫理再構築の時代・倫理教育の再構築の時代ともいわれている。大学の教育改革においても従来の倫理教育にとらわれず，また，正確な時代認識の上に立って，新しい時代の要請に適合した倫理教育の導入を行うことが要

請されている。以下に大学における経営倫理教育のあり方・経営倫理教育の方向を探ることにする。

① 経営倫理教育は，経営倫理に関する知識教育だけでなく，人間としての価値観や判断力の養成する教育である。したがって，倫理教育の成果は，倫理に関する知識の量でなくあらゆる組織の中で倫理的な判断と行動が取れるかである。

② 経営倫理教育は，すべての経営教育科目を貫く経営教育理念である。したがって，すべての経営専門教育科目において，科目特性を反映した立場から経営倫理教育を行う必要がある。また，四系列教育のように科目間の連携教育・統合教育方式などの経営倫理教育も必要である。

③ 経営倫理教育は，組織の中での価値観と判断力，倫理的な行動力であるから，倫理的な行動のトレーニングを行う必要がある。そのためには，日常的な生活の中でのトレーニングと共に，ケーススタディーによる倫理的行動体験，倫理演習などでの討論による相互研鑽などが有効である。

④ 経営倫理教育は，その経営倫理教育の内容について経営教育関係者間で十分に議論を行う必要がある。たとえば，経営倫理論担当者に任せて行われるものでなく，全員が担当科目を通じて経営倫理教育に責任を担うものである。

⑤ 経営倫理教育は，段階的な教育方式が望ましい。すなわち，講義方式による導入教育から，経営倫理判断基準のための良き事例方式による基礎教育，そしてケース・メソッド方式による討論・ディベートによる専門教育へと進むことが望ましい。

⑥ 経営倫理教育は，時代により，国により，また経済の発展段階により倫理的判断基準が異なって現れる。したがって，歴史認識，時代認識，異文化認識，経済発展段階認識などを十分に理解させた上での経営倫理教育が必要である。

⑦ 経営倫理教育は，回答が複数ある教育でもあるので，現時点での倫理的価値観を伝えるだけでなく，自らの価値観をもちかつ自らの価値観を常に

見直しながら，倫理的価値観を追求することの重要性を認識させる必要がある。

⑧　経営倫理教育は，四系列教育の中での具体的な分野別教育科目としては，企業倫理，会計倫理，ビジネス倫理，情報倫理，マーケティング倫理などが考えられ，総合する・統合する科目としては，経営倫理，組織倫理，経営理念などが考えられる。

⑨　経営倫理教育は，現在の経営教育担当者が誰でも担当できる能力の育成と意識改革が必要である。経営倫理教育は，経営教育担当者全員が担うものである。いかなる専門科目も倫理的な価値観と判断の上に立って教育は行われるものである。

　グローバル化時代，高度情報化時代，価値観の多様化時代，地球環境保全の時代，世界的市場競争の時代，科学技術のスピード化の時代，生涯学習の時代など現代社会を特色づけるキーワードが飛び交っている。大学における教育もこの時代に生きる人間教育の場である。経営倫理教育が経営場面における価値観と判断力を育成するものであることから，大学の経営教育へいかに経営倫理教育を導入するか，大学の見識が問われているといっても過言でない。

第5部　専門教育と倫理

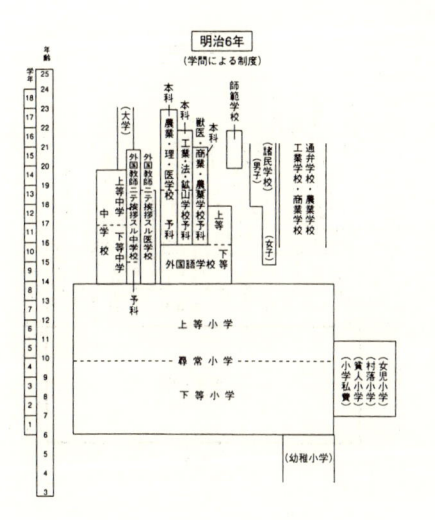

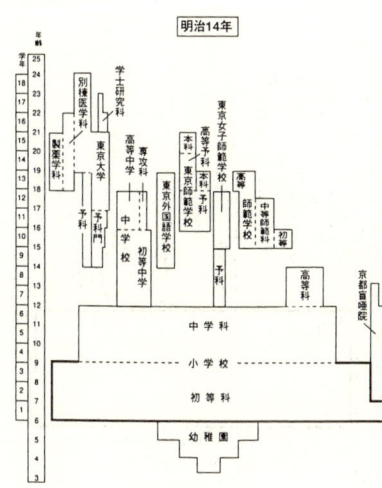

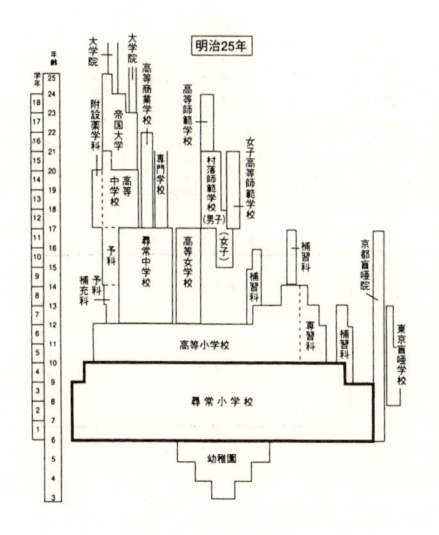

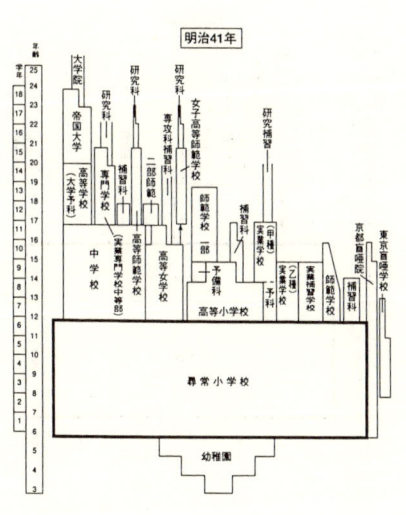

図2　日本の教育制度の変遷

第3章

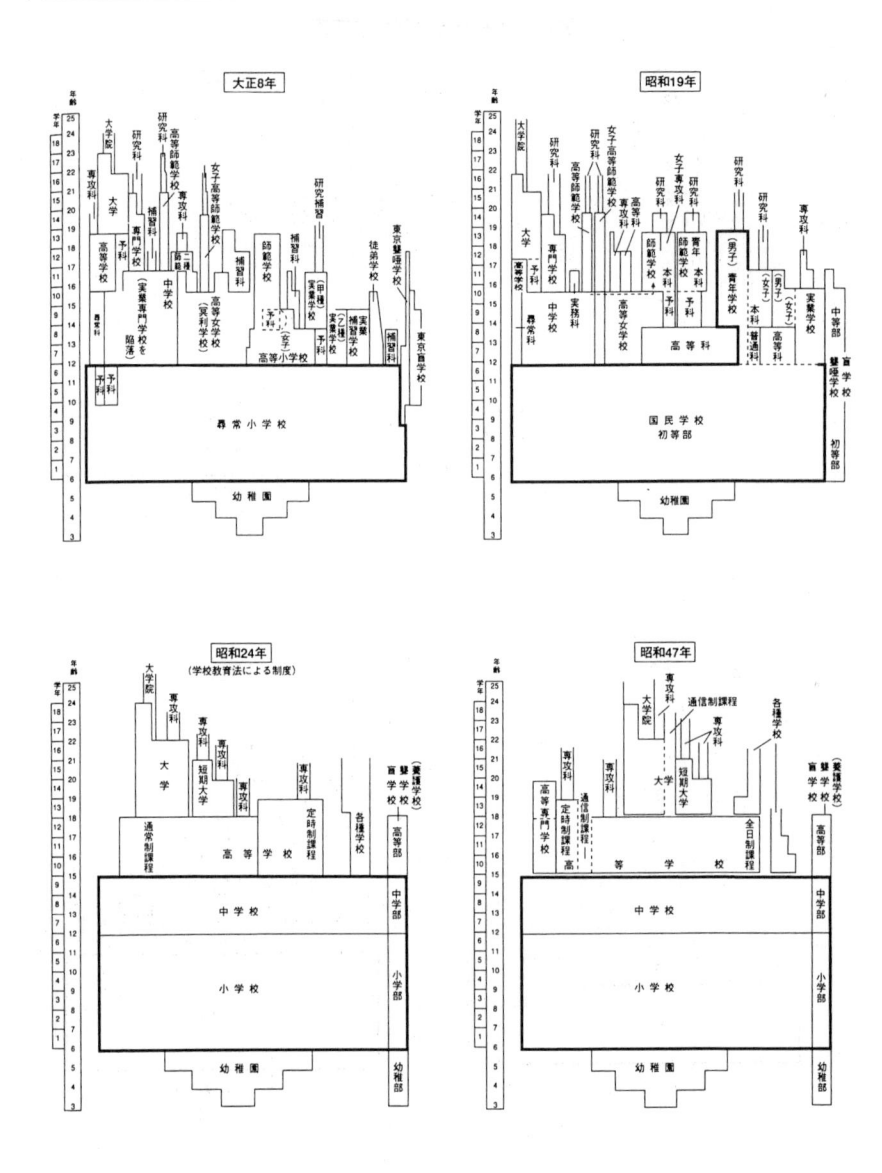

第Ⅲ編　倫理教育の実践と現状

第5部 専門教育と倫理

表2 「文部省大学設置審議会内規―特定学部及び特定学部の学科についての申合わせ―」における会計学科目

商学部　商学科

学科目	授　業　科　目
会計学	◎簿記原理◎会計学原理（財務諸表論）○原価計算論◎管理会計論　経営分析論　監査論　税務会計論 （備考）◎は必置科目，○は準必置科目を示す。 ◎のうち2科目を必置とする。

経営学部　経営学科

学科目	授　業　科　目
会計学	◎簿記原理◎会計学原理（財務諸表論）○原価計算論◎管理会計論　経営分析論　監査論 （備考）◎は必置科目，○は準必置科目を示す。

「大学基準協会―商学教育に関する基準―」における会計学科目

商学教育に関する専門教育科目

区　　分	基　礎　科　目	基本科目	専　門　科　目
会計学関係科目	簿記論又は会計学総論 （初等簿記を含む）	財務諸表論 原価計算論 管理会計論 会計監査論 国際会計論	経営分析論 税務会計論 会計組織論 会計組織論（簿記各論，コンピュータ会計論を含む）

経営学教育に関する専門教育科目

	Ⅰ基礎科目	Ⅱ基本科目	Ⅲ専門科目
会計学系列	会計学基礎(又は簿記原理)	財務会計論（又は財務諸表論） 原価計算論 管理会計論	会計監査論 経営分析論 国際会計論

（備考）①基礎科目欄に○○基礎とある科目は，○○総論又は○○原理としてもよい。
②基礎科目は，それぞれの専門分野における一般的基礎をなすものであり，できれば第1年次，遅くとも第2年次までに履修されることが望ましい。
③基本科目は，必ず開講されるべき基本科目であり，第2年次又は第3年次で選択履修させることが望ましい。
④専門科目は，第3，第4年次で履修すべき専門教育科目であり，各大学の商学教育の意図する方針に従って特定の分野に重点をおいて開講することが望ましい。

第Ⅲ編　倫理教育の実践と現状

【注】
1)　松本邦明「経営倫理と経営倫理教育」，水谷雅一編著『経営倫理』同文舘出版，2003年，143～150頁。
2)　武田隆二「基調講演：第1講　倫理教育の位置づけと倫理概念の多様化」，全国四系列教育会議『第23回大会報告概要』大阪学院大学，2～5頁。
3)　ハーバード大学では，企業組織のリーダーを育成することを目標としていることから，企業倫理の用語を使用している。

【参考文献】
・藤永弘編著『大学教育と会計教育』創成社，2004年。
・水谷雅一編著『経営倫理』同文舘出版，2003年。
・梅田徹『企業倫理』日本放送出版会，2006年。
・T・R・ハイパー他著，小林俊治・山口善昭訳『ハーバードで教える企業倫理』生産性出版，1995年。
・R・S・ペイン著，梅津光弘・柴柳英二訳『ハーバードのケースで学ぶ企業倫理』慶応義塾大学出版会，2004年。
・D・スチュアート著，企業倫理研究グループ訳『企業倫理』白桃書房，2006年。
・T・L・ビーチャム，N・E・ボウイ編，加藤尚武監訳『企業倫理学1』晃洋書房，2005年。

（藤永　弘）

第6部

学生指導と倫理

第1章　キャンパスマナーの向上と学生の倫理問題を考える

第1節　プロローグ

　今日，日本人のモラルの欠如やマナーの低下がさまざまなところで指摘され，社会的な問題としても取り上げられている。大学生のモラルやマナーの低下も例外ではなく，キャンパス内外における倫理の必要性が問われている。倫理とは「ある社会集団における行動規範」，または「道徳と同義語として，人として守るべき道」と理解され，「人として守るべき行動様式」がマナーと考えられる。自分と他者，または社会との関わりの中で，人として生きていく上で大切なものが倫理やマナーである。

　最近の社会では，この関わりの部分が希薄になってきているようである。すなわち，関わりを最初からもちたくない，または軽視している若者が増えているようである。キャンパスは一般社会から隔離された特殊な場所であるが，決して学生が社会規範や道徳意識を必要としない場所ではないはずである。今このキャンパスにおけるマナーの低下が危惧され，実際その対応に多くの大学が取り組んでいる。ここではキャンパスにおけるマナーの問題や最近の大学生に関係する倫理的な問題を取り上げ，今後大学における倫理教育のあり方について考えたい。

第2節　社会生活での迷惑行為

　われわれは，よく日常生活で迷惑行為を受けたり，不快に感じる行為に接す

る。

　日本経済新聞の「電車内・駅で見苦しいこと」に対するインターネット調査の結果では[1]，最も迷惑行為になるものとして，「携帯電話や大声による騒音」が挙げられている。次に「喫煙のマナー違反」も多い。喫煙区域以外での喫煙や禁煙場所での喫煙が指摘されている。また，「座席を独占したり，化粧をしたり，割り込み乗車をする」などの乗車態度に関係したものもみられる。さらに，「アルコールによる酔っ払い」や「空き缶などのゴミの放置」も指摘されている。これらは，駅や電車内での迷惑行為に入るもので，若者に限らず広い年代層でみられる行為でもある。

　朝日新聞でも同じように，電車やバスなどの交通機関でのマナーについてアンケートを実施している[2]。最近マナーが悪くなったと答えた人は，3,122人のうち，78%の約2,430人であった。約8割の人がなんらかのマナーに対して悪くなったと感じており，その理由には「思いやりや気配りの不足」，「家庭のしつけの問題」，「社会のルールの無形化」などが挙げられている。特に不快な行為は，「化粧」を挙げる人が多く，「人目を気にしない心の部分を不快に思ったのではないか」と指摘している。

第3節　モラルやマナーの低下の原因

　このようなモラルやマナーの低下には，どのような原因が考えられるのか，一般的に指摘されることを以下に挙げてみた[3]。まず，自分や仲間以外への関心が希薄になっているのではないか。また，他者への配慮やおもいやりが欠如しているのではないか。まさしく，他人は空気のような存在である。そして，他者がどう感じようともお構いなしで，自己中心的な価値判断で身勝手な行動をとる人が増えてきたのではないか。それは，家庭教育や家庭のしつけの崩壊なのか。社会構造や社会環境の変化により価値観が多様化したことが影響しているのか。または，社会規範を理解していても自ら軽視または無視する行動を

起こしてしまう自制心が低下した人が多くなったのか。さらに，その原因を脳神経科学的に解明しようとしている科学者もいる。感情のコントロールができなかったり，行動を抑制することができないということに脳の機能的低下が影響しているのではないかと指摘している[4]。しかし一方では，調査データに基づいて，現代の若者の道徳・規範意識は低下していないとする見解もみられる[5]。

精神科医の岡田博士の「脳内汚染」[6]には，最近の若者に指摘されていることとしていくつか述べられている。「感情のコントロールが苦手」，「対人関係が苦手」，「人付き合いが表面的」，「友達といるときより一人でいるときの方が楽」，「自分勝手」，「我慢ができない」，「順番が待てない」，「黙っていられず，すぐおしゃべりする」，「無気力，無関心，無感情」，「本当は何をしたいのかわからない」，「すぐ人のせいにする」，「自分の楽しいことしかしない」などで，これらの傾向が顕著になると，それは前頭前野の機能低下が広く生じていることを示していると述べている。しかも，こうした現象は世界的な規模で，特に幼い子どもに起きているとも指摘している。すなわち，前頭前野の機能低下が生じると上記のような特徴がみられるようである。本当にこのような脳の機能低下が直接的に影響しているのかについての，ヒトの科学的証拠を示すのは難しいと思われるが，今後この分野のデータが増えてくれば，社会全体のあり方に影響を及ぼすかもしれない。

第4節　大学生への生活指導

大学・短期大学への進学率が50%を超え，入学志願者が数字的にはほぼ全員大学へ入学できる，いわゆる「大学全入時代」が到来している。このような誰でも希望すればどこかの大学に入学できるという状況を考えると，今後の大学教育の構造と機能を早急に検討していく必要がある。

多くの大学では，近年大学生の学力低下や気質の変化をすでに感じているの

ではないか。新聞等にも大学生の幼稚化を指摘する特集記事が組まれ，今まで大学では考えられなかった生活指導が，今後大学教育に必要になってくるのではないかと問われている[7]。「大卒の新入社員には，小学生の子を諭すようにマナーやあいさつから指導しなければならない」[8] という声も聞かれる。初等・中等教育，家庭教育から見直すべき問題であるが，これから入学してくる学生をどのように教育できるか，どのように人格形成に関われるかが早急に大学教育に求められている。

まさに，日本の最高学府の意義が問われているが，これが現実である以上，われわれには学生が社会へ出る直前の教育機関としての責任がある。「彼らも21世紀を担う日本の青年」[9] ということである。大学の教員が勉学面だけではなく，生活指導も行わなければならない時代に突入したのである。

第5節　大学生の倫理観

大学生の倫理観について1998年に日本私立大学連盟が実施した学生生活実態調査の中に，学生のモラル・倫理観についての調査項目がある[10]。8,000名の学生がモラル・倫理観についてどのように感じているのか。また，どのようなときにモラル・倫理観が低下していると感じるのかについて回答を得ている。その結果，約6割の学生が現在の学生のモラル・倫理観は低下していると感じている。

「低下している」と回答した学生を学年別にみてみると，1年次生は55.5%，4年次生は64.5%であった。学年が進むにつれて増加傾向を示し，特に4年次生は就職活動などにより，今までの自分の行動や他者の行動に対する意識が高まっているのではないかと推察される。

ところが，「課外活動への参加の有無」でみてみると，低下していると感じた割合には差はほとんどなく，課外活動がモラル・倫理観に与える影響はほとんどないと報告されている。大学の課外活動に参加していても，特にモラル・

倫理観などは，あまり意識されていないといえる。

　また，学生生活の充実とモラルの関係では，「学生生活が充実していない」と感じている学生は，66.6％がモラルの低下を認識しており，「学生生活が充実している学生」は，59.6％と7％ほど低かった。大学に対する満足度や学生生活に対する充実度とモラルの低下の認識度には相関関係を示していると報告されている。大学生活に満足していない，充実していない学生ほど，「モラル・倫理観の低下」を感じる割合が高いと示唆される。逆に，報告書では，周囲の学生のモラル・倫理観が低下していると感じることが，大学生活に不満を感じる一因になっている可能性もあると指摘されている。さらに，「学生生活に不安や悩みがある」学生の方がモラル・倫理観の低下を感じており，ストレスやプレッシャーに対する感受性や対処法，他者との人間関係，自立性など様々な要因が，この違いに影響を与えているのかもしれない。これらの調査結果報告では，大学への満足度や学生生活の充実度とモラル・倫理観に関係が指摘されている点が興味深く，今後の大学教育にも参考になる。

第6節　キャンパスマナーの問題

　多くの大学がキャンパスマナーの問題として取り上げている「良くないキャンパスマナー」には，講義関係では，「私語」，「携帯電話」（今では着信音は少なくなってきたようであるが，頻繁なメールのやり取りなど），「飲食」，「途中入退室」，「着帽」などが挙げられる。また，キャンパス内の良くないマナーで特に多いのが「喫煙」に関するものである。喫煙区域以外での喫煙や歩きタバコなどの喫煙学生のマナーの低下が目立っている。喫煙マナーの問題から大学としての喫煙そのものに対する教育方針にまで及ぶ問題として捉えている大学もある。次に「ゴミ（タバコの吸い殻など）のポイ捨て」のマナー低下が指摘されている。キャンパス内だけではなく，学生が通学路として利用している周辺地域への迷惑行為としても取り上げられる。また，マナーを守って利用している学生から

苦情が特に多いのは，「学生食堂の利用」に関するマナーである。多くの大学では食堂は禁煙となっているようであるが，そこでの一部の学生による喫煙や混んでいる時間帯の集団による長時間のテーブル占拠などが挙げられる。次に駅などで最近では以前より少なくなってきたようだが，まだ俗に「ジベタリアン」と呼ばれる若者もみかける。大学でも「廊下や外での座り込み」も迷惑になっている場合もある。

学生が通学に利用する自転車やバイクまたは自動車などの駐輪・駐車のマナーの問題もある。駐輪も校舎の入り口付近に煩雑に止められると迷惑であり，大学生で特に周辺地域と問題になるのが自動車の路上駐車である。多くの大学では自動車通学を禁止していると思われるが，地域住民への迷惑行為となるので大学としても対策を講じているところも多いようだ。最近，駐車違反の取り締まりが強化されたために，以前より迷惑駐車は減ってきているかもしれない。社会のルールとして対処されるのが効果的であるが，大学も地域の一員としてその指導に当たらねばならない。

1 学生からみた私語の理由

マナーの問題として取り上げられる授業中の私語については，島田博司氏の『私語への教育指導』という著書に，学生からみた私語の理由についての調査結果が示されている[11]。回答が多かったものは，講義内容で「興味・関心をひかない」，教師のパーソナリティで「ユーモアに欠ける」や「親近感がわかない」，授業設計・計画で「講義のテーマが鮮明ではない」，教授技術で「教員の声量」や「板書，講義のスピード」，集団過程で「教師ばかりが話している」，学生の受講態度で「単位をとるためだけ」，学生の学習意欲で「講義を聞く気になれない」，成績評価で「聞かなくても単位がとれる」などである。

私語が多い理由を学生からみた要因で調査した結果では，特定の傾向は示されているが，上記に挙げた以外の要因も含めてさまざまな要因が複合的に関与しているようだ。決して私語が全くない講義が良いのかというとそうではない。しかし，他の学生の迷惑になる私語については，教員がその場で対応できるは

ずであるが，私語を注意しないでいると逆に学生から教員の指導能力を問われかねない。学生の講義評価などで不満な点として，私語に対する教員の注意不足を指摘される。講義中の私語に対する対応は，教員によって異なるが，教育環境を最適に維持する役割が教員に求められていることは，これからの大学教員としての教育能力に問われる部分である。最近大学ではファカルティディベロップメント（FD；授業改革，教員の資質向上）活動への取り組みが盛んに行われているので，授業全体の教育改革が進めば私語の問題も解消されてくるのではないだろうか。

2　喫煙マナーに対する指導

　キャンパスマナーとして大きな問題が喫煙の問題である。迷惑とされる喫煙マナーには，「歩行喫煙」，「禁煙区域での喫煙」，「たばこのポイ捨て」，「公共の場での喫煙」などが挙げられる。学生の喫煙マナーの悪さを指摘する大学が多く，その対策に苦慮しているところも多い。現在では多くの大学で，喫煙に対する取り組みがなんらかの形で行われ，大学の建物内を禁煙にしているところも多い。また，キャンパス内でも喫煙場所を指定して，そこで喫煙するように指導しているところも多くみられる。大学は特殊な集団環境下にあり，未成年者と成年者が混在する場所である。高校とは違い，喫煙している学生が未成年者かどうかは簡単には判断できず，喫煙については野放し状態といえる。最近では，大学敷地内全体ならびに周辺地域も含めて禁煙区域に指定する大学が増えているようだ。

　多くの大学では，分煙・禁煙対策にプロジェクトを組み，学生と共に取り組んでいるところが多くみられる。これは，特に2003年5月に「健康増進法」が施行され，第25条に掲げられている受動喫煙防止に対する教育機関，公共機関などの取り組みが増えてきたためと思われる。大学によっては「喫煙は個人の自由」，「研究室は治外法権」と主張する教員もいるようだが[12]，研究室で受動喫煙をしている学生の中には，我慢している学生もいるのである。喫煙に関する問題と喫煙者のマナーについては，学生や教職員の理解と協力を求め，全学

的に取り組まなければ改善されない問題である。大学によっては，入学時に「禁煙の誓約」をとり，この誓約を守れないときには自主退学を含めた誓約も加え，学生の健康に対する意識を高める教育指導を行っている大学もある。

3 マナー違反と罰則

　キャンパスマナーへの取り組みを行っていく中で，マナー違反をする学生というのは概ね常習的で特定化されることが多い。一般的には，マナー違反をしている学生に一度注意をすれば，多くの学生は自分が他の学生に迷惑をかけていたことに気づき，その後マナーを守るようである。しかし，良識のある学生がマナー違反の学生へ注意することをためらうのは，現代社会そのものを反映しているようで，学生達による自浄作用が機能する環境を整えることも大学の課題といえそうである。ところで，マナー違反をする学生の教育的指導または懲戒処分として罰則をどのようにするかは大学によって苦慮しているのではないかと思われる。注意を受けても彼らは，その場しのぎの対応しかせず，あまり意識されていないケースも見られる。大学の教育環境を著しく損なう行為やルールを遵守しない学生をどうするかは，教育環境を快適に保持するためにも考えなければならない問題である。入学直後に大学生活のマナーやルールに関する教育方針を学生や保護者に理解してもらうことからはじめる必要がある。今後は大学の特色を出す教育が求められる時代になるので，大学としても人間形成にあたる教育については，その教育姿勢を明確に示すことも大切かもしれない。

　常習的なマナー違反の学生には，段階的な倫理教育プログラムのようなものも必要ではないかと思われる。懲戒処分については，大学で独自に学則に則り規定されていると思われるが，最近，高校などの生徒指導にゼロトレランス方式が導入されている[13]。ゼロトレランス方式とは，生徒指導に「寛容度ゼロ」，「毅然とした対応」をとるということで，1990年代後半に米国で広まった生徒指導方式である。大学も今後は人格形成を担う場として，それぞれの大学に応じた毅然とした対応が求められてくるのではないか。大学だけ社会規範やモラ

ルを欠いた好き勝手な振る舞いができる時間と場所であってはならない。大学も生活指導をする時代になったということである。

4 課外活動における倫理教育

　大学の課外活動は学生の自主的な活動として，今までは大学教育の中で，あまり教員が積極的に関与してこなかった部分である。ところが，最近この課外活動に関係した学生の不祥事が目立ってきており，課外活動における学生の倫理教育についても議論されている。大学スポーツ部員による事件や不祥事が毎年のように報道されている。課外活動は学生の自主的な活動であるが，集団活動における人権や倫理などについて，今後大学が積極的に教育指導することも必要かもしれない。

　特に大学スポーツ界の倫理として，大きくその問題点や課題が問われている。まさしく，「教えんとあかんのか」である[14]。スポーツ部員であるために不祥事が大きく報道されるという見方もあるが，大学スポーツのあり方，日本のスポーツ文化のあり方も影響しているのではないかと指摘されている[15]。一部の学生の不祥事によって，無期限の活動停止などの処分を受けたり，一生懸命頑張っていた部員が涙することもよく見受けられる。

　なぜ，スポーツ部員が不祥事を起こしてしまうのか。その原因を明らかにすることは難しいが，ひとつには，大学生の人格形成が未熟で幼稚化していることが挙げられる。さらに，部員同士の集団に働く群集心理によって行動してしまうことが多いのかもしれない。また，大学の課外活動への教育としての関与が不十分で，学生の自主性に任せるだけでは，人権や倫理面の意識が欠如しかねないのではないか。さらに，大学入試を含めた大学スポーツのあり方などから勝利至上主義の優先などの問題もあるかもしれない[16]。

　そこで，大学として課外活動への倫理教育をどうするかを考える必要がある。大学は学生の課外活動に直接関わることが多い部長や顧問，監督，指導者による生活指導や，課外活動における人権・倫理教育と啓発活動などへの取り組みを検討しなければならない。また，本来の活動以外に，クラブとしてボラン

ティア活動などを体験することも大切である。本学のラグビー部は2006年冬の豪雪で困っていた新潟県へ出向き，雪かきなどのボランティア活動を経験してきた。その後の学生達の感想では，グランドとは違う体験をして自分自身を見つめ直すよい機会になったという学生が多かった。このようなボランティア活動も体験的な倫理教育として，その効果を期待できそうである。

5　その他の倫理問題

　最近では大学生の短絡的な凶悪事件が報道され[17)][18)]，全国の大学関係者も驚きと衝撃を受けているのではないか。どの大学で起こっても不思議ではないような学生による犯罪が増加している。大学生の一部には人間性の欠如がみられるのではないかと思わざるを得ない事件が目立つようになってきた。希薄な対人関係しかもてず，他者への思いやりや人の痛みを理解できない学生，自分や仲間の行動の結果を想像できない学生，感情のコントロールができず，我慢できなく衝動的に行動してしまう学生などが増えているのではないか。今後，もしこのような学生が増えてくるのであれば，大学における生活指導や倫理教育が議論され，その具体的な対応が求められる。

　大学生の犯罪でよく報道されるのが，覚せい剤や薬物の乱用である。警察庁の報告では，近年薬物事犯で検挙される大学生が年々増加傾向にあることを示している[19)]。また，いわゆる「脱法ドラッグ」の押収量もここ数年で著しく増加している[20)]。つい最近でも，大学生の脱法ドラッグによる転落死亡事故が起こり，簡単に入手できる，または安易に服用してしまうという脱法ドラッグへの意識の低下が問題となった。

　このような薬物の乱用防止は，中学・高校でも警察と連携して啓発活動が行われているにもかかわらず，大学生の事件が多いという現状を大学でも認識すべきである。大学は警察との連携による防止活動として，入学時のオリエンテーションや講演，大学祭などを利用した薬物乱用防止イベントなどを実施し，日頃からポスターや冊子の配付などで学生の認識を深める努力が必要である。

　次に，若者の性感染症の増加も倫理問題として取り上げられる。厚生労働省

のエイズ動向委員会によると，20歳から29歳までのＨＩＶ感染者は年々増加しており，感染防止を強く訴えている[21]。大学においても学生への性感染症の知識や防止対策，自分のからだや他者への配慮，思いやりなどを倫理教育の一環として取り入れる必要がある。

第7節　大学における課外活動の意義と役割

　課外活動の不祥事ばかりが目立つが，課外活動は大学生活で非常に大切な機能を持っている。日本私立大学連盟が行った学生生活実態調査の中の課外活動への参加目的と満足度の調査では[22]，課外活動への参加目的で回答（2つ回答）が多かったのは，「友人を得るため」が42.0%，「学生生活を楽しむため」が40.7%であった。一方，満足度では最も多かったのは「友人，居場所を得たこと」が70.9%で，以下，「知識，教養，技術，技能が身についたこと」が29.8%，「人格形成に役立ったこと」が25.7%，「スポーツ技術の向上と競技への参加が果たせたこと」が18.8%となっている。この中で，課外活動の参加目的と満足度はともに「友人に関すること」が上位であることから，学生にとって課外活動は友人を得るための大切な存在といえる。また，同じ調査の中で，課外活動やボランティア活動がリーダーシップの涵養に重要な役割を果たす結果も示されている[23]。課外活動不参加者よりも課外活動参加者やボランティア活動参加者のほうがリーダーシップをとる力がついたと自己評価している。

　このように大学における課外活動には，人間形成の上で重要な役割を果たすことがいくつか示唆される。まず，大学の課外活動は異年代間で自ら計画を立て，目標に向かって行動する自主的な活動であり，教室の講義ではあまりみられない特徴を有している。次に友人を得る絶好の場となり，先輩・後輩・同期などとの人間関係を学ぶ機会になりえる。また，知識，教養，技術，技能の習得などもあげられる。課外活動が将来の進路に影響していることも多い。さらに，集団としての行動やコミュニケーション能力，社会性なども身につけるこ

とができる。このように今後大学教育の中での課外活動の意義と役割を再確認して、大学や教職員の教育的関わり方をさらに深め、この課外活動における倫理教育を充実させる必要があると考える。

第8節　大学教育における倫理教育

　今後，わが国では大学の社会的責任，大学のあり方が一層問われる時代になる。大学教育で学生の専門的な知識や教養，豊かな人間性，社会性などを全人格的にどのように育成していくか。社会が求めている人材はどうか。などを大学が常に考える必要がある。そして各大学が特色のある教育を行っていくことが，学生を社会へ輩出する大学としての社会的責任の一つであると考えられる。専門的知識を習得した優秀な人材を育成することは重要であるが，将来社会を構成する個人としての自立性や社会性を兼ね備えた人間力のある人材を育成することも大切なことである。文部科学省の中央教育審議会の「我が国の高等教育の将来像（答申）」（平成17年1月28日）[24]においても，その中の一部に「大学教育は，技能や知識の習得のみを目的とするのではなく，全人格的な発展の礎を築くためのものであるという基本的特性を明確にすることが重要である。」と述べられている。

　そこで，倫理教育をどのように取り入れていくか。「倫理」の授業を多く設ければいいということではない。教養教育や専門教育の中で，自分との関わりをさまざまな学問領域から考えさせることが，価値観や倫理観，社会規範などを涵養することにつながるのではないかと思われる。教員がそれぞれ自分の専門性と倫理の問題を講義の中で学生に考えさせることによって，学生も自分が社会の中で生きていることや，これから生きていくことに対しての倫理的な意識をもてるようになるのではないだろうか。

1　大学の教員に求められる資質

このような学生の生活指導や倫理教育について考えてくると，大学の教員に求められる資質が決して研究能力だけではないことがわかる[25]。今後大学教員には，まず教育能力が求められそうである。次に，研究能力と大学運営参画能力である。特に教員の教育能力では，「学生が理解しやすい教授方法」そして「学生とのコミュニケーション」である。「学生への指導力，熱意」も大切な能力である。大学の教員になるために大学院で研究漬けになり，教えるトレーニングも不十分なまま若くして教壇に立つ。それからがまさしく教育者としてのトレーニングである。大学院で育ってきた環境や自分の適性に必ずしも当てはまる大学に赴任できるとは限らないので，大学教育には教員としてのパーソナリティもこれからは影響してくるかもしれない。もちろん倫理観を備えているかどうかなども教育能力に問われることである。

2　知育，徳育，体育

昔から教育は知育，徳育，体育といわれ，この「3つの育」が重複したところに人間形成，人格形成が関係していると考えられてきた。最近では食育も重要視されてきているが，この三つの育のバランスが大学で悪くなってきているような気がする。

大学体育に関しては，1991年の大学設置基準大綱化から専門教育が重視され，教養教育が軽視される風潮が広がり，保健体育の体育実技も選択になったところが多い。全国体育連合の調査によると，なんらかの形で必修である大学は全体の約70％である[26)27)]。このような状況の中で今日の大学生の学生生活を考えた場合，大学体育を再認識する声があがっている。それは初年次教育としての体育の役割を再認識しようということである。健康や体力の維持増進はもちろんであるが，「スポーツや運動を通して人と人との関わり」からルール，マナー，スポーツの楽しさ，爽快感，健康などを学ぶことができる。また，他者と協同して行うスポーツや運動の達成感や仲間意識が醸成される。そして，な

によりも初年次に運動やスポーツを通して新しい人間関係を構築する機会が提供できる。すなわち友達づくりの場になり得るということである。体育が選択であれば，対人関係やからだを動かすことが嫌いな学生は履修せず，友人関係を築く機会がますます少なくなる。初年次の特に前期における大学生活への導入として，体育がまさにその役割を果たすのではないかと考えられる。ちなみに，大学生活で大切なこととして「よい友人・先輩を得る」ということが，全学年を通して最も多く回答されている調査結果もある[28]。

3　少人数教育

多くの大学では初年次教育としての「基礎ゼミナール」や「基礎演習」などで大学生活への導入を図っている。この少人数によるゼミなどで大学における学習や大学生活におけるマナー，倫理問題，さらには今後社会人としての規範意識などの教育を各大学の教育理念や教育方針に沿って行えるのではないかと思われる。

しかし，学生数が多い大学では，少人数教育の実施や学生一人ひとりへの指導に限界を感じる大学もあり，倫理教育をどのような方法で実施していくかについては課題もある。学生と教員が活発にコミュニケーションをとれる環境づくりが大切である。

第9節　今後の課題

学生生活の充実や学生指導などから倫理教育を考えると今後の課題は多い。「大学の倫理教育方針を学生へ周知させるとともに，教職員の意識改革と協力が得られるか」，「教養教育と専門教育において倫理教育を意識できるかどうか」，「課外活動における倫理教育に取り組むとともに，課外活動による人材育成を大学教育として考えられるか」，「正課授業や課外活動で教員と学生の交流を深められるか」，「体験型プログラムとしてのインターンシップやボランティ

ア活動などを通して学ぶことが可能か」,「学生が安全で快適な大学生活を送れるようにどのように生活指導を行うか」などの課題が挙げられそうである。

　倫理教育は大学教育だけの問題ではなく，初等・中等教育および家庭教育と連携している問題であり，今後各大学がその特色に応じた教育システムを構築して，最後の人材育成の場としてその必要性を認識しなければならない。

【注】
1）　日本経済新聞，2004年6月26日付。
2）　朝日新聞，2006年5月20日付。
3）　速水敏彦『他人を見下す若者たち』講談社，2006年，78〜88頁。
4）　岡田尊司『脳内汚染』文藝春秋，2005年，197〜207頁。
5）　浅野智彦編『検証・若者の変貌—失われた10年後に—』勁草書房，2006年，205〜207頁。
6）　岡田尊司，前掲書，207〜208頁。
7）　日本経済新聞，2006年2月21日付。
8）　日本経済新聞，2006年2月25日付。
9）　毎日新聞，2006年6月21日付。
10）　社団法人日本私立大学連盟　学生部会『ユニバーサル化時代の私立大学—そのクライアントの期待と要望—』開成出版，2000年，118〜123頁。
11）　島田博司『私語への教育指導—大学授業の生態誌2—』玉川大学出版部，2002年，73〜75頁。
12）　朝日新聞，2004年4月16日付。
13）　日本経済新聞，2005年11月25日付。
14）　朝日新聞，2004年4月13日付夕刊。
15）　梅垣明美「運動部の事件簿」，友添秀則編『現代スポーツ評論14』創文企画，2006年，158〜165頁。
16）　同上，160頁。
17）　毎日新聞，2006年7月8日付。
18）　読売新聞，2006年7月8日付夕刊。
19）　警察庁薬物銃器対策課，少年課広報資料『大学生の薬物乱用の現状と対策について』，2004年。http://www.npa.go.jp/sosikihanzai/index.htm
20）　警察庁刑事局組織犯罪対策部，薬物銃器対策課『平成18年度上半期の薬物・銃器情勢』，2006年。http://www.npa.go.jp/sosikihanzai/index.htm
21）　厚生労働省エイズ動向委員会『エイズ発生動向年報』，2005年。
　　　http://www.acc.go.jp/mlhw/mhw_survey/mhw_survey.htm

22) 社団法人日本私立大学連盟　学生委員会『私立大学　学生生活白書2003』社団法人日本私立大学連盟，2003年，20～23頁．
23) 同上，34頁．
24) 文部科学省中央教育審議会『我が国の高等教育の将来像（答申）』文部科学省，2005年．http://www.mext.go.jp/b_menu/shingi/chukyo/chukyo0/index.htm
25) 別府昭郎「大学教師のあり方・授業・位置」，児玉善仁・別府昭郎・川島啓二編『大学の指導法——学生の自己発見のために』東信堂，2004年，217～229頁．
26) 社団法人全国体育連合『大学・短期大学の保健体育教育情報報告書』，1999年，11頁．
27) 社団法人全国体育連合『大学・短期大学の保健体育教育情報報告書』，2006年，6頁．
28) 社団法人日本私立大学連盟　学生委員会，前掲『私立大学　学生生活白書2003』，15頁．

（角田　聡）

第Ⅳ編

社会における倫理の実践

第7部
企 業 倫 理

第Ⅳ編　社会における倫理の実践

第1章　企業倫理の理論教育・実践教育

第1節　プロローグ

　企業の不祥事が絶えない。建築業界の耐震偽装，ライブドア事件，村上ファンド事件，さらには全国都道府県の談合問題など，枚挙に暇がない。企業の自浄機能として企業倫理への取り組みが問われている所以である。ただし，企業倫理は企業だけの問題ではなく，企業への入り口，言葉を変えれば大学卒業時における学生の倫理的価値観に基づく善悪の「判断基準の枠組み」が，企業人としての資質に具備された度合いも含めて産学全体で考えなければならない。

　本章では，筆者の企業時代および大学人としてのこれまでの経験をもとに，大学および大学院における企業倫理教育のあり方について提起したい。

第2節　セルフ・ガバナンスとインテグリティー

1　天網恢恢，疎にして漏らさず（てんもうかいかい，そにしてもらさず）

　頻発する企業不祥事を背景に，コーポレート・ガバナンスの視点から企業経営の透明性，公正性の重要性が叫ばれている。

　IT企業における有価証券報告書の虚偽記載，ファンド会社の証券取引法違反などもその不祥事の一例である。両者は，いずれも起業家精神あふれるベンチャー企業で，若者に夢を与えていたはずだった。後者の経営者は「お金儲けは悪いことですか？」と記者会見で開き直っていたが，確かにそれ自体は決し

て悪いことではないだろう。

しかし，そのために何をしてもいいということではない。最低限踏まえるべきコンプライアンス（ルール・法令の遵守）や企業の社会的責任（ＣＳＲ：Corporate Social Responsibility）がある。そこのところをはき違えてはいけない。

老子の第73章に，「天網恢恢，疎にして漏らさず（てんもうかいかい，そにしてもらさず）」という言葉がある。この意味するところは，天が張りめぐらした網は，広大で目はあらいようだが，悪事を働いた者を取り逃がすことは無い。天道は公平で決して悪人や悪事を見逃すことはないという意味である。前述の二人の経営者だけでなく，マンションの耐震偽装，大手エレベータの業務上過失致死の問題なども含めてこの言葉をよくかみ締めて欲しい。

2　セルフ・ガバナンスの意義

これらの不祥事を未然に予防するには，企業倫理の内部制度化，すなわち，倫理規程の制定，その推進組織の構築，教育・啓発活動の実施，その他ヘルプラインなど相談対応活動も含めた全社的コンプライアンス（法令遵守）・プログラムが重要となる。もちろん，企業倫理の内部制度化の本質的な意義は，ベストプラクティスを前提とした企業行動の追求が究極目的であり，リスクマネジメントはそのための一里塚にすぎないことは論を俟たない。そのための制度化されたプログラムが，経営のマネジメント・サイクルの中で実践され，浸透・定着状況，運用実態などがモニタリング活動でフォローされることで，さらなる経営改善に連結し，企業倫理の内部制度化が自浄作用としてのセルフ・ガバナンス（Self Governance：自己統治）機能として有効に発揮されることとなる。

企業における倫理の内部制度化については，他力ではなく組織自らの力による統治が重要となる。個人のセルフ・ガバナンスが，結果的に組織としてのセルフ・ガバナンスにつながるのであり，その点から米国ではマクダネル・ダグラス社なども企業倫理規程にその重要性を論じている[1]。ここでセルフ・ガバナンスとは「組織やその構成員の思考と行動を自らの意志で倫理的志向に沿って統制し，治める」ことと定義する[2]。

セルフ・ガバナンスの促進に必要なことは，具体的に組織やその構成員が自己規制できることが基本となるのであり，そのために指針となる価値基準を明確にすることが求められる。その前提となるのがインテグリティー（Integrity：誠実）という企業倫理の重要なコンセプトに裏づけられた概念である[3]。

3 インテグリティーが企業倫理の基礎

インテグリティーはバーナード（Chester I. Barnard）も，「商行為における普遍的な倫理概念は"インテグリティー"という言葉に内包されたコードである」としており[4]，すでに約70年前から企業倫理規程の礎石ともなるコンセプトであった。

このインテグリティーの概念は大学における企業倫理教育においても根幹を成す考え方でなければならない。さらに，大学と企業とが連携し，その思想が継続されてこそ一貫性が出るものである。そして，「企業は社会の公器」という言葉で著名な松下（1974）も述べているように，「人を育てることは企業の重要な社会的責任」であり，それは，学校教育で培われた倫理的素養の上に蓄積されてこそ成り立つのである。

第3節　日米の大学における企業倫理教育

1　産業界から新卒者への期待

日本経済団体連合会（2006）の「新卒者の採用に関する調査集計結果の概要」によれば，誠実性（39.1%）は，コミュニケーション能力（75.1%），チャレンジ精神（52.9%），主体性（52.5%），協調性（48.7%）に続き第5番目の項目に挙げられている。この39.1%という数字が高いとみるか低いとみるか議論が分かれるところである。確かに，産業界から新卒者に対する期待がコミュニケーション能力にあることは，大学卒業後の組織人として必要なことは理解できるが，現在の企業の不祥事の多さをみれば誠実性に対する数値はもっと高くても

よいのではないか。

また，経団連の同報告書（2006）「主体的なキャリア形成の必要性と支援のあり方」によれば，表1のとおり「産業界が求める人材が備えた3つの能力」として，志と心（人間性，倫理観，社会性，職業観），行動力（実行力，コミュニケーション力，情報収集力），知力（基礎学力，論理的な思考力）の3つの柱が掲げられている。

表1　「産業界が求める人材が備えた3つの能力」

志と心	人間性，倫理性，社会性，職業観
行動力	実行力，コミュニケーション力，情報収集力
知　力	基礎学力，論理的な思考力

出典：日本経済団体連合会調査「主体的なキャリア形成の必要性と支援のあり方」，2006年。

これは，就職後に企業内における教育・訓練で指導することによる期待という見方もできるが，一方では，大学教育でこの素養を備えておいてほしいという強い願望でもあり，産業界もインテグリティーに裏づけされた倫理教育を大学教育に求めていることが理解される。いいかえれば大学におけるキャリア教育（出口準備教育）の一環として企業倫理教育も重要な位置づけになってきたということができる。

2　日本における企業倫理教育の遅れ

しかし，現実を直視すれば，日本の大学では，「企業倫理」または「企業倫理に関連した名称」の講義科目は，1990年代初めはわずか十数校であり，その後の水谷ら（2000）の調査で20校，さらに梅津ら（2005）の調査でも43校（9.3％）とまだ少数である。

この数字は，8割余りが企業倫理の正規科目を配置している米国の大学と比較すると，日本におけるこの数値は増加傾向にあるものの，まだ格段の差があると言わざるを得ない[5]。たとえば，パイパーら（Piper, T. R. & Gentile, M. C. &

Parks, S. D., 1993)によれば，米国における企業倫理教育の取り組みの高さは，ハーバード・ビジネススクールが1929年にすでに企業倫理を選択科目に盛り込んでいることからも理解される。

また，高橋（2006）では，ウォルストリートジャーナル誌で米国のペンシルベニア大学のビジネススクール・ウォートン校が企業からの評価が第1位と高いのは，入学初年度にEthics and Responsibilityを必修科目としていることにあるとしている。

この辺りにも，日本の大学における企業倫理教育が今後期待される理由がある。そこで，本論では以下に具体的な取り組みについて提起したい。

第4節　企業倫理違反の類型化と企業倫理教育の意義

1　企業倫理違反の類型化

企業倫理教育の前提として，企業倫理違反に関わる「意識レベル」について考えてみたい。そこは次のような二つのパターンがある。

第一は個人が倫理違反の可能性を認識していない"無知"や"不注意"から発生する「過失」である。たとえば，購買担当者が，独禁法の不当な相互取引（たとえば互恵取引）に対して無知なために，自社の購買力を利用して取引先に対して自社製品の購入を要請した場合に発生する倫理違反行為などである。

また，リスクの可能性を認識しつつも犯した場合には不注意といわれるレベルもある。一例を挙げれば，現在多くの都道府県で問題になっている談合はそのケースがあったかもしれない。担当者が官製談合の危険性に対して認識はあっても，値段の打ち合わせの会合に同席しているぐらいはいいだろうという不注意から，独占禁止法違反で摘発されたなどである。

第二は企業倫理違反であることを知りつつ「故意」に発生させる違反行為である。ドラッカー（Peter, F. Drucker, 2000）もギリシャの名医ヒポクラテスの誓いから「知りながら害をなすな」として引用し，この問題に対して警鐘を発し

ている。故意の問題についてさらに分析すれば，銀行における個人的横領など「悪意」によるものと，たとえばカネボウの粉飾決算などに代表される，組織に対する「誤った忠誠心」に分けて考えることができる。ただ，後者の誤った忠誠心の問題は悪事と知りつつ犯す場合が大多数であり，その意味では故意のレベルは完全に判別することは不可能な場合が多い。

2　企業倫理違反の対象領域

また，別の視点から企業倫理違反を考察すれば，企業倫理は表2のとおり，その対象となる領域によって区分される。すなわち，どのステークホルダーに対する違反行為であるかによって変化する。たとえば株主に対しては証券取引法（金融商品取引法）や，会社法，企業会計原則などが重要な領域であり，消費者には独禁法の不当表示や製品安全法，消費者契約法などがある。また取引先に対しては下請法，独禁法が重要であり，従業員には，労働三法，男女共同参画推進法や最近では公益通報者保護法などもある。

表2　ステークホルダーと企業倫理の関係

ステークホルダー	重点となる企業倫理の範囲
株主	会社法，金融商品取引法など
従業員	労働三法，男女雇用機会均等法，公益通報者保護法など
消費者	独禁法（再販，不当表示など），消費者契約法，製品安全法など
取引先	独禁法（下請法，不公正取引など）
地域社会・地球環境	環境法，労働三法（雇用など）

それぞれ企業の置かれた環境によって企業倫理の内容が異なっている。これは大学における研究領域との関係においても同様である。たとえば，経営学ではまさに企業倫理であるが，商学関係ではマーケティング倫理，医学部では医療倫理，工学系では技術者倫理などそれぞれ研究領域によって変化するのであり，したがって，それぞれの関連する領域の倫理学を学ばなければならない。本章ではテーマとの関係から企業倫理を中心に論じたい。

企業倫理の教育・訓練は，組織や構成員に企業倫理の考え方を普及し，浸透・定着させるための活動であり，その目的は企業倫理の知識付与と問題解決能力の向上にある。

　大学教育における企業倫理もその質的レベルは企業と比較すれば低いが，めざすべき方向は同じである。

第5節　企業倫理における大学教育と企業内教育の棲み分け

1　教育・訓練の意義

　サイモン（Herbert, A. Simon, 1957）によれば，「教育・訓練」は組織構成員に対しては構成員自身の内側に働きかけ彼らの倫理的な内発的意思決定や行動に影響を与えるものとしている[6]。その結果，教育・訓練を受けた構成員の行動のモザイクが倫理的組織構造を生み出すのであり[7]，すなわち，教育・訓練の効果は組織全体に対しても組織の倫理的意思決定や行動に影響を及ぼし，倫理的組織文化の醸成につながるのである。このように教育・訓練は個人だけでなく，組織全体の価値観にも影響を及ぼすものということができる。

　この概念は，企業内教育，大学教育の双方にとってきわめて重要であり，言葉を変えれば，企業倫理教育とは，組織の上位者から管理・監督がなされなくとも，倫理的価値観に基づき仕事や任務を遂行することができる「判断基準の枠組み」を提供することである。その結果，組織の構成員に対して，共通に認められた「解」や意思決定が準拠する「価値」を与えることとなる。ただし，企業内教育と大学教育では自ずからその位置づけが変わるので，その点も踏まえて以下に述べたい。

2　理論と実践の融合

　筆者は，前職の資生堂で本社にて長年社員教育を担当し，現場第一線の販売会社では営業担当取締役も経験，その後経営改革の一環として経営者教育にも

関わった。また，大学に転籍する前は1997年に日本企業初の企業倫理への取り組みを組織化し，その責任者としてグループの全社教育を実践，さらに大学でも企業倫理教育の研究と実践に携わってきた。このような現場における企業倫理の実践経験と，学問の領域における理論構築をもとに，企業倫理に関する大学教育と企業内教育の棲み分けを考えれば表3のとおりとなる。

表3　企業倫理における大学教育と企業研修の棲み分け

修得目標	意識	過失		故意	
		無知	不注意	悪意	誤った忠誠心
実践研修	法令遵守の実務	企　業　研　修			
	倫理的意思決定				
基礎教育	法令遵守の基礎	大　学　教　育			
	モラル・マインド				

出典：筆者作成。

　大学教育では，倫理学や哲学などを通じて理論的知識と基礎能力をもとに，企業倫理の根底となる人間としての倫理観を学部の教養科目で修得することがまず求められる。この人間としての倫理観がベースとなった上で，先述の専門領域に関する，すなわち，企業倫理に関する法令遵守の基礎知識などさまざまな教育で倫理的感受性を高めることができる。その結果，学生が善悪の意思決定を下す際の判断基準の基になるモラル・マインドの醸成，つまり，先の「判断基準の枠組み」の修得につながるのである。

　一方，企業内における倫理教育は，実務に役立つことが大前提となることから，業界事情や企業の特性を踏まえて，従業員の知識や技術を「研き修める」べく，「実践」に即した内容，すなわち「研修」という専門的レベルの修得で

なければならない。それは換言すれば業務に関連する法令遵守の実務知識と，倫理的な意思決定能力ということになる。

このように大学教育では，実践研修の基礎となるモラル・マインドと基礎知識が修得目標となるのである。その意味からすれば，実務経験のない学生にとってみれば，経営や実務に関する専門知識や体験がないことから，経営上における高度な意思決定は困難といえるのである。したがって，こうした高度な意思決定は大学教育ではなく，実務経験を踏まえた企業人が社内における倫理研修で醸成することとなる。

第6節　大学における企業倫理教育のあり方

1　講義形式から討議形式へ

大学教育においても，図1のとおり，学部生と院生ではそれまでの企業倫理に関連する学習の蓄積レベルの差により教育内容は異なる。また学部教育でも講義課目と演習科目によって，さらには講義科目でも受講人数の多寡により，それぞれその教育手法も変える必要がある。

当然のことながら，教育は受講者の習熟度合いが高くなるに従い，知識を付与する講義から，学生（院生）参加型の討議にウエイトを変化させることがその成果を高めることとなる。その意味から，大学教育においても受講者の知識修得レベルに応じて，その後の教育内容の深さや討議に対する参加度合いも変化させなければならない。

すなわち，学部の講義科目，演習科目，大学院の順で，講義より討議のウエイトを高めることで，知識よりも実践度合いが高く，学生の参加度合いも深く，さらにはより実際に近い体験を得ることができる。この点はすでに山城（1966）が，表4のとおり実践経営学としてK（knowledge：知識＝原理），A（Ability：能力＝実践），E（Experience：経験＝実際）の視点から実践的能力開発の重要性を指摘していた。これらは前述の「産業界が求める人材」と照らし合わせてみ

図1　大学教育における判断基準の枠組み形成

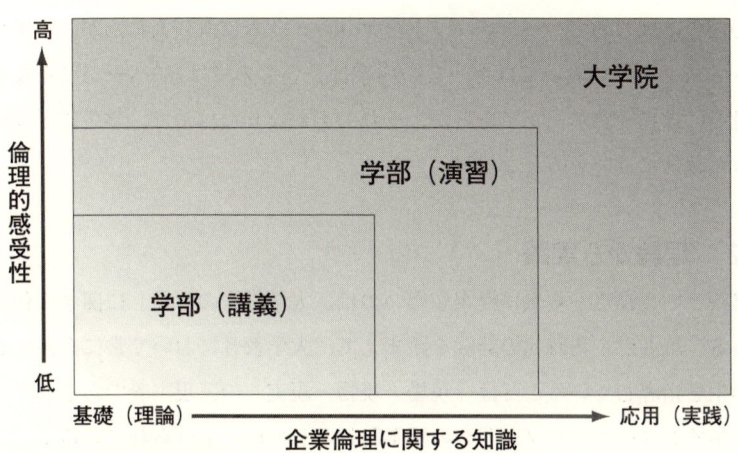

(縦軸：倫理的感受性　低→高、横軸：企業倫理に関する知識　基礎（理論）→応用（実践）)

大学院／学部（演習）／学部（講義）

出典：筆者作成。

表4　ＫＡＥの実践経営学≒日本経団連が期待する人材

K（knowledge）知識＝原理	知　力
A（Ability）能力＝実践	行動力
E（Experience）経験＝実際	志と心

演習科目や大学院教育で実践経営学の視点が重要

出典：筆者作成。

ても共通点が多く，経営教育・経営啓発として時代が変わっても，実践経営学の考え方が現代にも重要であることが理解できる。

このようなことから，特に大学教育の演習科目や大学院教育において実践経営学の重要性が存在すると考える。

そして，この場合に活用されるのが，1つの方法論ではあるが，次のケースメソッドである。このケースメソッドが有効とされるのは，グローソン（James G. Glawson, 1997）でも指摘する通り，学生の場合（特に学部生）は，社会人のようにビジネスに関わる領域で倫理的意思決定に遭遇する機会はきわめて少ない[8]。したがって，実際のケース（場面）に当てはめて倫理的意思決定のト

レーニングをすることが一つの訓練となる。ハーバード・ビジネススクールでは1919年にはじめてケースメソッドをカリキュラムに取り入れたが，米国のビジネススクールにおいてはケースの内容は長いものでは100ページにもなる。一般的には15～25ページであるが，それでもかなりな分量で，学生にとっては生きた教材に近いものとなる。

2　理論から実践へ

　実践という視点から次に提案したいのは，大学教育の「場」に関する仕組みである。筆者が企業時代の経験を踏まえて，大学教育において常に念頭において学生を指導していることは「現場・現物・現実」の三現主義である。

　近年インターンシップが一つの授業科目として取り上げられているが，実践経営学という視点を踏まえた場合には，その他の授業科目の中でも現場感覚を重視した教育手法，すなわち，実践編のインキャンパススタディーとアウトキャンパススタディーが必要と考える。学部教育のインキャンパススタディーでは，講義科目の中で極力企業の実務家を大学へ招聘し，現場の実践体験を語ってもらうことである。本来的には企業へ出向いて現場での教育，いわゆるアウトキャンパススタディーが有効であるが，受講者が50名以上の講義科目では人数が多いため企業の受け入れは困難であり，また時間的にも学外への移動時間等を考えると他の授業を欠席することはできないため，実務家の招聘による講義が有効である。

　また，50名以下の講義科目や演習科目ではアウトキャンパススタディーは実施可能である。その場合には移動時間が必要となることから，たとえば，科目配置を4時限に設定するなど，前後の授業科目に影響を与えないように，配慮しなければならない。また演習科目では夏休みの合宿などでも企業訪問を取り入れることなども可能である。次に大学院生の場合にはインターンシップの導入などで企業の現場を体験しながらのアウトキャンパススタディーによる実践教育が可能である。大学院生の場合には極力現場体験を積み重ね，理論を実践で確認することが有効である。

ただし,実務家の講義や,企業訪問,さらには学生のインターンシップなどいずれも企業の協力が重要となるが,それには教員自信の企業人とのネットワーク形成が必要となる。

このネットワーク形成は,大学教員の講義内容の充実の上からも必要なことであり,産学協同の大学教育が今後ますます重要となると考える。

これまでのことを前提に,筆者が実施している大学での企業倫理教育の一例を紹介したい。

(1) 講義科目

筆者は現在「マクロ・マーケティング論」でマーケティング倫理を専門科目で担当している。まず,当該講義の位置づけは,基礎教育ではなく,専門科目となる。これは基礎教育の倫理学や哲学など企業倫理の素養を教養課程で修得し,経営学総論,マーケティング論など,専門領域の基幹科目を学部1～2年次に履修した上での受講を原則的な前提資格としている。

具体的な授業展開は,マーケティング論との位置づけの違いを明確にした上で,マーケティングと環境,社会との関わりを中心に講義している。半期科目なので時間的制約があることから,講義形式での実施が中心となるので,企業の現場の臨場感を持たせるために,実際の企業における実践方法や形態を企業の「社会・環境レポート」[9],企業のＶＴＲ,ｅ－ラーニング教材等の活用を心がけている。また,企業の実務家に登壇いただき,「マーケティングの現場」をテーマに特別講義も実施している。

ただ,前述のとおり,半期科目であることから,自分自身が理想とする教育には必ずしもなっていない。1年間の講義科目で企業倫理を担当する場合には次のように進めてみたい。

前期は,企業倫理の意義と重要性,企業とステークホルダー,コーポレート・ガバナンスと企業倫理,企業倫理の内部制度化,相談通報体制,企業倫理と内部統制,倫理的企業文化の構築などを中心に講義する。ここでは前述のとおり,企業資料や実務家による特別講義など極力臨場感あふれる授業を心がけ

たい。

　後期は，法的知識に関するクイズ方式のショートケースや，企業における倫理的問題に対する実際事例をケースメソッドで学び，学生達が相互に討論する過程で個人の内面に形成される「気づき」の促進や倫理的意思決定能力を通じた「判断基準の枠組み」を養成したい。ただ，このような参加型の教育は，最大限50名までで，それ以上になると目配りがかなり困難となる。

（2）演習科目

　演習科目では，他大学の演習で取り組んでいる手法を紹介したい。

　その大学では，図2のように，6月ごろを目処に企業訪問を実施し，実務家から企業倫理への取り組みに関する講義を受講している。その際には事前にその企業の予備調査を行い，ゼミ生（3年4年の計24名）が編別に分かれてインターネットや文献で研究調査を行い，相互に発表と質疑で研鑽を深めると共に，質問項目は事前に企業に送付し，当日の講義に反映願っている。

　訪問当日は筆者が引率し，企業訪問の礼儀や作法も指導する。さらに訪問後のアフターケアも指導する。これらはすべて，夏休みにおける課題研究の事前学習ともなっている。

　次に，夏休みにはゼミ生（3年生12名）が二人一組で企業側とコンタクトを取って，企業訪問を行い，企業倫理の課題研究を行う。6月にゼミで実施した企業訪問の体験学習をもとに，最初の交渉から最後のお礼まで学生がすべて自分達だけで交渉と研修体験を積み重ねるのである。

　その後，夏休み終了後のゼミでは夏休みに実施した課題研究の発表会を行うが，これにはゼミ生だけでなく，学部の2年生にも開放しゼミの研究成果を競うのである。なおその席上には当該企業の担当者も招待し参加願っている。予断であるがそのような企業訪問が契機となり，その企業へ就職した学生もいる。

第7部 企業倫理

図2　演習科目における企業訪問体験

研修の一例（自動車メーカー「A社」，3年次6月：同行指導）

```
┌─────────────────────────────────────────────┐
│ 訪問企業の選定 ⇒ 依頼状の出状：テーマは企業倫理，CSR │
└─────────────────────────────────────────────┘

┌──────────────────────┬──────────────────────┐
│ 事前学習（予備調査）   │ 企業のホームページ    │
│ 4グループで質問，討議  │ CSRレポートなど       │
└──────────────────────┴──────────────────────┘
            ▼ 事前に質問表の送付
┌──────────────────────┬──────────────────────┐
│ 東京本社の訪問当日     │ 現場担当者から講義    │
│ （講義と情報交換会）   │ 予備調査の検証と質疑応答│
└──────────────────────┴──────────────────────┘
            ▼ 全員はがきを持参，お礼状の投函
┌──────────────────────┬──────────────────────┐
│ 事後学習              │ 企業へフィードバック，夏合宿で│
│ （感想レポートの提出） │ 名古屋工場を訪問（現実体験）│
└──────────────────────┴──────────────────────┘
```

出典：筆者作成。

（3）　大学院生の企業倫理教育

　大学院の講義では前半は理論教育を中心とし，後半にはケースメソッドを中心にグループ討議を重ねるのが効果的である。また院生の演習科目では長期間のインターンシップを通じて，企業倫理に関する調査やレポート作成の実務を経験させながら専門的実践教育を修得することが有効である。こうした視点に立ち，企業倫理教育を実践している。

第7節　エピローグ

　これまで述べたとおり，経営実践教育に向けてインターンシップやアウトキャンパススタディーができる仕組みづくりが必要である。しかし，現実の問題として大学教育のアウトキャンパススタディーには，企業への移動に伴う時間的制約や，当日の他の授業科目の欠席などの制約がある。また地方の大学で

はその大学の立地場所によっては，訪問先の企業がないという場合も考えられる。その意味では夏休みの利用や，全学統一のアウトキャンパススタディーデーの創設なども有効ではある。

また，その前提として大学と企業とのさまざまな連携が重要となる。たとえば，すでに小・中・高校教員のインターンシップを受け入れる企業もあるが，休暇中における大学教員のインターンシップ経験（あるいは企業留学）なども，現場感覚を生かした授業のための一つの選択肢と考えられる。これらも含めて企業との多様な連携の可能性を模索していきたい。

【注】
1) マクダネル・ダグラス社の倫理規程『Always Take The High Road』では，「従業員が持つべきセルフ・ガバナンスが，企業におけるコミュニケーションと組織の発展に効果的であることは明白である」としている。寺本・坂井編著（1997）にも重要性が論じられている。
2) 水尾，1〜4頁。
3) 同上，6〜12頁。
4) Barnard, p. 265. その他，市民の当為性と義務のもととなる愛国的な意味をもつ行動基準や，マナーや社会的行為のもととなる行動基準なども挙げている。
5) たとえばEwring（訳本）14章によれば，米国ではビジネススクールやカレッジの過半が正教科目に「企業倫理学」が位置づけられている。
6) Simon, p. 15. 彼はトレーニングという表現を使用し，継続的オーソリティーやアドバイスの行使の必要性がなくても組織構成員が満足できる意思決定に到達できるように，彼ら自身の内側影響を与えるもので，オーソリティーや助言に代わる性格をもつものとしている。
7) 稲葉，55〜56頁。組織が構造をもつことはルールやプログラム（行動規則）をもつことに他ならない。
8) Glawson, pp. 98−99.
9) 近年のサスティナビリティーレポートやＣＳＲレポートなども含む。

【参考文献】
・Barnard, C. I., *The Function of The Executive*, Harvard University Press, 1938.
・Glawson, J. G., "Case Method" in Werhane, P. H. & Freeman, R. E. eds. *The Blackwell Encyclopedic Dictionary of Business Ethics*, Blackwell Publishers Ltd., 1997.
・Simon, H. A., *Administrative Behavior*, The Free Press, 1945.

第7部　企業倫理

- Drucker, P. F., *The Essential Drucker On Management*, 2000.（上田惇生編訳『チェンジ・リーダーの条件』ダイヤモンド社, 2000年）
- Ewring, D. W., *Inside The Harvard Business School*, Harvard Business School Press, 1990.（茂木賢三郎訳『ハーバード・ビジネススクールの経営教育』ＴＢＳブリタニカ, 1993年）
- Piper, T. R., Gentile, M. C. & Parks, S. D., *Can Ethics Be Taught*, Harvard Business School Press, 1990（小林俊治・山口善昭共訳『ハーバードで教える企業倫理』生産性出版, 1995年）
- 稲葉元吉『経営行動論』丸善, 1979年。
- 梅津光弘研究会「日本の大学における企業倫理教育の可能性について」『第13回研究発表大会予稿集』日本経営倫理学会, 2005年。
- 高橋浩夫「アメリカのビジネス・スクール教育のジレンマと企業倫理」『経営倫理』No. 44, 経営倫理実践研究センター, 2006年。
- 寺本義也・坂井種次編著『日本企業のコーポレートガバナンス』生産性出版, 1997年。
- 松下幸之助『企業の社会的責任とは何か？』ＰＨＰ研究所, 1974年。
- 水尾順一『セルフ・ガバナンスの経営倫理』千倉書房, 2003年。
- 水谷雅一他「わが国の産学における企業倫理の実践状況の調査と考察」神奈川大学国際経営研究所, 2000年。
- 山城章『経営学原理』白桃書房, 1966年。
- 日本経済団体連合会「主体的なキャリア形成の必要性と支援のあり方～組織と個人の視点のマッチング～」, 2006年。
- 日本経済団体連合会「2005年新卒者採用に関するアンケート調査」, 2006年。

（各社の経営倫理規程, 行動基準）
- Bell Atlantic：*Our Code of Business Conduct,*
- Mcdonnell Douglas：*Always Take The High Road*
- Northlop Gramann：*Standards of Business Conduct*
- GE：*Integrity – The Spirit & the Letter of our Commitment*（『企業規範／社規の意義と説明：われわれの確約』）

（水尾　順一）

第Ⅳ編　社会における倫理の実践

第2章　経営的規定からの新時代に期待されるコーポレート・ガバナンスとリスク管理・内部統制・教育

第1節　コーポレート・ガバナンスおよび内部統制の議論の背景

　近年，有価証券報告書の虚偽記載，鉄道運航にかかる事故，リコール隠蔽，建築基準法違反，巨額粉飾等，枚挙にいとまがないほどの企業をめぐる事件発生は，「組織ガバナンスの危機」「市場ガバナンスの崩壊」(伊藤邦雄一橋大学教授言による[1])をもたらしている感がある。しかも，これらの不祥事は，わが国では業界トップの大企業，あるいは公益企業のコア・ビジネスでも起こっている。このような企業不祥事は，我が国の資本市場，企業への信頼を失わせるだけでなく，国民の安全・安心をも脅かす事態となっている。

　企業不祥事が生じる原因として，経済産業省の研究会で分析されているようにさまざまなものが挙げられるが，最大の理由は，統制環境の不備にあると考えられる。いい換えれば，①経営者の公共性への責任感，倫理観の欠如，②企業理念が全従業員に徹底されていないこと，さらに，③社風や企業文化のレベルにおいてコーポレート・ガバナンスやリスク管理，内部統制が徹底されていないことから生じると考えられる。

　今日，内部統制が強く要請される背景に，経済社会のボーダレス化，資本市場のグローバル化，高度な情報化など，経済社会の枠組みが大きく変化したことがある。すなわち，「事前規制」の時代から「事後規制」の時代になり，制度選択の自由度が拡大したことと引き換えに，市場等によるモニタリングが強化され，説明責任が求められている。さらに，生産人口の若年化，生産拠点の国際化といった要因がこれに拍車をかけたと思われる。企業不祥事は，大きな時代の変革の中で生じた現象であると考えるべきである。

したがって，企業経営者は内部統制を不祥事の防止という単なる後ろ向きの捉え方をするのではなく，リスクを認識し，ミニマイズ化することで，いかに経営力の向上，企業価値の増大に結びつけるか，という前向きなスタンスで検討すべきであろう。そのように前向きに捉えた上で，グローバル・スタンダードに沿いながら，それぞれの企業が，日本型の企業統治を確立していくことが求められているのである。

そして，そのための具体的な方策としては，①監査役の機能強化を含むガバナンス体制の確立，②日本的な内部統制システムの整備，③会計監査人の強化・充実，④基盤になる従業員の意識改革とコンプライアンス教育の推進，⑤大学における倫理教育の実施が必要であると考えている。

企業不祥事が減少するかどうかについては，2005年12月に公表された経済団体連合会（以下，経団連）のアンケート[2]によれば，企業経営者の76％は今後も不祥事が起こると考えている。社内の対応策を十分に整備したと回答した者は8％と1割に満たず，約9割は不祥事対策が十分でないと考えている状況である。また，日本監査役協会が2003年に実施した社長に対するアンケート[3]の結果でも同様に不詳事が起こらないと明言しているのは9％にすぎず，多分起こらないが41％あるが，この多分というのは確たる自信がないと言うことであり不詳事対策が不十分と見るべきであろう。しかも想定される例をみるとその後続出した事件が残念ながら見事に予想されており，協会としてこの資料をもとに不詳事防止を警鐘乱打すべきではなかったかと思料する。

なお，日本監査役協会が2005年に実施した社長に対するアンケート[4]の結果でも善管注意義務の前提となる取締役の経営判断の原則について，「自社では十分に審議を尽くしている」といっている会社は約65％にとどまり，十分に理解されているとは言い難い。

企業不祥事がなくなるかと問われればそれは不可避だと考えるべきだと思われるが，他方，このようなアンケート結果からも，各企業における不祥事防止のための取り組みは，まだまだ改善の余地がある。

こうした中で，経営に求められる要諦としては，①コーポレート・ガバナン

スの強化，②経営者として説明責任が果たせる内部統制の仕組みの構築と開示，③内部統制の仕組みの運用と成果についての経営者による評価，④監査役の機能の実質的な強化，⑤会計監査人の評価能力の向上の5点が挙げられると考える。

第2節　内部統制の仕組みの構築と開示

1　内部統制と経営者の役割

　内部統制の整備については，会社法と金融商品取引法の中で法制化されたが，この過程では，経済産業省の企業行動の開示・評価に関する研究会でも議論が行われるなど，さまざまな場で日本的な内部統制の整備について検討が行われてきた。また，立法に大きな影響を与えたものとして，自民党の2005年10月の企業統治委員会の提言（「実効性ある内部統制システム等に関する提言」），企業会計小委員会の提言（「わが国の企業統治，会計監査制度のさらなる強化に向けて」）が挙げられる。こうした議論が現在の会社法，金融商品取引法の改正の中で取り入れられたと判断される。

　それでは，企業経営の立場から，今後2年から3年の間，内部統制の強化に取り組むに際していかなることを考えるべきだろうか。

　経済産業省の研究会では，「企業は誰のものか」という問題について，企業経営者，日本経団連，公認会計士協会，企業年金連合会専門業者等，さまざまな立場の委員によって議論が行われた。最終的には，コーポレート・ガバナンスを強化する必要があるということ，その方向性は，「企業が誰のものかではなく，誰のためにあるか」ということを真剣に考えなければいけないという結論であった。これが第一の点である。研究会の座長であった伊藤邦雄一橋大学教授も，企業経営者は，「自社は何のために，誰のために存在するか。」[5]と述べられ，また，上村達男早稲田大学教授は，「企業はミッションを持つものである。」[6]と述べられているが，意図するところは同じであると考える。また，

第7部　企業倫理

図1　会社法と金融商品取引法等との関連

①会社法における内部統制（対象は約1万社）

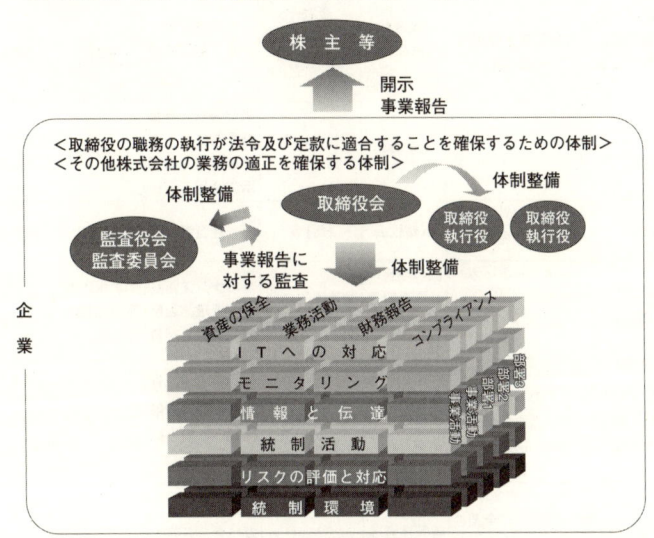

<株主等>
　↑ 開示
　　 事業報告

＜取締役の職務の執行が法令及び定款に適合することを確保するための体制＞
＜その他株式会社の業務の適正を確保する体制＞

体制整備 ← 取締役会 → 体制整備
　　　　　　　　　　　　　　　　取締役執行役／取締役執行役
監査役会・監査委員会
事業報告に対する監査　　体制整備

内部統制の要素：
- 資産の保全／業務活動／財務報告／コンプライアンス
- ITへの対応
- モニタリング
- 情報と伝達
- 統制活動
- リスクの評価と対応
- 統制環境

②金融商品取引法等における内部統制（対象—全上場企業　約3,700社）

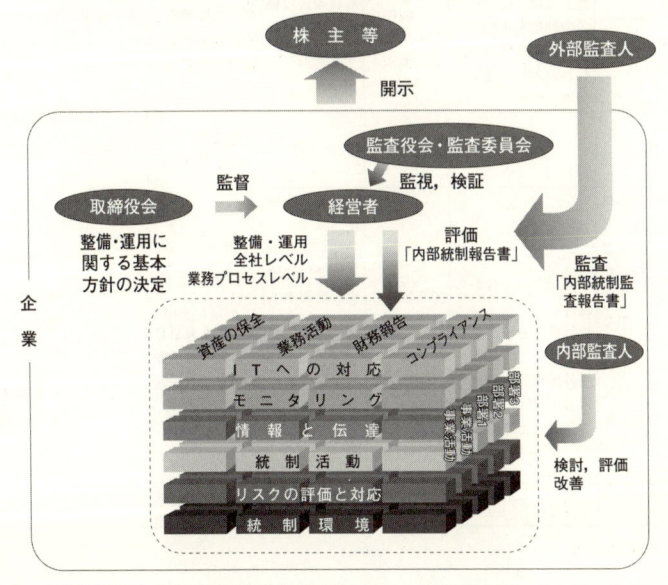

<株主等>
　↑ 開示

外部監査人

取締役会 → 監督 → 経営者 ← 監査役会・監査委員会（監視，検証）
整備・運用に関する基本方針の決定
整備・運用　全社レベル／業務プロセスレベル
評価「内部統制報告書」
監査「内部統制監査報告書」
内部監査人　検討，評価　改善

内部統制の要素：
- 資産の保全／業務活動／財務報告／コンプライアンス
- ITへの対応
- モニタリング
- 情報と伝達
- 統制活動
- リスクの評価と対応
- 統制環境

出典：経済産業省企業行動課研究会報告書および公表資料。

第Ⅳ編　社会における倫理の実践

表1　リスク管理・内部統制にかかる立法当局の要請

	東証		法務省（会社法）	金融庁財務報告の内部統制	経済産業省企業行動研究会	米国企業改革法	
	宣誓書及び上場会社の適時開示体制に関する研究	有価証券上場規程（一部改正）				302条	404条
宣誓書等	宣誓書・確認書	コーポレート・ガバナンスに関する報告書	事業報告	経営者による評価報告	事業報告，有価証券報告書，決算短信等での開示に活用	宣誓書	経営者による評価報告
宣誓者・決議主体	代表者	上場株券（外国株券を除く）の発行者	取締役会	経営者	経営者	CEO・CFO	経営者
宣誓・確認決議の範囲	有報等の記載内容全体	コーポレート・ガバナンス	法の趣旨はリスク管理，内部統制全般	財務報告に関する内部統制	ガバナンス，リスク管理，内部統制全般を対象	年次報告書等の記載内容全体	財務報告の内部統制
宣誓・開示の内容	定型的な宣誓書はあるが，確認書は自由裁量	コーポレート・ガバナンスの方針・体制，ステークホルダーとの関係，内部統制システムの整備状況	内部統制構築に関する基本方針	法令により評価内容が決まる予定	ガバナンス，リスク管理，内部統制の取組み状況	法令により宣誓内容が明示	法令により宣誓内容が明示
ねらい	適時開示の体制・不実記載がないとの確認理由の開示による経営者の自覚を促す	「適切なディスクロージャーに企業経営者が責任をもって取り組む意識の保持」及び「企業経営者の独走を牽制するための独立性のある社外の人材の適切な活用」	善管注意義務としての内部統制に係る取締役会の決議内容の開示	内部統制枠組み策定，及び財務報告に係る内部統制評価・監査（案）	ガバナンス等を構築・評価し，ステークホルダーに開示する際に参考となる指針を示す	開示の適正性の確保	財務報告に係る内部統制の経営者評価・監査
監査又は評価の有無	無	無	監査役	公認会計士	監査役，公認会計士	無	公認会計士
公表，適用開始，適用開始見通し等	宣誓書の提出は，2005年2月（その後は，宣誓書に署名を行った代表者が交代するごとに，あるいは5年ごとに再提出）。確認書の提出は，2005年1月決算会社から。（3月決算会社は2005年3月期から適用）。	2006年3月1日から施行。施行日において現に上場されている株券（外国株券を除く。）の発行者は，2006年5月31日までに提出。	2005年12月省令案の公布 2006年5月に施行	2006年に法制化 2008年4月1日以降に開始する事業年度から適用 罰則あり（個人500万円以下の罰金，5年以下の懲役，法人5億円以下の罰金）実施基準案が公表	2005年8月31日に公表→自民党2005年10月提言	2002年8月適用	外国発行会社は，2006年7月15日以降に終了する事業年度から適用

出典：プロティビティ社。

日本経団連の経団連憲章もこの考えに即したものと理解される。

　第二に，経営者は，経営トップとしての誠実性を反映し，社員が共感できる仕組みの内部統制を構築し，開示する必要があるとしている。

　八田進二青山学院大学教授は，「内部統制は経営者の経営による経営者のためのものである。」，「グローバル企業は社会的存在である。経営者は自ら『内部統制』に取り組むべきだ。」[7)] と発言されているが，実際に内部統制は，基本的には，経営の仕組みと表裏一体となすもので，当然のこととしてやるべきものであり，今までの取り組みを整備するだけであるともいえる。

　内部統制システムは，基本的に企業経営者が構築するものであるが，実効性を確保するためには，運用面でも，社員が自発的にPlan→Do→Check→Actionを実行しているかどうか評価することが必要となる。内部統制は一度作っただけで終わるものではなく，それが実際に十分機能しているかということまで経営者は評価しなければならない。

2　内部統制に関する取り組みの基本的考え方

　平成18年に改正された，金融商品取引法における財務報告に係る内部統制は，米国ＳＯＸ法の問題点を認識し，わが国にふさわしいシステムを志向している。その場合，忘れてならないのは，会社法と金融商品取引法の両方に適合する内部統制の構築をめざすべきということである。そして，実効性のある内部統制システムを整備するためには，全員参加の自主的な取り組みが前提であることはいうまでもない。

　金融商品取引法の財務報告に係る内部統制は，リスク・アプローチおよびトップダウン方式を採用している。また，ダイレクトレポーティング（直接報告業務）を採用せず，会計監査人による内部統制監査は，経営者が評価した内部統制を監査する仕組みとなっている。したがって，経営者は対処方針とその優先順位を明示して，重点的・効率的に内部統制評価を実施することとなる。少なくとも，米国ＳＯＸ法の問題点として挙げられる膨大な業務の文書化は必要ないはずである。重要なことは，実施基準に準拠し文書化の範囲について十

分に外部監査人と協議し，双方で合意することである。公認会計士の監査基準が，経営者評価の範囲を決めるような逆基準性によって，過剰なコスト負担が生じることは避けなければならないことが現実的理想である。

3 監査役の機能の実質的な強化

　日本のコーポレート・ガバナンスの形態はさまざまであるが，監査役制度という世界に類のない制度が日本にあって，これを生かさない限り，わが国のコーポレート・ガバナンスは機能しないと考えられる。

　委員会設置会社制度が導入されたが，現在でも，委員会設置会社形態を採用している企業はまだ少数であり，また，実際に委員会設置会社の中には子会社のコントロールを目的に委員会設置会社に移行した会社もあり，日本における現段階の状態は，必ずしもコーポレート・ガバナンスの理想的な姿とはいえず，今後の資本市場の動向に任せるべきであろう。ただ，公益的企業については，前向きに導入検討の余地があろうと判断される。

　したがって，いうまでもなく，ガバナンスのあり方は，それぞれの企業が独自の形態を採用して然るべきであるが，まず，現に存在する，監査役制度を生かしていくことが，わが国のコーポレート・ガバナンスを考える上で重要である。米国の不祥事会社の例をみても，ガバナンスの形だけでは不祥事は防止できず，「魂を入れる」ことが重要であることが検証されている。

　このように考えると，新日本製鐵株式会社の監査役の監査の考え方，つまり「予防監査」，「見える監査」，「行動・責任をとる監査」，「適法性監査にとどまらず妥当性監査にまで踏み込む監査」の実施は，監査役監査のあり方として称揚すべきものである。

　このような監査を実施するためには，監査役人事が役員人事の一環で行われるべきではなく，人物本位で選任される必要がある。代表取締役経験者クラスを選任することも一案である。

　一方，監査役や会計監査人の独立性を確保するためには，監査役が会社法で付与された会計監査人の選任および報酬の決定に対する同意権を，毅然と経営

者に行使すべきである。昨年，委員として参画した金融審議会公認会計士制度部会において，公認会計士の独立性の強化案が，議論された。公認会計士の選任，報酬の決定は，監査役の同意見にとどまらず，監査役が決定権までもつことが望ましいと主張した。今後の会社法の取扱いに注目し度い。

コーポレート・ガバナンスの強化，内部統制の実効性確保に当たり，監査役の果たす役割は大きいが，現状では監査役の行動がそのような社会の要請，期待に応えているとはいい難い。

日本監査役協会会長談話によると，監査役の法的機能は会社法の改正で十分に整備されているが，実行ができているかどうかが問題であり，監査役が権限を使わない限り，絵に描いた餅にすぎない。

2005年3月から4月に監査役協会が実施したアンケート（会員4,630社中，1,235社回答）[8]の結果によると，監査役監査基準を実践しているのは大体2割から8割であり，「概ね実践」が約6割となっていた。この「概ね実践」という回答の中には，実際には監査役監査が十分機能していない会社が含まれている可能性があると推察される。したがって，実態面では依然として監査役が弱い立場にある企業が多く，もう一段高い監査役の機能強化への努力が必要であると考えられる。

4 会計監査人の評価能力の向上

さらに，会計監査人の監査の向上と独立性の確保が必要であり，そのためには経営者の支援が要求される。特に内部統制の評価には，会社，経営の質を判断できる力が求められる。こうした会社をみる力をもった会計監査人が確保できるかどうか，同時に監査法人についても，組織的な監査が可能な体制が十分に整っているかどうかも，効率的かつ実効的な内部統制システムの構築には重要な問題となると考えられる。この問題については，今後の金融審議会の進展と公認会計士法の改正に期待したい。

5 現場における内部統制対応への要請

各々の企業が，職場レベルで内部統制を徹底するためには，次の八つがポイントになると考えられる。

① 物事の本質を追求し現場を機軸とする業務の進め方を徹底しているか
② 社員の主体性，自立性が低下していないか
③ 部門間，階層間の対話，相互信頼が薄まっていないか
④ 組織を超えた課題の共有化，施策の連携が徹底されているか
⑤ 管理者のマネジメント力，スタッフの環場把握力，課題解決力が低下していないか
⑥ 技術系若年層への技能伝承が不十分で突発事故への対応能力が低下していないか
⑦ 基礎教育（経営理念，経営方針，コンプライアンス，安全・環境・品質）が徹底しているかどうか
⑧ 海外の関係会社およびジョイントベンチャーでは対応策が十分に実施されているか

である。

第3節　コーポレート・ガバナンスの強化の具体的事例

各企業のガバナンス体制をみてみると，たとえば，住友電気工業株式会社（以下，住友電工）では取締役会が11人，監査役会が5人で構成されている。執行役員制になり，取締役の人数が半減したため，従前に比べ取締役会の効率化が進んだと評価できる。また，監査役は2006年6月の株主総会で増員が承認され，4人から5人になっている。特に，社外監査役を2人から3人に増員し，それぞれ弁護士と公認会計士，大株主の代表を監査役に迎え，専門的な知見から適正な監査が行われる体制を整備している。

内部統制に関しては，監査役が監査計画に従って国内外の業務を往査している他，経営会議等社内の重要な会議に陪席し，取締役，部門長から報告を受けている。また，会長，社長，外部監査人との定期的な意見交換会も実施し，監査役監査の充実を図っている。さらに，監査役室に人員を3人配置し，監査役室員の人事に関して監査役が事前に相談を受け，執行部門からの独立性を確保している。

住友電工のガバナンス，内部統制についての取り組みは統制環境の整備に重点を置いているところが特徴的である。

また，他社の取り組みを概観すれば，次のようになっている。

新日本製鐵株式会社は，監査役の監査体制が充実している。監査役の監査では，適法性監査からさらに妥当性監査に踏み込み，予防監査，見える監査，行動・責任をとる監査が実践されている。また，実際の監査業務も経営計画への取り組み状況を通しての監査が行われ，社外監査役の独立性，見識を生かした監査が行われている（関哲夫新日本製鐵常任監査役，2006年7月8日早稲田大学講演「内部統制システムと監査上の視点」より）。

松下電器産業株式会社では，経理部門とタイアップした内部統制が特徴的である。「ドメイン管理」といわれ，事業部署を大きくしたようなものであるドメインに，それぞれ内部統制の責任者として経理の経験者が配置されている。これは国内だけでなく，海外の各所にも内部統制の責任者として経理要員を配置し，海外も含めグループ全体の統制環境を整備している（川上徹也松下電器産業代表取締役副社長，CFO協会第一回FASSフォーラム・ジャパン2006講演「内部統制と経理社員制度」より）。

トヨタ自動車株式会社は，「ステークホルダーとの調和による長期安定的株主価値の向上」を掲げ，①「見える化運動」による社内失敗例の迅速な上奏と公表，②現地現物主義の徹底を推進している。また，今後の課題として，グローバルに展開する「人づくりとガバナンス」のあり方，会社の「質」を判断できる会計士との連携を掲げて内部統制に取り組んでいる（トヨタ自動車荒木隆司相談役，辻常務の説明資料による[9]）。

東京ガス株式会社は、ガバナンス体制の整備について、委員会設置会社に負けないガバナンス強化策として、取締役のうち、執行役を12人から6人に抑える、株主還元の強化を図る、経営の客観性・透明性を高める、諮問委員会を設置し、報酬制度等を審議している（東京ガス監査部吉野太郎主席説明資料による）。

住友商事株式会社は、会長・社長の任期を制限すること、社外アドバイザーの起用を実施すると共に、グローバル連結ベースでのポートフォリオリスクマネジメント・コンプライアンス評価・内部統制の評価等についての改善を図っている（中井戸達也業務部部長代理説明資料による）。

第4節　望まれる経営者の意識・行動

コーポレート・ガバナンスの強化と内部統制に関する取り組みが、各企業で真剣に行われれば、不祥事の防止に相当効果を発揮すると思われるが、企業経営の全体責任者である経営者自身が関与する不祥事はなかなか防止できない。結局、経営者に高い倫理観とそれに基づく適切な企業行動が求められる。このため、企業経営の基本として、経団連の企業行動憲章を遵守した経営が実践される必要がある。経団連の企業行動憲章は、ステークホルダーへの配慮、官制談合の排除、株主への開示、暴力団との対決、企業倫理の徹底などの10項目で構成されているが[10]、最も重要なことは経営トップによる問題解決と厳正な処分である。

内外の一流経営者の失敗例からは、成功の継続のためには、経営者が謙虚な姿勢で経営を行うことという当然の結論が導き出された。また、エンロン、ワールドコムを含む米国24社の企業不祥事の事例分析を行ったボストン・コンサルティンググループの調査[11]では、コーポレート・ガバナンスの仕組みだけでは不正行為は防げないことが指摘されている。また、不正行為を行った企業に共通の特徴として、ストック・オプション制を取り入れていること、役員賞与が高いこと、一時の成功により異常なひん度でに記事が取り上げられるこ

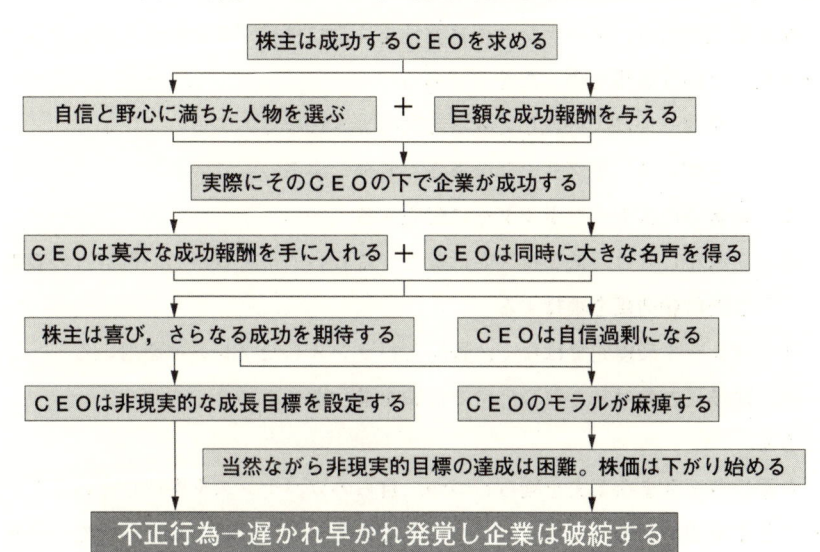

図2　成功したCEOが不正行為に走るまでのメカニズム

```
         株主は成功するCEOを求める
                  ↓
自信と野心に満ちた人物を選ぶ ＋ 巨額な成功報酬を与える
                  ↓
        実際にそのCEOの下で企業が成功する
                  ↓
CEOは莫大な成功報酬を手に入れる ＋ CEOは同時に大きな名声を得る
                  ↓
株主は喜び，さらなる成功を期待する    CEOは自信過剰になる
                  ↓
CEOは非現実的な成長目標を設定する    CEOのモラルが麻痺する
                  ↓
  当然ながら非現実的目標の達成は困難。株価は下がり始める
                  ↓
     不正行為→遅かれ早かれ発覚し企業は破綻する
```

とが挙げられている。さらに，不正行為を行った企業は，概して成長目標が高く，10％以上の高い成長を掲げた結果，失敗して株主利益率が落ち，不正に手を染めるというのが，アメリカの流れである。

　日本の多くの一流経営者の語録からも経営者としての教訓をみることができる。

　江戸時代に商人道を説いた石田梅岩は「実の商人は先も，我も立つことを思うなり」と，お客様第一主義を説いている。商業の論理形成の前に，人の人たる道（倫理，道徳，CSR）を追求することが必要だということである。

　経団連前会長の奥田碩氏は，「企業は事業で利益を出すことはもちろんであるが，企業の社会的責任を意識し，企業倫理の徹底と社会貢献活動に取り組むことがより重要である」とCRSの重要性を強調している。

　京セラの稲盛和夫名誉会長は，「貪欲社会からの離脱，心のブレーキを踏め。"足りるを知る" という謙虚さを失った」と最近の不祥事に関してコメントし，弊社の亀井正夫元相談役は，「"ノーブレス・オブリージ" を認識すること」と，

第IV編　社会における倫理の実践

上に立つ人間に対して厳しい自制を説いた[12]。

松下幸之助氏は，ガバナンスの必要性を「常に横に"こわい人"がいなきゃダメだ」という表現で語ったそうである。

これらをベースに，整理してみると次のようになる。

① ノーブレス・オブリージを遵守して経営する
② 顧客等のステークホルダーに配慮する
③ 立派なＣＦＯ，監査役・会計監査"こわい人"を登用し，彼等との毅然とした信頼関係を維持する
④ ブレーキ最優先ではなく，戦略とバランスしたブレーキを用いる
⑤ 従業員との対話と教育の中で信頼を進化させていく

である。

企業はさまざまな工夫を凝らしつつ，自らのガバナンスを保持していくということが重要である。特に，トップによる従業員との対話，教育の中で，経営者が，従業員から信頼を得るための努力が必要である。このため住友電工では，社内大学を発足させ，年間40時間の教育を実施している。最も重要な科目は基礎教育であり，事業精神，経営理念がその主な内容であるが，この他に経営方針とビジョン，コンプライアンス，さらに安全・環境・品質に加え人権問題への理解を深めるための内容も含まれている。この基礎教育をすべての社員を対象に毎年繰り返し実施することで，社員の意識改革に努めている。

このような従業員教育を海外子会社にも徹底するため，海外子会社のトップを集めて国内で教育を実施し，そこから展開する方法等で，海外子会社の内部統制についても強化を進めている。進出先国の文化と企業風土との合流を図って，グループの全員参加運動を実施することが重要であると考えている。

すなわち，持続的に成長性の高い企業体質を維持するには，しっかりした統制環境が必要である。統制環境が整備されていない企業は，必ずどこかでほころびが生じる。企業活動を拡大していくに当たり，成長とバランスをとりながら，いかに不祥事を起こさず，企業価値を持続的に高めていくかを考えることこそが，今日の企業経営者には求められている。

最後になるが，ものづくりは人づくりである。コーポレート・ガバナンスの要諦も，経営のめざすところも，突き詰めれば"人づくり"に行き着くだろう。

現在，関西大学大学院（会計研究科）で公認会計士を志す学生達を対象にコーポレート・ガバナンス，リスク管理，内部統制について講義をしている。試験に直結してはいないが，毎回熱心に出席し，議論している彼等が立派な実業人になる心得を学生時代に少しでも吸収し社会に出て行くことを期待してやまない。

【注】
1) セミナー：Protiviti Japan Annual Seminar '06「内部統制とリスクマネジメント」講演タイトル『今，求められるコーポレート・ガバナンス』2006年8月1日。
2) 日本経済団体連合会『企業倫理・企業行動に関するアンケート集計結果（概要）』2005年12月13日。
   http：//www.keidanren.or.jp/japanese/policy/2005/100/gaiyo.pdf
3) 日本監査役協会『企業不祥事防止と監査役の役割』2003年9月24日。
   http：//www.kansa.or.jp/siryou/elibrary/el 003 031017.html
4) 日本監査役協会「監査役監査基準の実践事例」2005年9月22日。
   http：//www.kansa.or.jp/siryou/elibrary/el 003 051019.html
5) 日本経済新聞「経営者未来塾Vol.4」2006年9月25日付。
6) 2006年9月13日「日本ＣＦＯ協会 Round Table」席上発言より。
7) 『On Course with Bearing Point』第3号，2006年9月。
8) 日本監査役協会『監査役監査基準の実践事例』2005年9月22日。
   http：//www.kansa.or.jp/PDF/el ci051019.pdf
9) セミナー：Protiviti Japan Annual Seminar '05「内部統制とリスクマネジメント」講演タイトル『内部統制とリスクマネジメント』2005年7月13日。
10) 日本経済団体連合会「企業行動憲－社会の信頼と共感を得るために－」(2005年5月18日改定)。
    http：//www.keidanren.or.jp/japanese/policy/cgcb/charter.html
11) ケース・クルーズ，菅野寛「経営者の不正はなぜ起きる？」『日経ビジネス』，2006年4月3日号。
12) 亀井正男『「和魂洋才」のすすめ』竹井出版，1991年1月20日。

（伊藤　進一郎）

第8部
職 業 倫 理

第1章　日本公認会計士協会の倫理規定

日本公認会計士協会（以下，会計士協会）の倫理規範について，「制度としての職業倫理」と「実践としての職業倫理」との二つの側面に分けて説明する。

第1節　制度としての職業倫理

1　自主規制と公的規制

　制度としての職業倫理を取り上げる場合には，公認会計士法等による公的規制と倫理規則による自主規制とに分けて捉えなければならない。倫理規則による自主規制は，公認会計士法等による公的規制を補完するような関係をもっており，公的規制よりも厳しい規制を設けている。また，倫理規則による自主規制が，法律等の改正により公的規制に取り入れられることもある。

2　倫理規範の作成

　会計士協会の会員である公認会計士の職業倫理に関する規範の作成および改訂は，倫理委員会が担当している。倫理委員会は，平成15年の公認会計士法改正後，日本公認会計士協会における職業倫理や監査人の独立性に関する対応を確かなものとするため，平成16年7月に新たに設置されている。それ以前は，倫理規則のための特別なプロジェクト・チームなどがその作成に当たっていた。

（1）倫理委員会の組織体制

　規範の作成，改訂およびその他関連職務を行うため，次の図のように倫理委員会（12名）とその下に三つの作業部会が組織されている。

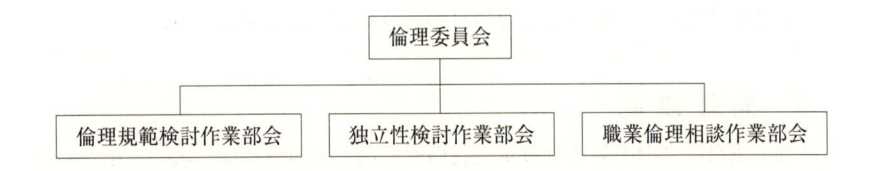

```
         ┌─────────────┐
         │  倫理委員会  │
         └──────┬──────┘
    ┌──────────┼──────────────┐
┌───┴────────┐┌┴─────────┐┌───┴────────┐
│倫理規範検討││独立性検討││職業倫理相談│
│  作業部会  ││ 作業部会 ││  作業部会  │
└────────────┘└──────────┘└────────────┘
```

　倫理委員会委員12名のうち3名は，中立的，公益的な代表として，会員以外の会計学者，マスコミおよび弁護士が参加している。

(2) 最近の具体的な倫理規範の改訂等

① 通称5年・5年ルール（平成18年2月16日　倫理規則第14条注解及び独立性（第14条）解説の一部改正　※改定後の倫理規則では「独立性に関する概念的枠組み適用指針」第58項）の設定

　　これは，上場会社監査における公共性に鑑み，監査人の独立性を強化するため，一定規模以上の監査法人において関与先が上場会社の場合，筆頭業務執行社員が5会計期間連続して監査業務に関与し，さらに5会計期間のインターバルを設けずに，当該会社の監査業務に関与することを規制するものである。

② 職業倫理に関する規範の改訂

　　国際会計士連盟（以下，IFAC）の倫理規程（Code of Ethics for Professional Accountants）は，1998年（倫理規則平成12年改定時のベース）以降数度改訂されており，また，2001年の改訂によりセクション8「独立性」が国際基準として設定されていたが，2004年4月に公表された「加盟団体が遵守すべき義務に関するステートメント4」（Statements of Membership Obligations 4）（同年12月から適用）により，IFACの倫理規程の権威を，規程全体について，国内倫理規程のモデルから，法律または規則のために遵守できない部分が同規程にある場合を除き，加盟機関または加盟ファームが同規程よりも緩やかな基準を適用することを認めない国際基準へとその位置づけが強化されたことを受けて，さらに国際的な水準と比肩するも

のとするため,平成18年12月11日の臨時総会にて改定を行った。

3 倫理規範

会計士協会の会則の第3章職業規範の遵守第1節倫理には,次の7条からなる倫理に関する規定がある。

(1) 会則規定
① 使命の自覚(第40条)

「会員及び準会員は,公認会計士の使命が,監査及び会計の専門家として,独立した立場において,財務書類その他の財務に関する情報の信頼性を確保することにより,会社財務書類その他の財務に関する情報の信頼性を確保することにより,会社等の公正な事業活動,投資者及び債権者の保護等を図り,もって国民経済の健全な発展に寄与することを自覚し,その使命の達成に努めなければならない。」

② 職責の基準(第41条)

「会員及び準会員は,公認会計士業務の改善進歩と監査業務の正常な発達を図り,常に関係法令を遵守し,かつ,職業倫理の昂揚に努めるとともに公正かつ誠実に職責を果さなければならない。」

③ 品位の保持(第42条)

「会員及び準会員は,常に品位を保持し,その知識及び技能の修得に努め,いやしくも公認会計士若しくは会計士補の信用を傷つけ,又は公認会計士及び会計士補全体の不名誉となるような行為をしてはならない。」

④ 会員及び準会員の遵守すべき倫理(第43条)

「前3条に定めるもののほか,会員及び準会員の遵守すべき倫理に関する事項は,倫理規則をもって定める。」

⑤ 監査意見の表明(第44条)

「会員は,財務書類の監査業務を行うに際して,次の行為を行ってはならない。

一　故意に，虚偽，錯誤又は脱漏のある財務書類を虚偽，錯誤及び脱漏のないものとして監査意見を表明すること。
　二　相当の注意を怠り，重大な虚偽，錯誤又は脱漏のある財務書類等を重大な虚偽，錯誤及び脱漏のないものとして監査意見を表明すること。
　三　十分かつ適切な証拠が入手しておらず，財務書類に対する意見表明のための合理的な基礎を得ていないにもかかわらず，監査意見を表明すること。」

⑥　**会則等の遵守（第45条）**
　「会員及び準会員は，本会の会則及び規則を守らなければならない」

⑦　**使用人等の監督（第46条）**
　「会員及び準会員は，公認会計士業務に係るその使用人その他の従業者が業務に関して法令又はこの会則及び本会の倫理規則に違反する行為を行わないよう監督しなければならない。」

(2)　倫理規則等

会計士協会の倫理規則のこれまでの歴史的な経緯，規則及び法律等を含む倫理規範の体系について説明する。

①　**歴史的な経緯**
　「倫理規則」の前身である「紀律規則」は，1950年に，規則第１号として，会員の行為の拠り所となる定めとして制定されている。それ以後現在の「倫理規則」までの主要な経緯は，次の表のとおりである。

表1　日本公認会計士協会の紀律規則および倫理規則の主な経緯

年　　月	制定・改訂内容等
昭和25年（1950）9月	定款外規則第1号「紀律規則」を制定（任意団体）
昭和28年（1953）4月	創立総会にて「紀律規則」を制定（社団法人）
昭和41年（1966）12月	創立総会にて「紀律規則」を制定（認可法人）
昭和50年（1975）6月	一部変更（補助者及び2親等以内の親族に係る利害関係規定の新設など）
昭和60年（1985）7月	大幅な変更（前文の新設，章立ての採用など）
平成8年（1996）7月	一部変更（監査法人の社員が脱退する場合の遵守規定，共同業務の遵守規定など）
平成12年（2000）7月	「倫理規則」として全面改正（ルールのみでなくモラルを含んだ規制を制定，主要な担当者のローテーション，監査業務とコンサルティング等の同時提供など）
平成15年（2003）12月 平成16年（2004）7月	公認会計士法改正に伴う一部改定 同上
平成18年（2006）12月	全面改定（フレームワーク・アプローチの全面採用，企業等所属の会員を対象とする規則（章立）を新設など）

② 倫 理 規 則

イ　総体的な事項

・「概念的枠組み」（フレームワーク・アプローチ）の全面的導入

誠実性，公正性，専門能力，正当な注意，守秘義務及び職業的専門家としての行動の6つの基本原則を基礎に，基本原則の遵守に「脅威」となる状況や関係を例示し，そのような状況や関係を認識した場合には，その「脅威」の程度を評価し，その評価に基づき，「脅威」の程度が明らかに些細な場合を除き「セーフガード」を講じて，「脅威」を除去するか又は許容可能な水準にまで軽減しなければ，業務を受嘱又は継続することはできないとする「概念的枠組み」（フレームワーク・アプローチ）を，原則として，倫理規則全体に採用している。

・構成

「第1章　総則」，「第2章　会計事務所等及び会計事務所等所属の

会員を対象とする規則」および，一般企業，官庁および教育機関などにおいて従事する会員を対象とする「第3章　企業等所属の会員を対象とする規則」から構成されている。

・定義の設定

　規定する範囲および内容を明瞭に示すため，用語等の「定義」規定を設定している。

ロ　総則—第1章

第1章は，次の条から構成されている。

「目的」（第1条）

「基本原則」（第2条）

「概念的枠組みの適用」（第3条）

ハ　会計事務所等及び会計事務所等所属の会員を対象とする規則—第2章

第2章は，次の条から構成されている。

「依頼人の誠実性の考慮」（第4条）

「業務チームの専門能力」（第5条）

「現任会員との交代」（第6条）

「現任会員の専門業務の補完的・追加的業務の受嘱」（第7条）

「依頼人との利害の相反」（第8条）

「セカンド・オピニオン」（第9条）

「報酬の水準」（第10条）

「成功報酬」（第11条）

「紹介手数料」（第12条）

「広告」（第13条）

「贈答・接待」（第14条）

「専門業務の公正性」（第15条）

「独立性」（第16条）

「品質の保持」（第17条）

「名義貸しの禁止」（第18条）

「将来の事象に対する意見の表明」（第19条）

「兼業」（第20条）

「会員相互間の行為」（第21条）

「共同業務」（第22条）

「監査法人の名称」（第23条）

ニ　独立性に関する規定—第16条関係
・保証業務全般における独立性の保持

　　近年の財務諸表監査以外の保証業務の広がりを踏まえ，財務諸表監査以外の保証業務を含む保証業務全般を対象に業務実施者の独立性を規定している。

・評価時点・業務期間・文書化の明示

　　独立性の保持に係る「脅威」の程度を評価する時点の考え方，独立性を保持すべき業務期間および「脅威」を評価し業務を実施する場合の文書化の必要性を明示している（「独立性に関する概念的枠組み適用指針」に記載がある）。

・独立性に関する概念的枠組み適用指針の公表

　　特定の状況および関係における独立性に関する概念的枠組みを示すため，別途に，「独立性に関する概念的枠組み適用指針」を公表している。

ホ　企業等所属の会員を対象とする規則—第3章

　　企業，官庁または教育機関などにおいて従事する会員を対象に規定する第3章は，次の7条から構成されている。

「基本原則の遵守」（第24条）

「潜在的相反」（第25条）

「情報の作成及び報告」（第26条）

「専門知識及び経験」（第27条）

「金銭的利害」（第28条）

「情報の改ざん及び機密情報の利用」（第29条）

「勧誘」（第30条）

（3） 倫理規範の体系

平成18年12月の倫理規則の改定により，公認会計士の職業倫理に関する規範は，法律規制と合わせ，次のように体系づけて整理することができる。

図1　倫理規範の体系

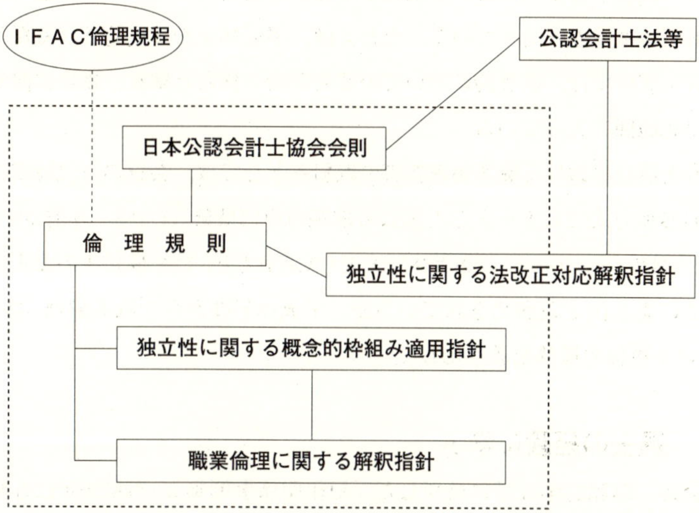

```
        ┌─────────┐                    ┌─────────┐
        │IFAC倫理規程│                    │公認会計士法等│
        └────┬────┘                    └────┬────┘
             │                                │
        ┌────┴─────────────────┐              │
        │    日本公認会計士協会会則  ├──────────────┤
        └────────┬─────────────┘              │
                 │                            │
        ┌────────┴──┐                         │
        │ 倫 理 規 則 ├─────┬───────────────────┤
        └────┬──────┘     │   独立性に関する法改正対応解釈指針 │
             │            └───────────────────┘
             │
        ┌────┴─────────────────┐
        │ 独立性に関する概念的枠組み適用指針 │
        └──────────────────────┘
             │
        ┌────┴─────────────────┐
        │ 職業倫理に関する解釈指針       │
        └──────────────────────┘
```

出典：「独立性に関する概念的枠組み適用指針」（日本公認会計士協会）

第2節　実践としての職業倫理

1　品質管理―システムとしての職業倫理

会計士協会は，平成18年3月に「監査事務所における品質管理」（品質管理基準委員会報告書第1号）を公表し，監査事務所における品質管理に関する実務上の指針を提供している。

本報告において，少なくとも設けなければならない監査事務所の品質管理の

システムの一つに,「職業倫理及び独立性」を挙げて,その方針及び手続を内部規程や監査マニュアル等において文書化し,監査実施者に伝達しなければならないと規定している。

2　職業倫理教育の実践

　会計プロフェッションの自主規律としての倫理規則の遵守と倫理意識の向上のための教育が必要である。平成15年の改正公認会計士法以降,急速に,職業倫理教育は推進されてきている。たとえば,平成18年から実施される新しい公認会計士試験では,監査論において公認会計士の使命と職責,倫理に関する事項が出題範囲に入っている。

　会計士協会における職業倫理教育の取組みとしては,会員の自己研鑽による自発的参加方式でスタートした協会の継続的専門研修（ＣＰＥ　年間40単位）制度（集合研修,ｅ-ラーニングおよびＣＤ-ＲＯＭ教材など）は平成15年の改正公認会計士法により法定義務化されているが,平成18年度から「職業倫理（特に独立性）」の4単位の履修を義務化している。

3　過去の経験に学ぶ

　協会は,昭和53年3月に発刊した「紀律関係事例集」,昭和59年12月発刊のその改訂版および平成6年7月に発刊した新訂版を引き継いで,平成18年9月に,過去に答申された綱紀事案の中から45の事例についてその概要を「綱紀関係事例集」として新たに編集し,会員が「過去の経験に学び」,職業会計人としての自主規制機能の強化として,職業倫理に資する経験の蓄積および情報の共有化を図り,各会員の業務の充実に資することを目的に会員に配布している。会員の教育的目的および会員の業務上の守秘義務を配慮して会員限りとしている。

4　懲戒処分とその公示および公表

　会計士協会の会長は,会員を懲戒処分したとき,一定の事項を機関誌等に公

示し，または公表することができる。

このような処分事例を開示することについては，次の効果があると考えられる。

- ・ 倫理規則に対する違反への抑止効果
- ・ 会員の判断に対する啓発効果
- ・ 倫理規則に基づき厳正に対処していることを示す効果
- ・ 倫理規則および制裁措置の運用を妥当なものとしていく効果

5　会員に対する支援

（1）　相談窓口の設定

　会員からの職業倫理に関する相談は，電話によるものを含め，月に50件ほどの相談がある。規定の解釈や判断が伴う相談については，原則として相談内容を文書による提出を受け，作業部会にて審議の上，文書にて回答している。また，作業部会にて結論が得られない案件は，倫理委員会にて審議することとしている。

　平成17年9月に，運営の充実および透明性を図るため「職業倫理相談運営細則」を制定し，公表している。この細則では，公認会計士の行動規準の主旨に則り，「会員の利用上の責任」を明記している。

（2）　職業倫理に資する資料および情報の提供

① 　監査事務所における独立性の保持に関する実務上の支援として「監査人の独立性チェックリスト」（平成17年3月　倫理委員会研究報告第1号）を公表している（平成18年5月改訂）。

② 　「紀律関係事例集」（新訂版）（平成6年7月）の刊行から10年あまりが経過しており，新たな事案を含め資料内容を整理一新し，「綱紀関係事例集」（平成18年9月）を刊行した。

③ 　会員からの職業倫理に関する相談事例などのうち，会員の職業倫理上参考となるものをQ＆A形式にまとめた「職業倫理に関する解釈指針」（平成

18年3月　倫理委員会報告第1号)を公表している。

(大村　廣)

第2章　日本税理士会連合会の倫理規定

第1節　税理士の使命と税理士会の役割

1　税理士の使命

　税理士法第1条において，「税理士は，税務に関する専門家として，独立した公正な立場において，申告納税制度の理念にそつて，納税義務者の信頼にこたえ，租税に関する法令に規定された納税義務の適正な実現を図ることを使命とする。」と規定されている。この規定は，税理士法全体の精神を示す基本原則であり，税理士業務の遂行および税理士法の解釈，また，後に記載する綱紀規則等の適用に当たっては，常にこの税理士法第1条の規定に照らして判断することになる。

2　日本税理士会連合会および税理士会

　税理士は「税務に関する専門家として，独立した公正な立場」において税理士業務を進めなければならない。この独立した公正な立場とは，納税義務者あるいは税務当局のいずれにも偏しないことをいい，税務に関する専門家としての良識に基づき行動することが常に求められている。

　「税務に関する専門家として，独立した公正な立場」を堅持するためには，税理士としての高潔な人格の陶冶と深い教養の涵養に努め，税理士の業務に関する法令と実務に精通しなければならない。この高潔な人格を備えるために，税理士法は税理士の品位保持に関する規定を税理士の自治団体である税理士会および日本税理士会連合会に定めることを課し，これらの規定に基づき税理士が行動することにより，税理士法第1条の使命が具現化することとなる。

第Ⅳ編　社会における倫理の実践

　原則として国税局の管轄区域ごとに設立されている税理士会は，税理士および税理士法人の使命および職責にかんがみ，税理士および税理士法人の義務の遵守および税理士業務の改善進歩に資するため，支部および会員に対する指導，連絡および監督に関する事務を行うことをその目的としている。税理士会は，自らの会則の中に「税理士の品位保持に関する規定」および「税理士業務に係る使用人その他の従業者に対する監督に関する規定」の事項を記載しなければならないとされている。

　また，これら税理士会が設立する日本税理士会連合会は，税理士会の目的遂行を確保するために，税理士会およびその会員に対する指導，連絡および監督を行うことを目的の一つとしており，日本税理士会連合会の会則には絶対的記載事項の一つとして「税理士の品位保持に関する規定」が挙げられている。

3　税理士倫理綱領と綱紀規則

　日本税理士会連合会は，税理士法で定められている目的を遂行するために，税理士の職業倫理について，税理士会員の座右の銘とすべき「税理士倫理綱領」を定めている。また，税理士の依るべき行動規範や，税理士の義務，禁止事項などを定めた「○○税理士会綱紀規則（準則）」を制定している。

　この「○○税理士会綱紀規則（準則）」は，税理士会が準拠すべき標準的規則を定めたものであり，この規則を基に各税理士会においてそれぞれ規則を定めている。

　このように日本税理士会連合会が税理士会に対し「税理士の品位保持」に関する考え方，行動規範となるような規則を示し，これに基づき税理士会が自らの会員である税理士に対して同様に示すことになる。これにより，日本国内の税理士は，ある一定の税理士としての行動規範，職業倫理に関する考え方を共有することになる。

　これら税理士としての行動規範，職業倫理はすべて税理士法第1条の使命から発せられていることから，税理士が行動規範，職業倫理を守ることにより税理士法第1条の使命の実現を確保することになる。

第2節　税理士倫理綱領の策定とその施策

1　税理士倫理綱領の策定

　昭和62年12月，日本税理士会連合会綱紀監察部は，当時の綱紀規則（準則）第1条（使命及び職責の遂行）の「会員は，法第1条に規定する税理士の使命の重要性を認識し，職業倫理に従いその使命のもとに職責を遂行するため，高潔な人格の陶冶と円満な常識の涵養に努め，税理士の業務に関連する法令と実務に精通しなければならない」という観点に立ち，税理士会員の座右の銘とすべき税理士倫理（綱領）の必要性について提起し，この税理士の倫理綱領を策定することにより，税理士の自覚を促すとともに，税理士の地位の向上に資することにつながるとして，日本税理士会連合会会長に具申した。

　日本税理士会連合会は，この具申を受けて，平成元年12月19日，「税理士の倫理綱領」を策定し，全国の税理士会員に対して周知徹底を図っている。

2　税理士倫理綱領

　「税理士の倫理綱領」は，次の5項目から成り立っている。
一　税理士は，職務の公共性を自覚し，独立公正な立場で職務を遂行する。
二　税理士は，法令に基づき，納税義務の適正な実現を図り，納税者の信頼にこたえる。
三　税理士は，秩序を重んじ，信用を保持し，常に品位を高め，社会的地位の向上に努める。
四　税理士は，法令，実務に精通するよう研鑽をつみ，資質の向上に努める。
五　税理士は，会則，規則等を遵守し，会務運営に積極的に協力する。

　この倫理綱領を定めた趣旨は，まず，冒頭に最も重要であると位置づけた税理士の職務の公共性を掲げ，税理士の公共的性格を第一義として示し，そして，税理士の職務の遂行に当たっては，独立した公正な立場で行い，委嘱者たる納

税者ともある程度の間隔を置き、租税行政庁にも偏せず、良心に従い使命を貫徹する倫理観を明確にしたものである。

つまり、税理士の職務の公共性を最も重要な要素として捉え、職務の性格を明確にし、この職務に求められるものとして、税理士の使命の貫徹を挙げている。

続いて、第二には、納税者の信頼にこたえるためには、法令に基づき納税義務の適正な実現を図ることが必要であるとしている。申告納税制度は、納税者自らが、税法の定めるところに従って、税額を計算し、申告する必要がある。そのために納税者は、信頼できる税務の専門家である税理士の援助を受けることにより、納税義務の適正な実現が履行できることになる。申告納税制度の円滑な運営を図る上で、税理士が担っている職責はきわめて大きく、このことが税理士の公共的職業という高い倫理観を自覚させるものとなる。

第三に、税理士に対する社会的地位の向上を図るため、常に自らの品位を高めるとともに教養を深め、高潔な人格の陶冶に努めることが必要であることを定めている。

第四には、税理士制度が社会の要請から生まれたものであり、税理士に対する納税者等の要請が複雑化、多様化に伴い、税理士活動そのものも新たな領域へと導かれる。そのため、税理士は常に税理士に関する法令および実務に精通するよう研鑽をつみ、社会一般の期待に応えるため資質の向上に努めなければならないとしている。

最後に、税理士は、税理士自らが組織する団体の会則・規則を遵守し、また、会務運営に積極的に協力することが、税理士制度の社会的地位の向上につながるとしている。

3　倫理綱領の遵守と徹底の施策

日本税理士会連合会では、この倫理綱領を策定した後、税理士法第1条の税理士の使命と倫理綱領を一つにした「税理士の使命と倫理」を税理士事務所に掲げるよう税理士会員に求めている。この施策は、平成元年および平成6年の

二度にわたり全国の税理士会で推進しており，多くの税理士会員の事務所に「税理士の使命と倫理」が掲げられている。また，税理士登録時にも「税理士の使命と倫理」を配布し，税理士の職責の自覚を促すと共に，税務に関する専門家としての意識高揚の役に努めている。

第3節　綱紀規則

1　綱紀規則の制定

　日本税理士会連合会は，税理士の信用または品位の向上を図ることが税理士に課せられた社会的責務であるとの基本的認識に立ち，全国の税理士会の意見を聴取しながら綱紀規則の制定について検討を進めた。そして，昭和42年6月9日，税理士の品位保持ならびに指導監督のための施策の一環として，「○○税理士会綱紀規則（準則）」を制定した。

　その後，綱紀規則は，昭和55年の税理士法改正の際に全面改正を行った以降，平成13年の税理士法改正に伴い一部の変更を行っているが，全般的な体系的見直しをしてこなかった。

　この間，税理士業界を取り巻く環境も大きく変化した。わが国の経済の国際化が進み，社会環境が大きく変化する中で，規制緩和，司法制度改革等によって，納税者の利便性の向上に資する，信頼される税理士制度の確立が求められてきた。

　こうした流れの中で，税理士の行う業務広告の原則自由化や税理士の業務報酬規程の撤廃などにより，顧問先の獲得競争が激しくなっていった。

　このような社会環境の中で，税理士の品位を保持し，税理士の社会的責任を果たしていくためには，これまで以上に綱紀規則の存在が重要となっている。

　このような中で，平成18年9月5日，日税連常務理事会において，26年ぶりに綱紀規則（準則）の改正が行われたのである。

2 倫理規程としての綱紀規則

新しい綱紀規則では，税理士が守るべき義務や使用人等の監督に関して必要な事項を定めるとともに，綱紀規則第3条「会員は，税理士法第1条に規定する税理士の使命の重要性を認識し，その職責を遂行するため，高潔な人格の陶冶と円満な常識の涵養に努め，税理士の業務に関連する法令と実務に精通しなければならない」を，また，同4条では「会員は，その使命に鑑み各自その品位を保持するとともに，常に税理士の社会的信用の向上に努めなければならない。」と規定している。このように，綱紀規則は税理士の倫理規程として，税理士としてのあるべき姿勢，望ましい姿をも規定したものである。

3 税理士の義務の網羅

綱紀規則には，税理士法，日本税理士会連合会会則および税理士会会則に規定されている税理士の義務がほとんど網羅されている。これは，税理士法に定める義務を履行しているか否かを判断する主体は行政庁である財務大臣となるが，税理士法の義務規定を綱紀規則に定めることにより，税理士の自治団体である税理士会が当該義務の履行について判断できるようになっている。

たとえば，税理士法第37条の「信用失墜行為の禁止」については，綱紀規則第12条に「会員は，税理士の信用又は品位を害するような行為をしてはならない。」として，法第37条とほぼ同じ規定を設けている。これにより，税理士会は，税理士の特定の行為が，綱紀規則第12条の規定に該当するかどうか判断できることになる。もちろん，行政庁が考える信用または品位を害する行為と，税理士会が考える信用または品位を害する行為が異なることも予想される。しかし，税理士の自治団体である税理士会が，自らの品位について規定し，運用することにより，国民，納税者からの信用を確保することになる。なお，当然に，税理士会が考える信用または品位を害する行為は，行政庁のそれと同等若しくは広く解釈しなければならず，これにより税理士業界が自ら望ましいと考える税理士像につながることになる。

4　綱紀規則の構成

綱紀規則は第1章の総則，第2章の遵守事項，第3章の監督および第4章の雑則から構成されている。

第1章「総則」では綱紀規則の趣旨および税理士会員の品位保持および使用人その他の従業者の監督に関する基本的理念について定めている。

第2章「遵守事項」では，規則第1章に掲げられている基本的理念に基づき遵守すべき事項について個別に列挙している。

第3章の「監督」では，日本税理士会連合会および税理士会が税理士会員を指導監督する義務を有していることから，この義務の履行のために税理士会会員が守らなければならない事項について定められている。

次いで第4章では，この綱紀規則の運用については，各税理士会で細則を定めた上，運用を行えるよう規定している。税理士会は独立した組織であることから，規則の運用に当たっては，税理士会の自治権が尊重されなければならない。しかしその一方で，各税理士会で規則の運用が異なると，綱紀規則の本来の趣旨である，税理士の品位保持の確保の目的を損なうことになることから，全国統一的な運用を図るため，日本税理士会連合会は，綱紀規則の運用指針を策定している。

5　○○税理士会綱紀規則（準則）

日本税理士会連合会が定める税理士会が準拠すべき綱紀規則は次のとおりである。

○○税理士会綱紀規則（準則）

（昭和42年6月9日制定　平成18年9月5日全文改定）

第1章　総　　則

（趣旨）
第1条　この規則は，会則第○○条の規定に基づき，会員の品位保持及び使用人その他の従業者（以下「使用人等」という。）の監督に関し，必要な事項を定める。

(会則等の遵守)
第2条　会員は，税理士に関する法令，日本税理士会連合会（以下「連合会」という。）の会則並びに本会の会則，規則及び細則（以下「会則等」という。）を誠実に守らなければならない。
(使命及び職責の遂行)
第3条　会員は，税理士法（以下「法」という。）第1条に規定する税理士の使命の重要性を認識し，その職責を遂行するため，高潔な人格の陶冶と円満な常識の涵養に努め，税理士の業務に関連する法令と実務に精通しなければならない。
(品位保持)
第4条　会員は，その使命に鑑み各自その品位を保持するとともに，常に税理士の社会的信用の向上に努めなければならない。

第2章　遵守事項

(事務所の設置)
第5条　会員（税理士法人の社員及び補助税理士である税理士会員を除く。）は，税理士業務を行うための事務所を設けなければならない。
2　税理士会員（税理士法人の社員及び補助税理士である税理士会員を除く。）は，税理士事務所を二以上設けてはならない。
3　税理士法人の社員及び補助税理士である税理士会員は，税理士業務を行うための事務所を設けてはならない。
(業務の制限)
第6条　国税又は地方税に関する行政事務に従事していた公務員であった税理士会員は，離職後1年間は，その離職前1年内に占めていた職の所掌に属すべき事件について税理士業務を行ってはならない。ただし，法第42条ただし書の承認を受けた者についてはこの限りでない。
(税務代理の権限の明示)
第7条　会員（税理士法人の社員及び補助税理士である税理士会員を除く。）は，税務代理に当たっては，税理士法施行規則第15条に規定する税務代理権限証書を税務官公署に提出しなければならない。
(税理士証票の携行等)
第8条　税理士会員は，税理士業務を行うときは，税理士証票を携行し，税理士会員章を着用しなければならない。
2　税理士会員が税務代理を行うときは，税務官公署の職員に税理士証票を提示しなければならない。
(署名押印の義務)
第9条　会員が税務代理をする場合において，租税に関する申告書等を作成して税務官公署に提出するときは，当該税務代理に係る税理士は，当該申告書等に署名押印しなければならない。

2 会員が税務書類の作成をしたときは，当該税務書類の作成に係る税理士は，当該書類に署名押印しなければならない。
（業務委嘱契約）
第10条 会員は，委嘱者との業務委嘱契約を忠実に守り，紛議等が生じないよう努めなければならない。
2 会員（税理士法人の社員及び補助税理士である税理士会員を除く。次項において同じ。）は，委嘱者から直接業務委嘱を受けなければならない。
3 会員は，業務委嘱契約を解除したときは，やむを得ない事由による場合を除き，すみやかに委嘱者に帰属する帳簿等を返還しなければならない。
（脱税相談等の禁止）
第11条 会員は，不正に国税若しくは地方税の賦課若しくは徴収を免れ，又は不正に還付を受けることにつき，指示をし，相談に応じ，その他これらに類似する行為をしてはならない。
（信用失墜行為の禁止）
第12条 会員は，税理士の信用又は品位を害するような行為をしてはならない。
（秘密を守る義務）
第13条 税理士会員は，正当な理由がなくて，税理士業務に関して知り得た秘密を他に漏らし，又は盗用してはならない。
（税務支援への従事義務）
第14条 会員は，本会が実施する税務支援に従事しなければならない。
2 会員（税理士法人の社員及び補助税理士である税理士会員は除く。）は，その所属する税理士会員が前項に規定する税務支援に従事する場合において，これに協力をしなければならない。
（研修の受講義務）
第15条 税理士会員は，本会及び連合会等が行う研修を受け，その資質の向上を図るように努めなければならない。
2 会員（税理士法人の社員及び補助税理士である税理士会員を除く。）は，その所属する税理士会員が前項に規定する研修を受講することに理解を示し，協力をしなければならない。
（帳簿作成の義務）
第16条 会員は，委嘱された税理士業務に関して，連合会が定める標準様式に準拠する帳簿を作成し，記載しなければならない。
2 前項の帳簿は，閉鎖後5年間保存しなければならない。
（使用人等の監督）
第17条 会員は，税理士の業務に係る使用人等が，会則等に違反する行為を行わないよう監督しなければならない。
（助言義務）
第18条 会員は，税理士業務を行うに当たって，委嘱者が不正に国税若しくは地方

税の賦課若しくは徴収を免れている事実，不正に国税若しくは地方税の還付を受けている事実又は国税若しくは地方税の課税標準等の計算の基礎となるべき事実の全部若しくは一部を隠ぺいし，若しくは仮装している事実があることを知ったときは，直ちに，その是正をするよう助言しなければならない。
（不正な税務代理等の禁止）
第19条　会員は，故意に真正の事実に反して税務代理若しくは税務書類の作成をしてはならない。
2　会員は，自己以外が作成した税務書類について，署名押印してはならない。
（業務の執行方法）
第20条　会員は，税理士でない者に税理士業務を行わせてはならない。
（会費の負担義務）
第21条　会員は，本会及びその所属する支部の会費を負担しなければならない。
（業務の広告）
第22条　会員は，自己の業務について，本会の定めに反する場合を除き，広告することができる。
2　前項の広告に関し必要な事項は，細則で定める。
（名義貸しの禁止）
第23条　会員は，いかなる場合においても，他の者に，自己の名義を利用させ，又は利用するおそれのあるような便宜を与えてはならない。
（非税理士との関連排除）
第24条　会員は，直接であると間接であると又は有償であると無償であるとを問わず，法第52条に違反する者又はその疑いのある者と次の関係を結んではならない。
(1)　税理士業務を行うための事務所を共同使用し又は賃貸借すること。
(2)　業務上のあっ旋を受け，又は紹介すること。
(3)　実質上の使用人となり，又は雇用すること。
(4)　業務を代理し，又は業務に関与すること。
(5)　業務上の便宜を与えること。
（業務侵害行為の禁止）
第25条　会員は，直接であると間接であるとを問わず，他の税理士又は税理士法人の業務を不当又は不公正な方法によって侵害するような行為をしてはならない。
（虚偽不正証明の禁止）
第26条　会員（税理士法人の社員及び補助税理士である税理士会員を除く。）は，その使用人等の身分等に関し虚偽又は不正の証明をしてはならない。
（税理士業務報酬の設定）
第27条　会員（税理士法人の社員及び補助税理士である税理士会員を除く。次項において同じ。）は，税理士業務報酬を請求するときは，合理的な算定根拠によらなければならない。
2　会員は，自らの報酬算定基準を予め定め，税理士業務報酬に関する委嘱者の質

問に答える用意がなくてはならない。
（綱紀違反者等の通知）
第28条　会員は，他の税理士若しくは税理士法人又はその使用人等に信用又は品位を著しく害する行為があり，若しくはその疑いがあることを知ったときは，その所属する支部又は本会に通報しなければならない。
（社員の常駐）
第29条　税理士法人会員の事務所には，本会の税理士会員である社員を常駐させなければならない。
（社員の競業の禁止）
第30条　税理士法人の社員である税理士会員は，自己若しくは第三者のために，その税理士法人の業務の範囲に属する業務を行い，又は他の税理士法人の社員となってはならない。

第3章　監　　督
（一般的監督）
第31条　会員は，本会若しくは支部又は連合会が必要あると認めて，その業務に関し報告を求め，又は勧告若しくは指示をしたときは，これに従わなければならない。
（個別監督）
第32条　会員は，本会若しくは支部又は連合会が必要あると認めて，その業務に関する調査又は質問をしたときは，これに応じなければならない。
（使用人の処分の届出）
第33条　会員（税理士法人の社員及び補助税理士である税理士会員を除く。）は，その使用人を懲戒解雇し，又は監督に服しないことにより解雇したときは，その旨を自己の所属する支部を通じ本会に届出なければならない。

第4章　雑　　則
（理事会への委任）
第34条　この規則の取り扱いに関し必要な事項は，理事会で定めるところによる。
　　附　則（平成　　年　　月　　日）
　この規則は，平成　　年　　月　　日から施行する。

6　綱紀規則に関する運用指針

　日本税理士会連合会は，綱紀規則の運用に当たり，①税理士会による統一的運用と透明性を確保し，②規定の制定趣旨を理解することで適正な運用に資することを可能とするため，また，③会員の権利擁護の観点から，会員の処分等

にかかる予測可能性を確保することを目的として,「○○税理士会綱紀規則(準則)に関する運用指針」を次のように作成した。

○○税理士会綱紀規則(準則)に関する運用指針

(平成18年9月5日制定)

1 はじめに(運用指針の作成の目的)

○○税理士会綱紀規則(準則)(以下「綱紀規則」という。)については,平成13年の税理士法(以下「法」)改正に伴い一部変更を行っているが,昭和55年の法改正に伴う全面変更以来全般的な体系的見直しがされていなかったことから,条文及び用語の整理等を図るとともに綱紀規則の趣旨を明確にするために平成18年9月5日日本税理士会連合会(以下「日税連」)常務理事会にて全面改正を行った。

今回の全面改正では,税理士法人に関する規定を新設するなど平成13年の法改正の規定との整合性を図るとともに,綱紀規則の設置の根拠,目的を明確にし,法や会則等において税理士会会員(以下「会員」)の義務とされるもので綱紀規則に規定する必要性があると判断したものについて盛込むこととした。

この運用指針は,綱紀規則の全面改正を受けて,規則の用語の定義や規則の解釈,適用に関し定めるとともに,規定によっては行為の類型について例示することで,①税理士会による統一的運用と透明性を確保し,②規定の制定趣旨を理解することで適正な運用に資するとともに,③会員の権利擁護の観点から,会員の処分等にかかる予測可能性を確保することを目的に作成するものである。

2 第1条(趣旨)

法第49条の2第2項において「税理士会の会則には,次の事項を記載しなければならない。」とあり,この絶対記載事項の一つとして「五 税理士の品位保持に関する規定」がある。

また,日税連会則第59条は「税理士会は,その会員が税理士の使命にかんがみ,税理士業務の改善進歩及び納税義務の適正な実現に努めるとともに,税理士の信用又は品位を害するような行為をしないように指導しなければならない。」としている。

このことから,税理士会では○○税理士会会則(以下「会則」)第6章(第39条~第46条)において税理士の品位保持及び使用人等の監督について定めており,会則第46条において「会員の品位保持及び使用人等の監督に関し必要な事項は,この会則で定めるもののほか,規則で定める。」とし,これを受けて綱紀規則は定められている。

綱紀規則第1条では,この規則の根拠となる会則の条文を示し,規則の位置付けを明確にしている。

なお,綱紀規則は,会員の品位保持及び使用人等の監督について定めたものであり,この品位保持の中には倫理的意味合いも含まれている。

3　第2条（会則等の遵守）

　綱紀規則に規定する「会則等」は，次の法令及び会則・規則等をいい，会員はこれらを誠実に守る義務がある。なお，法第39条では，「税理士は，所属税理士会及び日本税理士会連合会の会則を守らなければならない。」とされている。
(1)　税理士法
(2)　税理士法施行令
(3)　税理士法施行規則
(4)　日本税理士会連合会会則
(5)　日本税理士会連合会が定める規則
(6)　日本税理士会連合会が定める細則
(7)　税理士会会則
(8)　税理士会が定める規則
(9)　税理士会が定める細則

4　第3条（使命及び職責の遂行）

　税理士の使命とは，「税務に関する専門家として，独立した公正な立場において，申告納税制度の理念にそって，納税義務者の信頼にこたえ，租税に関する法令に規定された納税義務の適正な実現を図る（税理士法第1条）」ことを指す。
　この「納税義務の適正な実現」とは，租税法規に定められている納税義務成立の要件事実が存在することによって，既に成立している抽象的納税義務を，課税要件事実を確認して租税法規を適用し，具体的納税義務として確定することをいう。この場合の納税義務とは，議会による制定法及び条例，若しくは法律の委任による政・省令の定めによるものであることは言うまでもない。
　この意味での「納税義務の適正な実現」を納税義務者から委嘱された場合，税理士は必要な専門知識を有していなければ，この委嘱にこたえることはできない。税理士は，その業務たる「税務代理」「税務書類の作成」「税務相談」「財務に関する事務」について納税義務者の信頼にこたえるためには，課税要件事実の認定や租税法規の解釈などについて専門的な知識と能力，経験が必要とされる。
　税理士は税務の専門家として，法令の許容する範囲内で依頼者の利益を図る義務があるという専門家責任を求められていることに留意しなければならない。
　また，税務の専門家として，税理士が上記の意味での「納税義務の適正な実現」を図ろうとする場合には，納税義務者あるいは税務当局のいずれにも偏せず自己の専門能力を基礎にして独立した公正な立場を堅持すべきことが要請される。単なる納税義務者の主観的意思ではなく，租税法規に従って納税義務を確定すべく税理士が努力することは，租税法規で定められた以上の租税負担が納税義務者に確定することを阻止する意味で，納税義務者の財産権の保障を図る意義を有するものでもあり，これこそが，納税義務者の信頼にこたえることでもある。
　さらに，申告納税制度の理念や意義については，さまざまな角度からの分析が可

能であるが，納税義務者が自ら基礎的（第一次的）に納税義務を確定することとされている申告納税制度には，適正な納税義務を実現し得るメカニズムが内在しているということができる。また，申告納税の過程では，納税義務者が租税制度に関する理解を深め，租税法令の内容，税務当局の考え方，租税の使途，財政のあり方等に対する納税義務者（国民）の監視を可能にするという機能がはたらくことになる。

申告納税制度のこのようなメカニズムと機能に根ざす理念の実現こそが，税理士の使命の中核をなすものであるといわなければならない。

会員は，常にこの税理士の使命を認識し，業務にあたらなければならない。

5　第4条（品位保持）

税理士は，使命のもとに，職務の社会的公共性を自覚するとともに，その職務の遂行には，独立公正な立場で臨むことになる。このためには，税理士は法律の専門家として法令等を遵守し，秩序を重んじなければない。また，広く国民から得ている信用を保持し，常に品位を高めていくとともに，更なる社会的地位の向上に努めていく必要がある。

なお，税理士の倫理綱領として，次のとおり定めている。

～「税理士の倫理綱領」～
一　税理士は，職務の公共性を自覚し，独立公正な立場で職務を遂行する。
二　税理士は，法令に基づき，納税義務の適正な実現を図り，納税者の信頼にこたえる。
三　税理士は，秩序を重んじ，信用を保持し，常に品位を高め，社会的地位の向上に努める。
四　税理士は，法令，実務に精通するよう研鑽をつみ，資質の向上に努める。
五　税理士は，会則，規則等を遵守し，会務運営に積極的に協力する。

6　第5条（事務所の設置）

「税理士事務所」とは，継続的に税理士業務を執行する場所をいい，継続的に税理士業務を執行する場所であるかどうかは，外部に対する表示の有無，設備の状況，使用人の有無等の客観的事実によって判断する（税理士法基本通達40－1）。

税理士事務所を設けなければならない会員は，開業税理士及び税理士法人であり，補助税理士及び社員税理士は税理士事務所を設けることはできない。

また，第2項に定める二以上設けてはならないについては，例えば，登録上の事務所以外の場所で看板を掲げずに税理士業務を行う場合，週の大半を自宅で税理士業務を行い，登録上の事務所では事務員が申告書を作成するような行為などは，2箇所事務所と判断される。

なお，税理士である公認会計士が，税理士事務所の外に公認会計士としての事務所をもつ場合，その事務所が，外部に対する表示，広報その他の客観的事実によって，継続的に税理士業務を行い，又は行うための事務所であると認められるときも

この規定に抵触する。
　事務所を設けることができない会員は次のとおりである。
　① 　開業税理士の補助税理士である会員
　② 　税理士法人の社員である会員
　③ 　税理士法人の補助税理士である会員

7　第6条（業務の制限）
　「職の所掌に属すべき事件」とは，在職中に自己の権限として判断，指示，決定し得る範囲内にあった事項をいい，当該職の所掌に属することとなることが客観的に高度の蓋然性をもってあらかじめ見込まれることをいう。

8　第7条（税務代理の権限の明示）
　税務代理権限証書は，一の税務代理ごとに申告書等に添付して提出する。
　また，不服申し立ての取り下げ及び代理人の選任をする場合は，特別の委任を受けなければならない。

9　第8条（税理士証票の携行等）
　「税理士業務を行うとき」とは法第2条第1項の税理士業務をいい，特に，会員が税務代理をする場合において，税務官公署の職員と面接するときは，税理士証票を提示しなければならない。

10　第9条（署名押印の義務）
　「署名」とは，その代理責任の所在を明確にするために設けられたものであり，「記名」あるいは「代書」ではなく自署のことをいう。
　また，他の税理士に常時従事する補助税理士，及び税理士法人の社員税理士又はその補助税理士が署名押印するときは，「税務代理権限証書」を受けている税理士又は税理士法人の事務所の名称を付記しなければならない。
　なお，補助税理士は，当該申告書等及び税務書類に補助税理士である旨を表示する。

11　第10条（業務委嘱契約）
　会員は，「業務委嘱契約」を締結するに際しては，委嘱業務の範囲及び報酬の金額，支払時期，支払方法等を契約書において明確に定める等，委嘱者との間に紛議が生じないよう努めなければならない。
　「直接業務委嘱を受け」とは，委嘱者から直接に業務の委嘱を受けることをいい，委嘱者以外の者からの委嘱，例えば委嘱者が非税理士に税理士業務を委嘱し，この非税理士を通じて税理士が業務の委嘱を受けることはできない。
　なお，補助税理士である会員，税理士法人の社員税理士は委嘱者から直接業務の

委嘱を受けることができないことに留意しなければならない。
　「帳簿等」とは，委嘱者に帰属する帳簿，伝票類等の一切の税務会計書類をいう。

12　第11条（脱税相談等の禁止）
　脱税相談等の対象となる租税は，国税及び地方税のすべての税目をいう。
　「指示をし」とは，適正な納税義務の実現を回避させ又は具体的な方法を教示し税の逋脱を企画することをいう。
　「相談に応じ」とは，税の逋脱の方法等の相談相手になり脱税に肯定的に応じることをいう。
　また，「これらに類似する行為」とは，委嘱者に直接・間接に脱税の教唆をすることをいう。

13　第12条（信用失墜行為の禁止）
　「信用失墜行為」とは，税理士として法律的及び社会的に反する行為等で，信用又は品位を保持しているとはいえない行為をいい，「税理士の信用」とは，税理士一般の社会的信用をいう。
　信用失墜行為及び品位を害する行為の主なものとしては，①自己の脱税，②業務懈怠，③名義貸し，④詐欺，⑤委嘱者から預かった金銭の流用や横領，⑥暴力的行為等が挙げられる。

14　第13条（秘密を守る義務）
　「正当な理由」とは，委嘱者本人の許諾又は法令に基づく義務があるときをいう。
　「盗用」とは，税理士が委嘱者本人の承諾なしに知り得た秘密を自己又は第三者のために利用することをいう。
　また，取得した委嘱者の個人情報については，個人情報の保護に関する法律等に基づき適正に取り扱わなければならず，税理士会が定める個人情報の取扱いに関する細則等を遵守しなければならない。
　なお，これら守秘義務及び個人情報の保護については，使用人等に対しても同様に課せられていることに留意する必要がある。

15　第14条（税務支援への従事義務）
　「税務支援」とは，税理士会が実施する，①税務援助と，②税務指導をいい，会員はこれら税務支援に従事しなければならない。この従事義務については，日税連会則第66条第3項及び会則第60条第3項にも規定されている。
　税務支援は，税理士が行う社会貢献の一つであり，税理士業務は税理士にしかできないことを会員は自覚し，全会員が等しく税務支援に従事しなければならない。

16　第15条（研修の受講義務）
　会則第58条では「税理士会員は，本会及び連合会が行う研修を受け，その資質の向上を図るように努めなければならない。」と規定されている。税理士は倫理綱領にあるとおり，法令，実務に精通するよう研鑽をつみ，常に資質の向上に努める必要がある。

17　第16条（帳簿作成の義務）
　「連合会が定める標準様式に準拠する帳簿」とは，連合会が定める税理士業務処理簿のことをいい，作成に当たっては記載要領に従い作成しなければならない。
　また，税理士法人は本店及び支店毎に当該処理簿を作成し，税理士法人の本店は，すべての支店の処理簿を備えなければならない。

18　第17条（使用人等の監督）
　「使用人等」とは使用人とその他の従業者をいい，このうち「使用人」は，税理士と雇用関係にある者を指し，「その他の従業者」とは，雇用関係に基づかない者でも，税理士業務に関し支配，監督権の及ぶすべての者（家族従業者を含む。）をいう。
　なお，税理士が主宰する会計法人の使用人等については，税理士業務に関し支配，監督権の及ぶすべての者に該当するか否かで判断することとなる。

19　第18条（助言義務）
　「不正に」とは，委嘱者が税の賦課徴収等を故意に免れている事実をいう。

20　第19条（不正な税務代理等の禁止）
　「故意に」とは，事実に反し，又は反する虞があると認識して行うことをいい，刑法上の故意（犯意）よりも広く解する。

21　第20条（業務の執行方法）
　「税理士でない者」とは，税理士事務所にあっては，税理士若しくは補助税理士以外の者をいい，税理士法人にあっては，当該税理士法人の社員税理士及びその補助税理士以外の者をいう。

22　第21条（会費の負担義務）
　「会費」とは，会員が税理士会に入会する際に納付しなければならないもの及び会務運営の為に税理士会及び支部に対し負担しなければならない一切の金銭をいう。

23　第22条（業務の広告）
　会員が業務広告をするときは，納税者の利便に資するよう正確な情報を提供しな

ければならない。

24　第23条（名義貸しの禁止）
　名義貸しとは，次の各号を個別又は総合的に判断し，税理士事務所又は税理士法人の外形と業務の実態が相違する場合をいう。
　(1)　日常業務の処理が，署名をしている税理士の指示及び判断に基づいて行われていない場合
　(2)　業務の結果及び報酬が直接税理士又は税理士法人に帰属していない場合
　(3)　委嘱者から委嘱を受けた非税理士が，税理士業務を会員に再委嘱する場合
　(4)　業務に従事している者が税理士又は税理士法人と雇用関係がない場合
　(5)　税理士事務所がその税理士と所有関係又は賃貸借関係がない場合
　(6)　その他これらに準ずる者

25　第24条（非税理士との関連排除）
　「法第52条に違反する者」とは，税理士又は税理士法人でない者で税理士業務を行っている者をいう。
　「その疑いのある者」とは，税理士又は税理士法人以外の者で，上記の行為を行っていると推測できる者をいう。
　これらを具体的に掲げると，次の各号に該当する者をいう。
　(1)　税務書類の作成及び税務相談を自らが行っている者，又は，税理士に下請けをさせて行っている者並びにその疑いのある者
　(2)　事実上税理士を使い，又は雇用して，税理士業務を行っている者又はその疑いのある者
　(3)　他人の求めに応じ，会計業務と税理士業務の一部又は全部の委嘱をあわせて受け，業務を行っている者又はその疑いのある者
　(4)　会員の元使用人等で会員の元顧問先を顧客として税理士業務を行っている者又はその疑いのある者
　(5)　その他これらに準ずる者

26　第25条（業務侵害行為の禁止）
　「不当又は不公正な方法」とは、誇張や虚偽の表現により，又は他の税理士を誹謗，中傷する等して自己への業務委嘱を誘引するぎまん的顧客誘引（自己が他の者より著しく優れている又は有利であると顧客に誤認させることにより，自己と取引するよう不当に誘引すること）等の行為をいう。また，納税義務者に対しみだりに業務の委嘱を懇請し，業務の委嘱を誘引する行為や，他の税理士又は税理士法人の使用人を引き抜き雇用するような行為も不公正な方法にあたる。

27　第26条（虚偽不正証明の禁止）
　虚偽や不正証明してはならない相手方とは納税者はもちろんのこと，行政関係者等をいう。

28　第27条（税理士業務報酬の設定）
　会員は，業務報酬の設定に当たっては，合理的な算出根拠のもとに，自らの報酬基準（報酬規定書等）を予め定め，委嘱者からの税理士報酬の仕組み，報酬金額及び算定方法等の質問には，明確かつ平易な表現をもって十分説明しなくてはならない。

29　第28条（綱紀違反者等の通知）
　綱紀違反者通報の便宜を図るため，支部だけでなく，直接税理士会に通報することを可能としている。
　なお，通報を受けた税理士会及び支部等は，通報者の人権を保護した対応をとる必要がある。

30　第29条（社員の常駐）
　「税理士会の会員である社員を常駐させ」とは，社員税理士が，常時，税理士法人の定款に定める業務を当該事務所（従たる事務所を含む。）で執行できる状態をいい，事務所毎に業務執行権限を有する社員たる税理士を1人以上常駐させなければならない。この場合の常駐する社員税理士は，当該法人の事務所（本店）所在地を含む区域に設立されている税理士会の会員であることに留意する。

31　第30条（社員の競業の禁止）
　税理士法人が定款の目的に「会計業務」（法第2条第2項又は法施行規則第21条に規定する業務）を記載した場合は，社員税理士は，他の法人（社員税理士が会計業務を行ういわゆる「会計法人」等を含む。）の無限責任社員又は取締役に就任し，当該会計法人のために会計業務を行うことはできない（競業避止義務）。

32　第31条（一般的監督）
　「その業務に関し」には，法令等に抵触する行為も含まれる。

33　第32条（個別監督）
　「その業務に関する」には，法令等に抵触する行為も含まれる。

34　第33条（使用人の処分の届出）
　「使用人」とは，税理士と雇用関係にある者をいう。

第Ⅳ編　社会における倫理の実践

【参考文献】
- 『税理士法逐条解説』（5訂版）日本税理士会連合会，2005年8月20日，12頁。
- 日本税理士会連合会編『新税理士法』（改訂版）税務経理協会，2003年。
- 坂田純一『実践税理士法』（第2版）中央経済社，2003年。

（髙梨　英吉）

第3章　ＴＫＣ会計人の行動基準書

第1節　プロローグ

　ＴＫＣ全国会は，税理士・公認会計士が，自主的に，コンピュータを利用して税務・会計にかかるサービスを提供することにより，中小企業の育成と日本経済の健全な発展を願って，昭和46年に結成された民間の任意団体である。その目的とするところは，「自利利他」を基本理念として「租税正義」の実現，ならびに，「職業会計人の職域防衛と運命打開」をめざすことに置かれている。2007年1月1日現在，会員は9,500名で，税理士の任意団体としてはわが国で最大である。

　本文で触れるように，本会は他の組織に先駆けて，昭和52年に「行動基準書」を策定し，実践してきている。以下では，その概要を紹介したい。

第2節　初版制定：昭和53年1月20日， 初版改定版：昭和62年4月1日

1　前　　文

　ＴＫＣ全国会は，ＴＫＣ全国会会員（以下会員という）が高度の職業倫理と優れた専門的能力とを堅持し，電算機を多角的に利用することによって，企業経営の育成指導を行い，もって日本経済の健全な発展に貢献することを希求して，この行動基準を定める。

　この行動基準は職業専門家としての会計人（公認会計士・税理士）が，自らに課した行動規範とするために，現行諸法令規則等に内包されている独立性の思

想を基本理念の一つとして天下に闡明し，その実践活動の指針を示すものである。

わが国の税理士法では，「独立した公正な立場」という文言で明確に，独立性堅持を強行規定として位置づけている。例えば西ドイツの職業会計人に関する法律には，全て独立性を要求する直接の明文規定を有している[1]。また，米国公認会計士協会は，「職業専門家としての行動基準書」の中の倫理規定の部に独立性に関する詳細な規定を定めており[2]，これは当該会員の厳守すべき義務として，強制力があるものとなっている。この事実こそ，西ドイツや米国の職業会計人の申告是認率の絶対的高水準及び金融機関等，利害関係者からの絶対的信頼の根源となったものであり，われわれはこの「会計人による自己規制」の驚くべき厳格さが世界第一級の会計人の水準である点に想いを致し，TKC会員はわが国職業会計人の中核として社会的信頼を獲得するために，この「TKC会計人の行動基準書」を遵守していかなければならない。米国公認会計士協会が現に使用する「職業専門家としての行動基準書」は過去30数年来，数次の改訂を経て今日の水準に辿りついた歴史的経緯を有することに鑑み，この行動基準も，会員のプロフェッショナルとしての自覚と業務水準の向上に伴い，逐次改善を加えてゆくものとし，その終局目標は米国及び西独における職業会計人の水準を抜くことに置くものとする。

TKC全国会会長　飯塚　毅

【注】
1） 西ドイツ公認会計士法第43条第1項，西ドイツ税理士法第57条第1項
　　—1975年11月改正—"unabhängig"（独立性をもった）。
2） Professional Standards（職業専門家としての行動基準書）
　　—1976．7．1—第2巻4，291頁以下第52章，第100～191章まで134ヵ条。

2　初版の構成

第一章　総論

　1．TKC全国会の目的

　2．会員の使命

　3．会員の行動倫理

　4．懲戒

第二章　各論

Ⅰ　独立性に関する行動基準

　1．会員及び職員の独立性の確保

　2．外部に対する独立性の確保

Ⅱ　巡回監査に関する行動基準

　1．巡回監査の意義

　2．巡回監査の必要性

　3．巡回監査基準

　　第一　一般基準

　　第二　実施基準

附　則

第3節　第二版改定版：平成7年2月13日

1　前　文

　ここにTKC全国会行動基準書改定特別委員会の策案による「TKC会計人の行動基準書」第二版をお届けする。第一版は昭和53年1月20日に制定され、既に16年を経過し、その間会員会計人数も増大し、コンピュータ会計の技法も顕著な発展を遂げた。

　先進文明国中でコンピュータ会計法の制定を見ていない国は、我が日本一カ

国だけであり，また，職業会計人業法に会社組織の結成を認めていない国も，我が日本一カ国だけである。かかる法制にもかかわらず，ＴＫＣ会計人は過去20数年間，よく団結を保ち，独立性と廉潔性とを保持し，事務所の合理化と業務品質の向上に勤め，相互に血縁的関係の醸成に配慮し，互助の体勢を強化し，ＴＫＣ会計人の基本理念25項目の実践を求めて今日を迎えた。

われわれは「ＴＫＣ会計人の行動基準書」第一版において，この基準書を，職業専門家としての会計人（公認会計士・税理士）が，自らに課した行動規範とするため，その実践活動の指針を示すものだと規定し，「その終局目標は米国及び西独における職業会計人の水準を抜くことに置くものとする」（第一版前文の末尾参照）とした。今回の行動基準書第二版第2章倫理規定の部の第1番目にくる先験性の概念は，哲学者カントがその代表作「純粋理性批判」(Kritik der reinen Vernunft) の中でいった「先験的意識」(transzendentales Bewuβtsein) の直訳であり，それは文字通り「経験に先んずる意識」即ち，いまだ心の対象物が何も無い意識，別言すれば「無念無想の心」のことをいう，わけである。自分の心の中に，無念無想の心が現にあるのを発見して，その無念無想の心をさらに自覚的に培養していく。この無念無想の心こそは己が心の根源であり，その中には何の畏れも恐怖感もない，大宇宙と一体となっている自分の本当の姿が見えてくる。われわれが16年前，アメリカとドイツの職業会計人の水準を抜くと宣言した以上，この宗教的，哲学的体験を生活基盤としてゆく以外にないのである。この哲学的，宗教的体験の獲得に必要なのはただ瞑想の実行だけである。ＴＫＣ会計人はここで，世界の最高水準に達する途が開けるのを知るのである。

ＴＫＣ全国会会長　飯塚　毅

2　第二版の構成

第1章　総論
　1．ＴＫＣ全国会の目的
　2．会員の使命

3．先験的意識の発見と培養

4．巡回監査と書面添付制度

第2章　倫理規定の部

1．先験性

2．廉潔性

3．独立性

4．相当の注意

5．機密保持

6．品位の保持

7．専門的能力

8．健康体の維持

第3章　実践規定の部

1．全般的実践規定

2．巡回監査

3．税理士業務

4．会計業務

5．コンサルティングサービス業務

第4章　遵守義務

1．自律的義務

2．法令遵守義務

3．会則遵守義務

附　則

第4節　第三版改定版：平成18年1月20日

1　前　　文

近年，「行動基準書」のもつ重要性が，著しく高まってきた。続発する企業

第Ⅳ編　社会における倫理の実践

　不正問題の多くは会計問題であり，そこには大会社に関与する会計士の行動が問われるものばかりである。米国においても，ブッシュ大統領は「資本主義を機能させる基本原則と規則」とは，すなわち「事実に即した帳簿と誠実な人々」それに「厳正に執行される法律」を確認することであると声明した（2003年7月22日：ホワイトハウス報道）。

　ＴＫＣ全国会が常に標榜している「事実に即した記帳」という言葉が米国大統領の口から出たことに重要な意味があると共に，その背後にある「人間の誠実性」を訴えていることは，まさに職業会計人としての行動の在り方を示したものである。ＴＫＣ全国会は，他の職業団体に先駆けて，既に昭和52年にＴＫＣ会計人の「行動基準書」を策定し，実践してきていることは誇りうることである。ことに近年，「科学技術の著しい進歩」と「グローバル化の進展」は，前者が「内なる世界」に向かっての「微少化」の問題であり，後者が「外なる世界」に向かっての「拡大化」の問題であるが，両者に共通するところは，従来の科学の枠組みをもってしては対処できず，「新たな思考の枠組み」が求められていることである。かかる環境変化に対処するためには，職業会計人としての「豊かな専門能力を培うこと」が必要であると共に，「優れた倫理観」をもって事に対処する姿勢でなければならない。ＴＫＣ会計人にとって「自利利他」という行動理念が「倫理観」（誠実性）をもって行動する際の基底となっており，その上に「租税正義の実現」のための「法令遵守」と「職業会計人の職域防衛と運命打開」のための「組織ルールの遵守」というコンプライアンス構造を有している。ＴＫＣ会計人にとっての「行動基準書」は，これらの仕組みを俯瞰的に，かつ，具体的に命題化したものである。そこでは究極的に「社会と企業の発展に貢献」するという目的を据えて，職業倫理としての課題要件を「先験性」におくと共に，それを実現するための「実践要件」として「健康体の維持」を掲げる。

　今回の改定は，かかる概念的な行動基準フレームワークの中に，会社法の改正に伴う記帳条件の創設，会計参与制度の創設，他に中小企業の会計に関する指針の創設，税理士法改正に伴う書面添付制度の拡充，補佐人制度の創設等の

新たな制度の動向を取り入れての改定である。その意味において，今回の改定により，「行動基準書」の重みが一段と増すこととなった。ＴＫＣ会計人としては，常に念頭におき，確実に遵守すべき基準の表明である。

ＴＫＣ全国会会長　武田　隆二

2　第三版の構成（アンダーラインが追加項目）【現行】

第１章　総論
- １．ＴＫＣ全国会の目的
- ２．会員の使命
- ３．先験的意識の発見と培養
- ４．巡回監査と書面添付制度

第２章　倫理規定の部
- １．先験性
- ２．廉潔性
- ３．独立性
- ４．相当の注意
- ５．機密保持
- ６．品位の保持
- ７．専門的能力
- ８．健康体の維持

第３章　実践規定の部
- １．全般的実践規定
- ２．巡回監査
- ３．税理士業務
- ４．会計業務
- <u>５．補佐人の職務</u>
- <u>６．会計参与の職務</u>
- <u>７．地方公共団体の外部監査人の職務</u>

第Ⅳ編　社会における倫理の実践

　　8．コンサルティングサービス業務
第4章　遵守義務
　　1．自律的義務
　　2．法令遵守義務
　　3．会則遵守義務
附　　則
宣誓書

3　『行動基準書』の内容について

ここで，本行動基準書の柱と考えられており，初版からそのまま踏襲されている「第1章　総論」および「第2章　倫理規定の部」を記載することとする。

(1)　「第一章　総論」

1　TKC全国会の目的

　TKC全国会は，わが国職業会計人の職域防衛と運命打開とを目的として開発されたTKCのコンピュータ会計システムを利用する職業会計人が，その事務所の業務水準の向上と関与先企業等の育成発展とを祈願して結成した血縁的集団であり，その目指すところは，自利利他──自利とは利他をいう──の理念の実践により，確固とした職業倫理と使命感とを堅持しつつ，社会と企業の発展に貢献することにある。

2　会員の使命

　1．会員は，職業会計人としての職責の重大性を認識し，独立性の保持と高潔な人格の陶冶に努めるとともに，高度に専門的な知識の修得とコンピュータの多角的利用を含む企業発展に有効な手段の開発に励まなければならない。

　2．会員は，その事務所に勤務する職員に対し，常にTKC会員事務所の職員としての品格の陶冶と専門的知識・技能の修得とを指導するとともに，職業上の相当の注意義務を怠ることのないよう監督しなければならない。

3．会員は，本行動基準書が会員の社会的信頼を獲得することを願って制定されたものであり，自らを律するほか，会員以外の職業会計人に対してもその趣旨を周知させるように努めなければならない。

3　先験的意識の発見と培養

会員は，自利利他の理念を実践し，確固とした職業倫理と使命感とを堅持するために，その実践力の基底を先験的意識の発見と培養とに求めなければならない。

それは先哲にならい，堅忍不抜の意志をもって自己探求をし，自分の心の根源を見極めて，生きる上の魂の原点を自覚することにある。

(2)「第2章　倫理規定の部」

1．先　験　性

会員は，TKC理念である自利利他行を実践することにより，社会と企業の発展に貢献するため，先験的意識の発見と培養に努めなければならない。

2．廉　潔　性

会員は，社会と企業からの信頼を維持しかつ増大するために，高い廉潔性を堅持し専門的業務を遂行しなければならない。廉潔性とは，清廉潔白・高潔なことをいう。

3．独　立　性

会員は，社会と企業からの信頼と尊敬とを受けるために，関与先から委託された業務を遂行するにあたり，独立性を堅持しなければならない。

独立性には，実質的な意味での独立性とこれを補完するものとして外形的条件から見た独立性が必要であると理解する。

4．相当の注意

会員は，真正の事実を確保し，かつ関与先企業等にとって，法の許す範囲で最も有利な結果を得るように，職業専門家として相当の注意をもって業務を遂行しなければならない。

5．機密保持

会員は，関与先企業等との緊密な信頼関係を維持し継続するため，業務上知り得た機密を保持しなければならない。

6．品位の保持

会員は，TKC会計人の社会的信頼を獲得するため，職業専門家としての教養を深めるとともに，不断に品位の保持に努めなければならない。

7．専門的能力

会員は，関与先企業等の永続的な発展を願い，業務の完璧な遂行を決意して，生涯を通じて不断に高度な専門的能力の錬磨に努めなければならない。

8．健康体の維持

会員は，健康体の維持を行動基準実践上の基盤的要件と理解し，常にそのための関心配置に努めるとともに，職員の健康と精神生活の条件整備にも特別の配慮をしなければならない。

第5節　TKC全国会の結成と『TKC会計人の行動基準書』制定の経緯

1　TKC全国会の結成

コンピュータ革命時代における日本の税理士・公認会計士の前途を深く憂慮した飯塚毅はTKCを創設し，職業会計人の職域防衛と運命打開とには，進んで自ら体当たりするほかはないと決心した。

そのためには，まず成否不明の開発事業に要する莫大な資金調達の責めを私企業たるTKCの一身に負わしめつつ，当然とされる商業主義の理論を止揚し，自ら経営する飯塚毅会計事務所も，その長年の研究成果たる業務管理文書の全部を開放し，会計人をして速やかに高次元のソフトウェアを徹底的な低費用で利用せしむる体制を全国に普及すると共に，TKC創設の理念に賛同して参加した同志会計人には，その事務所体質の改善と業務品質の管理について真率果敢な実践を求め，事務所の徹底電算化を通じて経営の合理化と業務水準の向上，

第8部　職業倫理

収益性の拡大並びにその社会的権威の画期的向上を画り，会計人の孤立化を排して格調高い血縁的集団の形成を目指し，しかも，敢えて会計人全部の無差別入会を認めることなく，あくまでも高度の職業倫理を堅持し，租税正義の実現を祈念し，自利利他の聖行の実践を願い，国家と社会と働く者とに対し正しい使命感を抱く会計人のみの参加を求め，かかる参加会計人の全国的一大集団を形成して驀進し，古今未曾有の一大勢力を構築する以外にその目的達成の道はないとの結論に達し，ここにＴＫＣ全国会を結成した。

（ＴＫＣ全国会会則前文より一部転載）

2　『ＴＫＣ会計人の行動基準書』制定までの経緯

(1)　ＴＫＣ全国会創設者・初代会長の飯塚毅が会計事務所を開設する（昭和21年4月）

(2)　飯塚毅が巡回監査を開発し，開始する（昭和24年）

(3)　飯塚毅会計事務所において日常業務一般方針書が明文化される（昭和34年6月）

(4)　飯塚毅が日本代表として，第8回世界会計人会議へ参加する（昭和37年9月）

米国で，7,000に及ぶ銀行がコンピュータによる財務計算の受託業務を開始し，ために職業会計人の職域が大々的に荒らされている事実を知る

(5)　飯塚毅が米国公認会計士協会倫理綱領を読む（昭和37年9月）

(6)　株式会社ＴＫＣ設立（昭和41年10月）

(7)　ＴＫＣ全国会結成（昭和46年8月）

(8)　ＴＫＣ金融保証株式会社（ＴＫＫ）設立（昭和52年11月）

設立の目的は中小企業の波及倒産防止，そして健全経営の育成指導にあった。しかし，当時の我が国の会計人の業務品質からすれば，時にはこの願いは，身の程知らぬ願望と化す危険があり，会員が関与先経営者を鞭撻し，時には叱咤し倒産の日の近いことを宣告するだけの勇気と見識と良心とを持っているか，また会員だからといって，調査省略・申告是認率等からみて，すべての会員が

誠実に巡回監査をやっているとは限らない。そのためには会員の「行動基準書」を制定し，組織の集団的な自律機能の強化を図り，国家機関は勿論，金融機関から絶対の信頼と尊敬とを獲得する条件を構築しなければならないとの結論に達し，『ＴＫＣ会計人の行動基準書』（以下，『行動基準書』）の策定に着手した。

3　『ＴＫＣ会計人の行動基準書』作成の経緯
（１）　初版（昭和53年１月20日）の策定方針

　ＴＫＫの設立準備と並行して，『行動基準書』制定作業が，昭和52年初頭から，行動基準書制定特別委員会により始まる。策定方針としては，「ＴＫＣ会員の全国家機関及び全金融機関から絶対の信頼と尊敬とを獲得する条件は，ＴＫＣ会員の学識，品格，行動等のすべてに関係しており，そのための「行動基準」は厖大な量のものとならざるを得まい。それには全国の地域会から選抜された全国会総務委員の手を煩わして，順次策定し，ＴＫＣ全国代表者会議（当時）の議を経て，確定し，実施する他にないであろう。だが，世界に初例を開いたＴＫＣ金融保証株式会社が設立登記をみた現段階での緊急かつとりあえずの課題は，会員会計人の関与先に対する独立性の問題と巡回監査体制の確立の問題の２点であろう。」

　この策定方針に従い，『行動基準書』初版は，独立性と巡回監査を取り上げて，昭和53年１月20日に完成し，実施に移された。

（２）　第二版（平成７年２月13日）改定の主旨

　昭和53年に制定・実施されてから既に16年が経過した。昭和55年税理士法第１条の改正により，一部改定を行っているが，税理士を取り巻く環境が大きく変わってきており，会員の自覚と業務水準の向上も著しい。さらに会計・監査の国際化に伴い，各国が国際会計基準と国際監査基準の統一に向けて大きく動いてきている。一方その余波が日本の商法及び税法に波及してきており，商法の改正として，中小会社のための「計算書類の登記所公開制度」の創設と，「外部監査制度」の導入が検討段階に入っており，国際会計基準・国際監査基

準の受け入れ，法人税法の「確定決算基準」の見直し等が話題となってきている。さらに，平成2年10月からニューヨーク大学において，長期講座の中で，飯塚毅は「監査の新時代」で次のように述べている。「監査はまさに，人間の行為である。人間の行為は，人間の主体としての条件と，認識の客体との相互関係の中で形成される。認識の客体がいかに理論的に整備されたとしても，人間の主体の側の条件が成熟していなかった場合には，監査における「ウッカリミス」や「重大な相当注意義務違反」は避けられず，したがって，「訴訟の波濤」は避けられないこととなる。これが今日のアメリカの監査実務界の現状ではなかろうか。」そして，「監査の新時代」における，監査人たる絶対的資格要件を，「先験的意識の発見と培養」にあると喝破したのである。

このことは，税理士法第1条の「独立した公正な」にいう実質的独立性を保持し，さらにTKC会計人が実践している巡回監査を実践することにも，そのまま当てはまるのである。

TKC全国会は，アメリカ公認会計士協会の『会計士行動規程』の改正（1992年），国際会計士連盟（IFAC）の『職業会計士の倫理規程』の改正（1992年）に加えて，飯塚毅のニューヨーク大学講演を機に，『TKC会計人の行動基準書』を改定した。

この改定に当たり，初版で積み残された実践規定の部を制定し，初版の附則で述べているように，「行動基準」の形式上の完成をめざした。日本大学商学部小関勇教授の助言を得て，まず倫理項目として，各国職業団体の倫理規程を比較してみて，廉潔性，独立性，相当の注意，機密保持，品位の保持，専門的能力の6項目を選んだ。「廉潔性」については，当初，誠実性，正直性とする意見もあったが，初版のままとした。

「独立性」は初版の中心にあったもので，客観性とする意見もあったがそのまま採用となった。「相当の注意」については，各国職業団体の倫理規程を比較すると「正当な注意」というのが多かったが，税理士法で使用しているものを採用した。「機密保持」「品位の保持」はすんなり取り上げられたが，「専門的能力」については，自己の職業上の能力を超える業務委託を受けるか否かを判

断することを含むとの見解もあったが,専門的知識,専門的技術等の錬磨にウェイトを置いて理解することとした。

　飯塚毅初代会長が提起された「先験的意識の発見と培養」を「先験性」として取り入れ,われわれの健康体の維持は個人的な問題であると同時に,社会的な問題と認識すべきだとの考え方から「健康体の維持」をあわせて取り入れた。倫理規程8項目が定まってみると,ＴＫＣ全国会の特殊性について説明不足の感を免れないので,初版に倣い,総論として「ＴＫＣ全国会の目的」,「会員の使命」,「先験的意識の発見と培養」,「巡回監査と書面添付制度」を掲げた。次に,実践規定の部については,会員の行動について極力その範囲を広げないように考え,ＴＫＣ会員の巡回監査,税理士業務,税理士業務に付随する会計業務,会員が行っている狭義のＣＳ業務に限定した。

　この実践規定は,会員が業務遂行に当たり,職業倫理8項目を遵守するための手段として位置づけている。実践そのものが目的ではなく目的はあくまでも倫理の遵守である。会員が本行動基準書に掲げた倫理項目について深い理解と教養を高めるとともに,職員の教育・研修に資するために,ＴＫＣ全国会が開設する中央研修所および地域会研修所,さらに全国21カ所に設置されているＴＫＣ研修道場等に積極的に参加し,利用することを切望して止まない。その目的を達成するため,本行動基準書が会員に遵守されていることを確認する機関として,ＴＫＣ全国会総務委員会および地域会総務委員会が位置づけられ,さらに会員への周知・徹底を図る機関として,ＴＫＣ中央研修所および地域会研修所が位置づけられている。

(3)　第三版（平成18年1月20日）改定の主旨

　第三版の改定は,平成14年4月1日施行の「改正税理士法」,平成18年5月1日施行の「改正商法及び新会社法」,平成18年4月28日に改正された「中小企業の会計に関する指針」等の法環境の変化への対応が第一に考えられた。

　改定作業を行うにあたり,『ＴＫＣ全国会会則及び会務執行規則』,『行動基準書（第二版）』を所与のものとして受け入れ,その精神を踏まえたものとした。

昨今の職業会計人に対する独立性堅持の問題，また専門家の職務と責任を果たし，高い職業倫理観の保持への要請に応えるためにも最も重要な課題とされた。改定のポイントは以下の通りである。

① 職業会計人の「独立性堅持」を改めて確認した。

形式的な独立性はもちろん，精神（実質）的独立性の堅持をも要求していることを忘れてはならないこと。

② 巡回監査の定義を確立

改正商法及び新会社法を受けて，その意義をより明確にし，巡回監査のさらなる質的向上を目指すこと。

③ 新法等への対応

平成7年以降の改正商法及び新会社法等への対応を行ったこと。

第6節 「宣誓書」について

会員は，行動基準書を理解し，かつ実践することが求められており，この「宣誓書」で行動基準書の遵守を宣誓している。

第7節 遵守義務について

会員は，以下の義務を課せられており，違反を犯した場合は，税理士法等に定める強行規定およびTKC全国会会則で処罰を受けることになる。

① **自律的義務**

本基準書のうち，自己規制を求めている条項に対する遵守義務

② **法令遵守義務**

税理士法等に定める強行規定に係る条項に対する遵守義務

③ 会則遵守義務
TKC全国会会則第8条（会員資格の喪失条件）に対する遵守義務

第8節　会員への『行動基準書』普及・徹底の取り組みについて

『行動基準書』の普及・徹底について以下の通り，組織的に活動している。

① **『行動基準書解説書』の作成・配布**

『行動基準書解説書』を作成・配布し，『行動基準書（第三版）』の理解を深めている。

② **新入会員への啓蒙活動**

新入会員向け研修会である「TKC全国会入会セミナー」で，新入会員に対して『行動基準書』の理解と遵守を徹底している。

③ **既存会員への啓蒙活動**

平成18年10月～11月にTKC全国会年度重要テーマとして全国51カ所で研修会を開催し，その普及を図った。その後，TKC20地域会において定期的な研修を実施し，会員および会員事務所職員への普及・徹底を図る取り組みを実施している。

（森末　英男）

第4章 アメリカ公認会計士協会「会計士行動規程」

第1節 プロローグ

　アメリカ公認会計士協会（American Institute of Certified Public Accountants，以下，AICPA）の「会計士行動規程」（Code of Professional Conduct）は，1988年1月12日に採択された後，1992年1月14日および1997年10月28日に大幅な改訂がなされた。この間に会計士行動規則（Rules of the Code of Professional Conduct），解釈指針（Interpretations）および倫理裁定（Ethics Rulings）の部分改訂が行われ現在に至っている。

　このAICPAの「会計士行動規程」の体系は，会計士行動規則に対する枠組みを提示している会計士行動原則（Principles of the Code of Professional Conduct）とAICPA会員による職業専門家としての業務の遂行を統制する会計士行動規程の規則（以下，会計士行動規則），会計士行動規程の範囲と適用に関する指針を提供する解釈指針および実際の状況における特定の項目に対する会計士行動規程の規則と解釈指針についての具体的な適用を要約した倫理裁定から構成されている。以下，これらの会計士行動原則，会計士行動規則，解釈指針および倫理裁定の規制内容を明らかにしていくことにする[1]。

第2節 会計士行動原則

　会計士行動規程は，会計士行動原則の意義について，序文（セクション51）[2]の中で，①一般大衆，依頼人および同僚会計士に対する責任についての職業専

門家としての認識の表明，②職業専門家としての責任の遂行に際して，会員を指導すると共に，倫理的な行動および職業専門家としての行動についての基本的な教義の表明および，③個人的な利益を犠牲にしてでも，名誉ある行動に対する確固たる遂行の要求を挙げ，以下に示すような責任（セクション52），公共の利益（セクション53），廉潔性（セクション54）[3]，客観性および独立性（セクション55），正当な注意（セクション56）および業務の範囲と種類（セクション57）の6条項からなる会計士行動原則を掲げている。

1 責任の原則[4]

第1条として掲げられている責任の原則は，会員が職業専門家としての責任を遂行する際に，すべての行動において，細心の職業専門家としての判断と道徳的な判断の行使を要求すると共に，社会において必須な役割を果たさなければならない会員が，会員の職業専門家としての業務を利用しているすべての人々に対して責任を負うと共に，会計上の技法を改善し，一般大衆の信頼を維持し，自己規制に対する職業専門家としての特別な責任を遂行するために，会員相互に協力すべき継続的な責任を有することをそれぞれ規定している。

換言すれば，本原則は，会計職業専門家が，社会から付与されている会計士業務などの排他的ないし独占的な権限に見合った広範な責任を，社会に対して負わなければならないことを意味しているものといえる。したがって，かかる責任を遂行するため，弁護士業などの他の職業専門家団体と同様に，会計職業専門家団体は，会員を統制するための手段として職業倫理規程を自ら制定すると共に，これを遵守しなければならない責務を有している[5]。

2 公共の利益の原則[6]

第2条の公共の利益の原則は，会員が奉仕する個人および組織社会に対する集団的な福祉（collective well-being）として定義される公共の利益に奉仕し，公共の信頼に応え，かつ，プロフェッショナリズムに対する公共による負託を自ら示す方法で行動する義務を課すものである。このような職業専門家としての

責任を遂行し，公共の信頼に応えるために，公認会計士たる会員は，後述する廉潔性，客観性，職業専門家としての正当な注意などの諸原則に準拠して行動することを一般大衆より期待され，かつ，かかる期待に応えるよう自ら行動することが要求される[7]。

3 廉潔性の原則[8]

第3条の廉潔性の原則は，公共の信頼性を維持し，かつ，増大するために，最も高度な廉潔性の理念をもって，あらゆる職業専門家としての責任を遂行することを会員に対して求めている原則である。ここに廉潔性とは，職業専門家としての社会的認知に対する人格的かつ基本的な一特性をいい，個人的な利益や便益に優先する公共の信託から派生する質に関わるものであると共に，あらゆる意思決定を最終的に評価しなければならない場合の指標となるものであるとしている。

かかる廉潔性の保持を具体的に保証するために，廉潔性の原則は，同時に，後述する客観性，独立性および正当な注意といった諸原則を遵守することを会員に要求している。

4 客観性および独立性の原則[9]

第4条の客観性および独立性の原則は，あらゆる会員が職業専門家としての責任を履行する際に，客観性を保持し利害の対立があってはならないことを要求すると共に，会計士業務に従事している会員については，監査およびその他の証明業務を提供する際に，実質的かつ外観的に独立していなければならないことを同時に要求している。

なお，ここに規定されている客観性とは，精神的な状態をいい，会員の業務に対して価値を付与する質的特性を意味しており，公共の利益と並んで職業専門家のもつ顕著な特徴の一つである。すなわち客観性の原則は，公正かつ知性を伴う正直さおよび利害の対立があってはならないという義務を課すものである。これに対して，独立性とは，証明業務を提供する際に，かかる客観性を損

なうと考えられる関係を排除するものであるといえる。

次に，本原則における客観性の原則と独立性の原則との関係については，前者が職業専門家としてのあらゆる業務を提供する場合に適用される原則であるのに対して，後者は，監査業務およびその他の証明業務を提供する場合に，特に保持されなければならない原則を意味しており，客観性の原則と独立性の原則の適用される業務範囲が必ずしも同一でない点に留意しなければならない。

5　正当な注意の原則[10]

第5条の正当な注意の原則は，会員が職業専門家としての技術的基準および倫理基準を遵守し，専門的能力と業務の品質を向上させるよう絶えず努力し，会員の能力の限りを尽くして，職業専門家としての責任を履行しなければならないことを会員に要求している。すなわち，この原則は，正当な注意の本質を最善を追求することに求め，会員に対して専門的能力と勤勉さをもって，職業専門家としての責任を履行すべきことを求めている。

このように正当な注意の原則は，専門的能力と勤勉さをその具体的内容とする原則であり，前者の専門的能力の維持には，継続的教育および職業専門家としての研鑽が，依頼人，雇用者，一般大衆に対して職業専門家としての責任を履行する際には，後者の勤勉さがそれぞれ不可欠な要件とされる。

6　業務の範囲と種類の原則[11]

最後の第6条として規定されている業務の範囲と種類の原則は，会員により提供される業務の範囲と種類を決定する際に，これまで述べてきた責任，公共の利益，廉潔性，客観性および独立性，正当な注意からなる会計士行動規程における各原則を，会計士業務に従事している会員に対して，遵守することを要求している。

第3節　会計士行動規則

　会計士行動規則は，具体的な諸規則を提示するのに先立って，会計士行動規程の適用範囲（セクション91）および同規程の中で明示されている用語の定義（セクション92）を公表している[12]。このうち，会計士行動規程の適用範囲については，本規則の文言で別段の定めがない場合，およびアメリカ以外で業務に従事している会員で，会員が業務に従事している国における職業基準に準拠している場合を除いて，あらゆる会計職業専門家としての業務に適用される旨を規定している。さらに会計士行動規程の中で明示されている用語としては，証明契約から重要な影響の27項目を挙げ，それぞれの項目に対して定義を行った後に，以下のような会計士行動規則を示している。

1　独立性，廉潔性および客観性に関する規則[13]

　本規則（セクション100）は，AICPA独立性基準の概念的フレームワーク（conceptual framework）の序説と定義，独立性に関する規則・同規則解釈指針，廉潔性および客観性に関する規則・同規則解釈指針と独立性，廉潔性および客観性に関する倫理裁定から構成されている。

　第一に，独立性基準の概念的フレームワークは，2006年4月に職業倫理部常務委員会（Professional Ethics Executive Committee）から公表された独立性，廉潔性および客観性に関する規則において新たに採用されたものである[14]。この概念的フレームワークは，独立性基準を展開する際に職業倫理部常務委員会によって採用される独立性に関する諸問題を分析するため，リスク・アプローチ（risk-baised approach）について規定されたものである。

　さらに，この概念的フレームワークにおいては，独立性を精神的独立性（independence of mind）と外観的独立性（independence in appearance）に区分すると共に，かかる独立性に影響を与える脅威として，(a)自己レビューによる脅威（self-review threat），(b)擁護による脅威（advocacy threat），(c)相反利益によ

る脅威（adverse interest threat），(d)馴合による脅威（familiarity threat），(e)不当な圧迫による脅威（undue influence threat），(f)経済的な自己の利益による脅威（financial self-interest threat）および(g)経営者の参加による脅威（management participation threat）といった7項目を指摘している[15]。そして，この独立性の脅威を軽減ないしは排除するため，種々の保全措置（safeguards）に関する詳細な記述を行っている。

この独立性に関する規則は，監査業務に従事している会員に対して，AICPAの評議会が任命した各機関によって公表された基準に基づき要求されている職業専門家としての業務の遂行の際に，独立していなければならない旨を規定している。

次に，廉潔性および客観性に関する規則（セクション102）は，会員に対して，いかなる職業専門家としての業務を遂行する場合においても，廉潔性および客観性を保持し，利害の対立から独立し，事実を故意に誤表示し，かつ会員の判断を他の者に委ねてはならない旨を規定している。

2 一般原則および会計原則に関する規則[16]

本規則（セクション200）は，一般基準に関する規則・同規則解釈指針，基準への準拠性に関する規則・同規則解釈指針および会計原則に関する規則・同規則解釈指針に加えて，一般基準および技術的基準に関する倫理裁定から構成されている。

一般基準に関する規則（セクション201）は，会員に対して，(a)専門的能力，(b)職業専門家としての正当な注意，(c)計画と監督および(d)十分な関連資料からなる諸基準に準拠すると共に，AICPAの評議会が任命した諸機関による基準についての解釈指針に準拠しなければならないとしている。

次に，基準への準拠性に関する規則（セクション202）については，会員に対して，監査，レビュー，コンピレーション，経営コンサルティング，税務あるいはその他の職業専門家としての業務を遂行する場合に，AICPAの評議会が任命した諸機関により公表された基準に準拠しなければならない旨を規定して

いる[17]。

　さらに，会計原則に関する規則（セクション203）は，財務諸表またはその他の財務データ全体に重要な影響を与える会計原則を設定するために，AICPAの評議会が任命した諸機関により公表された会計原則からの離反が，財務諸表またはその他の財務データに含まれている場合には，①いかなる事業体の財務諸表またはその他の財務データが，一般に認められた会計原則に準拠して表示されているとの意見を表明したり，肯定的な見解を述べてはならないと共に，②一般に認められた会計原則に準拠するためには，かかる財務諸表またはその他の財務データに重大な修正を加えるべきであることに気付いていないとの見解を述べてはならない旨を規定している。

　しかしながら，本規則は，財務諸表またはその他の財務データが，かかる離反を含み，かつ，異常な状況により財務諸表またはその他の財務データが誤解を与える恐れがあることを会員が証明できる場合には，当該離反の事実，可能である場合にはその影響額，および会計原則に準拠することが誤解を与える財務諸表を作成することになる理由を明示することを条件として，本規則に準拠することができるとしている。

3　依頼人に対する責任に関する規則[18]

　本規則（セクション300）は，依頼人の秘密情報に関する規則・同規則解釈指針，成功報酬に関する規則・同規則解釈指針および依頼人に対する責任に関する倫理裁定から構成されている。

　依頼人の秘密情報に関する規則（セクション301）は，会計士業務に従事している会員に対して，依頼人の特別の同意なしに依頼人のいかなる秘密情報も開示してはならない旨を規定したものであり，かかる規則を以下に述べる①から④のように解釈してはならないとしている。

　①　規則―202の基準への準拠性および規則―203の会計原則に基づく会員の職業専門家としての義務を免除するものである。

　②　合法的に発効された強制力のある召喚状または呼出状に応じる会員の義

務に対して,いかなる形においても影響を与えたり,あるいは適用される法律および政府規制への会員の準拠を禁止するものである。

③ AICPAあるいは州の公認会計士協会または公認会計士審査会の管轄下にある会員の職業専門家としての業務に対するレビューを禁止するものである。

④ AICPAの職業倫理部または審理委員会,あるいは州の公認会計士協会または公認会計士審査会の正式に設置された調査機関または懲戒機関によって行われるいかなる調査に対しても苦情を申立てたり,あるいはそれに応じることを妨げるものである。

次に,成功報酬に関する規則(セクション302)は,特定の成果または結果を得られない限り報酬を請求しないとする取決め,あるいは報酬が別途業務の成果または結果の如何によるという取決めに従った業務に対して設定される報酬を意味する成功報酬を受領するために,いかなる職業専門家としての業務の遂行を原則として禁止している。同時に,本規則は,(a)財務諸表の監査業務あるいはレビュー業務,(b)第三者が財務諸表を利用することを合理的に期待し,かつ,会員のコンピレーション報告書が独立性の欠如を開示していない財務諸表のコンピレーション業務および,(c)予測財務諸表の監査業務をそれぞれ提供している場合に依頼人からの成功報酬の受領を禁止している。さらに,依頼人に対する成功報酬の受領を目的とした納税報告書の原本または修正申告書あるいは税金還付請求書の作成業務を行うことも禁止している。

ただし,本規則の趣旨から,成功報酬が裁判所またはその他の公的機関により決定される場合,あるいは税務上の問題のような裁判手続の結果または政府機関の認定に基づいて決定される場合に限って,成功報酬とはみなされない旨を同時に規定している。

4 その他の責任および業務に関する規則[19]

本規則(セクション500)は,信用失墜行為に関する規則・同規則解釈指針,広告およびその他の懇請形態に関する規則・同規則解釈指針,手数料および紹

介手数料に関する規則・同規則解釈指針，組織形態および名称に関する規則・同規則解釈指針からなる4つの規則・解釈指針およびその他の責任および業務に関する倫理裁定から構成されている。

　第一の信用失墜行為に関する規則（セクション501）は，会員に職業専門家としての信用失墜行為を犯してはならないことを規定している。

　第二の広告およびその他の懇請形態に関する規則（セクション502）は，会計士業務に従事している会員に対して，虚偽的，誤導的あるいは詐欺的方法による広告またはその他の懇請形態によって依頼人を獲得すること，および威圧的行為，詐欺的行為あるいは執拗な勧誘行為による懇請を禁止する旨を規定している。

　第三の手数料および紹介報酬に関する規則（セクション503）においては，会計士業務に従事している会員は，手数料を受け取るために，いかなる製品またはサービスを依頼人に勧めたり紹介してはならないと共に，依頼人によって提供されるいかなる製品またはサービスを他の者に勧めたり紹介してはならないことを規定している。さらに，会員あるいは会計事務所が依頼人に対して，①財務諸表の監査業務あるいはレビュー業務，②第三者が財務諸表を利用することを合理的に期待し，かつ会員のコンピレーション報告書が独立性の欠如を開示していない財務諸表のコンピレーション業務および，③予測財務情報の検査業務を遂行している場合においても同様に手数料の受領を禁止している。

　このように本規則は，会員あるいは会員事務所による依頼人からの手数料の受領を原則として禁止しているが，本規則の下で禁止されていない手数料の受領あるいは会員による紹介報酬の受領・支払に対しては，このことを推薦したり，紹介するすべての個人・事業体あるいは依頼人に対して，開示することを義務づけている。

　第四の組織形態および名称に関する規則（セクション505）は，組織形態の特性が評議会の決議に準拠した特性を備える州法または規則により認可された組織形態でのみ会計士業務に従事することができると共に，第三者などに誤解を与えるような会計事務所の名称の下で会計士業務に従事することを会員に禁止

第Ⅳ編　社会における倫理の実践

している[20]。

第4節　解釈指針および倫理裁定

1　独立性，廉潔性および客観性に関する規則の解釈指針と倫理裁定

　独立性に関する規則に準拠した解釈指針（セクション101-1～101-15）においては，独立性が損なわれるものと判断される状況ないしケースを，①職業専門家としての契約期間中における直接的ないしは重要かつ間接的な経済的利害関係などに言及した規則101の解釈指針に続いて，②証明依頼人との雇用あるいは関係，③非証明業務の遂行，④非営利組織の名誉役員職および名誉理事職，⑤金融機関たる依頼人からの融資および関連する用語，⑥独立性に関する現在係争中のまたは将来提訴される可能性のある訴訟事件についての影響，⑦担当会員の依頼人との間に投資者あるいは被投資者の関係を有する非依頼人との経済的利害関係の独立性に与える影響，⑧政府財務諸表に含まれる事業体の独立性に与える影響，⑨証明契約基準書に基づく限定使用報告書（restricted-use reports）を公表するための規則101の修正適用，⑩独立性および依頼人との共同の取決め，⑪独立性の規則の適用に関する代替的業務組織（alternative practice structure）の影響，⑫経済的利害関係の12項目に分類すると共に，それぞれの規制内容について詳述している。

　次に，廉潔性および客観性に関する規則に準拠した解釈指針（セクション102-1～102-6）においては，上述した独立性に関する規則に準拠した解釈指針と同様に，廉潔性および客観性に違反する状況ないしケースを，①財務諸表あるいは財務記録の作成における故意の誤表示，②利害の対立，③会員の雇用者の外部会計士に対する会員の義務，④会員による判断の軽視，⑤教育関連業務を遂行する会員に対する規則102の適用，および⑥依頼人への支援を含む職業専門家としての義務とに区分し，それぞれの視点から言及している。

　上述してきた独立性に関する規則・同解釈指針と廉潔性および客観性に関す

る規則・同解釈指針に対しては，114事例のうち削除・廃止事例64事例を除く「同業組合の会員資格」から「証明依頼人に対する，または証明依頼人からの贈答品の受領および接待の申出」の50事例を挙げ，規則と同解釈指針についての具体的な適用を質問・回答形式によって要約した倫理裁定（セクション191）を示している[21]。

2 一般基準および会計原則に関する規則の解釈指針と倫理裁定

一般基準に関する規則に準拠した解釈指針（セクション201-1）においては，一般基準に関する規則において取り上げた(a)～(d)の諸基準のうち，(a)の専門的能力の基準についての解釈指針を提示している。なお，基準への準拠性に関する規則に準拠した解釈指針（セクション202-1）については，廃止されている。

次に，会計原則に関する規則に準拠した解釈指針（セクション203-1～203-4）においては，設定された会計原則からの離反についての解釈と会計原則からの離反に正当性が認められる事例と会計原則の設定主体たる財務会計基準審議会（FASB），政府会計基準審議会（CASB）および連邦会計基準諮問委員会（FASAB）により公表される解釈指針を，会計原則からの離反の存在を判断する際の解釈指針と位置づけると共に，一般に認められた会計原則に準拠した財務諸表の作成に対する依頼人の責任を規定している。

これらの一般原則に関する規則・同解釈指針，基準への準拠性に関する規則・同解釈指針および会計原則に関する規則・同解釈指針に対しては，倫理裁定として，①経営コンサルティング業務契約に対する下請業者の選定，②経営コンサルティング業務契約を担当する専門技術者の監督，③会計士業務に従事している会員による財務諸表の提出，④訴訟支援業務を遂行している会員に対する規則203の適用，⑤第三者たる業務提供者を利用する際の一般基準および技術的基準の適用といった諸項目が，一般基準および技術的基準に関する倫理裁定（セクション291）として示されている[22]。

3 依頼人に対する責任に関する規則の解釈指針と倫理裁定

依頼人の秘密情報に関する規則に準拠した解釈指針（セクション301-3）では，秘密情報と業務の買収，売却あるいは合併についての規定がなされている。

さらに，成功報酬に準拠した解釈指針（セクション302-1）では，成功報酬とはみなされない税務上の問題における成功報酬の特定の用語の定義と共に，連邦または州の所得税申告書の歳入代理人による調査において，依頼人を代理する場合など6つの具体的な適用事例を挙げている。

以上みてきた依頼人の秘密情報に関する規則・同規則解釈指針と成功報酬に関する規則・同規則解釈指針については，「依頼人の納税申告書のコンピュータ処理」から「非証明依頼人との手数料および成功報酬の取決め」からなる依頼人に対する責任に関する倫理裁定（セクション391）が示されている[23]。

4 その他の責任および業務に関する規則の解釈指針と倫理裁定

第一の信用失墜行為に関する規則に準拠した解釈指針（セクション501-1～501-7）においては，本規則に違反し，信用失墜行為とみなされる状況およびケースを，①現在の依頼人および以前の依頼人による記録の返却要求に応じること，②雇用慣行における差別とハラスメント，③政府監査において監査基準および／あるいは監査手続またはその他の規制に準拠しない義務の不履行，④財務諸表または財務記録の作成における過失，⑤政府機関，委員会あるいはその他の監督機関の諸規制に準拠しない義務の不履行，⑥公認会計士試験の問題と解答の教唆あるいは開示，および⑦納税申告書の提出あるいは租税債務の納付義務の不履行の7つに分類している。

第二の広告およびその他の懇請形態に関する規則に準拠した解釈指針（セクション502-2・502-5）においては，広告または懇請における虚偽的，誤導的あるいは詐欺的行為を公共の利益に反するとの理由から禁止する旨，およびかかる禁止行為に含まれるものとして，有利な結果になるという誤った，あるいは正当化されない期待を抱かせるなどといった要件を具体的に示している。な

お，第三者の努力により獲得した業務契約を締結することについては，これを原則として認める旨を規定している。

第三の手数料および紹介報酬に関する規則に準拠した解釈指針（セクション503-1）は，削除されている。

第四の組織形態および名称に関する規則に準拠した解釈指針（セクション505-2・505-3）は，会計業務，税務業務，個人に対するファイナンシャル・プランニング業務，訴訟支援業務といった職業専門家としての業務を依頼人のために遂行する別個の事業を所有している会員などに対して，会計士行動規程の諸規則（規則101，規則503）に準拠しなければならない旨を定めている。なお，本規則505は，前述した代替的業務組織に対しても同様に適用される。

上述した信用失墜行為に関する規則・同規則解釈指針，広告およびその他の懇請形態に関する規則・同規則解釈指針，手数料および紹介報酬に関する規則・同規則解釈指針および組織形態および名称に関する規則・同規則解釈指針に対しては，「報酬：支払に際して振出された手形の取立」などを含む30事例が，その他の責任および業務に関する倫理裁定（セクション591）として設けられている[24]。

第5節　エピローグ

AICPAの「会計士行動規程」は，会計士行動『原則』―会計士行動『規則』―基準に準拠した『解釈指針』―規則に関する『倫理裁定』といった組織的かつ体系的な構造を有しているとともに，それぞれの規制内容においても，きわめて詳細な職業倫理規程である点に大きな特徴がある。同時に，「会計士行動規程」のうちの規則，解釈指針および倫理裁定については，会計士業界を取り巻く監査環境の変化を適時に反映するように，絶えず改訂，修正，削除，廃止がなされてきており，アメリカにおける職業倫理規程のもつ可変的な性格を指摘することができる。

さらに，AICPAの「会計士行動規程」は，世界各国の職業専門家団体に対して強い影響力をもつIFAC倫理委員会の「職業会計士の倫理規程」との調和化ないしは統一化が図られてきていることから，今後とも会計基準，監査基準およびコーポレート・ガバナンス規程などと同様に，わが国を含む先進諸国を中心とする職業倫理規程のコンバージェンス（convergence）がより推進されていくものと考えられる[25]。

【注】
1) 本章で取り上げる「会計士行動規程」は，2006年6月1日現在の『AICPA Professional Standards（Volume 2）』に収録されている「Code of Professional Conduct（4269～5132）」による。
2) AICPA；*Ibid.,* 4281
3) 本章では，integrityの用語を小関勇・柳田清治共訳『アメリカ公認会計士協会 会計士行動規程〈2004年版〉』（ＴＫＣ出版2005年10月）に従って廉潔性と訳出したが，一般には誠実性と訳出されている。
4) AICPA；*Ibid.,* 4291
5) ローブ（S. E. Loeb）は，職業倫理を哲学的な意味としての道徳の問題と社会学的な意味としての自己規制（self-regulation）および自己統制（self-control）の問題として捉えている（Stephen E. Loeb, Ethics in the Accounting Profession, John Wiley & Sons Inc. 1978. p. 3）。
6) AICPA；*Ibid.,* 4301
7) マウツ（R. K. Mautz）とシャラフ（H. A. Sharaf）は，職業専門家が社会において自らの存在を認知される根拠を，「専門職業というものは，それに従事する人々が多かれ少なかれ高額の収入をうるためにあるのではなく，むしろ社会に奉仕するために存在するのである。」とし，公益ないしは公衆への奉仕の視点を強調している（R. K. Mautz & Hussein A. Sharaf, The Philosophy of Auditing, American Accounting Association Monograph No. 6, 1961, p. 239（邦訳：近沢弘治監訳・関西監査研究会訳『監査理論の構造』中央経済社，324頁））。
8) AICPA；*Ibid.,* 4311
9) AICPA；*Ibid.,* 4321
10) AICPA；*Ibid.,* 4331
11) AICPA；*Ibid.,* 4341
12) AICPA；*Ibid.,* 4371・4381～4385
13) AICPA；*Ibid.,* 4401～4407・4411～4440-5・4441～4444

14) 国際会計士連盟（以下，IFAC）の倫理委員会によって，2005年6月に公表された「職業会計士の倫理規程」においても，ほぼ同様な規制内容をもつ概念的フレームワークのアプローチが採用されている（International Federation of Accountant's Ethics Committee：Code of Ethics for Professional Accountants, June 2005, pp. 5－6）。
15) IFACの「職業会計士の倫理規程」においては，独立性に影響を与える脅威として，(a)自己の利益，(b)自己レビュー，(c)擁護，(d)馴合，(e)脅迫（intimidation）の5項目を挙げている（IFAC：*Ibid.*, p. 6）。
16) AICPA，*Ibid.,* 4561・4571・4581〜4582
17) 基準への準拠性に関する規則については，付録A『技術的基準を公表するための諸機関を任命する評議会の決議』（AICPA；*Ibid.,* 5121〜5123）を参照すべき旨が規定されている。
18) AICPA；*Ibid.,* 4671・4681〜4682
19) AICPA；*Ibid.,* 4831〜4834・4841・4871・4891〜4892。
なお，本規則に先立って，同僚会計士に対する責任に関する規則（セクション400）が規定されているが，かかる規制内容については，現在までのところ留保の状態（〔Reserved.〕）となっている（AICPA；*Ibid.,* 4741）。
20) 組織形態および名称に関する規則については，付録B『組織形態および名称に関する評議会の決議』（AICPA；*Ibid.,* 5131〜5132）を参照すべき旨が規定されている。
21) AICPA；*Ibid.,* 4451〜4472
22) 一般基準および技術基準に関する倫理裁定として例示されている12の事例のうちには，廃止事例6と移行事例1が含まれている（AICPA；*Ibid.,* 4601〜4603）。
23) 依頼人に対する責任に関する倫理裁定として例示されている25の事例のうちには，削除事例9が含まれている（AICPA；*Ibid.,* 4691〜4697）。
24) その他の責任および業務に関する倫理裁定として例示されている192の事例のうちには，削除事例153と廃止事例9が含まれている（AICPA；*Ibid.,* 4091〜4917）。
25) IFACの会計士国際倫理基準審議会（International Ethics Standards Board for Accountants）は，2006年7月に「職業会計士の倫理規程」のパートB・セクション290（独立性―保証業務）の項目の中で，ネットワークとネットワーク事務所およびそれらの定義を新たに追加する改訂を行っている（Code of Ethics for Professional Accountants Section 290〔Revised〕July 2006, pp. 3－7）。
なお，IFAC倫理委員会の「職業会計士の倫理規程」の体系は，序，パートA（倫理規程の一般的適用）として(1)序説および基本原則・(2)廉潔性（誠実性）・(3)客観性・(4)専門的能力と正当な注意・(5)機密保持・(6)職業専門家しての行動，パートB（開業会計士）として(1)序説・(2)職業会計士の選任・(3)利害の対立・(4)セカンドオピニオン・(5)報酬および他の報酬形態・(6)職業専門家としての業務のマーケティング・(7)贈答品および接待・(8)依頼人の資産の管理・(9)客観性―全ての業務・(10)独立性―保証業務，パートC（企業内会計士）として(1)序説・(2)潜在的な利害の対立・(3)情報の作成および報告・(4)十分な専門的な知識を有する行為・(5)経済的利害関係・

(6)誘惑,用語の定義から構成されており,規制内容におけるAICPAの「会計士行動規程」との共通性が認められる (IFAC：*Ibid.,* pp. 3 − 94)。

(小関　勇)

第9部

コンプライアンス

第1章　コンプライアンスの意味と構造

第1節　プロローグ

　最近，コンプライアンスという用語が盛んに使われるようになった。それは，近年，さまざまな分野において不祥事件が相次いで起こっていることと無関係ではない。元来，コンプライアンスという用語は，法令遵守義務という限られた意味であったものが，不祥事の多くが法令という枠組みを超えて，人間としてなすべき倫理問題を意識しない行為に基づくものが目立つようになったことから，広い範囲の意味で使用されるようになった。

　最近の事例から明らかなように，たとえば，企業不祥事の発覚によって，企業は信用を失墜し，破綻に至る事例が生ずるようになると，「企業のリスク管理」の観点から，コンプライアンス問題が取り上げられるようになった。そこでのコンプライアンスの意味は，単に法令遵守という限定された狭い内容を超えて，社内規則の遵守，さらには倫理観をもった行為等に至る広い意味に使用されるようになったといってよいであろう。

　かかる意味において，コンプライアンスは専門職業のすべての面で，その職業倫理との関わり合いで，また，学術倫理との関係で問題となる事柄である。かくて，科学者として，また，職業会計人としてのコンプライアンスも必然的に重視されなければならない時代となったといってよい。

　本章では，そのような視点から，コンプライアンスをどのように考えるべきかというテーマを解明することに課題が置かれる。その手始めに，コンプライアンスの意義とそれがどのような要素の集合として論理的に組み立てられているのか，あるいは，組み立てられるべきなのかについて考察することから始め

なければならない。

第2節　制定法の存在意義

法律は，人間行為の許容されうる限界に「**一定の枠組み**」を設け，その枠組みを文書化したものであると解する。その許容されうる限界内での行為，換言すれば，法の定める規定内での行為については「**自由な行動**」を認める代わりに，その限界を超える「**逸脱行為**」については，それを罰するための規定（**罰則規定**）を定めるという仕組みが「**制定法**」体系の考え方の基底にあると解される。

人間の経済行為は「**利潤動機**」に支えられている。人間はもともと「**利己的存在**」であり，自己の利益のためには他者を傷つけても行動する動物であるという前提を置く限り，際限ない行為が横行し，「**社会不安**」（モラルハザード：倫理の欠如）につながりかねない。ここにかかる行き過ぎた暴走行為を事前に制限するための仕組み，すなわち「**制御装置**」が必要となる。法律規定をそのような意味での制御装置として理解し，それを遵守することが「**コンプライアンス**」であると理解する。したがって，法治国家における制定法体系のもとでは，法律の遵守義務としてのコンプライアンスは，必然的な「**義務としての行為**」であるといえる。

第3節　コンプライアンスの本来的意義

法律を遵守することがコンプライアンスであるという場合，**制定法体系の国**においては，明文をもって定められた規定は当然に遵守されるべき性質のものであるということから，改めてコンプライアンスという用語を用いるまでもなく必然である。したがって，この場合は，あえてコンプライアンスという用語

は必要とされないであろう。

　しかし，**慣習法体系の国**では，特定集団内において自然発生的に成立したルールが，不文律に，すなわち，暗黙のうちに守られるべきものとして人々の意識の中に定着し，安定化した場合，その安定したルールが，慣習法としての性質をもつこととなる。慣習法体系の下では，制定的な明文の規定が存在しないものの，法意識にまで高まったルールは，その組織を構成する成員がお互い守るべき義務として意識される。制定法ではないが，それについての遵守義務が発生する。これがコンプライアンスの**本源的姿**ではないかと考える。

　したがって，コンプライアンスという用語は，英米法体系の国において発祥した概念であるように思われる。独法等の制定法体系の国では，コンプライアンスという用語を用いるまでもなく，法律の遵守義務は必然の問題であって，あえてそのような概念をもって表現するまでもないことであるからである。そのような理解が，従来の解釈であったように思う。

　しかし，近年，法律等それらを軸とした法体系以外に「**企業倫理**」に反するような企業行動，すなわち反社会的な行為が目立つようになった。それは社会の複雑化とは無関係ではあり得ないのであるが，そのような事態において遵守すべきは単に法令のみではなく，特定集団（組織）においてフォーマライズ（公式化）されたルール，ないしはインフォーマル（非公式）なルール等，社会的企業行動においてその組織の成員にとって規準となるような多くの規律が存在し，それらをも遵守すべきこととなる（**特定組織内でのルールの履行**）。

　しかし，その始発原理は正しい倫理観をもってする行動というところに行き着く。この「倫理観」に照らして誤りなき行為を実行することが，「**誠実**」という言葉で語られる領域である。法令に始まり，インフォーマルなルールや倫理観に基づく行為に至るまでのさまざまな段階の規律の履行について，それらを一括して，コンプライアンスという用語をもって語られるようになったものと忖度する。

第4節 「行為自由の原則」と
　　　　「個別主観的判断の客観化」

　法令（法律，政令および省令）は，「**人間行為の限界値**」を示すものであるとした場合，法令をもって規制し，コントロール可能な「**客観的価値基準の設定**」がコンプライアンスの前提になると考える。

　法令のもつ本来の「**属性**」（「特質」ないし「特性」）は，特定領域における当該領域内の「**行為基準の客観的限界値**」（守らなければならない限界点）として特定化できるという点に特徴が認められよう。しかし，商行為の具体的展開は，その客観的限界値たる法令の枠内での「**自由な行為の保証**」という面に繋がるものであるということにこそ，法令のもつ意義がある。「**行為自由の原則**」に支えられた企業の意思決定行動は，それ自体法令違反に抵触しない計画設定に基づくとしても，その具体的展開の過程で社会秩序の維持という法理念に沿った行動であることが期待されることになる。ここにコンプライアンスという用語が登場する。

　したがって，コンプライアンスとは法令の枠組みの中での行為が，誠実に実施されることを意味するものであると解すべきであろう。法令の枠組みの中での行為が何を基準として「誠実性」を充足するかは，一般に個々の行為者に付託されることが基本であるが，企業規模が巨大化し，社会構造が複雑化してくると，個々の行為者が個別に判断することが不可能となってくる。そのために行為基準として，社内規則や特定組織内でのルールが設けられ，「**個別主観的判断の客観化**」（客観化された自主ルール）が採択され，実施されることになると解するものである。

　したがって，法令に準拠した行為は「**適法行為**」であり，当該適法行為を具体的に履行する面において，そこでルール化された行為基準に則した行為が「**適正行為**」と称されるものである。したがって，広い意味でのコンプライアンス（法令および客観化された自主ルール）に即した行為は，「**適法・適正行為**」

として特徴づけられる。かかる適法・適正行為としてのコンプライアンスを個々人がいかに受け止め，実施するかの具体面において「個人的な真面目さ」あるいは「**個人的誠実性**」が問われるのではないかと考える。

この個人的誠実性は，深く個人的な倫理観に関わってくるのでる。そこで，差しあたり，**倫理観**とは，人間の本性に即して当然になすべきとされることを，歪(ゆが)めることなく行うこと，そのことを正しい行為とみる観方(みかた)（第1部・第1章で述べたように，善悪をわきまえる感覚）として規定しておきたい。かくて，誠実性は倫理観によって支えられているということになる。

第5節　コンプライアンスの三層構造

このようにみてくるとき，コンプライアンスの概念は，次の三つの階層構造から成るものとして規定できるのではないかと考える。

　第1階層——法令の遵守行為

　第2階層——特定の組織内のルールに則した行為

　第3階層——個別行為者の誠実な行為（倫理観に即した行為）

これは，次に示す「図1」のように表すことができる。

図形上明らかなように，行為者が輻輳(ふくそう)した経済社会環境内において行動するに当たって，倫理的に恥じない行為（倫理観に即した行為）が，求められることは明かであり，したがって，自己の抱く倫理観に照らして行動することが「誠実な行為」といわれる。すなわち，社会から疑惑や不信を招くことのないような透明性の高い行為を行うことが，誠実な行為といわれる内実となる。

かかる誠実な行為は，すでに社内ルール等の「客観化された自主的ルール」を踏まえた行為であることが前提であり，さらにその自主的ルールが「法令」に即したルールである以上，法令違反なき行為であるということになる。より一般的にいえば，社会秩序を乱すような行為であってはならないということを，コンプライアンスでは求めているといってよい。「**社会秩序の維持**」というこ

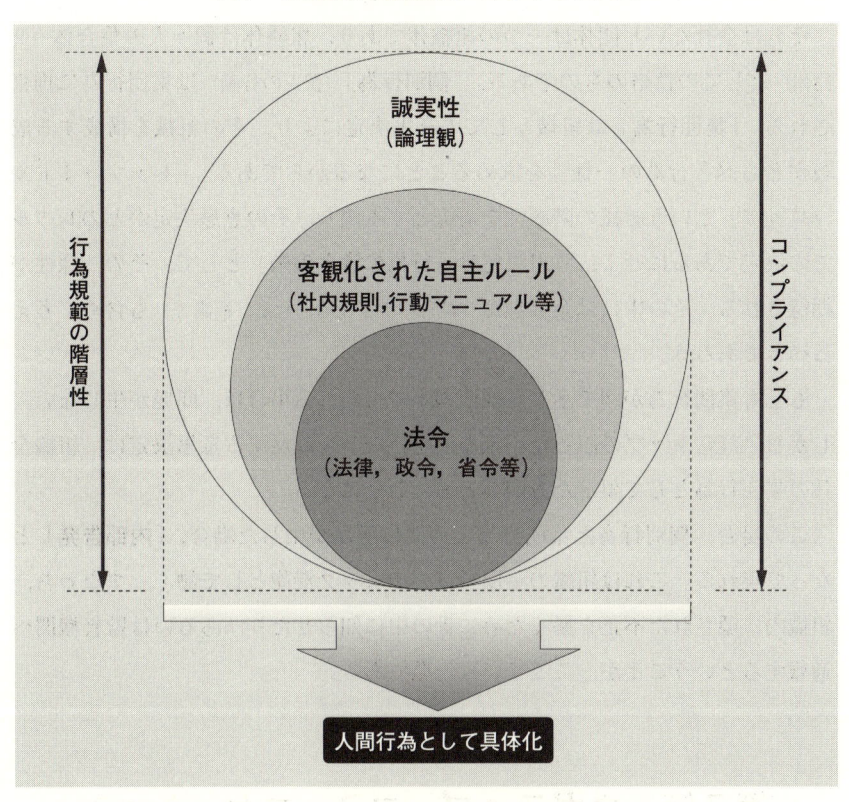

図1　行為規範の階層性とコンプライアンス

行為規範の階層性：
- 誠実性（論理観）
- 客観化された自主ルール（社内規則，行動マニュアル等）
- 法令（法律，政令，省令等）

コンプライアンス

↓ 人間行為として具体化

とが法のめざす目標である以上，コンプライアンスの意義をそのように規定してよかろう。

第6節　個別行為と集団行為

では，現代社会において，殊に最近みられる大企業のさまざまな不祥事は，コンプライアンス違反行為であるが，それをどのように理解すべきかが問題となる。ここに至って，人間行為を個別行為と集団行為という二つの行為カテゴ

リーで理解する必要があるのではないかと思われる。

それは会社ないし団体は一つの組織体であり，組織体は個々人の集合体（共同体）としての性格のものである。「**個別行為**」（個人の行動）は集団行為に拘束される。「**集団行為**」は組織としての意思決定により，その組織を構成する成員がとるべき行為の一様性を求めることになるからである。「トップ→ミドル→ロゥア」という組織の階層性を前提とする限り，その意思決定がどのレベルでの決定であるにせよ，意思決定は「**行為の導きの糸**」として，その一様性が期待される。その中には企業理念（経営パラダイム，社是，社訓等）も含めて考えるべきであろう。

もしも集団行為が図で示した構図の下で行われる場合は，問題が生じない。しかし，経営トップの誤った不正な決定，モラルに反する意思決定は，組織全体の集団行為として誤った方向へと導くことになる。

この場合，個別行為と集団行為との間に離反が生じた場合，「**内部告発**」となって現れる。これは組織の集団行為のチェック機能として働く。すなわち，組織内に隠された不正を暴くために世の中に知らせたり，あるいは監督機関へ通報するということが，ここでいう告発である。

第7節　ネガティブ・コミュニケーション

コンプライアンスは先に指摘したように，「社会秩序の維持」したがって，社会一般の秩序を乱さない行為を指し示す概念として規定されるが，かかる理解は法令遵守という**ネガティブ（消極的）な意義**においてではなく，最近ではかかる誠実な企業行動が企業の「**無形のブランド価値**」を高めるという認識の下に，コンプライアンスを**積極的な意義**において捉えようとする行き方がありうる。

コンプライアンス経営の実践ということを社会に告知することによって，消費者等から社会的信頼を勝ち取るというアプローチにみられる。マイナス面の

改善をディスクローズすることで，よりよきステータスを得ようとする行き方を「ネガティブ・コミュニケーション」と名づける。コンプライアンスの実践が，企業価値を高めるとする認識は，逆にコンプライアンスに違反する行為は企業価値を損ねることとなるという命題と同じである。一人の違反者が企業の存立を決するという事実が，最近の事件にみられる。その意味で，コンプライアンス経営は，企業の無形価値を高めるということではなく，それを維持するに必要な措置であるとみた方がよさそうである。「**企業の無形価値の維持**」ということにコンプライアンスの本質があると規定したい。そのことは先に指摘した「**社会秩序の維持**」という概念と軌を一にするといってよい。

第8節　コンプライアンス・パラダイム

　以上の考察を通じて，コンプライアンスとしてのあるべき姿（コンプライアンス・パラダイム）がハッキリしてきた。すなわち，「**社会的に公正な企業行動の実践**」ということがコンプライアンスの中核におかれることになる。それを実現するために，「**法令の遵守**」を基本として，社内的には「**企業理念に即した行動**」が求められると同時に，かかる企業理念をベースとして設けられた「**社内規則あるいは組織内ルール**」を確かなものとして履行することにより，組織としてその目標を達成することができることとなる。この関係を図形化したものが，「**図2**」である。

　ここで，「**パラダイム**」(paradigm) とは，本来，その用語の創始者であるトーマス・クーンの諸説を整理することにより，それを
(a)　規則・手続規範
(b)　価値規範（共通の信念）
という二要素に集約できるように思うのであるが，一般に企業パラダイム，企業文化，経営理念，経営戦略等のさまざまな呼び名をもって表現される「**共通の価値規範**」（企業の成員によって共通してもたれる信念，価値などの全体的構成）を

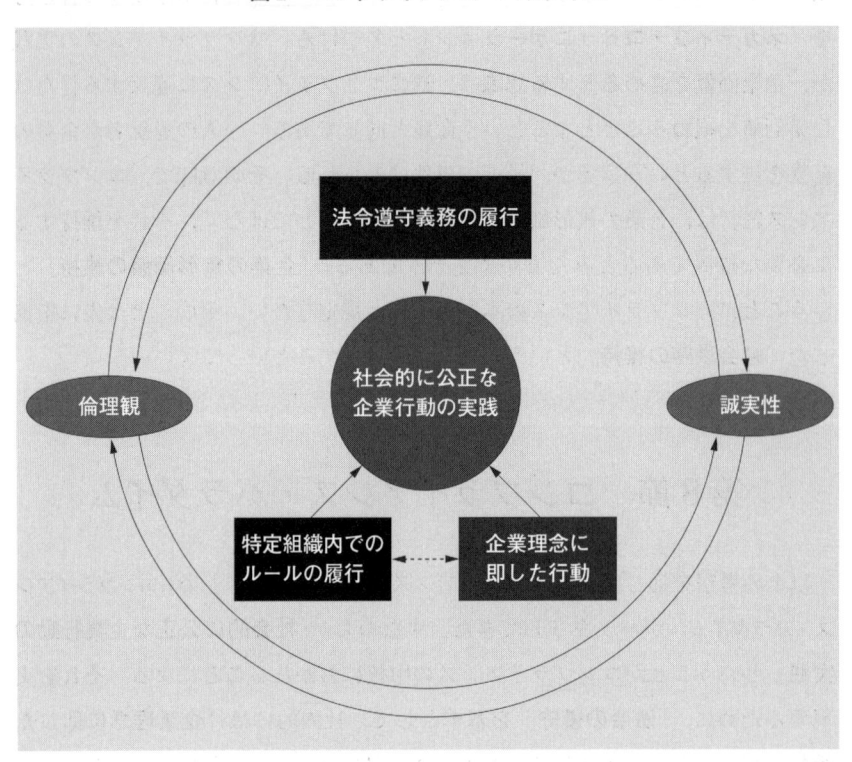

第Ⅳ編　社会における倫理の実践

図2　コンプライアンス・パラダイム

[図：中心に「社会的に公正な企業行動の実践」、上に「法令遵守義務の履行」、左下に「特定組織内でのルールの履行」、右下に「企業理念に即した行動」、外周左に「倫理観」、外周右に「誠実性」]

もってパラダイムとして規定しておきたい。

　したがって，ここでパラダイムとは，コンプライアンスを実践するに当たっての共通の価値意識として理解されたい。

　「図2」において示したように，「誠実性」と「倫理観」は，図形上，中心に位置づけられた「社会的に公正な企業行動の実践」というコンセプトからみて周辺に位置づけられている。つまり，「**組織的コンテクスト**」（organizational context：組織としての文脈：組織的背景）からみると，コンプライアンス・パラダイム全体に関わる条件のような形で表現されている。その意味するところは，組織的コンテクスト上，コンプライアンス・パラダイムにとって，ある種の「**コンストレイント**」（constraint：**制約条件**）として機能するということを意味

するものである。個人であれ，組織であれ，個人や組織の本来的素性においてなすべき課題に忠実で，正義をもって実践するということが，すべての人間行為の基底にあるということでもある。

組織的コンテクストからコンプライアンスの構造をみると，表層的にすべてフォーマライズし，ルーリング化された規約の上での「履行義務」として表出する。すなわち，「図2」から明らかなように，次の三つの履行義務を認識しなければならない。

(1) 法令遵守義務の履行
(2) 特定組織内のルール（社内規則等）の履行
(3) 企業理念に即した行動

これら明確に定義された規約の履行の上に立って，「社会的に公正な企業行動の実践」が可能となるという関連が確認できたのである。

第9節　コンプライアンス実践コンステレーション

さて，「図2」では，規約履行義務の観点から，コンプライアンスを図式化したものであるが，その図形でコンストレイント（制約条件）として示された「**倫理観**」や「**誠実性**」が，実は人間行動の根元的なものとして，規約履行者である個人や企業の行動の中に，上の三つの規約履行行動を集約的に制約する関係に立つ。ここにコンプライアンスを実践する上での新たな図式化が必要となる。そこでは，コンプライアンスの履行主体を中心において，これら三つの履行義務の「**ビジネス・コンステレーション**」(business constellation) として表現することにしよう。「**図3**」をみられたい。

「**コンステレーション**」とは語用的には「**星座**」を意味するものであるが，個人や企業（マネジメント）が空間的秩序体系の中でパラダイムの担い手としてシステムに関わり合い，また，時間的秩序体系の中に，パラダイム変革（経営戦略の創設と変更等）とシステムの変化との関わり合いの下で，直接的に自己

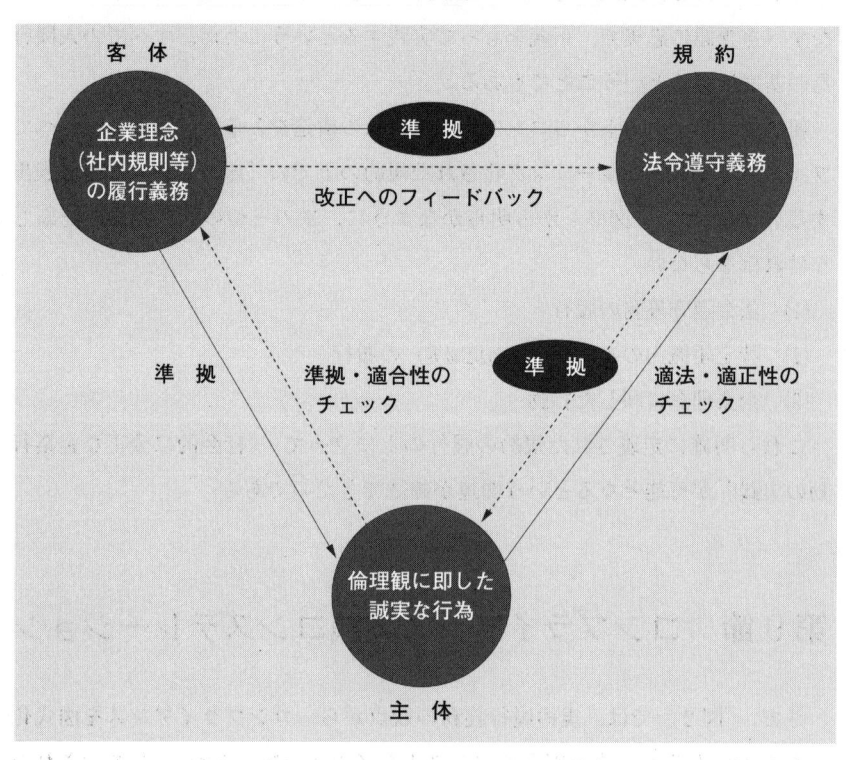

第Ⅳ編　社会における倫理の実践

図3　コンプライアンス実践コンステレーション

```
    客 体                              規 約
┌─────────┐      準 拠      ┌─────────┐
│ 企業理念  │ ←─────────── │         │
│(社内規則等)│ - - - - - - - │法令遵守義務│
│ の履行義務│  改正へのフィードバック │         │
└─────────┘                └─────────┘
     ↑  ↘                    ↗  ↑
     │    ↘    準拠・適合性   準 拠  ↗    │
   準 拠    ↘    のチェック  ↗  適法・適正性の
     │        ↘          ↗    チェック
     │          ┌─────────┐
     │          │ 倫理観に即した│
     └─────→ │  誠実な行為  │
                └─────────┘
                    主 体
```

を位置づけていこうとする「場」の関係を経営コンステレーションとして表現しようとするものである。

　そのための準備として，

　　　「主体」→「客体」→「規約」

という三つの新たな「整理属性」をもって整理してみたいのである。その場合，行為者の視点から「主体」概念を中核とする形での図式化が必要となる。

　われわれ人間ないし企業（行為者）がとるべき行動の理想的像としては，少なくとも次に三つの概念の成層化された構造として組み立てられるものと考える。

　(1)　**法令**：統治者（国家）によって社会の秩序維持のために制定された規範

──規約概念
　(2)　**理念**：物事のあるべき状態に係る基本的な思念（考え）──**客体概念**
　(3)　**倫理**：人として守るべき本源的な道──**主体概念**

　上記の三つの概念ないし要素は，相互に連携をとりながら行為者たる「主体」を中心にループを成した世界を演ずることとなる。したがって，「**コンプライアンス実践コンステレーション**」は，これら三つの要素の相互連関的ネットワークとして構成されるものである。これを図形化して示したものが，「図3」である。

　「図3」でみられるように，**三つの要素の相互的相対的関係の束**（動的均衡態）として観念しようとする点において，コンプライアンス実践コンステレーションの意義があるといえる。

第10節　エピローグ──コンステレーションの循環リンケージの分解図

　「図3」でほぼ了解できたところであろうが，この図形の矢印の方向に従い，「外回り」と「内回り」の二方向が存在する。

　そこで，これら二方向の構図を分解する形で示してみよう。そうすることで，その循環の構造がより明らかになるように思うからである。まず，「図4」をみていただきたい。

　「図4」では，次のことが描かれている。

■「外回り」リンケージ

　まず，「外回り」の直線を辿ってみよう。

　(c)　そこでは，まず，「規約概念→客体概念→主体概念→規約概念」という循環でみることができる。
　(d)　「**法令**」（**規約概念**）が行動の枠組みを決定するものであるから，それに「**準拠**」する形で，企業における「**理念等**」（**客体概念**：組織の価値規範として行為・実践の対象となるもの）がそれに抵触することのない形で設け

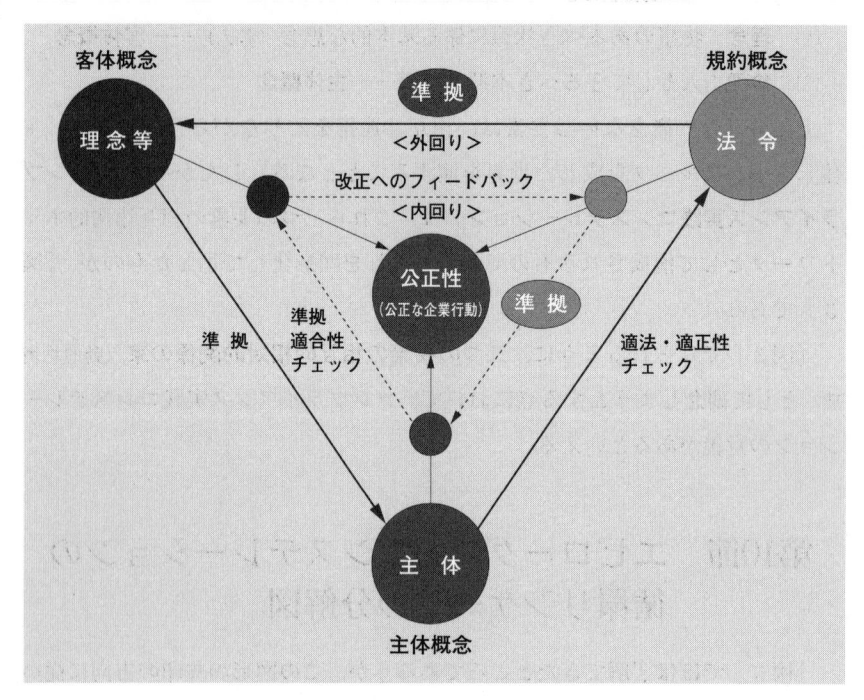

第Ⅳ編　社会における倫理の実践

図4　コンステレーションの循環リンケージの分解図

られていることを確認する段階である。
(e) 「**主体**」（**主体概念**：組織の成員ないしマネジメント）は，行為の実践者であるから，「法令の枠組」みの中で，組織のめざす「理念等」（組織の価値規範）に「準拠」する形で行動することが求められる。
(f) 行為者は，ただそれだけではなく，自らの中にビルトインされている「**倫理観**」や規約等を着実に誤りなく実践しようとする「**誠実性**」に照らして，現実に行動する。
(g) 行為者の行動結果は，絶えずチェックされ，法令，理念，倫理観に照らして行動していることを確認することが，最終的なレベルの事項となる。このことを図形上，「**適法・適正性チェック**」という表現で表している。

以上の循環が、コンプライアンスの外回りの循環過程の内容となる。

■「内回り」リンケージ

次に、「内回り」の直線を辿ってみよう。

① そこでは、まず、「規約概念→主体概念→客体概念→規約概念」という循環でみることができる。

② 「外回り」の場合と同様に、「法令」(規約概念)が行動の枠組みを決定するものであるから、それに「準拠」する形で、「主体」は行動することを強いられることになる。

③ 主体(行為者)は、「外回り」で確認し得た「法令」への「準拠」および「理念等」(組織の価値規範)への「適合」が達成されていることを「チェック」する。図形上、そのことを「準拠・適合性チェック」と表現している。

④ 現実の行為の「場」において「行為の枠組み」である「法令」が現実の経済態様にそぐわないものがあるときは、そしてその不調和が高まった段階で「法令改正への要請」への力が働く。これを図形上、**「改正へのフィードバック」**という表現で表している。

以上述べた、「外回り」と「内回り」との双方向的なコミュニケーションは、その循環が相互的ないし双方向的に円滑なフローを形成することにより、**「公正性」**(公正な企業行動)を達成したとみることができるのである。コンプライアンスは、まさにかかる循環の過程での各概念のリンケージの上に成り立っていると解される。

(武田 隆二)

第2章　コンプライアンスの階層性と税理士

第1節　コンプライアンス概念の階層性

　本章は，前章に引き継ぎ，その後編をなすものである。コンプライアンスという用語は，比較的最近，大企業を中心とした不祥事件と関連してにわかに流行語となった感がある。しかも，企業の経済活動ないし業務運営にかかる違法行為に絡めて問題が展開されている。

　しかし，コンプライアンスという用語は，決して企業に固有の問題ではなく，個人の日常行為に絡んで絶えず問題とされるものであり，学校教育では「道徳」または「倫理」といった教科の主要内容となっている概念に深く関わる問題でもある。

　「道徳」という場合，そこでは職業会計人である前に，人間としてあるべき「誠実さ」や「お互いに協調し合う和の精神」等の伝統的価値に基づき，「善と悪とを識別する知的判断」（道徳的判断）を教えることが基本となる。結論的に，人間としてどうすることが正義にかなっているかを判断する力（倫理的判断能力）が，重視されることになると考える。

　ここで小学校における「道徳」という科目を引き合いに出したのは，少なくとも，人間としてのあるべき姿の基礎には，かかる道徳的判断能力ないし倫理判断能力がなければならないということを，まず指摘しておきたかったからである。

　さて，前章では，コンプライアンスの三層構造について触れた。現象面からこの階層構造をみるとき，フロントにはまず強制規範である法律等に従って行動をとらなければならないという「法令の遵守義務」がなければならず，次に，

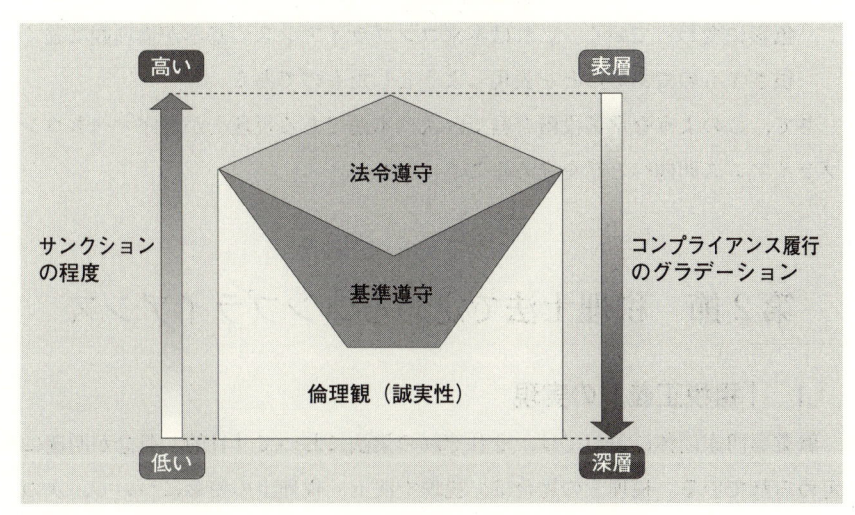

図1　コンプライアンス概念の階層性とコンテクスト

[図：中央に「法令遵守」「基準遵守」「倫理観（誠実性）」の階層図。左側に「高い」↑「低い」の矢印（「サンクションの程度」）、右側に「表層」↓「深層」の矢印（「コンプライアンス履行のグラデーション」）]

　その特定個人が属する組織における規則等を守らなければならないとする「基準遵守義務」が続き，最終的には，当該個人が人間としてなすべき行為規範に従った「個別行為者の誠実な行為義務（倫理観に即した行為義務）」が予定されることにより完結する構造体系をとる。以上の関係は，「**図1**」で示すように，図形化される。

　「図1」では，次のようなことが示されている。

(1)　コンプライアンスの階層構造として示された三つの概念，すなわち，①法令遵守，②基準遵守，および，③倫理観（誠実性）のうち，「**サンクションの強さ**」に従って表現したものが，図形の左側で示したスクリーン（網掛け）の掛かった「サンクションの程度」の矢印で，下の方が淡く，上に行くにしたがい色が濃くなっていく様子（グラデーション）が示されている。ここでサンクションというのは，法令等に従わなかった場合の罰則の強さを表現する概念である。図形でのグラデーションは，その強制力の強さを濃淡で表現したものである。

(2)　図形の右側の矢印は，左側の矢印とは逆に，上から下に向かって流れて

いる。矢印の上部はグラデーションの色が淡く，下に向かって次第に濃い色彩に変わっていく。これは本来コンプライアンスの基本が倫理観に強く根ざすものであることを表現しようとしたものである。

さて，このような準備段階を経て，次に本題である税理士が遵守すべきコンプライアンス問題へと話を進めることにしたい。

第2節　税理士法で定めるコンプライアンス

1　「租税正義」の実現

職業専門家団体においては，それぞれの業法において「目的」概念が明確に定められている。税理士の場合は，税理士法上，税理士の使命について，次のようにその目的を明確に定められている。

> 「税理士は，税務に関する専門家として，独立した公正な立場において，申告納税制度の理念にそって，納税義務者の信頼にこたえ，租税に関する法令に規定された納税義務の適正な実現を図ることを使命とする。」（税理士法1条）。

上記の条文では，次のような内容が盛られている。

(a)　税理士は，「税務に関する専門家」として，十分な専門的見識を有する者であることが要請されている。——**専門家としての見識**

(b)　税理士は，「独立した公正な立場」において行為しなければならないということは，納税義務者や税務当局のいずれの立場にも与(くみ)せず，偏りなき中立な立場において「租税正義」の実現を図るべきこと（「一円の払いすぎた税金なく，一円の払い足らざる税金なかるべし」という信念）を要請したものと解される。——**独立公正な立場での行動**

(c)　税理士は，「納税義務者の信頼にこたえる」ことが求められている。この要請は，国家財政上必要とされる経費を国民がその資力に応じて分担し

なければならないとする税の性格から，納税義務者が自己の負う分担額を自ら確定する必要があるが，複雑な税法の解釈適用によりその適正額を算定するに当たって，専門家である税理士の援助を必要とする。そのようなニーズに信頼をもってこたえることが要請されている。——**納税義務者の信頼への即応**

(d)　税理士は，「租税に関する法令に規定された納税義務の適正な実現を図ること」が求められている。この要請は，「租税に関する法令」を的確に遵守することで，社会的強制費用たる税の適正額を算定することにより，納税義務を適切に果たすこと，つまりコンプライアンスを明文で定めたものである。——**法令遵守**

条文についての以上の分解解釈から，税に関する専門家である税理士が履行すべきコンプライアンスは，納税に関し独立の公正な立場に立って，「税に関する法令の遵守」による「租税正義の実現」にあることが明らかとなった。

2　税理士業務を支える課題条件

税理士は，法律の期待するところに沿ってその業務を実行すること（税理士としての**コンプライアンス**）により，税理士法において認められた職域を堅持しなければならない（**職業会計人の職域防衛**）。ことに21世紀という時代の特徴は，思いがけないときに，思いがけないことが，思いがけないところで起こる時代であることから，税理士自らがその職域を着実に守らなければならない「**自己防衛の時代**」に突入した。

税理士が自らその職域防衛を果たすには，その業務面で自己防衛に必要な手段を措置することである。その場合，税理士業務における「**情報の形式的整序性**」は電子申告により，また，「**情報の実質的整序性**」の確保は，月次の「巡回監査」による「記帳の信頼性」と「帳簿の証拠性」を確保した上での「**書面添付**」によってなされる。

「電子申告」と「書面添付」とが，税理士業務の「**車の両輪**」として機能するとき，真に税務に関する専門家として「納税義務の適正な実現」（租税正義の

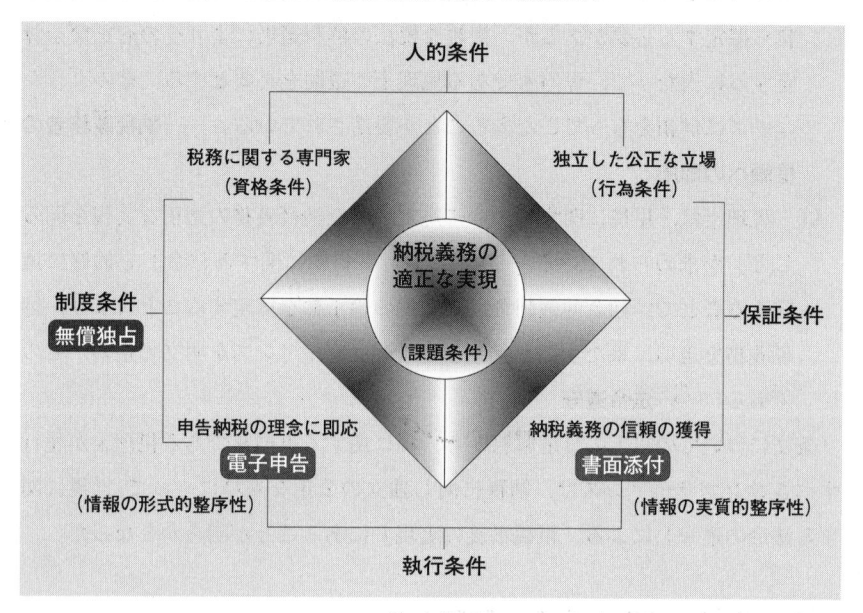

第Ⅳ編　社会における倫理の実践

図2　税理士業務を支える課題条件

```
                        人的条件
        税務に関する専門家        独立した公正な立場
         （資格条件）              （行為条件）

                    納税義務の
                    適正な実現
  制度条件                                保証条件
  無償独占            （課題条件）

        申告納税の理念に即応        納税義務の信頼の獲得
         電子申告                   書面添付
        （情報の形式的整序性）      （情報の実質的整序性）

                        執行条件
```

実現＝コンプライアンスの内実）に沿った役割を果たすことができ，そうすることが納税者に対する信頼に応える道でもある。

　上述の内容を，「税理士業務を支える課題条件」という形で一覧表示したものが「図2」である。

第3節　税理士の担う二つのコンプライアンス

　以上において述べてきたことは，主に税理士が「税務に関する専門家」としての立場から守るべきコンプライアンスについて触れてきたところである。税理士の場合，税理士法第1条で定める「税理士の使命」が，**税務に関する専門家**としてのコンプライアンスを規定しているからである。

　税理士のいま一つの側面は，職業会計人として「適正な決算書類」を作成す

るという課題を担っている。その意味で、「**会計に関する専門家**」としてのいま一つの顔がある。現行制度においては、「会計に関する専門家」として適正な決算書類を作成し、その上で確定決算主義（法人税法74条1項）に基づき「税務に関する専門家」として「納税義務の適正な実現」（税理士法1条）を図らねばならないのである。

このように解するとき、税理士は第一次的には「会計に関する専門家」としてのコンプライアンスに従い、適正な決算書類を作成し、その決算書に基づき、法人税法で定める規定に従って、企業利益と異なる事項を「加算・減算」の手続により調整計算を加えることにより、適正な所得金額を求め、それにかかる税額を計算する課題を担っているといってよい。手続的にみた場合、「税務に関する専門家」としての役割は、会計にかかる書類をベースに適正な税額を算定することに課題があるのであるから、第二次的な役割として顕在化することになる。

このように職業会計人としての業務は、本来、「税務に関する専門家」である前に「会計に関する専門家」でなければならないはずである。しかし、現行の税理士法（第2条2項）では、税理士（または税理士法人）は、「税理士業務」以外に、税理士の名称を用いて、他人の求めに応じ、**税理士業務に付随**して、「財務書類の作成、会計帳簿の記帳の代行その他財務に関する事務」（**会計業務**）を業として行うことができることとされている。

業務的には、税理士業務（申告書等の税務書類の作成）の前に、会計業務がなければならないのであるが、この規定からは、会計業務は「**付随業務**」として、二次的な業務種類に分類されている。

ここにおいて、税理士は税理士業務を主業務とし、会計業務を付随業務とする会計専門家であるということになるので、自ずから「税務に関する専門家」としてのコンプライアンスと「会計に関する専門家」としてのコンプライアンスとの二つの履行義務を課されている。

第Ⅳ編 社会における倫理の実践

第4節 「税務に関する専門家」としてのコンプライアンス

上で考察したように，現行の法制上は，税理士業務が主業務として位置づけられているため，本章では，まず「税務に関する専門家」としてのコンプライアンスを概観することに課題が置かれた。

「税務に関する専門家」としての業務は，税理士法上は，①税務代理，②税務書類の作成，③税務相談の三つの業務から成っている（税理士法2条1項）。これら三業務のうちの第二業務である「税務書類の作成」の中で，とりわけ重要な「納税申告書の作成」を取り上げてみたい。納税申告書（確定申告書）の中

図3　課税所得算定のための法令・通達の重畳構造

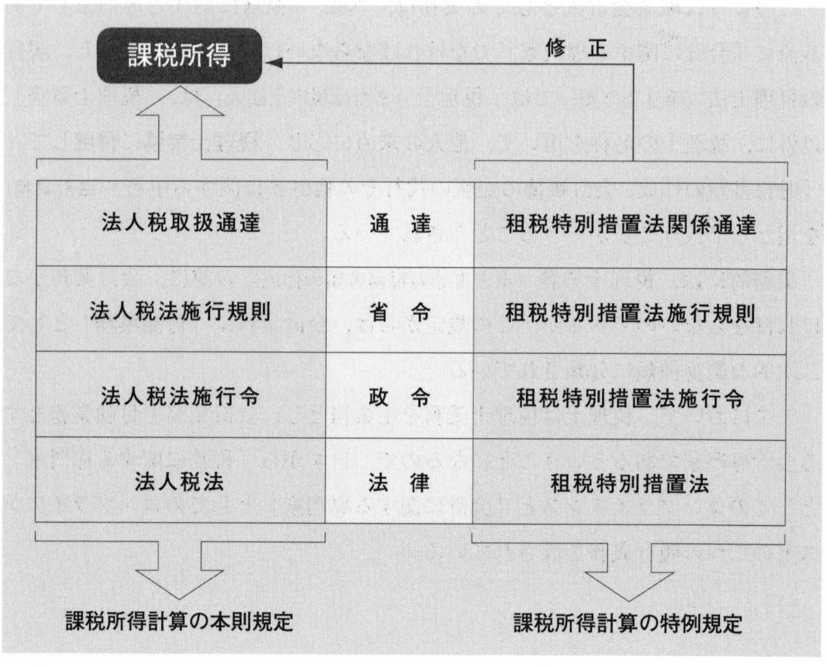

法人税取扱通達	通　達	租税特別措置法関係通達
法人税法施行規則	省　令	租税特別措置法施行規則
法人税法施行令	政　令	租税特別措置法施行令
法人税法	法　律	租税特別措置法

課税所得 ← 修正

課税所得計算の本則規定　　　　課税所得計算の特例規定

心は，課税所得の計算にかかるものである。次に示す「図3」は，課税所得の計算に適用される法令等の重畳構造を示している。

「図3」は法人税法と租税特別措置法の関係を課税所得の算定の関係で示したもので，法人税法の本法体系では課税所得計算の**本則**を定め，租税特別措置法は政策立法を収容する関係から本則規定に対して**特例**的地位に立ち，本則規定で算出された課税所得を量的に修正する働きをもっている。「税務に関する専門家」にとって，適正な納税義務の履行のためには，避けることのできないコンプライアンスであるといえるであろう。

以上述べた事柄についての総括は，「図1」で示した構造に沿って行われる。その全体像を再度別な視角から，「図4」に示すように，図形化しておきたい。

「図4」では，次の関係が示されている。

(1) 「法令遵守」の内容として，①法律，②政令および③省令の形で，法人税法の本法規定と租税特別措置法の特例規定の内容を示した。

図4　「税務に関する専門家」としてのコンプライアンス

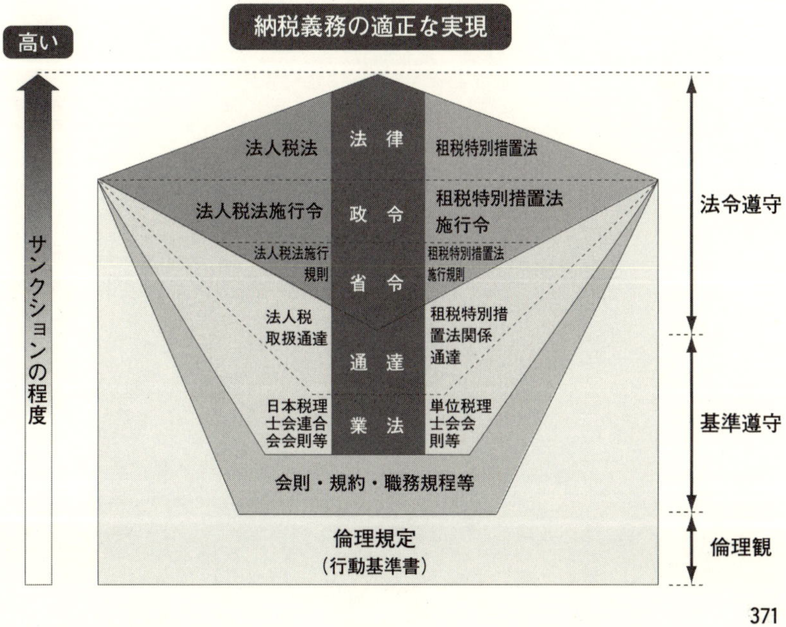

(2) 「基準遵守」の内容として，(a)通達と(b)業法を掲げると共に，ＴＫＣ全国会（ＴＫＣの理念に賛同する税理士の任意団体）において定められた内部規定（会則，規約，職務規程等）について示した。

(3) 「倫理観」としては，第8部で掲げた職業団体では「倫理規定」（行動基準書）を定めている。

以上が，「税務に関する専門家」として遵守すべきコンプライアンス構造といってよいであろう。この図形においても，コンプライアンスの基底には「倫理規定」（行動基準書）が挙げられていることに注意されたい。

（武田　隆二）

第3章　ミスコンダクトの概念的フレームワーク

第1節　プロローグ

　日本学術会議では，先般（平成15年），「学術と社会常置委員会報告」として「科学における不正行為とその防止について」を公表した[1]。そこにおける論点は，今日の社会において，「科学者の倫理，規範」の重要性を認識した上で，「科学者の研究遂行，成果発表における『不正行為』(scientific misconduct) ——捏造，改ざん，盗用など——に関わる問題」を取り上げ，「科学者コミュニティが果たすべき課題」についての問題提起を行ったところである[2]。

　本章において，改めて科学におけるミスコンダクトを問題として取り上げるのは，科学者が，一方で科学の真の進歩に寄与するために，積極的に業績を社会に公表する「**権利**」を行使すると共に，他方で科学に対する社会からの付託に応える「**義務**」を履行することにより，科学に対する社会的信頼の指標として，ミスコンダクトのなき科学者行為が求められる点に立ち入って論じたいという意図による。

　かかる「**権利と義務との均衡**」の上にこそ，正しい科学者行為に基づく，公正な研究活動の積極的な展開と成果公表によって「**科学の進歩**」が期待されるところである。科学のミスコンダクトが問題となるのは，かかる均衡が破れ，「権利」の側面が科学的競争場裏において不当に先行し，科学者としての義務が顧みられないことにより起こる問題であると解されるのである。

　科学的ミスコンダクトの防止のためには，それに対する事前・事後のなんらかの措置を設けなければならない。すなわち，ミスコンダクトの発生を防ぐための「**事前措置**」として，「権利行使の妥当な枠組みの設定」（科学者としての

図1　ミスコンダクト防止および処理のための制度

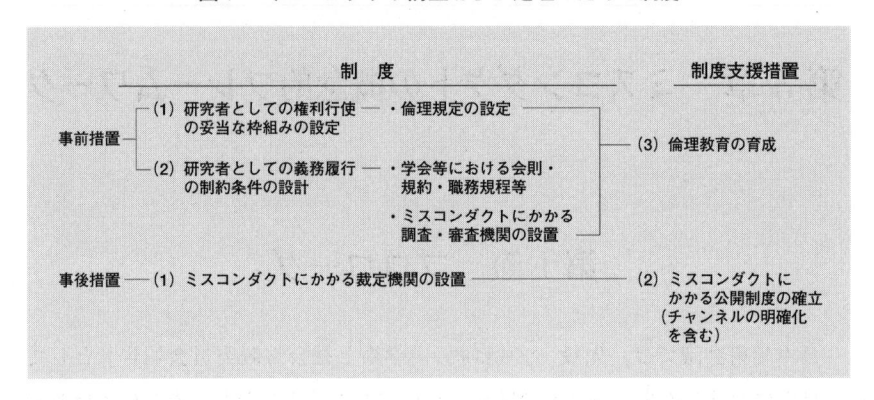

制　度	制度支援措置

事前措置
- (1) 研究者としての権利行使の妥当な枠組みの設定 ── ・倫理規定の設定
- (2) 研究者としての義務履行の制約条件の設計 ── ・学会等における会則・規約・職務規程等
　・ミスコンダクトにかかる調査・審査機関の設置

(3) 倫理教育の育成

事後措置 ── (1) ミスコンダクトにかかる裁定機関の設置

(2) ミスコンダクトにかかる公開制度の確立（チャンネルの明確化を含む）

「倫理規定」の設定）と「義務履行の制約条件の設計」（学会等における会則，規約，職務規程等，および，ミスコンダクトにかかる「調査・審査機関」の設置）とによって，フォーマルな形態での防除システム・デザインを行うことと，さらには，かかるシステムを支える基盤となる「倫理教育の育成」とが肝要であると考えるのである。さらには，その「**事後措置**」として，ミスコンダクトにまつわるなんらかのコンフリクトを裁定するための公式システムとしての「裁決機関」の設置，および，ミスコンダクトが生じた場合の公開制度を確立すると共に，公開のためのチャンネルを明確にすることである。

以上を図形でまとめて示せば，「**図１**」のようになる[3]。

第2節　科学的ミスコンダクトの「境界性」

1　合理性と非合理性との境界領域における価値基準

ミスコンダクトという概念は人間行為の悪しき側面を表現するものであるが，人間行為のさまざまな場面において，かかるミスコンダクトが起こりうる素地が存在している。たとえば，われわれがある事柄をめぐって行動し，あるいは，それに関して文章化するという行為を取り上げた場合，先行する「知識」，あ

るいは，先人の「行動」や「業績」等を「参照」し，それに学びつつ，目的とするところに向かって行動を起し，あるいは，文章化することが常である。

　問題を執筆行為自体に限ってみても，先人の業績に学び，そこから教えを受けて筆を執るわけであるから，自己の論文の組み立ての中に，先人の成果や業績がどのような形で，どの程度取り込まれているのかを切り出すことができる場合は別として，それが自己の中に温められ，昇華されて，自らそれを識別できない場合もあることがその一つの原因となっている。その意味では，論文執筆という行為自体の中に，正当行為と非正当行為（それが不正行為といえるかどうか判然としない状態での不分明な形での行為を含む）とが，並行する形で存在する中で実行されるために，かかる行為自体の中にすでにミスコンダクトの危険が内在しているように思われる。

　したがって，ミスコンダクトという誤った人間行為は，単に論文執筆という場面に限ったことではなく，小説[4]であっても，舞台における演技であっても，すべて人間行為に内在するリスクの一種にすぎないという解釈を，まず問題解明のための出発点において認識することが必要である。その意味において，科学者のミスコンダクトは，決して特殊な問題ではなく，**一般的リスク**としてのカテゴリーのものであるといえるのである[5]。

　繰り返すまでもなく，「論文の作成または研究」（以下，**論文作成等**）は，先行する「論文または研究成果」（以下，**論文等**）に負うところが大きい。したがって，論文作成等の行為（すなわち**研究行為**）は，先行する論文等（研究成果）を「参照」し，「参考」にし，進んでそれらを「顧慮」（斟酌）し，自己の研究枠組みに取り入れて組み立ての材料として活用する。したがって，他者の研究成果の積み上げの上で，研究行為が展開される。

　このように考えると，研究行為のプロセスにあっては「合理的な枠組みの中での行為」であるか，「不合理な枠組みの中での行為」であるか，判然としない中で営まれる場合があるため，論文作成等の行為にかかるミスコンダクトは，合理性（**正当性**）と非合理性（**不当性**）との狭間（境界領域）の中で起こりうる必然性を備えていると考えられる。すなわち，正当な研究行為と反倫理的な研究

行為とは，背中合わせの両極にあるといえる。

しかも合理性と非合理性との「際(きわ)」には，なんらかの「**価値基準**」が存在し，その価値基準に従う限り，ミスコンダクトは起こりえないと考えられる。しかし，当該価値基準の適用に当たって，その合理性は常に明確な一点で決せられるものではなく，ある「一定の幅」(**価値基準幅**)がありうるのであり，その幅の解釈に当たって主観的判断の介入する余地が存在する。すなわち，ある者はその価値基準の「評価幅」(**見積幅**)を広く取り，ある者はそれを狭くとるが如きである。

ここでいうところの「価値基準」としては，たとえば，大学や研究機関等で設けた「**組織規定**」や科学者としての「**倫理規定**」等が考えられる。これら組織規定や倫理規定は，一種の制定法的働きをもって機能するという意味合いにおいて効果的であり，有効であるが，元来，かかる倫理規定は人間行為のすべてをカバーする性質のものではない。この点において，それがもつフォーマル性（法規定等がもつ制定法としての公式組織）の限界が存在する。最もその根底に存在するものは「個」(個人)であり，「個」の行為はそれぞれが置かれている社会経済的環境要因等の中での価値判断の時代的推移の過程に従い，状況関連的に変化する性質を保有するところに特徴が存在する。

つまり，学界や研究機関等で設定される「組織規定」や「倫理規定」は，それ自体が客観性を保有するものであるが，それは科学者のすべての行為を律することはできず，律しきれない「残余」は，個人の主観的な判断に委ねられることとなる。

したがって，ミスコンダクトは「**客観的な組織・倫理規定違反**」の行為と，個人的な判断の揺れ動く中で起こる・非合理的であると多くの者によって判断される・人間としての「**倫理（道徳）違反行為**」とを包含することとなる。

2　価値判断の状況関連性

価値基準や価値判断の問題は，科学技術の進歩とその知識の一般的普及と相俟って，「**専門家と社会との関係**」[6]が変化し，専門家の価値判断と社会（個人）

の価値判断との乖離によって，さまざまなコンフリクトをもたらすに至った。

たとえば，医療をめぐる倫理問題として挙げられる「インフォームド・コンセント」は「医師と患者との関係の変化」を表し，また，「製造物責任」については「製造業者と消費者との責任関係の変化」[7]として，特に新技術と関連した問題ではないが，これらは価値基準ないし価値判断の状況関連的変化を表しているとみることができる。

いま一つの事例として，「医学上の常識と一般社会での常識に介在する感覚との理解のずれが，予期せぬ弊害を招く可能性」として，臨床系医学雑誌における疾患の臨床報告や治療不成功例の紹介を「会員（医師：筆者）に警鐘を促す意味や啓蒙を目的に」掲載した場合，「出版後に医療事故や医療過誤と誤認され，訴訟に至る可能性も皆無ではない」というリスクも予想されるところである[8]。

以上の事実は，科学者のミスコンダクトとして挙げうる事例に直接属しないものであるにせよ，価値基準の幅が，個人により，あるいは，立場により，相対的に揺れ動くものであることを説明する際の事例として認めることができる。

第3節　ミスコンダクトの範囲規定とその防止策としての「公開」制度

従来，科学における不正行為の定義をめぐって，これまで二つの立場がみられた。一つは米国連邦政府のとる立場で，不正行為を「**捏造**」(Fabrication)，「**偽造**」(Falsification)，「**盗用**」(Plagiarism) という三つ（ＦＦＰ）に限定して規定する立場であり，他は米国公衆衛生庁の研究公正局や米国科学財団のとる立場で，これら三つに限定することなく，前者ではそれ以外に「一般に受け入れられている共通事項からの著しい逸脱行為」を含むものとし，後者では「その他の逸脱行為」を意味するという内容の定義となっている[9]。

上記の定義において「その他の逸脱行為」という場合，それを定義に含めない理由としては，「科学の不正行為を特定する際に混乱をもたらす」というこ

とに求められている。しかし，現実の不正行為の実体からみて，ＦＦＰの三つに限定された範囲外で多くの諸問題が発生している現状にどのように対処すべきかが，米国での議論の焦点をなしている。不正行為を「処罰」という観点から法的に考察するとき，「その他の逸脱行為」と称する概念の外延を画定するだけの「**限界原理**」を明確にできないために，ＦＦＰの三つに限るという限定的な規定方式がとられているのが現状である。

そのような観点を踏まえた上で，なおかつ三概念を超えた領域の不正行為をいかに防止するかということが，重要な問題点を形成することは確かである。本委員会報告では，「不正行為」という表現を避け，特に「ミスコンダクト」という表現を直截的に採用したのは，科学におけるさまざまな逸脱行為を対象として，それに対する取り組みをいかに考えるかという課題を射程内に据えていることによるものである。

したがって，この問題に対する取り組みの姿勢として，本論文では，ＦＦＰのような「**法的な意味での処罰**」の対象となりうる不正行為と，「その他の逸脱行為」とを包括した科学者のミスコンダクトについて，特定の科学者集団領域に対してのみならず，公衆に対して当該事実を「**公開**」することを通じて，「**社会一般の監視**」下におくことが必要ではないかと思うのである。つまり，ミスコンダクトの公開制度を通じ，科学者集団を含む社会一般の監視下におくことで「**集団の圧力による防除効果**」を期待するものである。

かかる施策の方向性は，不正行為の防止策として，いわば事実の「公開」に伴う「**間接的サンクション効果**」に期待をかける以外にないのではないかという考え方に基づいている。ディスクロージャーという手段は，それをどのようなチャンネルを通じて実行するかの問題は残るものの，「**社会的一般的制裁の手段**」として，事後的にも，また，事前的にも，その防止策として十分に期待できる効果を伴うものと考える。

このように考察した場合，ミスコンダクトという概念は，人間行為に関わる「**不法性**」（不法行為）と「**不当性**」（不当行為）とを包含する概念として用いられる。科学におけるミスコンダクトという場合，不法性とはＦＦＰ（捏造，偽造，

第9部 コンプライアンス

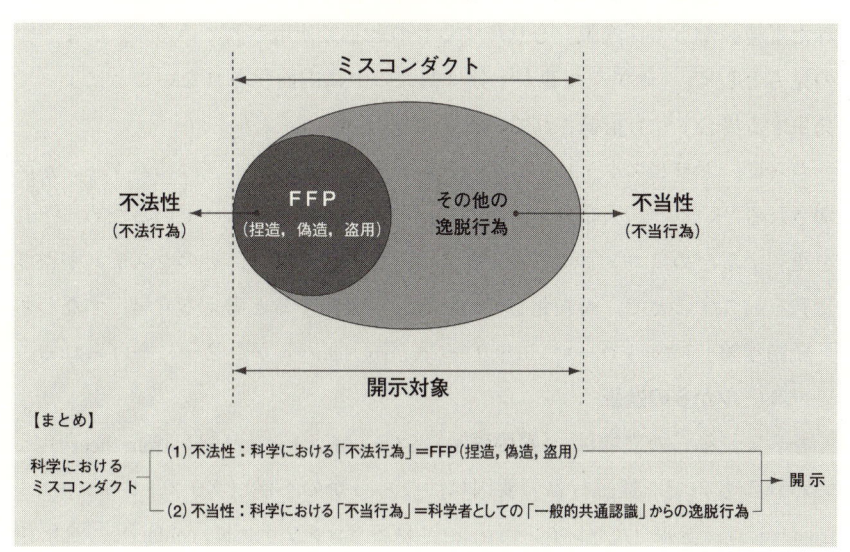

図2 ＦＦＰと「その他の逸脱行為」とミスコンダクトの関係

[図：ミスコンダクトのベン図。FFP（捏造，偽造，盗用）と「その他の逸脱行為」の関係を示す。左側に「不法性（不法行為）」、右側に「不当性（不当行為）」。下に「開示対象」。

【まとめ】
科学におけるミスコンダクト
(1) 不法性：科学における「不法行為」＝FFP（捏造，偽造，盗用）
(2) 不当性：科学における「不当行為」＝科学者としての「一般的共通認識」からの逸脱行為
→ 開示]

盗用）の三行為を意味し，また，不当性とは科学者としての「一般的共通認識」からの逸脱行為を意味するものである。すなわち，米国公衆衛生庁の「一般に受け入れられている共通事項からの著しい逸脱行為」ないし米国科学財団の「その他の逸脱行為」と同義のものとして理解している。

以上の説明を念のため図形化して示すならば，「図2」のようになる。

第4節　逸脱と学習

1　逸脱の3パターン

ミスコンダクトは，なんらかの科学的基準があって，その基準からの逸脱行為であると理解される。ここで「**逸脱**」(デビアンス：deviance) とは，社会学的には，「行為者が一つまたはそれ以上の制度化された規範的パターンに違反して，行動するように動機づけられる傾向」を意味するとされている[10]。

この立場は,「逸脱行為」を社会という大きなマクロ的観点から「制度化された規範」からの「逸脱」を意味するものとして使用されているが,いま一つの見方として,「価値や規範が十分に個人の中に内面化されないことによって発生する場合」[11] も指摘されている。

さらに,トラビスト・ハーシの「逸脱分析」によると,三つのパターンが区別されるという[12]。人は誰でもなんらかの逸脱可能性をもっているため,それを規制するためにコントロール・システムを設けた場合,そのシステムが機能障害を起こすことで,潜在化していた逸脱が表出すると考える立場,すなわち「**統制理論**」(コントロール・セオリー:control theory) が,第一に挙げられる。――**ルールからの逸脱**

さらに,第二の立場は,「**緊張理論**」(ストレイン・セオリー:strain theory) といわれるもので,逸脱行為の要因は,なんらかの不満(フラストレーション:frustration),緊張(ストレイン:strain),葛藤(コンフリクト:conflict)等を解決するための努力が,他者の期待に背反した結果であるとみる見方である。――**相互的期待の不一致による逸脱**

第三の立場は,「**文化的学習理論**」(カルチュラル・ラーニング・セオリー:cultural learning theory) と称せられるものである。この理論によると,逸脱行為は,他者からの学習によって獲得されるとする見方をとる立場である。――**学習による逸脱の文化化**

2　3パターンの具体例

上の三つの立場の特徴を端的に表現するとすれば,第一の立場では「ルールからの逸脱」を,第二の立場は当事者等の「相互的期待の不一致による逸脱」を,そして第三の立場は「学習による逸脱の文化化」を意味するものである。

「ルールからの逸脱」としてのミスコンダクトは,研究者集団に設けられた倫理規程や組織規定からの逸脱行為があった場合に語られるもので,コンプライアンス違反としてのミスコンダクトを意味する。

「相互的期待の不一致による逸脱」は,研究所等に所属する研究者が上司か

ら与えられた研究目標への期待に従え得ないまま、その期待に反する行動をとる場合にみられるものであって、所長と研究者という上下関係における「役割期待の相補性」の不調和による逸脱行為が該当するであろう。

「学習による逸脱の文化化」とは、特定集団における一人の研究者の逸脱行為を他者が黙認することで、順次、その逸脱行為が常態化した場合、当該集団に新たに所属することとなった研究者もまたその慣行を学習することで、逸脱があたかもその集団全体を覆うこととなり、それが共通の認識にまで高まった場合に、当該逸脱が「文化化した」というのである。

特定集団の文化化した逸脱行為は、その集団内において許容される枠組み範囲の行為として承認されるとしても、より一般的な価値基準からみた場合、許容し得ない逸脱として、認めがたいこととなる。

このような逸脱現象は、一国内における特定組織（大学の研究室や研究所等）において生ずることもあり、また、殊にグローバリゼーションに伴い「**国際的組織コードの不一致**」[13] 問題としても議論の対象となるものである。

3　業績主義とアノミー

科学の世界に限らず、社会一般に、昇進や評価においてポジショニングの有利性を獲得するための競争は、好むと好まざるとにかかわらず、社会全体がなんらかの価値体系の下で形づくられている限り、避けることのできない現象であるといえるであろう。このことが、端的に「**業績主義**」による評価の体系につながってくるのである。

科学研究の場において、先取特権的な栄誉のための争いは、本来、科学研究者に内在した「**アノミー**」（anomie：社会的規範喪失）への指向であるという認識を前提とした理論構築が必要となるように考える。

4　裏常識とアノミー

このことに関連して、「表の常識」と「裏の常識」という特徴づけで、アノミーを理解する行き方がある[14]。そこでは、社会一般の問題に関連して取り上

げられているのであるが，これを科学の世界に関連づけて理解することもできる。すなわち，「**表の常識**」は，研究者にとって，人間社会に役立つような優れた研究を行うことが科学の価値を高めることであるという命題が，一般に承認されている。この言明は，職業規範であると同時に，社会規範としても是認され，「表立った表明」として承認されているが故に，「表の常識」といわれる。

これに対して，業績主義の科学の世界において，そのようなきれい事だけでは業績の先取りが叶わず，多少「ずるさや身勝手さを持って生きる常識」があってよいと自認するような，研究者それぞれの個体の立場からの認識が「**裏の常識**」としてまかり通る場合に語られる。

この「裏の常識」が科学者秩序からの逸脱として，「許容の範囲」内の行為として認められるものであるのか，あるいは，「許容の範囲」外の行為として罰せられなければならないかは，風土的・伝統的・教条的な「**社会的制約条件**」(social constraints) に依存して異なるのではないかと考える。

総合研究開発機構の実態調査によると，「表常識と裏常識に対するコミットの強弱は，社会秩序のゆらぎ，逸脱に対する，許容の水準」となんらかの関係のあることを報告している。それによると，「裏常識を強く持ち，しかも，他人も裏常識を強く持っていると確信している人」ほど，「他人が行う『汚職』，『選挙の買収』，『自由な性関係』，『離婚』などについての許容度が高く」，「他人の逸脱行動を容認する傾向が強い」ことを報告している。したがって，「自己の逸脱の可能性もまた高い」ことが結論されている。

この結論は，先に述べた「学習による逸脱の文化化」の問題に相通じるものが認められる。すなわち，特定集団内での裏常識が学習過程を通じて一般化した状態で行われたミスコンダクトを，お互いにチェックすることなく，承認し合う形式でのものである。

これに対して，「表常識派においても高い許容度がみられたのは，離婚と性の解放に関するものであり，男女間の倫理は大きく変わりつつあると考えられる」としているように，アノミーに対する社会認識の度合いは，社会環境依存的に，時代条件付で変化するものであることが理解される。

5 小括

その意味では，研究者のミスコンダクト防止の具体的な措置としては，研究者を取り巻く研究倫理環境の整備・拡充・徹底にかかる諸施策を講ずることが，大きな課題であるといえるのではないであろうか。

したがって，研究者を取り巻く「**インフラストラクチャーの整備**」が，ミスコンダクト防止にとって必要不可欠であるという結論が導かれる。すなわち，ミスコンダクト防止の**事前措置**としては「研究倫理教育体制の整備」が挙げられ，また，その**事後措置**としては研究成果公表にかかる「モニタリング制度の確立」(ミスコンダクトにかかる公開制度の確立等) が挙げられると考える。

これらの事項は，「図1」での「制度支援措置」として掲げられた事項と同じである。

第5節　ミスコンダクトの概念的フレームワーク

1　取り組みの基本的立場

科学における不正行為の定義をめぐって，従来，広狭二義の解釈がみられたところである。狭く解釈する立場は，科学者のミスコンダクトの範囲を捏造，偽造，盗用（FFP）の三つの行為に限定する立場である。これらは明らかに犯罪を構成する行為であるから，まさに「不正行為」と名づけるに値するものである。しかし，それが法的意味において犯罪を構成するかどうか不分明であるものの，科学者として「なすべきではない行為」も多数存在するのである。科学者たるものに共通して意識されている事柄からの逸脱した行為もまたミスコンダクトであるという見方が，ここでいう広い解釈である。

今後における科学技術の急速な進歩と科学的開発の過当な競争下において，科学上のミスコンダクトが増加するものと予想される。したがって，本報告書では，捏造，偽造，盗用（FFP）の三つの逸脱行為以外の「その他の逸脱行

為」をも含むとする広い立場を採用し，その発生の構造と防止策を検討することを課題とするものである。

2　概念設計スキーム

科学におけるミスコンダクトが，科学者のどのような意識構造から，どのような形態で生ずるのかを概念的フレームワークとして整理することから始めたいと思う。整理にあっては，次の二つの対概念を軸として考察を進めたい。

(1)　「意識的」（意図的）――「無意識的」
(2)　「歪曲」――「非事実」

上記(1)を縦軸に，(2)を横軸にとり，それらの関係としてミスコンダクトの概念模型を描いたものが，「**図3**」である。

科学者のミスコンダクトは，それぞれの科学者の意思に左右されるとみる限り，ミスコンダクト発生の「**意思性**」（「意識的」ないし「意図的」か，あるいは，「無意識的」かという真意）が，ミスコンダクトの解釈にとって重要な要因となっている。「図3」では，ミスコンダクトの意思性を横軸にとり，さらに，ミスコンダクトといわれる現象が，事実関係を「故意に歪めたか」（**歪曲**），あるいは，存在せざる事実を現にある事実のように偽ったか（**非事実**）という局面を両極として縦軸にとって描いている。

それぞれに相面（あいめん）する軸の関わり合いで，次の4局面が識別される。

① 意図的歪曲
② 意図的非事実
③ 無意識的歪曲
④ 無意識的非事実

「**意図的歪曲**」とは行為者が意識的に事実を歪める行為を意味し，「改ざん」や「盗用」という不正行為がこの局面に属するものである。他の事例としては[15]，重複発表，不適切なオーサーシップ，引用の不備ないし不正（先行例の無視・誤認，不適切な引用），新規性を詐称するような行為，誇大な表現，誤解を誘導するような都合の良い表現（レトリックの誘惑），他に，一般化できない特

第9部　コンプライアンス

図3　ミスコンダクトの概念的フレームワーク

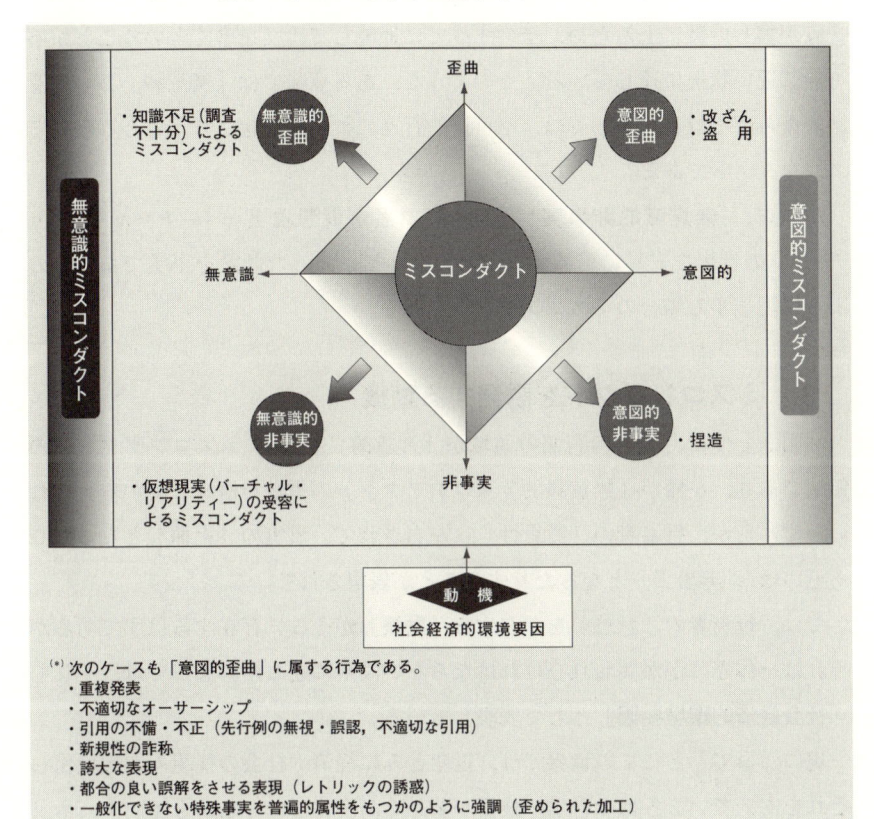

```
                          歪曲
                           ↑
        ・知識不足(調査    無意識的        意図的    ・改ざん
          不十分)による    歪曲            歪曲      ・盗用
          ミスコンダクト    ↖              ↗
無                                                      意
意                          ミスコンダクト              図
識   無意識  ←――――――――――――――――→  意図的   的
的                                                      ミ
ミ                          ↙              ↘          ス
ス                        無意識的        意図的        コ
コ                        非事実          非事実  ・捏造 ン
ン                                                      ダ
ダ        ・仮想現実(バーチャル・                        ク
ク          リアリティー)の受容に                       ト
ト          よるミスコンダクト
                           ↓
                          非事実
                        ┌───────┐
                        │  動　機  │
                        │社会経済的環境要因│
                        └───────┘
```

(*) 次のケースも「意図的歪曲」に属する行為である。
・重複発表
・不適切なオーサーシップ
・引用の不備・不正(先行例の無視・誤認，不適切な引用)
・新規性の詐称
・誇大な表現
・都合の良い誤解をさせる表現(レトリックの誘惑)
・一般化できない特殊事実を普遍的属性をもつかのように強調(歪められた加工)

殊事実を普遍的属性をもつかのように強調すること（歪められた加工）等が，この局面に属するミスコンダクトとして挙げてよい。

「意図的非事実」とは行為者が意識的に存在せざる事柄を現にあるかのように偽る行為を意味し，「捏造」がこの局面に位置づけられる不正行為である。いずれも行為者の「意図的なミスコンダクト」であり，犯罪行為として許されざるものである。

これに対して，「無意識的歪曲」とは，行為者の知識不足や調査不十分等，科学知識についての見識が不足していたり，あるいは，怠慢に基づき起こるミ

スコンダクトである。最近のように，情報氾濫時代になると，関連する雑誌や文献が夥しい数に上るため，そのすべてに通暁して論文を書くということが不可能に近い状況に達している。そのような，ある意味では「無意識」という意図的ならざる行為，もしくは，不可避的行為によっても起こりうるところのミスコンダクトである。

最後に，「**無意識的非事実**」とは，行為者が仮想現実（バーチャル・リアリティー）の世界を安易に受容することによって，誤った認識を事実であるかのように記述する場合のミスコンダクトである。

3　ミスコンダクトを誘発する動機

「図3」では，図形の右側の領域が「意識的（意図的）ミスコンダクト」の領域であり，左側が「無意識的ミスコンダクト」の領域を構成している。それらいずれもが，行為者の「意思性」に左右されて，事実の「歪曲」となったり，あるいは，「非事実」となったりすることが表現されている。

では，行為者の「意思」を左右する「**動機**」がそこに存在するはずであるが，それは一体なにかが問われなければならない段階に達した。図形では，それを「**社会経済的環境要因**」として表現している。

現に「事実」としての世界では，近年とみに経済や社会の仕組みが複雑化し，それを支えている各種の科学・技術が著しく高度化した。しかもインターネットを通じて各種の情報を居ながらにして入手することが可能となると同時に，情報の発信も「同時・同報」的に，リアルタイムで可能となる時代がやってきたのである。時代は，閉鎖された国境の壁を取り払い，グローバリゼーションの時代へと突入したわけである。まさにサイバースペースの「際なしの世界」の出現は，科学者の競争の様相を一変するに至った。

かかる「**事実認識**」（事実判断）を踏まえて，その事実を研究者がどのように評価し，その評価結果を研究活動に反映するかということが「**動機づけ**」の「**価値判断**」となる。動機づけの一般化は，研究成果公表へのスピード加速化現象であった。

スピードの加速は，自ずから「**研究成果公表の先取り争い**」となって顕現する。「研究成果公表の先取り争い」という動機によって，なにが「**目的**」(当為判断)なのかが問題となる。

たとえば，「社会的地位や名誉を得るため」であったり，「科学研究助成金の獲得」や「教授ポストの獲得」，より一般的表現では「昇進」が目的であったり，その様相はさまざまな形で存在する。そのような目的を成就するための「**手段**」として，これまたさまざまな方法がとられることこととなる。その「**結果**」として，ミスコンダクトが惹起されると考えられるのである。

第6節　エピローグ

本章において取り上げたミスコンダクトの概念スキームをベースとして，次章ではミスコンダクトを「組織の構造要因」，「組織の構成要因」および「個人的内因性要因」という3つの視角から取り上げ，さらにミスコンダクト防止のための「組織的審査体制」の問題に言及しようと思う。

【注】
1) 日本学術会議・学術と社会常置委員会報告「科学における不正行為とその防止について」，2003年6月24日。
2) この問題に関連して，日本学術会議では，科学者倫理の確立に向けての声明として「科学者の行動規範について」(2006年10月3日)を公表した。本書，第Ⅱ編・第3部「学術倫理」の「第1章　科学者の倫理規範について」で，その内容について論述されている。
3) ここでの「事前」・「事後」という表現は，ある行為なり，文書が，ミスコンダクトと判定される時点を起点として，その前と後という使い方をしている。
なお，調査・審査機関の設置は，それ自体が事前の措置としてミスコンダクトを抑止する圧力として機能すると同時に，事後的に当該ミスコンダクトを調査し，審査する機能を担当するのであるから，この場合は事後的機能を発揮することとなる。分類としては，事前措置の制度として整理している。

第Ⅳ編　社会における倫理の実践

4） 最近の研究として，次のような文献がある。竹下哲『現代日本文学「盗作疑惑」の研究』ＰＨＰ研究所，2002年。
5） ここで「リスク」という表現を使っているのは，ミスコンダクトなき行為は，それが科学者の行為であれ，その他の一般の行為であれ，信頼ある行為として「社会的信頼性」の指標となるものであるが，そこには潜在的になんらかの「不確実性」を包蔵していると考えることができる。そのような意味での不確実性は社会的信頼を損ねるリスクとなるのであるから，ミスコンダクトはリスクのカテゴリーに属する概念であるといえる。
6） 横山輝雄「科学技術における倫理問題」『情報の科学と技術』Vol. 51, No. 12, 2001年12月，613頁。
7） 同上，612頁。
8） 佐治重豊「医学雑誌の科学情報倫理―邦文雑誌編集委員の立場から―」『情報の科学と技術』Vol. 21, No. 12, 2001年12月，614頁。
9） 山崎茂明「科学の不正行為への生態学的アプローチ」『情報の科学と技術』Vol. 51, No. 12, 2001年，606頁。『科学者の不正行為――捏造・偽造・盗用』丸善，2001年，51～64頁。
10） Parsons, Talcott, *The Social System,* The Free Press, 1951. 佐藤勉訳『パーソンズ社会体系論』青木書店，1974年，252頁下段。
11） 財団法人　日本リサーチ総合研究所『現代社会におけるアノミー現象と課題』総合研究開発機構，1988年，「要約」4頁。
12） 大村英昭・室月誠『逸脱の社会学―烙印の構図とアノミー』新曜社，1987年，1頁。
13） 日本学術会議・学術と社会常置委員会報告，13頁。
14） 社団法人　日本リサーチ総合研究所『現代社会におけるアノミー現象と課題』総合研究開発機構，1988年，「要約」9頁。
15） 日本学術会議「学術と社会常置委員会報告」を踏まえて整理された，日本癌学会「科学における不正行為とその防止について」中の「2．研究倫理と不正行為」を参照。

(武田　隆二)

第4章　ミスコンダクトの内生要因と組織的審査体制の確立

第1節　組織の構造要因に基づくミスコンダクト

1　プロローグ

　前章ではミスコンダクトの概念フレームワークを取り上げ，現に置かれている状況下において，ミスコンダクトといわれる概念が**「事実の歪曲化行為」**と**「非事実の事実化行為」**という二極面において，行為者の「意識的（意図的）行動」と結びつき，あるいは，「無意識的行動」と結びついて引き起こされることを明らかにした。

　実は，これらミスコンダクトは，本来，各研究者の個人の立場での行動として起こるのであるが，当該個人はなんらかの組織に所属する形で研究活動を営んでいるのであるから，その組織の構造や人間関係と無関係ではあり得ないはずである。そこで本章では，かかる意味での「組織構造要因」との関連において，すなわち，ミスコンダクトが構造と関わって発生する要因を整理することが課題となる。

2　組織の「上下関係」と組織成員の「相互関係」

　科学者集団の中における組織成員が引き起こすミスコンダクトは，**集団組織の構造要因**に起因するものである。かかる観点から，ミスコンダクトを整理する場合，①縦の系と②横の系との二つの観点を軸として考察したい。

　「縦の系」としては組織の「**上下関係**」，すなわち，組織成員が属する「組織の上位階層」（いわば**支配組織**）と組織成員に対する「組織の下位階層」（いわば**被支配組織**）の関係を取り上げ，また，「横の系」としては「**組織成員の相互**

第Ⅳ編　社会における倫理の実践

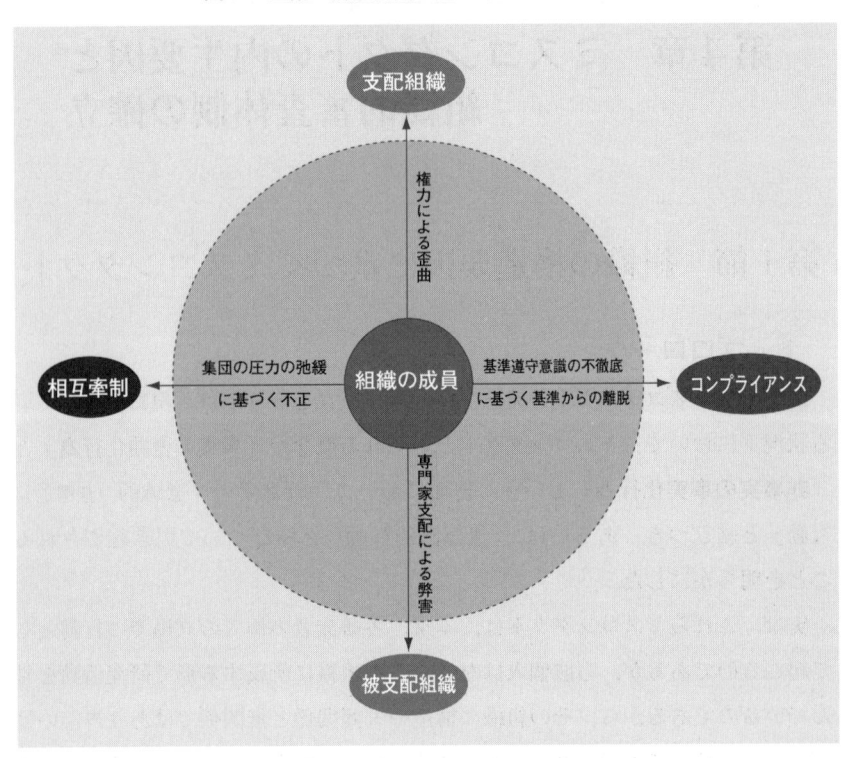

図1　組織の構造要因に基づくミスコンダクト

（図：中央に「組織の成員」、上に「支配組織」、下に「被支配組織」、左に「相互牽制」、右に「コンプライアンス」。上向き矢印に「権力による歪曲」、下向き矢印に「専門家支配による弊害」、左側に「集団の圧力の弛緩に基づく不正」、右側に「基準遵守意識の不徹底に基づく基準からの離脱」）

間」の関係と「**組織成員として遵守すべき行動規範への準拠**」の関係とで考えることが必要である。念のため、次のように示しておきたい。

(イ)　縦の系＝組織の上下関係＝支配組織（上位階層）と被支配組織（下位階層）

(ロ)　横の系＝「組織成員の相互間」の関係と「組織成員として遵守すべき行動規範への準拠」の関係

そこでかかる観点からのミスコンダクトの構造要因を「**図1**」のように表してみたい。

「図1」では、「組織の成員」（各科学者）をめぐる「上・下」および「左・右」の四者関係として、4つの局面が問題となることが描かれている。以下、それぞれの局面について解題したい。

3　権力による歪曲

「組織成員」と上位における「支配組織」との関係としては、「**権力による歪曲**」という形でのミスコンダクトが惹起する。具体例としては、(a)オーサーシップのあり方として問題にされるミスコンダクトの事例であるが、実質的かつ本質的な寄与がない組織上位者（研究室の指導者等）を著者に加える場合や、(b)組織における若手研究者が支配組織の上位者（たとえば、チームのリーダーあるいは研究所長等）の期待する結果に沿うべく、実験結果または統計処理結果を捏造する場合は、「**権力への迎合**」という無形の力によって事実が歪曲されるケースであろう。

4　専門家支配による弊害

「組織成員」と下位における「被支配組織」との関係としては、「**専門家支配による弊害**」という形でのミスコンダクトが惹起する。具体例としては、一般にドクターハラスメントといわれる事例であって、患者の同意を得ることなく、したがって、患者の自己決定権を侵害して行われる臨床研究が、その例として挙げられよう。

5　「集団の圧力の弛緩」による不正

「組織成員」を中心とした横の関係として、「**組織成員の相互間**」におけるミスコンダクトの要因となるのは、「**集団の圧力の弛緩による不正**」が挙げられる。具体例としては、「ピアレビューの弊害」が挙げられる。

本来、「**レフェリー制度**」（referee system）は、専門学会での研究発表における司会役や討論会での座長役の役割履行により、「公正な運営」が期待されるところであるが、まま同門の関係者による研究発表や討論での発言に対して過大な評価を与えることで、出席者への印象づけを強め、逆に、評価されるべきものに対して十分な評価判断を避ける場合にみられる「**不公正な印象づけ**」が挙げられる。

また，学会誌における「**ピアレビュー制度**」(peer review system) は，レフェリー制度の一環に位置づけられるものである。専門を等しくする同僚の審査（査読）による評価も，個人研究という「**主観の領域における文書の客観化過程**」として，その運用の適切性に期待が持たれるものである。

しかし，社会経済の複雑化，情報化技術の著しい進歩，情報のグローバル化，専門の分化現象による特殊化領域の拡大と専門家の数の増加等の諸要因から，研究論文の量的拡大と質的高度専門化が加速するに伴い，(a)審査論文の量的加重負担から招来する「**審査の綿密性の希薄化**」という問題と，(b)高度に質的高度化が進んだために，「**正しい評価の後退傾向**」が生ずる危険を孕んでいるという問題とを随伴するに至った。

これら研究を取り巻く環境変化による問題の登場は，専門家相互において監視し合うという正当な力関係の中でのチェック・アンド・レビュー（**相互牽制**）という「集団の圧力」が緩みだしたことに胚胎するものとみることができよう。

なお，上述の研究環境の変化は，取りも直さず，「**研究競争の一層の激化**」をもたらすに至る。このことは，研究者の社会的名誉の確立とか地位の獲得，あるいは，研究資金の獲得競争へと拍車を掛けるようになった。このことに胚胎するミスコンダクトが，顕在化するに至ったことが大きな社会問題ともなっている。レフェリー制度の問題点は，他者の研究論文が公表される前に，レフェリーがそれを読むことのできる有利な立場にあることを利用したミスコンダクトが挙げられる[1]。

6 「基準遵守意識の不徹底」に基づく基準からの逸脱行為

「組織成員」を中心とした横の関係として，組織成員がお互いに遵守すべきこと（**コンプライアンス**）を守らないことに起因するミスコンダクト，すなわち，端的に「**基準遵守意識の不徹底**」に基づく基準からの逸脱行為が挙げられる。

具体例としては，学界における研究倫理規定や研究組織における研究管理規程等からはずれた行為が挙げられる。

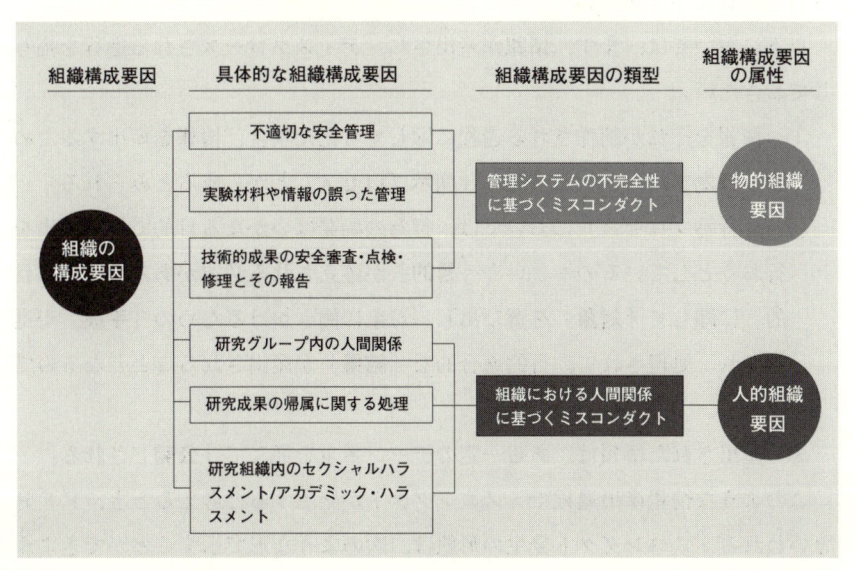

第2節　組織の構成要因に基づくミスコンダクト

　研究者は，大学であれ，研究機関であれ，それぞれなんらかの組織に所属して活動するものであるから，その組織の「構成要因」に起因するミスコンダクトもありうるところである[2]。

　ここで「**組織の構成要因**」とは，組織を構成する人的要素と物的要素とに関連する。すなわち，「**物的組織要因**」という組織属性に起因するミスコンダクトと，いま一つは「**人的組織要因**」という組織属性に起因するミスコンダクトとが含まれる。

　前者すなわち「**物的組織要因**」は，主に「管理システム」に関わるもので，管理システムが十分に行き届かないことに起因するもの，すなわち「**管理システムの不完全性**」に由来するミスコンダクトを意味する。

　また，後者すなわち「**人的組織要因**」とは，主として組織を構成する「人的

図2　組織の構成要因に基づくミスコンダクト

組織構成要因	具体的な組織構成要因	組織構成要因の類型	組織構成要因の属性
組織の構成要因	不適切な安全管理	管理システムの不完全性に基づくミスコンダクト	物的組織要因
	実験材料や情報の誤った管理		
	技術的成果の安全審査・点検・修理とその報告		
	研究グループ内の人間関係	組織における人間関係に基づくミスコンダクト	人的組織要因
	研究成果の帰属に関する処理		
	研究組織内のセクシャルハラスメント/アカデミック・ハラスメント		

関係」に関わるもので，組織を構成する成員のヒューマン・リレーションの円滑な機能不全が原因となるミスコンダクトである。

これら「**組織構成要因の機能不全**」からの諸問題を一覧式に示し，その属性に従った整理を示したものが，「**図2**」である[3]。

第3節　個人的内因性要因に基づくミスコンダクト

1　ミスコンダクトの深度と形態

これまでミスコンダクトが，個人的・組織的「**意思性**」から，「**組織構造要因**」から，また，「**組織構成要因**」から，どのような要因に準拠して発生するのかという「**準拠発生型の態様**」について考察したところであるが，ミスコンダクトの結果的な面からみて，どれもみな一様な「**斉一性**」を保有しているかにみえる。しかしながら，その態様において，不正発生の内因性要因には，「**不正の表出形態**」からみて「**表層**」から「**深層**」に至る「**深さ**」（深度）があるように思われるのである。

以下においては，まず，情報が産出され，ディスクローズされる過程を描写しておきたい。

① 情報をそれが制作される過程に即して考えた場合，情報を産出するための「**行為プロセス**」と情報の「**開示プロセス**」とから成るとみられる。

② 「**行為プロセス**」においては，行為の始発はいかなる目的で情報創出を行おうとしているのかという「**目的**」が確立される必要がある。その「目的」に即して「**対象**」を選び出し，対象に働きかけるための「**手段**」が選択され，処理されて，目的適合的な「**結果**」が産出されることとなるのである。

③ 産出された情報は，ある一定のチャンネルを通じて「**公開**」される。

このような情報産出過程でミスコンダクトが発生すると考えるとき，ＦＦＰといわれるミスコンダクト発生の形態は，次のような形で示すことができよう。

第9部　コンプライアンス

図3　個人的内因性要因に基づくミスコンダクト

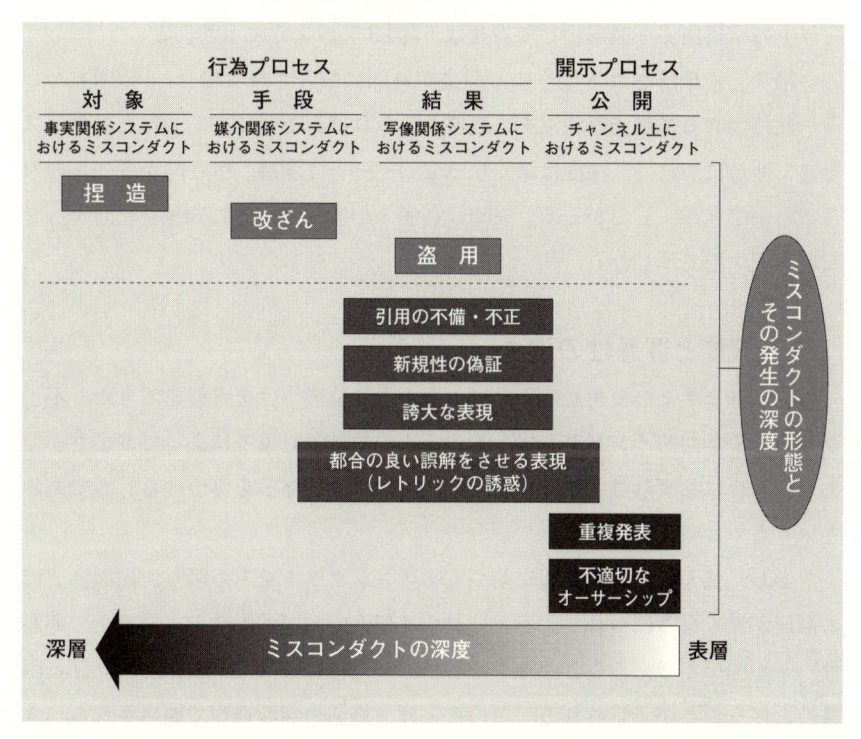

```
行為プロセス                                    開示プロセス
対　象        手　段        結　果              公　開
事実関係システムに  媒介関係システムに  写像関係システムに   チャンネル上に
おけるミスコンダクト おけるミスコンダクト おけるミスコンダクト おけるミスコンダクト

 捏　造
           改ざん
                       盗　用
- - - - - - - - - - - - - - - - - - - - - - - -
                   引用の不備・不正
                   新規性の偽証
                   誇大な表現
                   都合の良い誤解をさせる表現
                   （レトリックの誘惑）
                              重複発表
                              不適切な
                              オーサーシップ

深層 ←━━━━━ ミスコンダクトの深度 ━━━━━→ 表層
```

ミスコンダクトの形態とその発生の深度

第4章

(a)　対象：事実関係システムにおけるミスコンダクト――捏造
(b)　手段：媒介関係システムにおけるミスコンダクト――改ざん
(c)　結果：写像関係システムにおけるミスコンダクト――盗用

　さらに，FFPを除く「**その他のミスコンダクト**」は，次に示すように，「行為プロセス」では「結果」と関連し，あるいは，「開示プロセス」と関連をもつ。

(c-2)　結果：写像関係システムにおけるミスコンダクト――①引用の不備，②新規性の偽造，③誇大な表現，④都合の良い誤解をさせる表現（レトリックの誘惑）
(d)　公開：チャンネル上におけるミスコンダクト――①重複発表，②不適切

395

なオーサーシップ

以上の所属関係を図形化して表せば,「**図3**」のように示される。

「図3」で理解されるように,論文が外部に公表される場合,「公開」という一般にアクセス可能な状況を「**表層**」とみれば,それに先立つ行為プロセスを逆に辿るにつれて,深度は深くなっていく――「**深層**」へと向かう――とみることができる。したがって,矢印は右側（表層）から左側（深層）に向かって深度を表す形で示した。

2　深度と罪悪性の強さ

以上,さまざまな視角からミスコンダクトの位置づけを考察してきた。不正がもたらす社会的インパクトは,その不正の領域,対象等によってさまざまであり,一様に論ずることができないにせよ,科学の尊厳を傷つける行為であるという点では同じである。

しかし,個人的内因性要因に基づくミスコンダクトをみる限り,内因性要因の深度が深くなるにつれて,不正に対する個人的内因性の欲求――不正の罪悪性――が強いと考えることができるし,それだけにミスコンダクトの立証に困難性を伴うことが予想される。このことは,処罰の判断過程で顧慮されるべき要因となるであろう。

第4節　ミスコンダクト・リスクの発見可能性

1　規範逸脱行為と三つのリスクカテゴリー

科学におけるミスコンダクトは,皆無であることが理想的であるが,人間行為に付帯するリスクとして避けられないものであるという見方をとることが自然であろう。その場合,可能な限りで,さまざまな形での回避のための「ハード装置」（制度）や「ソフト装置」（教育等）を設けることにより努力しても,なお残留するリスクとしてのミスコンダクトが存在することになると考えられる。

それの少なきを望むとしても，避けられない残余としてのリスクである。

ミスコンダクトを科学者行為に付帯するリスクと解した場合，どのような形でそのリスクを整理・体系化したらよいのかが問題となる。科学者行為にかかるミスコンダクト・リスクを避けるために，なんらかのハードならびにソフトの防除装置が設けられているという前提において考察してみたい。

結論的に，次のような三つのリスク・カテゴリーを識別できよう[4]。

（1）内生的固有リスク（潜在的固有リスク）

科学者が，本来，意識すると否とにかかわらず，潜在的に共有すると考えられる「犯すことのある誤った行為」の可能性に係るリスクであって，それが顕在化することのある規範逸脱リスク

（2）内生的組織要因リスク（組織規定的リスク）

主として，研究者個人を取り巻く環境との関連において，状況関連的な要因に規定されたミスコンダクト（たとえば，研究者としての地位の確立，栄誉への欲求，競争への対応等の**論文作成者側の要因に基づくもの**）であって，なんらかのハード組織（たとえば，レフェリー制度等）によって発見できないことのある規範逸脱リスク，および，それ以外に，**論文を審査する側の要因**として，レフェリー制度等における審査委員の能力不足に基づくミスコンダクト（たとえば，不適切な不良論文を見逃すエラー，最先端の新規・独創性に富んだ論文を不採用とするリスク等）

（3）外生的発見不能リスク（評価規定的体制リスク）

個人的あるいは組織的なチェック体制により，第三者機関による審査もしくは裁決過程にある事件であっても，それが専門家集団によってさえ発見されずに見過ごされる可能性のある規範逸脱リスク

上述のように，ミスコンダクトは研究者の個体内在的に潜む「潜在的固有のリスク」であり，それがレフェリー制度等のハードな内部牽制制度を通じても発見されずに見過ごされるリスクであって，さらに，ミスコンダクトとして挙

げられた場合であっても，専門家集団に発見されずに見過ごされるリスクが存在するということである。

2　リスク摘発の困難性

ミスコンダクトの摘発が不活発な原因は，ミスコンダクトを現実に立証することが困難であり，また，立証に時間がかかるという事実が挙げられる[5]が，そのことがかえってミスコンダクトを内部進行させる誘因になっていると考えられる。それは，次のような理由に基づくものであろう。

① ミスコンダクトの許容幅についての一般的合意が成立していないこと

　　ミスコンダクト概念は科学行為一般に潜在し，内在的に固有のリスクであるだけに，その表出過程において安全率ともいえるような許容幅が個人的判断に委ねられており，相互主観的にその妥当性にかかる検証が行い難いという属性をもつリスクであるということによる。

② ミスコンダクトの挙証に困難性を伴うこと

　　ミスコンダクトの立証のためには，立証責任（挙証責任）が付帯するため，その立証に客観性が必然的要件とされる。その要件を充足するためには，自己の研究時間を犠牲にして，多大の時間と労力を伴い，さらにそれに続く立証のプロセスを考えるとき，摘発することにためらいを伴うことによる。

第5節　ミスコンダクトの効率的・組織的審査体制の確立

1　組織構成

科学研究におけるミスコンダクトを事前に防止するためには，なんらかのシステムを確立することが必要である。かかるミスコンダクト調査および審査のためのシステムは，少なくとも，なんらかの第三者機関において行われなければならない。その場合，次の3段階で確立する必要があるように思われる。

① 各科学者の所属する組織（学部ないし学科，その他の研究機関）におけるミスコンダクトのチェックシステムの確立――**第1段階　調査機関**
② 各科学領域（各学会）におけるミスコンダクト調査・審査のための機関の設立――**第2段階　調査・審査機関**
③ 国家機関としてのアカデミック・コート（不正裁定機関）の設立――**第3段階　裁決機関**

上記の3機関は，少なくとも組織的な調査ないし審査および裁決機関としてフォーマルな組織活動を行うこととなる。

第1段階での調査機関のチェックは，自ずから限定された機能にすぎないかもしれないが，少なくとも大学（学部，学科），その他の研究機関においてなんらかの審査体制をもつことが，ミスコンダクトに対して心理的抑圧効果を期待できるものがある。

第2段階である各学会での調査・審査機関では，同じ研究領域の専攻者が多いだけに審査の客観性を維持できる可能性は高い。しかし，ここでの審査は，問題点の調査・確証レベルでの審査機能を果たすものであって，最終的に当該ミスコンダクトにかかる被疑者の処遇決定にまでは至らないものとすることが適当であろう。

第3段階は，第1段階もしくは第2段階から提出された疑惑問題についての処遇を担当する。それぞれの段階から科学的な根拠を提示して審議に付せられた事件について，あるいは，第2段階審査機関において意見対立のまま結論の得られない事案について，そこにおける意見対立等に対する裁定機能を果たすものである。

2　調　査　法

論文についてなんらかの疑義がもたれるような事実の申し立て等があった場合（第1段階での申し立て），調査委員会はその事実を確認するため，被疑者に対して「**弁明の機会**」を与えなければならない。その弁明について説得力がなく，疑義が残り，あるいは，それを瑕疵として決定できないときは，上位の調査機

第Ⅳ編　社会における倫理の実践

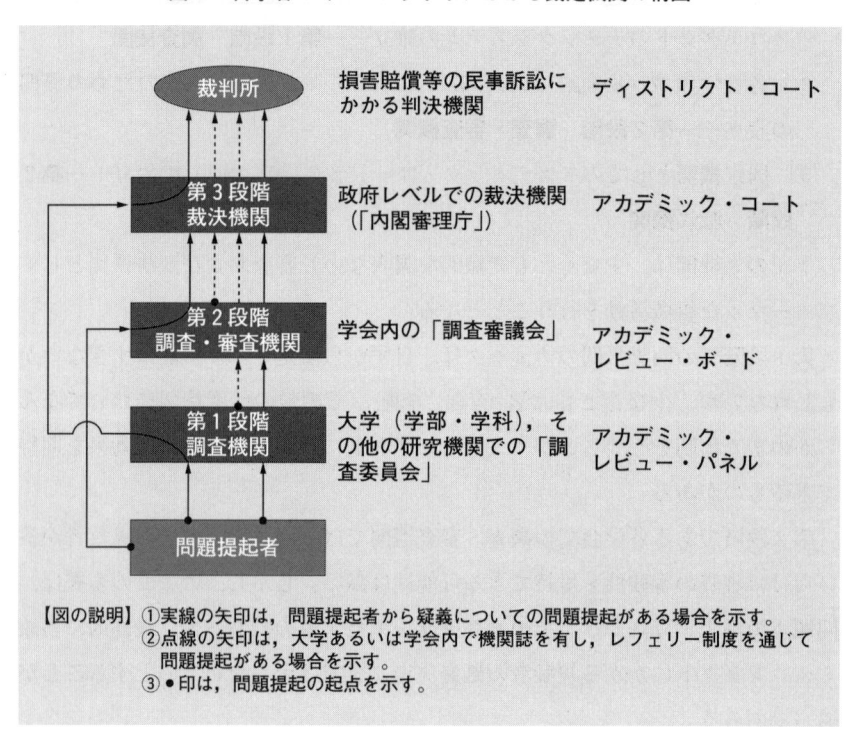

図4　科学者のミスコンダクトにかかる裁定機関の構図

```
                                              損害賠償等の民事訴訟に      ディストリクト・コート
                    ┌─→ 裁判所 ─→         かかる判決機関
                    │       ↑↑↑
                    │   第3段階            政府レベルでの裁決機関      アカデミック・コート
                    ├─→ 裁決機関          （「内閣審理庁」）
                    │       ↑↑↑
                    │   第2段階            学会内の「調査審議会」      アカデミック・
                    ├─→ 調査・審査機関                              レビュー・ボード
                    │       ↑↑↑
                    │   第1段階            大学（学部・学科），         アカデミック・
                    ├─→ 調査機関          その他の研究機関での「調     レビュー・パネル
                    │                       査委員会」
                    │
                    └── ●問題提起者
```

【図の説明】①実線の矢印は，問題提起者から疑義についての問題提起がある場合を示す。
　　　　　　②点線の矢印は，大学あるいは学会内で機関誌を有し，レフェリー制度を通じて
　　　　　　　問題提起がある場合を示す。
　　　　　　③●印は，問題提起の起点を示す。

関（第2段階の調査機関）にその調査を委譲しなければならない。

　第2段階の調査に当たり，当該疑義について申し立てた申請者が明らかなときは，**パネル**（調査会）を開き，調査委員会の名の下で申請者と被疑者との間での議論の場を設けなければならない。必要に応じて，関係する専門研究者を招聘して，小規模の**技術会議**（ワーキンググループ）を設け，検討を行うことができる。調査・審査会は技術会議におけるワーキンググループの意見を尊重し，意見の集約を行う。

　第2段階では，当該案件について十分に慎重・審議した結果を取りまとめ，裁決のために上位の第3段階の裁定機関にその決定を委譲する。

　第3段階での裁決に当たり，損害賠償等の問題が起こったときは，民事裁判

のため，地方裁判所へ当該事案を送ることとなる。

以上の関係を図形で示せば，「図4」のようになる。

3　実名告発と匿名告発

ケースとしては，ミスコンダクトについて，問題提起を個人の実名において告発した場合（実名告発）と匿名で告発した場合（匿名告発）とがありうる。実名告発の場合は，告発の理由等を告発者本人の責任において明らかにしているので，責任の所在が明確である。それに反して，匿名告発の場合，その匿名者の告発の意図がさまざまであるため，その処理に当たっては慎重に望む必要があると考える。すなわち，匿名であっても，科学的根拠が明確で，かつ，善意の場合（正義において行われた場合）と，科学的根拠が必ずしも明確でなく，悪意の場合（たとえば，被告発者の昇進の妨害やなんらかの私恨に基づく不当な個人攻撃等）がありうるからである。

しかし，ミスコンダクトの処遇としては，告発者の真意の問題よりは，結果の「不法性」ないし「不当性」が重要であると考える。そのような立場からすると，処理の手続としては，実名告発と匿名告発とをあえて区別する必要はないようである。すなわち，結果面において違反行為があったかどうかを確認することが，第1段階の調査委員会および第2段階の調査審議会の課題となる。もっとも，問題提起が第1段階でなされた場合で，第1段階調査機関において多数の同業研究者を擁し，十分に検証が可能な場合は，第2段階を経ることなく，第3段階への裁決に付することができる。

第3段階の内閣審理庁の裁決に当たって，はじめて当該ミスコンダクトの質の面での評価査定が行われ，処罰の程度が決定されることになると考える。

いずれにせよ，ミスコンダクトにかかる問題提起のチャンネルを事前に確立し，周知させる必要があるであろう。

4　調査・審査機関とピアレビュー

各大学（学部），研究機関および学会では，それぞれ学会誌を保有し，学会の

報告論文や寄稿論文について**レフェリー制度**（論文審査員制度）を設けている場合がある。レフェリー制度は，同じ領域の専門家による論文の審査（いわゆる**ピアレビュー**）であり，このシステムが効率的かつ公正に機能する限り，ミスコンダクトを事前に防止する有効なシステムである。しかし，現実には，かかる制度の悪用例がこれまでにないわけではなかった[6]。

　大学や研究機関等のレベルにおける機関誌の編集委員会等でなんらかの問題性をもつ事案が発見された場合には，速やかになんらかの措置が執られなければならない。個人的なアドバイスによって是正されない場合には，「調査委員会」に付すことにより，検討される必要がある。

5　ミスコンダクトとして明確となった場合の措置

　「図4」における構図では，第1段階の「**調査委員会**」および第2段階の「**調査審議会**」における調査ないし審理はミスコンダクトがいかなる形で起こったのかという事実確認に重点がおかれ，当該ミスコンダクトに対するなんらかの罰則的な決定を行う場ではない。

　調査ないし審理結果により確認された事実は，それを第3段階に位置づけられる政府レベルの裁決機関（仮に「**内閣審理庁**」と呼ぶ）に送られる。内閣審理庁においては，学術団体での確認事実を踏まえて，提示されたミスコンダクトの処遇についての裁決を下す。

　ミスコンダクトに対する「**処罰の内容**」として，次のようなことが考えられよう。

① 　疑義のある論文の取り下げの決定
② 　向こう3か年間に亘る研究発表の停止決定
③ 　向こう5か年間に亘り，文部科学省の科学研究費，その他機関から支給される研究補助金申請の不許可
④ 　当該事実および裁決結果について実名を挙げて，学会機関誌に掲載し，官報等に公告

場合によっては，被害者からの申し立てがあるときは，地方裁判所に告訴し，

民事裁判による損害賠償請求がなされることがある。この場合は，民事訴訟法に従い，一般の裁判手続によることとなる。

他に，多くの学会の会則等においては，「学会の対面を汚す行為」をした場合の「除名処分」にかかる規定を置いている。改ざん・捏造・盗用等のミスコンダクトが明確になった場合，当然にこの規定に服することはいうまでもない。

なお，調査・審理経過についての公式文書について**閲覧請求**があった場合，その閲覧の目的を明記した閲覧請求文書の提出を求め，5か年間，閲覧に供するものとする。閲覧の場所は，「内閣審理庁」内に設置するものとする。閲覧に際して，閲覧者に対して公式文書以外の追加情報を提供してはならない。

ミスコンダクトにかかる訴訟については，「**審理前置主義**」をとるものとする。したがって，ミスコンダクトの疑惑についての申立者は直接裁判所に提訴することはできず，必ず「調査委員会」の調査ないし「調査審議会」の審査を経て，「内閣審理庁」の裁決結果をまたなければ，提訴することができない。

第6節　エピローグ——今後への期待

科学者のミスコンダクト問題は，わが国ではもとより，諸外国においてもかかる領域への取り組みは近年漸くにして緒に就いた段階にあるといってよい。その理由は，1995年にウインドウズ95の出現により，インターネットの世界がグローバリゼーションを促進し，人間の価値観に大きな影響を与えると同時に，われわれの意識構造までも変えるに至った。

ちなみに，「世界のインターネット利用者数」を統計的にみると，1995年には26百万人であったものが，1998年には150百万人に増加し，ウインドウズ98の出現によって，さらに急速な増加を示すに至った[7]。すなわち，2000年では407.1百万人となり，1995年を基点としてみると，その増加割合は1998年には約4倍の増加であったが，2000年では約16倍にまで増加している事実は，時間の経過との関連で考えて，驚くべき増加を示しているということである。

インターネット情報を容易に利用できるようになったことが，情報利用者倫理の問題とも相俟って，ミスコンダクトの温床となってきていることも否定でいない現実であろう。その意味において，科学者集団が率先してこの問題に対して正しい姿勢で臨むことが求められるところであって，今後，日本学術会議所属の各学会において，倫理規定の創設，ミスコンダクトに対する姿勢の明確化，事後処理問題等について積極的な取り組みが望まれるところである。

【注】
1） http://www.natureasia.com/japan/webspecial/badpeer/
　　「悪質な論文審査員たち」と題して，審査委員がある論文の掲載を意図的に妨害した例が挙げられている。
2） 前節で「組織の構造要因」について触れ，本節では「組織の構成要因」について述べるのであるが，ここで「構造」と「構成」という概念を区別するのは，前者においては組織の縦関係と横関係という「組織の骨組みとしてのフレームワーク」を問題として取り上げ，後者では「その構造の中に埋め込まれている要素の組み立て」を問題にしようというのである。
3） 「図2」で挙げた具体例は，日本学術会議・学術と社会常置委員会報告，「2．研究倫理と不正行為」の中での事例であり，それを踏まえた前掲の日本癌学会の報告書でも扱われているものである。
4） 本章で扱ったリスク概念は，次の文献からヒントを得て，展開したものである。
　　会計監査上のリスク問題に関しては，日本公認会計士協会が「監査基準委員会報告書第5号」（平成7年3月28日）として公表した「監査上の危険性と重要性」で，「監査上の危険性とは，財務諸表に重要な虚偽記載が含まれているにもかかわらず，監査人がこれを発見できずに不適切な意見を表明する可能性をいう」ものとして定義し，次の三つの危険を識別している。
　① **固有の危険**：固有の危険とは，関連する会社の内部統制が存在していないとの仮定の上で，重要な虚偽記載が取引記録及び財務諸表項目に生じる可能性をいう。
　② **内部統制上の危険**：内部統制上の危険とは，重要な虚偽記載が会社の内部統制によって防止又は適時に発見されない可能性をいう。
　③ **監査手続上の危険**：監査手続上の危険とは，会社の内部統制によって防止又は発見されなかった重要な虚偽記載が，監査手続を実施してもなお発見されない可能性をいう。
　　上記三つの危険概念は，次の米国の監査基準書（SAS, No. 47）で述べられいる固有リスク（inherent risk），統制リスク（control risk）および摘発リスク（detection

risk）に対応するものである。

American Institute of Certified Public Accountants, *Audit Risk and Materiality in Conducting an Audit,* (Statement on Auditing Standards No. 47), 1983.

5） 日本学術会議・学術と社会常置委員会報告,「4．不正行為の特徴づけ」中の(2)。
6） 前章の脚注（http：//www.natureasia.com/japan/webspecial/badpeer/）で示した事例を挙げることができる。
7） 総務省編『情報通信白書』平成13年度版，8頁。

（武田　隆二）

索　引

〔あ〕

IFAC倫理委員会の
　「職業会計士の倫理規程」……346
ICT……………………174, 175
ITガバナンス………………175
アウトキャンパススタディー………264
アカデミック・コート………400
アカデミック・ミスコンダクト………128
アカデミック・レビュー・パネル………400
アカデミック・レビュー・ボード………400
アノミー……………………381
アメリカの大学制度…………217
安全の確保……………………119

〔い〕

飯塚毅………………………327
委員会設置会社制度…………276
意思性…………………29, 384
意思の世界……………………57
意志も知識もなく，
　眼や意識すらない自己………75
逸脱……………………………379
逸脱行為……………124, 206, 351
逸脱の3パターン……………379
一般基準および会計原則に関する
　規則の解釈指針と倫理裁定………343
一般基準に関する規則………338
一般基準に関する規則に準拠した
　解釈指針……………………343
一般原則および会計原則に
　関する規則…………………338
一般的リスク…………………375
一般に受け入れられている共通事項
　からの著しい逸脱行為………377
一般に認められた研究方法…123

イデアの世界……………62, 73
意図的非事実…………………385
意図的歪曲………………55, 384
異年齢交流……………………9
異文化交流……………………10
異文化理解……………………18
依頼人に対する責任に関する規則………339
依頼人に対する責任に関する規則の
　解釈指針と倫理裁定………344
依頼人の秘密情報に関する規則………339
依頼人の秘密情報に関する規則に
　準拠した解釈指針…………344
インキャンパススタディー………264
インターンシップ………11, 264
インテグリティー……………256
インフラストラクチャーの整備………383

〔う〕

ウィニー事件…………………159
ウィルス………………………161
宇宙につながる世界……………71
宇宙の中の均衡状態……………74
ウッカリミス…………………329
裏常識…………………………381
運営責任者の役割……………169
運命打開………………………324

〔え〕

永遠の平和……………………76
ACM…………………………162
閲覧請求………………………403
FFP……………………………377
エリート型大学………………218

〔お〕

オックスフォード大学………135

表の常識 …………………………… 382

〔か〕

会員の使命 ………………………… 324
會計 ………………………………… 146
会計 …………………………………… 4
会計環境 …………………… 210, 212
会計監査人 ………………………… 277
会計業務 …………………………… 369
会計原則に関する規則 …………… 339
会計原則に関する規則に
　　準拠した解釈指針 …………… 343
会計士行動規則 …………………… 337
会計士行動規程 …………………… 333
会計士行動原則 …………………… 333
会計事実 …………………………… 210
会計数値 …………………………… 210
会計に関する専門家 ……………… 369
会計プロフェッション …………… 294
解雇 ………………………………… 129
改ざん ……………………… 152, 395
開示プロセス ……………………… 394
解釈指針および倫理裁定 ………… 342
外生的発見不能リスク …………… 397
階層性 ……………………………… 51
概念属性 …………………………… 95
概念的枠組み ……………… 290, 291, 292
概念の特質 ………………………… 95
課外活動 …………………… 242, 244
科学技術のスピード化の時代 …… 228
科学技術倫理 ……………………… 93
科学者 ……………………………… 166
科学者に対する社会からの負託 … 111
科学者の行動規範 ………… 165, 166
科学者の人権 ……………………… 42
科学者のミスコンダクト ………… 42
科学者のミスコンダクト事件 …… 47
科学者のミスコンダクトにかかる
　　裁定機関の構図 ……………… 400

科学者倫理 ………………………… 30
科学的ミスコンダクトの「境界性」…… 374
科学の進歩 ………………… 44, 373
学際的研究 ………………………… 99
学習 ………………………………… 379
学習による逸脱現象 ……………… 57
学習による逸脱の文化化 ………… 380
学術団体の倫理綱領の分析 ……… 95
学術倫理・行動基準書の組み立て …… 105
学術倫理の位置づけ ……………… 95
学術倫理の構図 …………………… 108
学生監 ……………………………… 136
学生生活 …………………………… 238
学生倫理 …………………… 198, 200
学問の自由 ………………………… 42
課税所得計算の特例規定 ………… 370
課税所得計算の本則規定 ………… 370
課税所得算定のための法令・
　　通達の重畳構造 ……………… 370
「形」と「形」の関係 …………… 72
形のある概念 ……………… 47, 95
形のある物質的存在としての自己 …… 75
形のある倫理 ……………………… 38
形のない概念 ……………… 48, 95
価値観の多様化時代 ……………… 228
価値関連的世界 …………………… 20
価値関連的世界における倫理 …… 24
価値関連的倫理概念 ………… 38, 39
「価値関連的倫理」と
　　「価値中性的倫理」との関連 …… 41
価値基準 …………………… 374, 376
価値基準幅 ………………………… 376
価値規範 …………………………… 357
価値共有型企業倫理 ……… 189, 190
価値自由な立場 …………………… 63
価値自由の世界 …………………… 71
価値中性的倫理概念 ……………… 39
価値中立的世界 …………………… 20
価値中立的世界における倫理 …… 24

索　引

価値判断……………………29, 212, 386
価値判断の状況関連性 ………………376
学会の「倫理綱領」の調査…………95
家庭教育…………………………………5
家庭の任務………………………………5
株主還元の強化………………………280
神の心…………………………………73
空箱…………………………………39, 67
「空箱」と「機能」の世界…………66
「空箱」と「実箱」との連結帯……67
空箱としてのひと……………………66
環境・社会・文化への配慮 ………100
環境と社会との調和 ………………110
環境要件（社会経済的要因）………29
関係性の構造…………………………39
監査手続上の危険……………………404
監査人の独立性 ………286, 287, 295
監査の新時代…………………………329
監査法人………………………………277
監査役監査基準………………………277
監査役制度……………………………276
環世界…………………………………64
間接的サンクション効果 …………378
完全な形相の不完全な写し…………73
管理システムの不完全性 …………393
関連分野の研究………………………99

〔き〕

企業会計原則 ………………………210
企業会計小委員会 …………………272
企業会計の慣行 ……………………209
企業行動 ……………………………195
企業行動憲章 ………………………280
企業統治 ……………………………271
企業統治委員会の提言 ……………272
企業の価値基準 ……………………207
企業の無形価値の維持 ……………357
企業理念に即した行為 ……………357
企業倫理 ………………188, 259, 352

技術会議……………………………400
基準遵守意識の不徹底 ……………392
基準遵守義務………………………365
基準への準拠性に関する規則 ……338
偽造 …………………………124, 127, 377
基礎教育 …………………………278, 282
規則・手続規範……………………357
期待適合性…………………………120
期待適合度…………………………123
記帳の信頼性………………………367
喫煙…………………………………238
喫煙マナー…………………………240
機能…………………………………39
機能的存在としてのひと……………67
規範逸脱行為………………………396
基本原則 …………………290, 291, 292
基本属性 ……………………………15, 25
基本的人権 ……………………………4
基本的人権の尊重 ………………100, 110
基本理念……………………………162
義務としての行為…………………351
義務履行の制約条件の設計 ………374
規約概念……………………………361
客体概念……………………………361
客観化された自主ルール …………353
客観性および独立性の原則 ………335
客観的価値基準の設定 ……………353
客観的な組織・倫理規定違反 ……376
キャリア教育 …………………11, 257
キャンパス…………………………234
キャンパスマナー…………………238
究極の真理 ……………………38, 63
教育…………………………………34
教育・訓練…………………………260
教育課程と道徳・倫理の関連………35
教育環境の整備……………………22
教育に占めるブリッジ・プリンシプル …7
教育能力……………………………246
教育の原点 ……………………5, 24, 34

教育の徹底……………………………57
教育倫理………………………………193
教科学習………………………………10
業績主義………………………………381
共通の価値規範………………………357
共通の信念……………………………357
業務広告の原則自由化………………301
業務の範囲と種類の原則……………336
業務報酬規程の撤廃 …………………301
共有財…………………………………52
極限の姿………………………………71
極小化現象……………………………17
局面の違い……………………………31
局面の変化……………………………31
巨大化現象……………………………17
「巨大化現象」に伴う新たな道徳問題…18
儀礼的無関心…………………………47
「儀礼的無関心」と「通説」…………48
「儀礼的無関心」と倫理性……………51
儀礼的無関心に基づくミスコンダクト…55
記録の重要性…………………………210
際なしの世界…………………………386
禁じられるべき行為…………………57
緊張理論………………………………380
金融審議会公認会計士制度部会………277

〔く〕

「空」と「無情」と「悟り」…………76
空なる世界（聖なる世界）…………20, 71
「空」なる世界と「実存」の世界……68
「空」の感覚…………………………65
「空」の心……………………………76
「空」の世界…………………………68
「空の世界」と「倫理」………………62
空なる知恵……………………………76
空なる倫理……………………………38
具体的自己……………………………75
具体的な「形」………………………39
具体的な理念…………………………109

グループ倫理（組織倫理）……27, 28, 37, 38
グローバル化…………………………18
グローバル化時代……………………228
グローバル化社会……………………18
クローンをめぐっての問題…………18
訓戒……………………………………129

〔け〕

経営教育………………………………263
経営啓発………………………………263
経営者教育……………………………260
経営情報学……………………………157
経営情報学会…………………………157
経営情報に関する技術を
　扱う者として………………………163
経営方針とビジョン …………………282
経営理念………………………………282
経営倫理教育……………………226, 227, 228
経営倫理教育のあり方 ………223, 224, 226
経営倫理教育方法……………………225
形質……………………………………95
芸術・文化活動………………………9
形相の世界……………………………62, 73
経団連憲章……………………………275
ケースメソッド………………………263
血縁的集団……………………………324
結果………………………………387, 394
決裁機関…………………………………41, 58
研究活動………………………………168
研究環境の整備………………………169
研究管理能力…………………………92
研究競争の一層の激化………………392
研究行為基準…………………………118
研究行為の技術的基準………………121
研究者として…………………………163
研究者の性行に係る基準……………121
研究成果公表の先取り争い…………30, 387
研究目的……………………………99, 108
研究倫理………………………………85

索　引

研究倫理教育体制の整備 …………383
研究倫理綱領 ………………………150
研究倫理プログラム ………………166
健康体の維持 ……………322, 323, 326
研修 …………………………………261
検証 …………………………………119
検証可能性 …………………………120
現象としての自己 ……………………75
現地現物主義 ………………………279
ケンブリッジ大学 …………………137
権利行使の妥当な枠組みの設定 …373
権利制限 ………………………………53
権利と義務との均衡 ……………44, 373
権力による歪曲 ……………………391
言論の自由 ……………………………52
言論報道機関のミスコンダクト事件…47

〔こ〕

行為 ……………………………………29
行為基準の客観的限界値 …………353
行為規範の階層性 …………………355
行為自由の原則 ……………………353
行為の限界原理 ………………………6
行為の場 ………………………………43
行為の派生的属性 ……………………7
合意の幅 ………………………………48
行為の本来的属性 ……………………7
行為の導きの糸 ……………………356
行為プロセス ………………………394
公益開示法 …………………125, 129
公益通報者保護法 …………………129
公開 ……………………………378, 394
公開制度 ………………………………58
公開のチャンネル ……………………58
講義 …………………………………239
公共財 …………………………………52
公共財の自由な利用権 ………………52
公共の利益の原則 …………………334
広告およびその他の懇請形態に

関する規則 ………………………341
広告およびその他の懇請形態に
　関する規則に準拠した解釈指針 …344
公式調査 ……………………129, 140
公正 …………………………………110
公正性 ……………………119, 120, 121, 212
公正な企業行動 ……………………363
公的規制 ……………………………286
行動・責任をとる監査 ……………276
行動基準書 ……………………105, 372
行動規範 ……………85, 86, 87, 88, 91, 158
行動規範の効用 ……………………167
行動規範の利用方法 ………………167
高等教育制度の段階的移行論 ……218
高等教育における倫理教育 …………10
行動要件 ………………………107, 110
行動倫理 ……………………………110
高度情報化時代 ……………………228
公認会計士のミスコンダクト事件 …47
公平性 ………………………………119
合理的な結論 …………………………93
交流学習 …………………………10, 11
コーネル大学 ………………………129
コーポレート・ガバナンス ……175, 270
五感 ……………………………………66
国際的コードの不一致 ………………50
国際的組織コードの不一致 ………381
国際文化比較論 ………………………10
国際倫理の理解 ………………………18
國民道徳 ………………………………12
個人間の社会的交流のあり方 ………50
個人的誠実性 ………………………354
個人的内因性要因に基づく
　ミスコンダクト ………………394
個人的判断 ……………………………6
個人として …………………………163
個人の自由 ……………………………6
個体目的 …………………………38, 40
個体倫理 ………………………………27

411

言葉の学習	10
言葉の教育	8
「個別概念」としての「具体性」	13
個別行為	355, 356
個別主観的判断の客観化	353
個別倫理（個人倫理）	5, 37, 38, 40
個別倫理と組織倫理の関連	41
固有の危険	404
固有リスク	404
こわい人	282
コンステレーション	359
コンステレーションの循環リンケージの分解図	361
コンストレイント	358
コントロール・セオリー	380
コンプライアンス	111, 255, 282, 355
コンプライアンス・パラダイム	357
コンプライアンス概念の階層性	364
コンプライアンス型企業倫理	189, 190
コンプライアンス実践コンステレーション	359
コンプライアンスの意味	350
コンプライアンスの構造	350
コンプライアンスの三層構造	354
コンプライアンスの本源的姿	352
コンプライアンス評価	280
コンフリクト	54

〔さ〕

サーベイランスソフトウェア	171
裁決機関	374
悟りの世界	77
裁きの場	58
サンクションの強さ	365
三現主義	264

〔し〕

ＣＳＲ	255, 281
ＣＳＲ会計	208

自我	78
自我を捨てた境地	78
事業精神	282
私語	239
自己規律	141
自己研鑽	110
事後措置	374, 383
自己防衛の時代	367
事実関係システムにおけるミスコンダクト	395
事実に即した記帳	322
事実認識	386
事実の歪曲化行為	389
事実判断	29, 386
自主規制	286
システム監査	174, 175
システム監査学会倫理綱領	174
システムとしての職業倫理	293
事前措置	373, 383
自然体験	9
時代条件付の概念	32
実験主義	122
実在の世界	37
実践規定	106
実践経営学	262, 264
実践的倫理	24
実践としての職業倫理	286, 293
「実存」の世界	68
実箱	38, 67
実名告発	401
視点の違い	31
支配組織	389
使命の完遂	101
社会一般の監視	378
社会環境要件	107, 110
社会経済的環境要因	386
社会構造のフラット化現象	18
社会性	6
社会秩序の維持	354, 357

索　引

社会秩序の形成 …………………6	遵守義務 ………………106, 331
社会的一般的制裁の手段 ………378	生涯学習の時代 ………………228
社会的過去 ………………………5	状況関連的に変化する世界 ……20
社会的価値への認識…………20	状況の定義 ……………………206
「社会的自律」を促す3要件 ……5	上下関係 ………………………389
社会的制約条件 ………………382	少人数教育 ……………………247
社会的調和 ……………………52	情報技術 ………………………157
社会的に公正な企業行動 ………357	情報の形式的整序性 …………367
社会的役割 ……………………101	情報の実質的整序性 …………367
社会不安 ………………………351	情報氾濫 ………………………57
写像関係システムにおける	情報流出被害 …………………170
ミスコンダクト ……………395	情報倫理 ………………………158
社内規則 ………………………357	情報倫理問題 …………………158
社内規則の遵守 ………………350	職域防衛 ………………………324
自由 ……………………………6	職員の教育・研修 ……………330
「自由な利用権」と「儀礼的無関心」…52	職業会計人の職域防衛 ………367
習慣法体系の国 ………………352	職業会計人の職域防衛と運命打開 ……322
自由権 …………………………52	職業体験 ………………………11
「集合概念」としての「抽象性」……14	職業倫理 …………………174, 204
重大な相当注意義務違反 ………329	職業倫理教育 …………………294
集団 ……………………………27	職務の公共性 …………………299
集団行為 …………………355, 356	処罰の内容 ……………………402
集団行為のチェック機能 ………356	書面添付 ………………………367
集団組織の構造要因 ……………389	自律的義務 ……………………331
集団の圧力による防除効果 ……378	知りながら害をなすな ………258
集団の圧力の弛緩による不正 …391	自利利他 …………………317, 324
集団倫理 ………………………27	人権 ……………………………4
自由と規律のバランス …………6	申告納税制度 …………………297
自由な行為の保証 ……………353	審査の綿密性の希薄化 ………392
自由な行動 ……………………351	真実性 …………………………209
主観の領域における文書の客観化 ……392	人生科 …………………………8, 36
主体 ……………………………42	深層 ……………………………394
主体概念 ………………………361	心の作用性を伴ったミスコンダクト……57
手段 …………………………387, 394	人的組織要因 …………………393
「種」に特有の限定的な世界……65	心的問題性 ……………………57
呪文 ……………………………63	人的要件 ………………………107
巡回監査 ………………………367	人的倫理 …………………27, 28
準拠発生型の態様 ……………394	深度 ……………………………394
準拠枠組み ……………………43	深度と罪悪性の強さ …………396

413

神秘体験………………………………77
尋問……………………………………130
信用失墜行為に関する規則…………341
信用失墜行為に関する規則に
　準拠した解釈指針…………………344
信用失墜行為の禁止…………………302
信頼性…………………………………128
真理……………………………………63
審理前置主義…………………………403
真理の探究…………………108, 119, 120

〔す〕

ステークホルダー……………………265
ストック・オプション制……………280

〔せ〕

斉一性…………………………………394
成員全体の合意………………………40
生活指導………………………………237
制御装置………………………………351
成功報酬に関する規則………………340
成功報酬に準拠した解釈指針………344
星座……………………………………359
誠実……………………………110, 352
誠実性…………………………119, 121, 212
誠実性に欠ける行為…………………125
制定法…………………………………43
制定法体系の国………………………351
制定法の存在意義……………………351
正当性…………………………………375
正当な注意の原則……………………336
制度支援措置…………………………383
聖なる世界……………………37, 62, 66
「聖」なる倫理………………………38
税務に関する専門家…………………368
「税務に関する専門家」としての
　コンプライアンス…………………370
制約条件………………………………358
税理士会………………………………297

税理士会綱紀規則……………………298
税理士業務……………………………369
税理士業務を支える課題条件………367
税理士制度……………………………300
税理士の使命……………………300, 368
税理士の使命と倫理…………………300
税理士の担う二つの
　コンプライアンス…………………368
税理士法………………………………297
税理士法で定めるコンプライアンス…366
税理士倫理綱領………………………298
世界的市場競争の時代………………228
責任の原則……………………………334
セルフ・ガバナンス…………………255
善悪をわきまえる感覚………………6
善悪をわきまえる感覚を育成………34
善管注意義務…………………………271
先験的意識……………………………320
先験的意識の発見と培養………325, 329
先験性……………………………323, 325
先行例の誤認…………………………55
先行例の無視…………………………55
全国四系列教育会議……………202, 221
潜在的固有リスク……………………397
宣誓書…………………………………331
前頭前野………………………………236
専門家支配による弊害………………391
専門家としての見識…………………366
専門家としての自覚と責任………99, 109
専門家と社会との関係………………376
専門性…………………………………119

〔そ〕

臓器の売買……………………………17
相互関係概念…………………………110
相互牽制………………………………392
相互的期待の不一致による逸脱……380
操作主義哲学…………………………69
相当の注意……………………………325

索　引

ソーシャル・パースト …………………5
属性 …………………………………4, 353
組織 ………………………………………27
組織規定 ………………………………376
組織規定的リスク ……………………397
組織形態および名称に関する規則 ……341
組織形態および名称に関する規則に
　　準拠した解釈指針 ………………345
組織構成要因の機能不全 ……………394
組織真理 …………………………………40
組織成員としての遵守すべき
　　行動規範への準拠 ………………390
組織成員の「相互関係」………………389
組織体逸脱 ……………………………206
組織的コンテクスト …………………358
組織的審査体制の確立 ………………389
組織内ルール …………………………357
組織の「上下関係」……………………389
組織の一員として ……………………163
組織の価値規範 ………………………361
組織の構成要因 ………………………393
組織の構成要因に基づく
　　ミスコンダクト …………………393
組織の構造要因に基づく
　　ミスコンダクト …………………389
組織目的 …………………………… 38, 40
組織倫理（グループ倫理）………27, 37, 38
租税主義 ………………………………317
租税正義の実現 ………………………322
租税正義の実現 ………………………366
その他の逸脱行為 ……………………377
その他の責任および業務に
　　関する規則 ………………………340
その他の責任および業務に
　　関する規則の解釈指針と倫理裁定 …344
その他のミスコンダクト ……………395
ソフトウェアエンジニア ……………171

〔た〕

体育 ………………………………………7
体育教育 ………………………………224
大学教育 ………………………………245
大学教育のあり方 ………………………18
大学スポーツ …………………………242
大学設置基準 …………………… 216, 219
大学設置基準の改正 …………………219
大学設置基準の短所 …………………217
大学設置基準の長所 …………………216
大学体育 ………………………………246
大学の教育目標 ………………………216
体験学習 …………………………9, 10, 11
体験活動 …………………………………8
対象 ……………………………… 42, 394
対象依存的に規定 ………………………99
代理母 ……………………………………17
ダイレクトレポーティング …………275
他者間関係要件 ………………… 107, 110
妥当性監査 ……………………………276
妥当な会計的判断 ……………………209
足りるを知る …………………………281
単純型教育制度 ………………………216
単独・独立概念 ………………………110

〔ち〕

地域環境保全の時代 …………………228
地域参加活動 ……………………………9
地域性 ……………………………………51
知育 ………………………………………7
知育教育 ………………………………224
知的財産管理 …………………………124
知と身体 …………………………………9
抽象的自己 ………………………………75
抽象的な「型」概念 ……………………39
抽象的な理念 …………………………109
懲戒 ……………………………………152
懲戒処分 ………………………………294

415

長期安定的株主価値の向上 …………279
調査 ……………………………………132
調査・審査機関……………58, 399, 401
調査委員会 ……………………151, 402
調査審議会 ……………………………402
調査プロセス …………………………134
調査法 …………………………………399
帳簿の証拠性 …………………………367
超歴史的概念……………………………14
超歴史的倫理概念………………………39
著作権開腹 ……………………………147
著作権の権利制限………………………53
著作権の保護問題………………………32
著作権をめぐる公正概念の変化………53

〔つ〕

通学合宿…………………………………9
通説 ……………………………………48
通説化した領域…………………………49
「通説」のフォーラム性………………52

〔て〕

TKC会計人の
　行動基準書制定までの経緯 ………327
TKC全国会 …………………………317
TKC全国会の目的 …………………324
ディストリクト・コート ……………400
適正行為 ………………………………353
適正な決算書類 ………………………368
適正な表示 ……………………………212
摘発リスク ……………………………404
適法・適正性チェック ………………362
適法行為 ………………………………353
手数料および詳解報酬に関する規則 …341
手数料および詳解報酬に関する規則に
　準拠した解釈指針 …………………345
哲学的・宗教的体験 …………………320
電子ネットワーク環境 ……………32, 54
伝統や文化の尊重………………………9

〔と〕

ドイツの大学制度 ……………………217
当為判断……………………………29, 387
同型写像的理解…………………………24
動機 ………………………………29, 386
動機づけ ……………………29, 30, 386
投資ファンドのミスコンダクト………47
統制環境 ………………………………279
統制リスク ……………………………404
統制理論 ………………………………380
動的均衡態 ……………………………361
道徳 ………………………4, 7, 8, 16, 36
「道徳」概念の「歴史性」と「教育」…11
道徳学習…………………………………9
道徳観を養う……………………………9
道徳教育………………………………8, 9
「道徳教育」の階層性…………………9
道徳的判断 ……………………………364
道徳と倫理との関係……………………13
「道徳」と「倫理」の基本属性………15
道徳をめぐる概念的多様化……………16
盗用 ……………………124, 127, 152, 377, 395
徳育 ……………………………………7
徳育教育 ………………………………224
特定組織内でのルールの履行 ………352
特定の組織内のルールに即した行為 …354
匿名告発 ………………………………401
独立公正な立場での行動 ……………366
独立した公正な立場 …………… 297, 318
独立性 …………………………… 323, 325
独立性，廉潔性および客観性に
　関する規則 …………………………337
独立性，廉潔性および客観性に
　関する規則の解釈指針と倫理裁定 …342
独立性基準の概念的フレームワーク …337
独立性堅持 ……………………………331
独立性に関する規則に準拠した
　解釈指針 ……………………………342

索　引

トップダウン方式 …………………275
ドメイン管理 ………………………279

〔な〕

内閣審理庁 …………………………402
内生的固有リスク …………………397
内生的組織要因リスク ……………397
内的なモニタリング ………………110
内部告発 ……………………………356
内部告発者保護法 …………………125
内部統制 ………………………265, 270
内部統制上の危険 …………………404
内部統制の評価 ……………………280

〔に〕

西ドイツの職業会計人 ……………318
21世紀の社会状況 …………………219
21世紀の大学像 ……………………219
日本会計研究学会 …………………146
日本学術会議 …………………148, 165
日本税理士会連合会 ………………297
日本の教育制度 ……………………216
人間科 ……………………………8, 36
人間関係 ……………………………247
人間教育 ……………………………228
人間行為の限界値 …………………353
認識対象としての存在 ………………27
認識枠の幅 ……………………………31

〔ね〕

ネガティブ・コミュニケーション ……356
捏造 ………………124, 127, 152, 377, 395

〔の〕

納税義務者の信頼への即応 ………367
納税義務の適正な実現 ……………367
ノーブレス・オブリージ …………281

〔は〕

場 ………………………………………42
媒介関係システムにおける
　ミスコンダクト …………………395
配慮 …………………………………235
橋渡し原理 ……………………………8
「橋渡し原理」となる道徳 …………6
派生属性 ………………………………26
発言権 …………………………………52
発言の自由 ……………………………52
罰則 …………………………………241
罰則規定 ………………………41, 351
場の状況 …………………………28, 29
パラダイム …………………………357
犯罪 …………………………………243
反社会的な行為 ……………………352
判断主体 ………………………………29
般若心経 ………………………………63
「般若心経」の普遍性 ………………63

〔ひ〕

ピアレビュー ………………………401
ピアレビュー制度 …………………392
Ｐ２Ｐ ………………………………160
非事実 ………………………………384
非事実の事実化行為 ………………389
ビジネス・コンステレーション …359
被支配組織 …………………………389
非道徳的行い …………………………58
人づくりとガバナンス ……………279
人として守るべき道 …………………14
人として守るべき倫理 ………………38
評価規定的体制リスク ……………397
評価幅 ………………………………376
表層 …………………………………394
非倫理的行為 …………………………58

〔ふ〕

ァイル交換ソフト ……………………160
ファカルティディベロップメント ……240
フィールドスタディ……………………11
フィールドワーク………………………11
フェアユース（公正使用）……………53
深い真理…………………………………76
複線型教育制度………………………216
不公正な印象づけ……………………391
付随業務………………………………369
不正行為 ………………………167, 373
不正行為に関する調査等規則 ………151
不正行為に関する申し立て …………151
不正行為の定義………………………151
不正行為防止問題検討委員会 ………148
ブッシュ大統領………………………322
物的組織要因…………………………393
不適切な引用……………………………55
不当行為………………………………378
不当性……………………………375, 378
不文律な道徳的規範の相対性…………49
普遍性…………………………………120
「普遍的な空」の世界…………………65
普遍的倫理概念…………………………39
不法行為………………………………378
不法性…………………………………378
プライバシー…………………………164
プラトンのイデアの世界………………72
Plan→Do→Check→Action ………275
プロフェッショナル責任……………171
文化………………………………………4
文化的学習理論………………………380
文明………………………………………4

〔へ〕

米国ＳＯＸ法…………………………275
米国科学財団…………………………377
米国公衆衛生庁………………………377
米国公認会計士協会…………………318
弁護士のミスコンダクト事件…………47
弁明の機会……………………………399

〔ほ〕

方向性……………………………………40
法的な意味での処罰…………………378
法律……………………………………351
法令……………………………………360
法令遵守…………………………357, 367
法令遵守義務………………331, 350, 364
法令の遵守行為………………………354
ボーダレス社会…………………………18
ポートフォリオリスクマネジメント …280
簿記………………………………………4
没価値的立場……………………………63
没価値的・没批判的に判断……………29
ほとけの智慧……………………………77
ボランティア活動…………………11, 244
本源的な独占権…………………………53

〔ま〕

マーケティング倫理…………………259
マーチン・トロウ……………………218
マス大学………………………………218
マナー…………………………………234
マナー違反……………………………241

〔み〕

見える化運動…………………………279
見える監査……………………………276
ミスコンダクト…………………………44
ミスコンダクト・リスクの
　発見可能性…………………………396
ミスコンダクトの「公開」制度………377
ミスコンダクトの
　「心的作用性」と教育………………57
ミスコンダクトの
　概念的フレームワーク…………373, 383

ミスコンダクトの挙証 …………………398
ミスコンダクトの許容幅 ………………398
ミスコンダクトの効率的・
　組織的審査体制の確立 ………………398
ミスコンダクトの深度と形態 …………394
ミスコンダクトの内生要因 ……………389
ミスコンダクトの範囲規定 ……………377
ミスコンダクトの防止策 ………………377
ミスコンダクト防止及び
　処理のための制度 ……………………374
ミスコンダクトを誘発する動機 ………386
導きの糸……………………………………28
見積幅……………………………49, 51, 376

〔む〕

無意識的非事実 …………………………386
無意識的歪曲………………………… 55, 385
無関心を装う空間領域……………………49
無形のブランド価値 ……………………356
無情…………………………………………77
無色透明な世界……………………………71
無法地帯……………………………………52

〔め〕

迷惑行為 …………………………………234
メルボルン大学 …………………………128

〔も〕

申立 ………………………………………130
目的 …………………………………387, 394
目的指向性…………………………………68
目的指向性を有する存在 …………………27
目的の妥当性………………………………29
モニタリング制度の確立 ………………383
モラル ………………………………170, 234
モラルハザード …………………………351
モラル・マインド ………………………261

〔や〕

薬物 ………………………………………243
役割期待の構造 ……………………118, 124
役割期待の構造相補性 …………………119

〔ゆ〕

歪められた世界 ……………………… 71, 73
ユニバーサル・アクセス型大学 ………218
許されうる誤差の範囲……………………71

〔よ〕

予備調査 ……………………………129, 139
予防監査 …………………………………276
予防措置……………………………………59
四系列教育 ………………………………223

〔り〕

利益相反の回避 …………………………119
理解幅………………………………………51
利己的な存在 ………………………………6
利潤動機 …………………………………351
リスク・アプローチ ……………………275
リスク管理 …………………………270, 350
リスク摘発の困難性 ……………………398
理念 …………………………………108, 361
利用の例外…………………………………53
理論的道徳…………………………………24
倫理 …………………………… 4, 15, 43, 361
倫理（道徳）違反行為 …………………376
倫理概念の「外延」………………………34
倫理概念の階層構造………………………34
倫理概念の多様化 …………………………4
倫理概念の「内包」………………………34
倫理概念の二元化…………………………19
倫理概念の二元化への道…………………21
倫理概念の変化……………………………31
倫理課題 ……………………………………4
倫理活動……………………………………86

倫理観 …………………………7, 237, 322
「倫理観」のルーツ …………………………5
倫理監査 …………………………………208
倫理観に即した行為 …………………354
倫理観のコンフリクト …………………40
倫理キーワード…………………………98
倫理規定 ……………………106, 376
倫理規定のカテゴリー …………………107
倫理規範………………………………87
倫理教育 ………………8, 217, 245
倫理教育の位置づけ ……………………4
倫理教育の基本………………………21
倫理教育の神髄………………………22
倫理綱領………95, 105, 161, 162, 192, 210
倫理綱領と行動基準との関係 ………101
倫理綱領の要件 …………………168
倫理的意思決定 …………………263
倫理的企業文化 …………………265
倫理的な判断…………………………93
倫理的判断能力…………………364
「倫理」と「社会秩序の形成」との
　関連 …………………………………5
倫理と道徳の概念的二面性 ……………24
倫理の階層構造………………………36
倫理の価値基準 …………………207
「倫理」の「具体的側面」………………10
倫理の欠如 …………………………351
「倫理」の「実践的具体性」……………30
「倫理」の「抽象的側面」………………10

〔る〕

ルールからの逸脱 ……………………380

〔れ〕

歴史性…………………………………14
レフェリー制度 ………………391, 402
廉潔性 ………………………………325
廉潔性および客観性に関する規則に
　準拠した解釈指針 ……………342
廉潔性の原則 ……………………335
連結帯…………………………………67

〔ろ〕

論文審査員制度 …………………402
論文盗用問題 ……………………147

〔わ〕

ワーキンググループ ……………400
歪曲 …………………………………384
Ｙ２Ｋ問題 …………………………159
若者 …………………………………236

執筆者（あいうえお順）

安藤　英義（あんどう　ひでよし）
専修大学教授・一橋大学名誉教授・日本会計研究学会理事・前会長
〔担当〕第Ⅱ編第4部のうち第1章

浦崎　直浩（うらさき　なおひろ）
近畿大学教授・日本会計研究学会評議員
〔担当〕第Ⅱ編第3部のうち第3章と第4章及び第Ⅲ編第5部のうち第2章

小関　勇（こせき　いさむ）
日本大学教授・日本監査研究学会前理事
〔担当〕第Ⅳ編第8部のうち第4章

島田　達巳（しまだ　たつみ）
摂南大学教授・経営情報学会元理事
〔担当〕第Ⅱ編第4部のうち第2章

髙梨　英吉（たかなし　えいきち）
日本税理士会連合会・綱紀監察部長
〔担当〕第Ⅳ編第8部のうち第2章

武田　隆二（たけだ　りゅうじ）
経歴等は責任編集者紹介を参照
〔担当〕第Ⅰ編と第Ⅱ編第3部のうち第2章及び第Ⅳ編第9部

松田　貴典（まつだ　たかのり）
大阪市立大学大学院教授・システム監査学会理事
〔担当〕第Ⅱ編第4部のうち第3章

御園生　誠（みそのう　まこと）
東京大学名誉教授・独立行政法人製品評価技術基盤機構理事長・日本学術会議前会長
〔担当〕第Ⅱ編第3部のうち第1章

伊藤進一郎（いとう　しんいちろう）
関西大学大学院客員教授・㈱プロティビティジャパン最高顧問・住友電気工業元代表取締役副社長
〔担当〕第Ⅳ編第7部のうち第2章

大村　廣（おおむら　ひろし）
日本公認会計士協会・倫理担当常務理事
〔担当〕第Ⅳ編第8部のうち第1章

齋藤　毅憲（さいとう　たけのり）
横浜市立大学教授・全国四系列教育会議会長・日本経営学会常任理事
〔担当〕読者へのメッセージ

角田　聡（すみだ　さとし）
大阪学院大学教授・学生部長
〔担当〕第Ⅲ編第6部のうち第1章

高橋　由明（たかはし　よしあき）
中央大学教授・全国四系列教育会議理事
〔担当〕第Ⅲ編第5部のうち第1章

藤永　弘（ふじなが　ひろし）
青森公立大学教授・札幌学院大学名誉教授・全国四系列教育会議常任理事・日本学術会議連携会員・日本簿記学会理事
〔担当〕第Ⅲ編第5部のうち第3章

水尾　順一（みずお　じゅんいち）
東京工業大学特任教授・駿河台大学経済研究所長・日本経営倫理学会理事
〔担当〕第Ⅳ編第7部のうち第1章

森末　英男（もりすえ　ひでお）
ＴＫＣ全国会・総務委員会委員長・「行動基準書」改定小委員会委員長
〔担当〕第Ⅳ編第8部のうち第3章

【責任編集者紹介】

武田　隆二（たけだ　りゅうじ）
　1931年新潟県に生まれる。
　神戸大学名誉教授・経営学博士（神戸大学）
　全国四系列教育会議理事，ＴＫＣ全国会最高顧問，日本会計研究学会元会長，日本学術会議前会員
　大学入試センター新教育課程専門委員会委員・同センター教授研究部に併任，放送大学客員教授等を歴任
　大蔵省企業会計審議会の幹事・臨時委員として，また，
　中小企業庁「中小企業の会計に関する研究会」に参画する等精力的に幅広い活動を行う。
　公認会計士試験委員，税理士試験委員を歴任
　日経経済図書文化賞，日本会計学会賞等を受賞
〔主な著書〕「貸借対照表資金論」，「所得会計の理論」，「情報会計論」，「連結財務諸表」，「会計学一般教程」，「最新財務諸表論」，「法人税法精説」，「科学のミスコンダクト―科学者コミュニティの自律を目指して」（学術会議叢書13：編著，日本学術協力財団）等その他著書・編著，論文多数。

検印省略

平成19年7月10日　初版第1刷発行

現代社会における
倫理・教育・コンプライアンス

責任編集者	武　田　隆　二
編　　　者	全国四系列教育会議
発 行 者	大　坪　嘉　春
製 版 所	株式会社ムサシプロセス
印 刷 所	税経印刷株式会社
製 本 所	株式会社三森製本所

発 行 所　東京都新宿区下落合2丁目5番13号　株式会社　税務経理協会
郵便番号　161-0033　振替　00190-2-187408　電話　(03) 3953-3301（編集部）
FAX (03) 3565-3391　　　(03) 3953-3325（営業部）
URL http://www.zeikei.co.jp/
乱丁・落丁の場合はお取替えいたします。

© 武田隆二 他 2007　　　　　　　　　　　　Printed in Japan

本書の内容の一部又は全部を無断で複写複製（コピー）することは，法律で認められた場合を除き，著者及び出版社の権利侵害となりますので，コピーの必要がある場合は，予め当社あて許諾を求めて下さい。

ISBN978-4-419-04935-5　C3012